职业教育·铁道运输类专业教材

Tielu Xingche Zuzhi
铁路行车组织

李慧玲　靳希颖　主　编
霍建维　曾　毅　副主编
　　　　杨树海　主　审

人民交通出版社股份有限公司
北　京

内 容 提 要

本书为职业教育铁道运输类专业教材。其主要内容包括：车站认知，调车工作，接发列车工作，技术站技术作业过程分析，车站作业计划编制，车站工作统计，车站通过能力与改编能力计算，行车工作计划编制，列车运行图编制，列车调度指挥。

本书为高职、中职院校铁道交通运营管理专业教材，可作为铁路行业从业人员培训教材，也可供铁路相关行业人员参考。

* 为方便教学，本书配有教学课件，读者可加入"职教铁路教学研讨群（教师专用 QQ 群：211163250）"获取。

图书在版编目（CIP）数据

铁路行车组织/李慧玲，靳希颖主编. —北京：人民交通出版社股份有限公司，2020.6（2024.12重印）
ISBN 978-7-114-15941-1

Ⅰ.①铁… Ⅱ.①李… ②靳… Ⅲ.①铁路行车—行车组织—高等职业教育—教材 Ⅳ.①U292

中国版本图书馆 CIP 数据核字（2019）第 257738 号

职业教育·铁道运输类专业教材

书　　名：	铁路行车组织
著 作 者：	李慧玲　靳希颖
责任编辑：	袁　方
责任校对：	孙国靖　龙　雪
责任印制：	刘高彤
出版发行：	人民交通出版社股份有限公司
地　　址：	（100011）北京市朝阳区安定门外外馆斜街 3 号
网　　址：	http://www.ccpcl.com.cn
销售电话：	（010）85285911
总 经 销：	人民交通出版社股份有限公司发行部
经　　销：	各地新华书店
印　　刷：	北京科印技术咨询服务有限公司数码印刷分部
开　　本：	787×1092　1/16
印　　张：	23.875
字　　数：	589 千
版　　次：	2020 年 6 月　第 1 版
印　　次：	2024 年 12 月　第 3 次印刷
书　　号：	ISBN 978-7-114-15941-1
定　　价：	68.00 元

（有印刷、装订质量问题的图书，由本公司负责调换）

前　言

中国铁路发展进程越来越快，既有线上运输能力越来越紧张，而列车运行的安全、快捷、环保等优越性也越来越明显。随着铁路既有线的提速，企业的用人需求也更加迫切。运营生产一线尤其需要具有专业职业素养，掌握职业岗位所需理论知识和操作技能的高端技能型人才。

我国高等职业教育为了适应企业对职业人才的需求，倡导项目导向、任务驱动的职业教育理念。在"教、学、做一体"的教学模式下，使学生在学习中体会岗位要求，理解岗位所需的知识和技能，缩短与岗位的差距。

本教材通过对岗位职业能力分析，依据铁路行车工作的不同岗位，设计由低到高的车站认知、调车工作、接发列车工作、技术站技术作业过程分析、车站作业计划编制、车站工作统计、车站通过能力与改编能力计算、行车工作计划编制、列车运行图编制、列车调度指挥等10个项目，以此让读者全面了解铁路行车纵向的工作内容。根据典型工作任务确定了每一项目的能力目标和知识目标，以任务导入引入学习任务，以任务描述引入相关理论知识，使学生在学习之前能熟知岗位要求，激发其学习兴趣。

本教材由李慧玲、靳希颖担任主编，霍建维、曾毅担任副主编。李慧玲负责对全书框架和编写思路的设计及全书的统稿、校对工作。具体编写分工如下：武汉铁路职业技术学院曾毅编写项目一、四、十；天津铁道职业技术学院霍建维编写项目二的任务1、任务2、任务3；天津铁道职业技术学院李慧玲编写项目三、八；天津铁道职业技术学院魏宇编写项目九；内蒙古交通职业技术学院赵友编写项目五；天津铁道职业技术学院高艳红编写项目二的任务4、项目六；北京铁路局靳希颖编写项目七。

鉴于编写人员水平有限，书中难免有疏漏之处，恳请各位老师和广大读者提出宝贵意见。

编　者
2019 年 12 月

目 录

项目一 车站认知 ··· 1
　　任务一　客货运站认知 ·· 1
　　任务二　技术作业站认知 ··· 4
项目二　调车工作 ··· 7
　　任务一　调车工作认知 ·· 7
　　任务二　牵出线调车 ·· 17
　　任务三　驼峰调车 ··· 34
　　任务四　中间站调车 ·· 49
项目三　接发列车工作 ·· 59
　　任务一　列车认知 ··· 59
　　任务二　接发列车工作认知 ·· 63
　　任务三　正常情况接发列车作业 ·· 68
　　任务四　行车设备故障接发列车作业 ······································· 83
　　任务五　运行条件变化接发列车作业 ····································· 112
　　任务六　施工(事故)接发列车作业 ·· 125
项目四　技术站技术作业过程分析 ··· 145
　　任务一　技术站的货物列车技术作业 ····································· 145
　　任务二　技术站货车的技术作业 ·· 157
项目五　车站作业计划编制 ··· 163
　　任务一　编制车站班计划 ·· 163
　　任务二　编制阶段计划 ··· 171
　　任务三　编制调车作业计划 ·· 179
项目六　车站工作统计 ·· 192
　　任务一　现在车统计 ·· 192
　　任务二　装卸车统计 ·· 205
　　任务三　货车停留时间统计 ·· 209
项目七　车站通过能力与改编能力计算 ······································ 221
　　任务一　车站能力认知 ··· 221
　　任务二　咽喉道岔组通过能力认知 ·· 224
　　任务三　到发线通过能力认知 ··· 229
　　任务四　车站改编能力认知 ·· 233
　　任务五　提高车站通过能力的措施 ·· 239

任务六　车站工作日计划图 …… 242
项目八　行车工作计划编制 …… 248
  任务一　列车编组计划认知 …… 248
  任务二　装车地直达列车编组计划编制 …… 251
  任务三　技术站列车编组计划编制 …… 254
  任务四　技术计划编制 …… 263
项目九　列车运行图编制 …… 284
  任务一　列车运行图认知 …… 284
  任务二　列车运行图要素分析 …… 291
  任务三　列车运行图编制 …… 301
  任务四　区间通过能力计算 …… 316
项目十　列车调度指挥 …… 323
  任务一　列车调度工作认知 …… 323
  任务二　车流预测与调整 …… 331
  任务三　调度日（班）计划 …… 337
  任务四　调度指挥 …… 346
  任务五　调度命令拟发 …… 355
  任务六　调度工作分析 …… 369
附录　几种常见的表簿 …… 372
参考文献 …… 376

项目一 车站认知

★ 知识重点
1. 车站的定义及分类；
2. 客运站工作组织；
3. 货运站工作组织；
4. 中间站工作组织；
5. 区段站工作组织；
6. 编组站工作组织。

★ 项目任务
1. 正确区分车站与其他分界点；
2. 熟练掌握车站的分类和等级；
3. 熟知中间站的工作内容；
4. 能够区分区段站和编组站工作内容的不同之处。

任务一 客货运站认知

 任务描述

本学习任务需要你作为一名车站值班员针对车站的用途、设备和技术作业内容，独立判断车站的种类和等级，能够准确完整地阐述客运站、货运站的工作内容。

 相关理论知识

一、车站定义、作用及分类

（一）定义

为了完成客货运输任务，组织列车安全运行和保证必要的运输能力，铁路线路都以分界点划分区间或闭塞分区。

分界点是指车站、线路所及自动闭塞区段的通过信号机。

车站是设有配线的分界点，是办理列车交会、越行和客、货运业务或列车、车辆技术作业的基层生产单位，是铁路与人民群众及国民经济各部门的重要联系环节。其作用在于保证行车安全和必要的通过能力，车站工作组织水平在很大程度上影响着铁路运输工作的数量和质量指标，因此改善车站作业组织是提高铁路运输工作水平的重要环节。

（二）作用

车站是铁路运输的基层生产单位，客货运输的始发、中转和终到作业都是在车站进行的。除了办理客货运输各项作业外，车站还要办理与列车运行有关的各项作业，例如列车的接发、会让、越行，车列的解体、编组，机车的换挂、整备，车辆的检查、修理等。

车站将铁路线路划分为若干个区段和区间，其作用在于保证行车安全和必要的通过能力。车站拥有铁路线路、站场、通信、信号等技术设备和行车、客运、货运、装卸等方面的工作人员。

据统计，我国铁路货车周转时间中，车辆在站停留时间约占67%（未包含列车运行过程中在中间站的停留时间）。因而，改善车站作业组织是提高运输工作水平的重要环节。

(三) 分类

1. 按业务性质分类

车站按其主要用途和设备的不同，从业务性质上分为营业站和非营业站。营业站又分为客运站、货运站和客货运站。

(1) 客运站：专门为办理旅客运输而设的车站。客运站通常设在大城市或旅游胜地等有大量旅客到发的地点，主要担当旅客列车的始发、终到作业，以及为旅客提供旅行服务的业务，如图1-1所示。

(2) 货运站：专门为办理货物运输而设的车站。货运站一般设在大城市、工矿地区和港口等有大量货物装卸的地点，主要担当货物列车的始发、终到作业，以及与货运有关的业务，如图1-2所示。

图1-1　客运站　　　　　　　　　图1-2　货运站

(3) 客货运站：既办理客运业务，又办理货运业务的车站。铁路网上绝大多数的车站都属于客货运站。

2. 按技术作业分类

车站按技术作业分为编组站、区段站和中间站。编组站和区段站统称为技术站。

(1) 编组站：通常设在大量车流集中或消失的地点，或几条铁路线的交叉点，其主要工作是改编车流，即大量解体和编组各种货物列车。

(2) 区段站：设于划分货物列车牵引区段的分界处或区段车流的集散地点，一般只改编区段到发车流，解体与编组区段、摘挂列车。区段站一般还进行更换货运机车或乘务员，对货物列车中的车辆进行技术检修和货运检查整理作业。

(3) 中间站：一般设在技术站之间的区段内，办理列车接发、会让和越行作业、摘挂列车的调车以及客货运业务。

此外，车站还可以按其他一些特征加以区分。例如，位于两铁路局集团有限公司管辖分界处的车站，称为分界站；位于海河港湾地区的车站，称为港湾站等。

3. 车站等级

车站按其担负客货运量和技术作业量的大小，以及在政治、经济和铁路网上所处的地位，划分为特等站和一、二、三、四、五等站。车站等级是车站设置相应机构和配备定员的依据。

⚠ **讨论**：在你所见到的铁路车站中，哪些是客运站？哪些是货运站？哪些是编组站？

二、客运站工作组织

(一)旅客运输工作

售票处工作组织:指通过客票发售和预订,将众多的旅客按车次、方向有计划地组织起来,纳入车站旅客运送计划。

旅客乘降工作组织:指有秩序地组织旅客在站内通行、检票进站,走向列车停靠站台上车,以及到达车站下车,旅客在出站口检票出站。

客运服务工作:包括问事处服务工作、随身携带品暂存处工作及候车室服务工作。

(二)行包运输工作

行包发送作业:包括承运、保管、装车作业。

行包到达作业:包括卸车、保管、交付作业。

行包中转作业:指行包在中转站卸下后,装入另外的旅客列车行李车继续运送的作业。

卸车:行李员于列车到达前应了解行李预报情况,组织劳动力至车站站台。列车到达后,检查清点运输报单总数与交接证相符后,按票卸车,如图1-3所示。

保管:行包入库后,业务量小的车站可按仓库具体情况堆放,业务量大的车站可采用不同形式堆放。

交付:交付是行包运输的结束,应建立交付制度,防止交付错误。办理交付的行李员应按票核对行包的货签、号码、发到站、姓名、品名、件数,相符后加盖交付戳记,并将行包交付旅客及收货人。

(三)技术作业

技术作业包括旅客列车接发、机车摘挂、列车技术检查、车底取送、个别客车甩挂以及餐车整备等。

三、货运站工作组织

(一)货运站的分类

(1)按办理货物的种类及服务对象,可分为综合性货运站和专业性货运站。

(2)按办理货物作业的性质,可分为装车站、卸车站、装卸站和换装站。

(3)按与正线连接的方式,可分为尽头式货运站和通过式货运站。

(二)货运站的作业内容

货运站的主要作业包括运转作业和货运作业。有的货运站尚有机车整备作业、车辆洗刷消毒和冷藏车的加冰作业,以及少量的客运作业。如图1-4所示为货运作业。

图1-3 行包装卸

图1-4 货运作业

1. 运转作业

(1)办理从编组站开来的小运转列车或从衔接区间开来的直达列车的接车作业。
(2)按装卸点选编车组、调送车组及按货位配置车辆。
(3)收集各装卸点装卸完毕的车组,并在调车线上进行集结。
(4)编组小运转列车或直达列车,向编组站或衔接区间发车。

2. 货运作业

(1)货物的托运和交付。
(2)货物的装卸和保管。
(3)货运票据的编制。
(4)货物的过磅、分类、搬运、堆码及换装、加固、检查装载。
(5)办理铁路与其他运输部门的联运。

3. 兼办作业

(1)部分客、货列车的接发、通过和交会。
(2)不良车的修理。
(3)调车机车的整备。
(4)车辆的清扫、洗刷、消毒,保温车的加冰等。

四、客货运站工作组织

客货运站是既办理客运业务,又办理货运业务的车站。我国铁路绝大多数车站都属于客货运站。

巩固提高

1. 什么是车站?
2. 车站在铁路运输工作中的主要作用是什么?
3. 车站按业务性质是如何分类的?按技术作业性质又是如何分类的?
4. 客运站的工作内容有哪些?
5. 货运站的工作内容有哪些?

任务二 技术作业站认知

任务描述

本学习任务需要你作为一名车站值班员来判断车站的种类,并且分析车站的具体作业内容。为完成这些作业内容,车站应该配备哪些设备;能够区分区段站和编组站。

相关理论知识

中间站、区段站、编组站在铁路网上所处的位置不同,它们所担当的作业量和配置的设备也就不同。

一、中间站工作组织

中间站包括会让站和越行站,设在技术站之间的区段内,是铁路网上数量最多的车站。

除办理客运、货运业务外,主要还办理以下行车作业:

(1)接发列车,这是中间站最主要的行车工作,包括接车、发车和通过列车作业。

(2)沿零摘挂列车的车辆摘挂和到货场或专用线取送车辆的调车作业。某些装卸作业量大或干支线衔接的中间站,还办理一些列车的解编调车作业。

(3)其他作业,例如位于长大上下坡道前的中间站,对车辆自动制动机进行持续一定时间的全部试验、凉闸或更换闸瓦;使用补机地段两端的中间站,还要办理补机的摘挂作业等。

中间站的设备视其作业内容和工作量的大小而定,一般有以下客运、货运和行车设备:

(1)站线,包括列车到发线和货物装卸线,调车作业量较大的中间站还有调车线和牵出线。

(2)客运设备,包括旅客站舍(售票房、候车室、行包房)、旅客站台。旅客到发较多的中间站还有雨棚和跨越设备(天桥、地道)等。

(3)货运设备,包括货物仓库、站台和货运室等。

(4)其他设备,包括信号、联锁、闭塞、通信、照明设备和装卸机具等;电气化铁道的中间站还有牵引供电设备。

单线、双线铁路中间站的布置,分别如图1-5、图1-6所示。

图1-5 单线铁路中间站布置示意图

图1-6 双线铁路中间站布置示意图

二、区段站工作组织

区段站设在机车牵引区段的分界处,除办理客货运业务外,主要办理以下行车(运转)作业:

(1)接车和发车作业。区段站一般不办理货物列车通过作业。

(2)中转列车作业。这是区段站的主要行车工作。为保证列车继续运行的安全和货物完整,货物列车要在区段站进行更换机车、检查车辆技术状态和货物装载情况等中转列车作业。

(3)区段列车、摘挂列车到达、解体、编组与出发作业。

(4)向货物装卸地点取送车辆的调车作业。

区段站除有中间站的全部设备外,还有以下主要技术设备:

(1)运转设备,包括列车到发场、调车场、牵出线或驼峰。

(2)机务设备,包括机务段或折返段内的机车检修与整备设备、站内的机车走行线和机待线等。

(3)车辆设备,包括车辆段或列车检修所、站修线和制动检修设备。单线横列式区段站布置,如图1-7所示。

三、编组站工作组织

编组站通常设在大城市或大厂矿所在地或衔接三个以上铁路线、有大量车流集散的地点,除办理区段站的全部作业外,其主要工作是改编车流,即解体和编组各种货物列车。

图1-7 单线横列式区段站布置图

(1)解编各种类型的货物列车。
(2)组织和取送本地区的车流,即小运转列车。
(3)设在编组站的机务段还需供应列车动力,以及整备、检修机车。
(4)设在编组站的车辆段及其下属单位(站修所、列检所)还要对车辆进行日常维修和定期检修等。

如图1-8所示为武汉北编组站。

图1-8 武汉北编组站

编组站拥有比区段站数量更多、规模更大的列车到发场(包括到达场、出发场、到发场),具有线路更多的调车场,采用驼峰调车(机械化驼峰、半自动化或自动化驼峰),一般都设有机务段和车辆段。

双线二级四场编组站的布置,如图1-9所示。

图1-9 双线二级四场编组站布置示意图

 巩固提高

1. 中间站一般办理哪些技术作业?
2. 区段站的主要行车工作是什么?除此以外还办理哪些技术作业?
3. 编组站的技术作业包括哪些内容?与区段站相比,编组站的设备有什么不同?

项目二　调　车　工　作

★ **知识重点**
1. 调车工作的定义及分类；
2. 调车工作的领导与指挥；
3. 调车作业速度限制；
4. 牵出线调车的基本因素；
5. 牵出线调车的作业方法；
6. 溜放调车的限制；
7. 牵出线调车的作业程序；
8. 驼峰调车作业过程及特点；
9. 车辆通过驼峰的限制；
10. 驼峰作业方案；
11. 中间站车流组织；
12. 摘挂列车作业过程；
13. 加速摘挂列车作业的方法。

★ **项目任务**
1. 能确定合适的调车作业方法；
2. 能正确放风与拉风；
3. 能正确摘接制动软管；
4. 能正确选闸、试闸与拧闸；
5. 能正确进行提钩作业；
6. 能正确进行铁鞋制动；
7. 能正确操纵车辆减速器；
8. 能正确摘车与挂车；
9. 能正确填写出站(跟踪)调车通知书；
10. 能正确采取防溜措施。

任务一　调车工作认知

任务描述

调车工作是车站行车组织工作的基础，由调车长岗位群依据调车作业计划，借助各种调车设备来实现。本学习任务需要你作为一名调车长根据调车作业任务、调车设备，独立判定调车作业情况及条件，选择调车作业标准，确定调车作业种类及方法，并能依据《铁路技术管理规程》(以下简称《技规》)和《铁路调车作业标准》的有关规定条理清晰地说明你的理由。

相关理论知识

调车工作是铁路运输过程的重要组成部分，也是车站行车组织工作的基础。调车工作的质量对车站及时编解列车、取送货物作业车辆和检修车辆，缩短车辆在车站停留时间、加速车辆周转，保证车站畅通等起着决定性的作用。对于技术站来说，更是其日常运输生产的重要内容。

一、调车工作的定义及分类

(一)调车的定义

除列车在车站到达、出发、通过及在区间运行外，凡机车车辆进行的一切有目的的移动，统称为调车。它包括列车的编组、解体、摘挂、转线,车辆的取送、转场、调移以及机车的转线、出入段等。

(二)调车的分类

1．调车按其设备不同分类

调车按其设备不同分为牵出线调车和驼峰调车。

2．调车按其作业目的不同分类

(1)解体调车——将到达的车列或车组,重车按去向、空车按车种,分解到指定的线路上。

(2)编组调车——根据《技规》、列车编组计划和列车运行图的要求,将车辆选编成车列或车组。

(3)摘挂调车——为列车补轴、减轴、换挂车组或摘挂车辆等作业。

(4)取送调车——为装卸货物、检修、洗刷消毒车辆等目的,向指定地点(装卸线、检修线等)送车或取回车辆。

(5)其他调车——如车列或车组转场,整理车场,对货位,机车转线,机车出入段等。

二、调车工作的一般要求

车站的调车工作,应按车站的技术作业要求及调车作业计划进行。参加调车作业的人员应做到:

(1)及时编组、解体列车,保证按列车运行图的规定时刻发车,不影响接车。

(2)及时取送客货作业和检修的车辆。

(3)充分运用调车机车及一切技术设备,采用先进工作方法,用最少的时间完成调车任务。

(4)认真执行作业标准,保证调车有关人员的人身安全及行车安全。

三、调车工作的领导与指挥

调车工作是一项由多工种联合行动的复杂工作。调车工作不仅作业场地大、调动的机车车辆多种多样、作业人员及工种多,而且作业组织比较复杂、作业方法灵活多变、影响调车作业效率的因素较多。为安全、迅速、高质量地完成调车任务,调车工作必须实行统一领导和单一指挥。

(一)统一领导

统一领导,是指在同一时间内,一个车站只能由车站调度员统一领导全站调车工作。车站的有关调车区长应根据车站调度员布置的调车工作任务,领导本区的调车工作。未设车站调度员的由调车区长,未设调车区长的由车站值班员统一领导。

各调车区之间相互关联的调车工作,应按车站调度员的指示进行,调车区长不得去领导其他场(区)的作业。车站调度员、调车区长在领导调车工作中,遇有占用正线、到发线和机车走行线以及影响接发列车进路的调车工作时,必须与车站值班员联系,取得其同意后方可进行。

车站的调车工作由车站调度员(未设车站调度员的由调车区长、未设调车区长的由车站值班员)统一领导。分场(区)时,各场(区)的调车工作由负责该场(区)的车站调度员或该场(区)的调车区长领导。

动车段(所)调车工作的领导及指挥由铁路局集团有限公司规定。

(二)单一指挥

单一指挥,是指在同一时间内,一台调车机车对调车作业计划的执行、作业方法的拟定和布置以及调车机车的行动,只能由调车长一人负责指挥。未配调车长的车站,由本务机车进行车辆摘挂作业时,可由车站值班员、助理值班员担任指挥工作。遇有特殊情况,上述人员不能指挥作业时,可由经鉴定、考试合格取得调车长资格的胜任人员代替调车指挥工作。如果一个调车组配有两名调车长时,对每台担当调车作业的机车,在同一班次内,不得轮流指挥。当必须更换指挥人时,应按各铁路局集团有限公司有关规定办理。在调车作业中,所有调车有关人员(调车组、扳道组、机车乘务组)都必须服从调车指挥人的指挥。

集团有限公司调车作业由调车长单一指挥。利用本务机车进行调车作业时,可由车站值班员或助理值班员担任指挥工作。遇有特殊情况,可由经鉴定、考试合格取得调车长资格的胜任人员代替。

⚠ 讨论:如果现在要将一列列车的车底从车库里调到到发线,需要怎么做?需要哪些人参与?

四、调车区的划分及调车机车的分工

(一)调车区的划分

调车工作繁忙、配线较多的车站,配有两台以上调车机车时,应根据车场设置特点、调车作业性质、车流特点和车站配线等情况,划分每台调车机车的固定作业区域,简称调车区。每个调车区有固定的调车机车和调车组。规定每一调车区及调车机车担负的作业种类和工作任务,以及相互之间联系配合的制度和办法,以建立正常的作业秩序,保证作业安全,提高作业效率。在没有做好联系和防护之前,不允许放行越区车或转场车;越区作业的联系和防护办法,应在《车站行车工作细则》(以下简称《站细》)内规定。

1. 划分调车区的原则

划分调车区的基本原则是:保证各调车机车在作业上互不干扰和抵触,调车机车、驼峰、牵出线及调车线负担的任务相对均衡合理;保证加速解编作业,减少重复作业,充分挖掘潜力;保证调车作业和接发列车的安全。

2. 划分调车区的方法

划分调车区的方法,应根据车站的调车任务、车流和调车线配置等情况而定,并在《站细》里规定,一般采用以下两种方法:

(1)对于调车作业互不干扰、设有牵出线和一定数量调车线的独立车场,可单独划区管理。在调车作业量较大的货场、交接场和专用线,在配有专用的取送调车机车时,也可以划为单独的调车区。

(2)对于两端均设有牵出线和驼峰,或一端有牵出线、一端设有驼峰的车场,可实行纵向划分调车区或横向划分调车区。

①纵向划分调车区。按车流大小和列车编组计划规定组号的多少,以调车线的线束或股道数的多少划分为两个调车区。纵向划分调车区时,在本区管辖的线路上可以进行溜放、推送和连挂,越区作业时,应征得对方同意。纵向划分调车区的优点是便于掌握调车线的使用,避免同一线路两端同时作业而产生的不安全因素;其缺点是对于线路少、车流方向多的车站,将会产生线路不足,增加重复改编作业。纵向划分调车区适用于调车线路较多的车站。

②横向划分调车区。从调车场的中间或指定地点,用垂直线将调车场划分为左右两个调车区。两调车区之间设立不少于20m的安全区,作为彼此隔开的安全措施。作业时,两端调车机车推送或连挂车辆,不得侵入安全区。横向划分调车区的优缺点与纵向划分调车区相反,适用于调车线较长、数量较少的车站。

(二)调车场两端调车机车的分工

调车场两端调车机车的分工如下:

(1)一端解体、一端编组,或以一端解体为主,一端编组为主。适用于调车场一端设有驼峰,另一端设有牵出线的车站。由驼峰负责解体,牵出线负责编组,可以充分发挥驼峰和牵出线设备的效能。

(2)一端负责解编某一方向的列车,另一端负责解编另一方向的列车。适用于横列式车站,调车场两端设有简易驼峰或牵出线,而两个方向的改编作业量又大致相等的车站。其优点是可以充分利用调车设备,均衡两端调车机车负担,减少重复作业,便于采用解编结合的调车方法。

(3)以一端调车机车为主,另一端为辅。解编作业基本上由主调车机车担当,另一端调车机车负责车辆取送、车组甩挂作业,必要时协助主调车机车进行解编作业。适用于解编作业量不大的车站。

(三)调车场同端调车机车的分工

当调车场的任何一端具有一条以上的牵出线或驼峰溜放线,配属一台以上的调车机车,共同担负调车场一端的解编工作时,为使各台调车机车平行作业、互不干扰,调车场同端的调车机车的作业也应进行分工。其分工方式有如下两种:

(1)固定作业区域。将每台调车机车固定在一条牵出线或驼峰溜放线上,专门担负一定方向的列车解体或编组工作。这种方式有利于建立良好的作业秩序,作业计划组织比较简单,例如,调车场尾部有两条牵出线、两台机车作业时,可划分为两个调车区。但当各方向解编任务不够均衡或车流波动较大时,难免会产生忙闲不均、作业不够协调、调车机车能力不能充分利用等情况。

(2)不固定作业区域。这种分工方式不固定每台调车机车占用牵出线或驼峰溜放线。由于不固定作业区域,相应地也就不固定一定方向的解编任务,而是由调车领导人根据作业计划的要求,考虑各台调车机车的作业进度,灵活掌握、机动分配每台机车的作业区域和所担负的任务。这种方式只要运用得当,能够克服前一种方式的缺陷,就能更好地发挥调车机车的生产效能。例如,双推单溜的驼峰、两台调机的作业就可不固定作业区域,但是,它也给调车作业增添了复杂性,要求调车工作领导人具备较高的计划组织水平和调车组人员具有比较全面熟练的生产技能。

五、调车工作中的"九固定"

为使参加调车作业的人员在作业中相互协调、紧密配合以及熟悉调车技术设备及工具的性能,便于及时操作和使用,调车工作必须"九固定",即固定调车作业区域、线路使用、调车机车、人员、班次、交接班时间、交接班地点、工具数量及其存放地点。

1. 固定调车作业区域

在调车作业繁忙、配线较多的车站,配有两台或两台以上调车机车时,应根据车站作业特点、设备情况及调车作业性质,划分每台调车机车的固定作业区域,以减少各调车机车作业的相互干扰,并有利于作业人员熟悉本区作业性质和设备状况,掌握作业区调车工作的规律,避免在作业中发生冲撞等事故。

2. 固定线路使用

固定线路使用是指按列车编组计划方向的要求、车流量的大小,结合线路配置情况以及特殊用途等合理安排车辆的集结线路,分类固定使用。这样既可以有效地使用线路,又可以减少重复作业,缩短调车行程,提高调车效率。

(1)调车线路固定使用的要求

①解体照顾编组,特别要保证干线车流的解体照顾编组。

②车辆重复改编作业要少。

③列车解体、编组作业进度要快。

④驼峰和牵出线的作业要配合。

(2)调车场线路固定使用方法

分配调车场线路用途时,先计算出各种用途线路所需要的线路数目,然后根据以上要求指定线路用途。

①每一编组去向的车流指定一条线,如线路少、编组去向多时,应先满足主要车流,分配单独的线路,其余车流采用合并使用线路。

②对车流量大的编组去向,分配较长的线路。

③为均衡牵出线的作业量,应将几个车流大的编组去向固定在衔接不同的调车线上。

④尽量减少调车作业的干扰。

⑤照顾车辆的溜行性能。

⑥便于检修和其他作业。

3. 固定调车机车

调车机车与本务机车担当的任务不同,机车装备也不同。为便于调车工作,要求调车机车起、停快,前后瞭望条件好,能顺利通过较小半径的曲线。因而,调车机车要车身短,轴距小,前后均有头灯、防滑踏板、扶手把以及无线调车设备。为此,担当调车作业的机车应固定使用。

4. 固定人员

调车作业是由多工种配合进行的,包括调车组人员、调车机车乘务人员和扳道人员等。由于单位不同、工种不同,只有相对稳定地协同工作,才有利于相互熟悉,协同作业。

5. 固定班次

调车组与机车乘务组、扳道组的班次必须统一、固定。

6. 固定交接班时间

固定交接班时间,可以避免交接班人员相互等待,有利于缩短非生产时间。

7. 固定交接班地点

交接班时调车机车停放地点及有关人员交接地点均应固定,以便建立良好的作业秩序。

8. 固定工具数量

调车机车及调车组应配备足够数量的调车工具和备品,是做好调车工作的物质保证,且必须质量良好,以免工具数量不足或质量不好而危及作业安全。

9. 固定工具存放地点

铁鞋、鞋叉、安全带、调车灯(旗)、无线调车设备等调车工具应存放在固定地点,以便于及时取用和保管。制动及防溜铁鞋应放置在《站细》规定的地点,用后归位。制动铁鞋应成组放置在鞋台上(在雪少地区可放在涂有特殊标记的钢轨外侧),每组铁鞋只数及组距由车站规定。

六、调车作业计划的布置、传达与变更

(一)调车作业计划的布置

调车领导人应正确及时地编制、布置调车作业计划。布置调车作业计划时,应使用调车作业通知单。中间站利用本务机车调车,应使用有示意图的调车作业通知单(示意图可另附)。使用无线调车灯设备的车站,调车作业计划布置方法由铁路局集团有限公司规定。

列车在到达线路内拉道口、对货位、直接后部摘车、本务机车(包括重联机车、补机)摘挂及转线、企业自备机车进入站内交接线整列取送作业,可不使用调车作业通知单。自轮运转特种设备调车作业是否需要使用调车作业通知单由铁路局集团有限公司规定。

调车领导人与调车指挥人必须亲自交接计划。如果遇到调车领导人的工作处所不在本调车区,或者调车指挥人由于连续工作不能离开工作地点等情况,或者由于设备原因,与调车指挥人亲自交接计划确有困难以及设有调车作业通知单传输装置的车站,具体交接办法在《站细》中规定。例如有些车站规定:使用计算机传送计划时,调车指挥人可在打印机终端直接接收计划,调车领导人与调车指挥人可不亲自交接计划。

调车领导人与调车指挥人亲自交接计划,是因为调车指挥人亲自到调车领导人处所去接受调车任务,联系计划,听取指示,这不仅能防止误传,而且能交换更多的意见,了解全面的意图,正确及时地掌握各种注意事项,以保证安全生产,提高作业效率。

一批作业(指一张调车作业通知单)不超过三钩时,可口头方式布置(中间站利用本务机车调车除外),有关人员必须复诵。连续以口头方式布置计划时,必须待一批作业完成后,方可布置下一批计划。传达计划时,必须认真听取接受者复诵。如没有计划、计划不清、接受者不复诵,则不准进行调车作业。

(二)调车作业计划的传达

为了正确及时地完成调车作业计划规定的任务和要求,调车指挥人接受调车作业计划后,应根据调车作业计划制定具体作业方法,连同注意事项,亲自向司机交递和传达。但站场设备比较分散、业务量大的车站,调车指挥人对其他有关人员,应亲自或指派连结员进行传达。具体传达办法,在《站细》内规定。例如:在驼峰作业时,允许调车领导人直接向峰顶的提钩人员和峰下铁鞋制动组长进行布置;平面调车时,除司机和连结员必须由调车指挥人传达外,其他人员可由连结员代传达。

制动组长接受调车作业计划后,要明确分工,向制动员布置重点注意事项,并及时听取复诵。

调车作业计划的传达是保证调车作业时有关人员行动和安全的关键环节。调车作业开始前无论采取何种传达和联系方法,最后都必须由调车指挥人确认有关人员均已了解调车作业计划后,方可开始作业。

动车段(所)调车工作的计划编制及下达办法由铁路局集团有限公司规定。

(三)调车作业计划的变更

变更计划主要是指变更股道、辆数、作业方法及取送车作业区域或线路。

调车作业计划有一定的严肃性,所以原则上不应变更。随意变更计划,既不安全,也会

影响作业效率。变更调车作业计划,常常因为传达不彻底而引起混乱,甚至造成事故。但是,调车作业涉及的因素很多,绝对不变更计划是很难做到的。因此,一旦变更计划,一定要做到"传达彻底"。

1. 变更计划的原因

变更计划的原因主要有以下几点:

(1)原计划有错。例如车数不对、股道不对或股道满线等。

(2)布置计划后发现故障车,或是发现预报车数与现车数不相符。

(3)实际作业未按规定进度进行,或遇到临时特殊情况,必须变更原来计划。

2. 变更计划的要求

(1)变更调车作业计划应重新填写调车作业通知单并书面下达。如来不及时,对一批作业变更计划不超过三钩时,允许口头方式布置,有关人员必须复诵;超过三钩时,应重新下达书面计划。若仅变更作业方法或辆数时,则不受口头变更三钩的限制,可不停车传达,但调车指挥人必须向有关人员传达清楚,有关人员必须复诵。变更股道时,必须停车传达。

(2)中间站利用本务机车调车时,无论变更钩数多少,均应重新填写附有车站线路示意图的调车作业通知单(示意图可另附),不准口头变更计划。

(3)驼峰解散车辆,若只变更钩数、辆数、股道时,因对司机的操纵影响不大,可不通知司机,但调车机车变更为下峰作业或向禁溜线送车时,须通知司机。

(4)在作业中,调车指挥人发现必须变更计划时,应先停车,向调车领导人汇报,征得调车领导人的同意。变更正线、到发线上的调车作业计划时,调车指挥人须先征得车站(场)值班员的同意。调车机车在岔线、段管线、货物线内遇到调车作业计划与实际情况不符,必须变更或重新编制计划而又与调车领导人联系有困难时,调车指挥人可自行变更或重新编制计划,但作业完成后,应及时向调车领导人汇报计划变更和车辆停留情况。

(5)调车领导人变更调车作业计划时,必须布置给调车指挥人;调车指挥人变更调车作业计划时,必须向有关人员传达清楚,听取复诵,确认有关人员均已明了后,方准作业。

七、调车信号显示要求

(1)调车作业时,调车人员必须正确及时地显示信号;机车乘务人员要认真确认信号,并回示。

(2)推进车辆连挂时,要显示十、五、三车的距离信号,否则不准挂车;没有司机回示,应立即显示停车信号。

(3)推送车辆时,要先试拉。车列前部应有人瞭望,并及时显示信号。

(4)当调车指挥人确认停留车位置有困难时,应派人显示停留车位置信号。

(5)调车人员不足2人时,不准进行调车作业。

八、调车进路的准备

调车进路的准备,是扳道员、信号员按照调车作业通知单的要求或车站值班员的命令,正确及时地操纵道岔。在集中联锁车站,道岔由信号员按下有关按钮,进路排好后,调车信号自动开放;在非集中联锁车站,道岔由扳道员在现场操作,当进路准备妥当后,由扳道员显示有关信号。信号员在控制台上操作道岔、信号时,要眼看、手指、口呼,严格执行"一看、二按、三确认、四呼唤"制度,严禁他人操纵;扳道员在操纵道岔时,要严格执行"一看、二扳、三确认、四显示"制度。

"一看"：看接车线是否空闲；看道岔的开通位置；看邻线有无机车车辆越过警冲标或联动道岔。

"二扳（按）"：指将道岔扳（按）至所需位置。

"三确认"：扳道员确认进路上有关道岔开通位置是否正确，闭止块（锁闭块）是否落槽，尖轨与基本轨是否密贴；信号员确认控制台上进路开通光带是否正确。

"四显示（呼唤）"：确认无误后，按规定向要道人员显示股道号码信号和进路准备妥当的手信号（或向车站值班员汇报进路），并进行呼唤。

扳道员在扳动道岔时，应做到"三不扳"，即溜放车组间隔不足规定安全距离时不扳，车辆未过联动道岔时不扳，有压标车或有侧面冲突的可能时不扳。

显示道岔开通信号时，要先显示股道号码信号（有股道号码表示器装置除外）。

作业中，扳道员、信号员、驼峰作业员要按调车作业通知单的作业钩序准备进路，并在每钩作业计划完成后，在调车作业通知单上立即注销该钩，简称"干一钩、抹一钩"。

九、调车进路的确认

在调车作业中，单机运行或牵引车辆运行时，前方进路的确认由机车司机负责；推进车辆运行时，前方进路的确认由调车指挥人负责，如调车指挥人所在位置确认前方进路有困难时，可指派调车组其他人员确认。

没有看到调车指挥人的起动信号，不准动车，但单机返岔子或机车出入段时，可根据扳道员显示的道岔开通信号或调车信号机显示的进行信号动车。无扳道员和调车信号机时，调车指挥人确认道岔开通正确（如为集中操纵的道岔，还须与操纵人员联系）后，向司机显示起动信号。

十、要道还道

1. 要道还道制度

在调车作业中，为保证调车进路的正确，防止发生挤岔子和进入异线等事故，非集中区调车作业时，调车有关人员要认真执行要道还道制度。"要道还道"是指调车指挥人、调车司机与扳道人员之间要调车进路、准备调车进路、检查调车进路、通报调车进路开通正确的一种联络方法。要道还道起人工联锁、互相检查的作用。通过互相监督、人员联系、区域联防、互相检查制度，把分散的道岔联成一个整体，以保证调车进路准备的正确。

要道还道制度分两种情况：一种是以调车长、司机为一方，以扳道人员为另一方，确认进路准备是否妥当、正确；另一种是当调车进路上配有两名及两名以上扳道员时，在互相检查、确认调车进路是否正确时，也要执行要道还道制度。由于各站线路配置不同，扳道员之间的要道还道办法按《站细》中的规定执行。

连续溜放和驼峰解散车辆时，第一钩应实行要道还道制度（集中联锁设备除外），从第二钩起，按调车作业通知单的要求扳动道岔，不显示道岔开通信号。对下列情况也要执行要道还道制度：

(1) 加减钩（包括单机"打爬"和顶线）。

(2) 向停放装有危险品、爆炸品车辆的线路进行调车作业。

(3) 变更进路（包括经驼峰变更为迂回线或者反之）。

(4)变更计划(指股道的增减变更)。

(5)调车机车在非固定作业区域作业。当调车作业需要在进路上中途折返时,应由靠近机车车辆的扳道员向折返径路上的扳道员要道,并回示道岔开通信号后,再向调车指挥人或司机显示道岔开通信号,调车机车方能折返。

2.要道还道制度的有关要求

在非集中联锁的调车区或车站作业时,扳道员根据调车作业通知单及调车指挥人的信号要求,正确及时地扳动道岔、显示信号以确保调车进路正确。需要取消已经开通的进路时,必须联系彻底后,方可扳动道岔。进路上有两名及两名以上的扳道员时,由距要道机车方向最近的扳道员由近而远要道,由远而近还道。

非集中区去集中区,集中区去非集中区的联系办法,按《站细》规定办理。

十一、调车作业速度的限制

调车作业要做到安全、迅速、准确,掌握调车速度是关键。调车速度是根据调车作业的特点,调车时所经线路、道岔的允许速度,调动特殊构造的车辆或装载特殊货物车辆的要求,以及保证调动车列运行中的安全而规定的。作业中还应根据带车多少、制动力大小以及距离远近等,由司机和调车指挥人员共同掌握。

进行调车作业的司机,必须严格按照《技规》和《铁路调车作业标准》等有关章程规定的限制速度和调车指挥人的信号操纵机车,在任何情况下,不准超速作业。调车指挥人除了注意观速、观距、及时准确地显示信号外,还要准确掌握速度;若发现司机因超速而危及安全时,必须立即显示停车信号。

调车作业要准确掌握速度及安全距离,并遵守下列规定。

(1)在空线上牵引运行时,不准超过40km/h;推进运行时,不准超过30km/h。调车作业时,被调动车辆的自动制动机一般没有全部加入机车操纵的自动制动系统,车列的停车和减速全凭机车自身的制动力;同时,调车机车的牵引是正向、逆向交互进行,有时瞭望不便;再则,进行调车作业的线路标准,道岔号码通常低于正线、到发线的标准,铁路标准低于国家铁路标准。因此,在空线上牵引运行时,不得超过40km/h。推进运行时,除了同样受上述条件限制外,还因车列在前,机车在后,司机不便于瞭望信号。进路需依靠车列前端的调车组人员负责确认,司机需依靠调车指挥人中转信号操纵机车,一旦发生危险情况,中转信号又需时间,使司机制动时机推迟,故须降低速度。

(2)调动乘坐旅客或装载爆炸品、气体类危险货物、超限货物的车辆时,不准超过15km/h。为保证旅客的安全和舒适,防止装有爆炸品、气体类危险货物及超限货物的车辆,由于高速调动或紧急制动引起货物爆炸、货物窜动等意外事故,因而调动速度不得超过15km/h。调动装载超限货物的车辆时,调车领导人应将作业限制通知调车组及其他人员。作业中应注意道岔握柄、道岔表示器、信号机柱、邻近线路建筑物的限界及邻线停留车的情况,以确保安全。

(3)距停留车位置十、五、三车时,速度分别为17km/h、12km/h、7km/h;接近被连挂的车辆时,不准超过5km/h。为了平稳连挂,避免调车机车与连挂车辆发生冲撞,保证车辆和装载货物的完整及调车作业安全,目前,我国全路主要编组站的调速系统均按5km/h设计和作业,即驼峰出口速度为5km/h,减速顶临界速度为5km/h,所以规定连挂速度不得超过5km/h。

(4)因各站驼峰设备条件不同,推上驼峰解散车辆时的速度和装有加、减速顶的线路上的调车速度在《站细》内规定。

(5)经过道岔侧向运行的速度,应根据辙叉号数按《技规》规定或由工务部门根据道岔具体条件规定,并纳入《站细》。

(6)在尽头线上调车时,距线路终端应有10m的安全距离。遇特殊情况,必须近于10m时,调车指挥人应通知司机,并严格控制速度。尽头线末端均设有车挡或端部站台,取送车时,因司机在另一端,在制动距离掌握上稍有不慎,则可能与车挡或端部站台碰撞而造成事故,故应有10m的安全距离。遇必须在端部站台装卸货物或因货位紧张利用安全距离内的线路进行装卸作业而要求车辆进入10m之内时,必须严格控制速度。为保证作业安全,在接近车挡或尽头站台10m以内取、送车辆时,距车挡、尽头站台等适当距离处应一度停车,再以不超过5km/h的速度连挂,或靠近尽头站台。

(7)电力机车、动车组在有接触网终点的线路上调车时,应控制速度,机车距接触网终点标应有10m的安全距离。遇特殊情况,必须近于10m时,要严格控制速度。在电气化铁路区段,为了避免电力机车在设有接触网终点标线路上调车时,因运行速度高,停车不及时,易刮坏机车和接触网设备等,因此,对电力机车规定了距接触网终点标应有10m安全距离。遇天气不良等非正常情况进行调车作业时,由调车指挥人根据天气情况适当降低速度。发生其他非正常情况,如邻线线路施工或发生事故,其人员和机械工具随时可能侵入本线限界时,允许调车领导人向调车人员提出限制速度的要求,以确保调车作业安全进行。

(8)旅客未上下车完毕,除本务机车、补机摘挂作业外,不得进行旅客列车(车底)的连挂作业。

(9)遇天气不良等非正常情况,应适当降低速度。

十二、连接制动软管的规定

在一般情况下,调车作业时,车列的减速和停车都是靠机车本身的制动力,不需要连接制动软管。但在不利地形和特殊条件下,为使调车车列能及时停车,应连接制动软管。连接制动软管数量过多,会因摘接制动软管、车列充风而延长作业时间;连接制动软管数量过少,会影响制动力。

在超过2.5‰坡度的线路上进行调车作业时,应有安全措施。没有采取好防溜措施,不得摘开机车。转场及在超过2.5‰坡度的线路(驼峰作业除外)调车时,10辆及10辆以下是否需要连接制动软管及连接制动软管的数量,11辆及11辆以上必须连接制动软管的数量,以及以解散作业为目的的牵出是否需要连接制动软管,由车站和机务段根据具体情况共同确定,并纳入《站细》。

十三、动车组调车作业规定

动车组调车作业时原则上采用自走行方式,并应执行下列规定:

(1)司机应在动车组运行方向的前端操作,前方进路的确认由动车组司机负责。在不得已情况下必须在后端操作时,应指派随车机械师或其他胜任人员站在动车组运行方向的前端指挥;发现危及行车或人身安全时,应立即使用紧急停车按钮(紧急制动装置)或通知司机停车。后端操作时,速度不得超过15km/h。

(2)禁止连挂其他机车车辆(救援机车、附挂回送过渡车、动车组无动力调车时的调车机车、公铁两用牵引车除外)调车。

模拟练习

请分组模拟扮演车站调度员、调车长完成调车作业计划的布置、传达与变更。

原计划:6+31 8—4 9—2 11—1 12+2 13+2 7—28

变更后的计划:6+24 7—24 6+7 8—4 9—2 11—1 12+2 13+2 7—4

(1)该批计划变更了几钩？能否口头方式变更计划？说明原因。

(2)计划变更后该如何布置与传达？

 巩固提高

1. 调车作业前应做好哪些准备工作？
2. 简述不同情况下调车速度的限制。
3. 什么叫调车？调车工作分为哪几类？
4. 参加调车作业的人员应做到什么？
5. 调车作业由哪些人领导？调车作业由哪些人指挥？
6. 调车信号显示有哪些要求？
7. 调车作业计划如何布置和传达？变更调车作业计划有什么限制？
8. 调车作业计划变更钩数应如何计算？
9. 调车速度有何限制？

任务二 牵出线调车

任务描述

本学习任务需要你作为一名调车长根据调车作业任务、调车设备和环境,独立确定调车作业方法,正确选择并执行调车作业程序及标准,并在调车作业前派人做好排风、摘管及人力制动机的选闸、试闸等准备工作,并能依据规章与规定,清晰地说明你的理由。

相关理论知识

牵出线调车是一种以机车推力为主的调车作业方式。牵出线调车是我国铁路目前最基本的调车作业方式。在全路总的调车工作量中,牵出线调车占有相当大的比重。牵出线调车的效率是决定车站改编能力的一项重要因素。

牵出线有平面牵出线和坡度牵出线之分。我国铁路车站大多数牵出线是平面牵出线。本节主要介绍平面牵出线调车。

一、牵出线调车的基本因素

任何一种调车作业都是由若干调车钩和调车程这两种基本因素组成的。

(一)调车钩

1. 定义

调车钩系指机车完成连挂、摘解或溜放一组车辆等调车工作的基本单位。我国铁路车站编制的调车作业计划就是以调车钩为单位,按其先后顺序排列的。例如,车站要由列车的尾部摘下一组车辆,就必须先用机车将该组车辆挂上,并拉至牵出线上,然后将其送至指定地点摘下,需要经过一个挂车钩和一个摘车钩才能完成。

2. 分类

调车钩按其性质不同,主要分为挂车钩和摘车钩两种。

(1)挂车钩是指机车(或挂有车辆)驶往线路内连挂车辆后,牵出至开始进行下一项作业地点的调车钩,如图 2-1 所示。

(2)摘车钩按其采用的作业方法不同,又可分为推送钩和溜放钩两种。

①推送钩是指机车将车组推送至线路内预定地点摘车后,返回至开始进行下一项作业地点的调车钩,如图 2-2 所示。

②溜放钩是指机车用溜放方法完成摘车作业的调车钩,如图 2-3 所示。

图 2-1　挂车钩示意图　　　　　　图 2-2　推送钩示意图

图 2-3　溜放钩示意图

(二)调车程

1. 定义

调车程是指机车车辆不改变运行方向的一次调车移动,是衡量调车工作效率的基本因素。一般情况下,调车行程越长,机车消耗的燃料和花费的时间越多,调车工作效率越低。因此,调车工作组织的主要任务是在保证安全的基础上,尽量减少调车钩数,缩短调车行程,压缩平均完成一个调车钩所需时分(简称"钩分"),努力提高调车工作效率。

2. 分类

(1)调车程按其行程长短分为短调车程和长调车程。

①短调车程是指机车加速到一定速度后,立即制动或停车,行程较短。其速度与距离的关系,如图 2-4a)所示。

②长调车程是指机车加速到一定速度,并保持定速运行一段距离后制动停车,行程较长。其速度与距离的关系,如图 2-4b)所示。

图 2-4　调车程类型图

(2)调车程按性质分为空调车程、牵出调车程、分解调车程(推送调车程和溜放调车程)、折返调车程。

(3)调车程按机车是否连挂车辆分为重调车程、空调车程。

⚠ 讨论：机车去3道连挂5辆车，然后送到7道，需要多少调车钩？有哪些调车程？

二、牵出线调车的作业方法

牵出线调车常用的作业方法，有推送调车法和溜放调车法。

(一) 推送调车法

1. 定义

使用机车将车辆由一股道送到另一股道，需停车后再进行摘车的调车方法，称为推送调车法，简称"一牵、一推、一摘"作业方法。

2. 作业过程

采用推送调车法分解车列时，司机按照调车长的手信号，牵引车列至分歧道岔外方停车，调车长确认前方进路开通后，指挥司机将车组推送至指定地点停车或与停留车连挂后，摘下第一钩车组（辆）。为了向另一股道摘解第二钩车组，司机仍然需要根据调车长的手信号牵引车列返回牵出线或分歧道岔外方，用同样的方法依次摘解以后的车组。其作业程序：挂车→牵出→推送→摘车→返回，如图 2-5 所示。

图 2-5 推送调车法

3. 特点

(1) 车辆在移动过程中始终和机车连挂在一起，直至车列停稳后再摘车。

(2) 每分解一组车辆需用两个长调车程（空调车程和牵出调车程组成一个挂车钩，推送调车程与折返调车程组成一个摘车钩），消耗的调车时间和平均钩分较长，效率较低。

(3) 技术简单，作业安全。

4. 适用条件

(1)《铁路危险货物运输管理规则》中规定的禁止用溜放调车法溜放的车辆，如装载爆炸品、压缩气体、液化气体的车辆。

(2) 禁止溜放作业的车站（如中间站利用本务机作业时）。

(3) 禁止溜放调车的线路，如超过 2.5‰ 的线路。

(4) 向货场、专用线和检修线取送车及车辆的摘挂作业。

(5) 调移客车和禁止溜放的货车。

(6) 车列转线或车组连挂。

(7) 向编组场内有"堵门车"的线路内摘车时。

(8) 单个或一个车组内的人力制动机失效，而又不具备使用铁鞋制动条件时。

(二) 溜放调车法

使用机车推送车列达到一定的速度后，在推进中将车组提钩，使摘离的车组利用所获得的动能自行溜向指定地点的调车方法,称为溜放调车法。

溜放调车法按其作业方法不同,分为单钩溜放法、连续溜放法、多组溜放法、惰力溜放法、惰力多组溜放法和牵引溜放法等。

1. 单钩溜放法

机车推送车列每加速、减速一次即溜出一个车组,调车机车停轮等待该溜出车组越过分歧道岔不妨碍后续车组进路时,再进行下一车组的溜放。这种调车作业方法,称为单钩溜放法,如图2-6所示,简称"一牵、一推、一溜"的循环作业方法。

采用单钩溜放法解体车列时,机车将车列牵往牵出线,至分歧道岔外方有足以溜放第一组车辆的距离时停车,调车指挥人按规定与扳道人员"要道还道"(集中联锁的车站,调车指挥人确认有关调车信号开放正确后),并得到制动员的"好了"信号后,向司机显示溜放信号。司机根据调车指挥人的信号指示,向调车场方向加速推进,连结员将计划溜出的车组提开车钩,当调车车列加速到一定速度时,调车指挥人显示"减速或停车"信号,被摘开的车组即溜入指定线路。此时,制动员对溜出的车组使用人力制动机或铁鞋进行制动。为了溜放次一车组,调车机车需要将车列向牵出线回拉或停轮等待,在溜出车组越过分歧道岔不妨碍后续车组进路时,要通

图2-6 单钩溜放调车法

进路后,再溜放次一车组。

单钩溜放调车作业安全的关键是调车指挥人与司机的密切配合,掌握好溜放速度。若速度过大,不但增加制动员的作业难度,不易使车组在指定地点安全停车,并有可能与线路内停留车辆发生碰撞,还会增加调车行程,延长钩分;若速度过小,又会使车组溜不到指定地点或停于警冲标外方而产生重复作业。

采用单钩溜放法分解车列时,由于摘解一个车组的调车行程比较短,故其调车效率较一般推送法提高30%～50%。但每溜出一钩就需要向牵出线回拉或停轮等待开通次一车组的溜放进路,调车效率仍不高。

单钩溜放法主要适用于:牵出线过短的车站或车场;受调车组人数、技术水平、车列组成等条件限制,不能采用其他溜放法时。

2. 连续溜放法

机车推送车列不改变运行方向地连续加速和减速,每次加速、减速即溜出一个车组。这种连续溜放几个车组后,才向牵出线回拉一次的作业方法,称为连续溜放法,如图2-7所示,简称"一牵、一推、几溜"的循环作业方法。

采用连续溜放法时,司机应根据调车指挥人的信号指示,将车列牵出至牵出线第一分歧

道岔外方适当地点停车。在牵出过程中,制动员按分工分别蹬车试闸或准备足够数量、性能良好的铁鞋。调车指挥人根据调车作业计划,向扳道人员要通第一钩的进路后,向司机显示溜放和进行信号,司机即向调车场加速推进。当车列达到一定速度时,连结员根据调车作业计划提开第一组车钩,调车指挥人向司机显示减速或停车信号,司机根据调车指挥人的信号指示施行制动,第一组车即脱离车列溜出。

当第一组车离开车列 20m 左右时,调车指挥人再次显示"溜放和进行"信号,机车起动加速到一定速度时,连结员提开第二组车钩,调车指挥人向司机显示减速或停车信号,司机又施行制动,第二组车脱离车列溜出。如此直至加减速距离不足,不能连续溜放时,调车指挥人才指示机车向牵出线回拉,以便进行下一批的连续溜放。

采用连续溜放法调车时,除第一钩实行"要道还道"外,自第二钩起扳道人员应根据调车作业计划的要求扳道。

连续溜放法在调车过程中分为停车和不停车两种。无论停车与否,机车第一次加速只是为了使第一组车列获得能溜至指定地点的必要的溜放速度,而此之后的多

图 2-7 连续溜放调车法

次加速与减速,则不仅是为了使依次溜出的车组能溜至指定地点,而且也是为了保证各车组之间的技术间隔。

连续溜放调车作业的关键,一是溜放速度,二是保证前后车组的间隔距离。如果掌握不当,轻则会造成反钩,影响效率,重则造成调车冲突的惯性事故。

连续溜放调车法分解一个车组的调车行程不但比单钩溜放法更短,而且大大减少回拉次数和停轮等待进路的时间,平均钩分小,调车效率较单组溜放法提高 50%～100%。

3. 多组溜放法

与连续溜放法相比,调车车列在每加速、减速一次时不是溜出一个车组,而是同时溜出几个车组,前后车组间借走行性能不同和使用人力制动机拉开距离。开始溜放时,连结员先提一批溜车的几个车组中最后一组的车钩;之后,各组负责手闸制动的制动员再在分组处提钩,各组分开后,应立即上车制动,调节速度,以便扳道员扳道。

平面牵出线调车采用多组溜放法时,一次可溜出 2～3 组;在道岔区 4‰～5‰坡度的牵出线上采用,一次可溜出 4～5 组。这样,一次推进可溜放 8～12 钩而无须回拉,较连续溜放法提高效率 40%～60%。

4. 惰力溜放法

与多组溜放法相似,也是每次加速溜出几个车组,但这些车组不是一钩同时溜出途中分解,而是利用机车不断制动和缓解的方法,造成车钩的往复伸缩,压缩时提钩,伸张时溜出一

个车组,各车组借提钩先后和脱离车列时的速度不同形成间隔。

利用惰力溜放法进行调车作业时,一次推进可溜放10~15钩,比连续溜放法、多组溜放法效率较高,比单组溜放法提高效率1倍。

5. 惰力多组溜放法

惰力多组溜放法是惰力溜放法与多组溜放法的结合。第一钩用多组溜放,第二钩以下采用惰力溜放,几个车组一批,同时以惰力溜出一钩,在途中由制动员提各分组处的车钩,并以人力制动机制动调速。

6. 牵引溜放法

牵引溜放法又称倒溜放,是调车机车牵引车辆快速运行,待达到一定速度后,将机车突然摘开,使单机(或挂有一部分车辆)加速进入一条股道;越过道岔后,迅速转换道岔位置,使后续车组进入不同股道的调车方法。牵引溜放法,如图2-8所示。

图2-8 牵引溜放调车法示意图

这种调车方法对司机、调车人员、扳道人员相互配合的要求比较高,必须严格掌握减速、提钩、加速和扳道的时机,如稍有不当,就会产生前堵后追、侧面冲撞或进入"四股"。因此,《技规》规定,原则上不准采用牵引溜放调车法。但如因设备条件的限制,确需施行牵引溜放调车法时,应制定安全措施,并经铁路局集团有限公司批准后方可采用。

正确掌握车组的溜放速度,是保证溜放调车安全、提高溜放调车效率的重要条件。溜放速度过低,车组不能溜至预定地点;若速度过高,调车程的距离和时间则将延长,并增加溜行车组与线路上停留车冲突的危险性。调车人员应熟悉各种车辆的走行性能、线路的平面和纵断面的特征,正确掌握线路内停留车的位置,并具有准确测距、测速的技能。

三、车组溜放速度和间隔距离

(一)车组溜放速度

牵出线采用溜放调车法时,如何正确掌握溜放速度,是提高作业效率、保证溜放调车安全的关键环节。若速度过大,则给制动造成困难,制动员如果掌握不好,就很容易使溜放车组与线路内的停留车辆发生碰撞;如果速度过低,又会使车组未溜过线路的警冲标就中途停车,从而造成"堵门"或"压岔子",影响后续车组的溜放。如果此时后行车组已经溜出,就可能发生车辆尾追或侧面冲突事故。

调车指挥人要正确掌握溜放速度,必须在溜放作业开始前,对调车作业有总体计划,根据待解车列的排列顺序、车组大小、车辆走行性能、线路内停留车位置、线路特征、气候条件及制动员的技术水平等,确定哪些车组连续溜放、哪些车组单钩溜放、哪些车组惰力溜放,计划溜出几钩,对每次回拉牵出到什么地点等做到心中有数。在具体掌握溜放速度时,应考虑以下因素。

1. 车组大小及车组顺序

当溜放大车组时,速度可低些;反之,溜放小车组时,速度应高些。同时,当前行车组是大车组、后行车组是小车组时,溜放大车组的速度可以高一些。当前行车组溜出后,应指挥机车减速或停车,以拉大前后车组的间隔,从而保证后行车组不至于发生追尾、侧面冲突。

2. 难、易行线

调车场的线路由于道岔、曲线、坡度等因素,会对溜入的车组产生附加阻力。阻力较小、容易走行的线路称为易行线;阻力较大、不易走行的线路称为难行线。对溜入易行线的车组,速度可低些,而溜入难行线的车组速度应高些。

3. 气候条件

如遇雨、露、霜、雪、雾等天气时,由于轨面滑,黏着力小,车组不易制动,应适当降低溜放速度;如在冬季、逆风等天气,则应提高溜放速度,特别是第一钩的速度要高一些。

4. 难、易行车组

根据车辆的走行性能和装载货物的轻重,在溜放过程中,相对单位运行阻力较小、走行较快的车辆,称为易行车,例如,满载重质货物的车辆;相对单位运行阻力较大、走行较慢的车辆,称为难行车,例如空车。如前行车组是易行车,后行车组是难行车,则前后技术间隔可小些;反之,前行车组是难行车而后行车组是易行车,则前后技术间隔应相对拉大,以防止追尾或进入异线。

5. 线路内停留车位置

当线路内停留车位置距警冲标较近时,对溜入该线的车组应适当降低速度;反之,停留车位置距警冲标较远时,对溜入该线的车组,可适当提高速度。

6. 司机和调车人员的技术业务水平

当司机、调车人员配合时间较长、技术业务水平较高,能旗(灯)闸一致时,溜放速度可高些;反之,司机、调车人员配合不够默契,技术水平较低时,则速度应低些。

(二)**车组溜放间隔**

在平面连续溜放作业中,除了要正确掌握溜放速度外,还要掌握好溜放车组的技术间隔。溜放车组的技术间隔也叫扳道间隔或保安间隔。连续溜放作业中前后车组的间隔距离过大,会影响调车效率,但前后车组的间隔过小,又会给扳道工作造成困难。技术间隔不够,一般会发生下列两种情况:一种情况,是前一车组刚过或还没有过道岔的尖轨后跟,后一车组就已经溜到道岔的尖轨尖端,扳道员来不及扳道,两车组就进入同一线路;另一种情况,当前一车组刚过尖轨后跟,后一车组紧接着就到尖轨尖端,这时,极易造成扳道员中途转换道岔,使车辆进入"四股",发生车辆脱轨事故。所以,调车指挥人和扳道员应严格掌握前后车组的技术间隔。

两车组的溜放技术间隔是以前行车组离开分歧道岔尖轨后跟起,扳道员就立即进行扳道,待道岔扳妥后,后行车组刚好运行到该分歧道岔的尖轨尖端处,以此条件确定的两车组间隔是溜放车组的最小技术间隔,如图2-9所示。

图2-9 溜放车组的最小技术间隔

其计算公式为:

$$L_{间} = t_{扳} v_{后} + l_{尖} \tag{2-1}$$

式中:$t_{扳}$——扳动(转换)道岔的时间,s;

$v_{后}$——后行车组溜放速度,m/s;

$l_{尖}$——道岔尖轨的长度,m。

调车场或到发场常用道岔的辙叉号数为 9~12 号,9~12 号道岔的尖轨长度为 6.25m。扳道员转换道岔的时间一般为 1.5s。溜放速度如果为 18km/h(即 5m/s),则技术间隔应为:

$$L_{间} = 1.5 \times 5 + 6.25 = 13.75 \approx 14 \text{m}$$

也就是说,连续溜放的前后车组,在分歧道岔处的技术间隔应不小于 14m 时,才能保证安全扳道。但是,当后行车组溜行速度大于前行车组时,则前后两车组之间不仅要保证安全转换道岔的时间,而且还要防止后行车组在分歧道岔警冲标外方追上前行车组发生冲突。因此,若道岔尖轨后跟至警冲标的距离为 $l_{警}$,则前后车组间隔应满足:

$$\frac{l_{警} + l_{间}}{v_{后}} = \frac{l_{警}}{v_{前}}$$

即:

$$l_{间} = l_{警} \left(\frac{v_{后}}{v_{前}} - 1 \right) \tag{2-2}$$

例如:$l_{警} = 45\text{m}, v_{前} = 3.5\text{m/s}, v_{后} = 5\text{m/s}$

代入上式得:

$$l_{间} = 45 \times \left(\frac{5}{3.5} - 1 \right) \approx 19.3 \approx 20 \text{m}$$

所以,综合考虑车组的走行速度前慢后快,或前行车进入的线路有反坡,还有扳道员在扳道作业中的确认时间等因素。这样,两车组在分歧道岔处的技术间隔,一般控制在 15~20m 的范围内,但又不能过大,否则会影响到调车效率。在现场实际溜放过程中,一般目测前后两车组在分歧道岔处,有 1~2 车的距离即可。

四、溜放调车的限制

平面溜放调车,可以缩短调车行程,压缩调车钩分,提高调车效率。但是,溜出的车组,其减速或停车是靠人力制动机、铁鞋、减速器或减速顶制动实现的。为确保调车作业安全和货物完整,对某些车辆及在一些线路上,禁止溜放作业。鉴于驼峰解散车辆时的溜放限制与平面溜放大体一致,所以该部分内容也包括驼峰解散车辆的溜放限制。

(一)禁止溜放的车辆

进行平面溜放的车辆是由装载货物特性和车辆的其他要求确定的。具体作业时,应按照表 2-1 中规定,对这些车辆"禁止溜放"或"溜放时限速连挂"。

1. 装有禁止溜放货物的车辆

禁止溜放的货物,主要包括危险货物、超限超长货物、贵重精密货物和易碎货物等。因装载货物要求禁止溜放的车辆,见《铁路危险货物运输管理规则》中"铁路禁止溜放和溜放时限速连挂的车辆表"中的规定。由于作业中使用人力制动机、铁鞋或减速器制动时,会产生火星、高温和冲撞,而装载爆炸品、气体类危险货物及特种货物(按组级代号办理的军用弹药、炸药及毒剂,七零七货物)的车辆经撞击、摩擦受热后有可能引燃、引爆,故对这些车辆禁止溜放或限速连挂。对"禁止溜放""溜放时限速连挂"的车辆,发车站应在车辆两侧悬挂"禁止溜放""溜放时限速连挂"指示牌,调车领导人应在调车作业通知单内注明"禁止溜放""溜放时限速连挂"的内容。装载禁止溜放货物的车辆,应采用推送调车法。

表2-1中"禁止溜放"是指调动这些车辆时,禁止进行平面溜放和由驼峰上解体。"限速连挂"是指调动这些车辆时,可以进行平面溜放或由驼峰上解体,但连挂时的速度不得超过2km/h。

铁路车辆禁止溜放和溜放时限速连挂表　　　　表2-1

顺序号	种类	禁止溜放	限速连挂
1	爆炸品	有整体爆炸危险的物质和物品;有迸射危险,但无整体爆炸危险的物质和物品;有燃烧危险并有局部爆炸危险或局部迸射危险或这两种危险都有,但无整体爆炸危险的物质和物品	不呈现重大危险的物质和物品;有整体爆炸危险的非常不敏感物质;无整体爆炸危险的极端不敏感物品
2	气体	罐车和钢质气瓶装载的易燃、毒性气体	①非易燃无毒气体;②钢质气瓶以外其他包装的气体类危险货物
3	易燃液体	乙醚、二硫化碳、石油醚、苯丙酮、甲醇、乙醇、甲苯	①除禁止溜放栏内规定以外的装入玻璃或陶瓷容器的易燃液体;②汽油
4	易燃固体、易于自燃物质、遇水放出易燃气体的物质	硝化纤维素、黄磷、硝化纤维胶片	三硝基苯酚(含水≥30%),六硝基二苯胺(含水>75%),三乙基铅,浸没在煤油或密封于石蜡中的金属钠、钾、铯、锂、硼氢化物
5	氧化性物质和有机过氧化物	过氧化氢、过氧化钠、过氧化钾、氯酸钠、氯酸钾、氯酸铵、高氯酸钠、高氯酸钾、高氯酸钠铵、硝酸胍、漂粉精和有机过氧化物	除禁止溜放栏内规定以外的装入玻璃容器的氧化性物质和有机过氧化物
6	毒性物质和感染性物品	玻璃瓶装的氯化苦、硫酸二钾酯、四乙基铅(包括溶液)、一级(剧毒)有机磷液态农药、一级(剧毒)有机锡类、磷酸三甲苯酯、硫代膦酰氯	①禁止溜放栏内的货物装入铁桶包装时;②除禁止溜放栏内规定以外的装入玻璃容器的毒害性物质
7	放射性物质	二、三级运输包装或气体的放射性物质	
8	腐蚀性物质	罐车装载以及玻璃或陶瓷容器盛装的发烟硝酸、硝酸、发烟硫酸、硫酸、三氧化硫、氯磺酸、氯化亚砜、三氧化磷、五氯化磷、氧氯化磷、氢氟酸、氯化硫酰、高氯酸、氢溴酸、溴	除禁止溜放栏内规定以外的装入玻璃容器的腐蚀性物质
9	特种车辆	非工作机车,轨道起重机,机械冷藏车,大型的凹形和落下孔车,空客车及特种用途车(发电车、无线电车、轨道检查车、钢轨探伤车、电务试验车、通信车),检衡车	
10	特种货物	按规定"禁止溜放"的军用危险货物和军用特种货物	
11	其他车辆	搭乘旅客的车辆,临时指定的货物车辆	乘有押运人员的货车
12	贵重、精密货物	由发站和托运人共同确定的贵重的以及高级的精密机械、仪器仪表	电子管、收音机、电视机以及装有电子管的机械
13	易碎货物	易碎的历史文物,易碎的展览品,外贸出口的易碎工艺美术品,易碎的涉外物资(指各国驻华使、领馆公用或个人用品,外交用品,国际礼品,展品,外侨及归国华侨的搬家货物)	鲜蛋类,生铁制品,陶瓷制品,缸砂制品,玻璃制品以及用玻璃、陶瓷、缸砂容器盛装的液体货物

注:除顺序号1、2、9、10、11"禁止溜放"外,其他"禁止溜放"的货物车辆可向空线溜放。

2. 无法制动和装有精密仪器的车辆

非工作机车、铁路救援起重机、大型养路机械、机械冷藏车、凹形车、落下孔车、客车、动车组和特种用途车,由于车辆本身构造的原因,有的车辆无法制动,有的装有精密仪器,发生撞击的后果严重,因此对这些车辆禁止溜放。

3. 乘坐旅客的车辆

为了确保旅客的生命财产安全,乘坐旅客的车辆,无论是客车还是代用客车,一律不得溜放调车。

(二)禁止溜放调车的线路

由于线路坡度、线路上停放车辆及线路上进行技术作业等方面的原因,禁止溜放的线路如下。

(1)停有乘坐旅客车辆的线路。停有动车组的线路在停有乘坐旅客车辆的线路上禁止溜放,主要是为了确保旅客生命财产的安全。

(2)超过2.5‰坡度的线路(为溜放调车而设的驼峰和牵出线除外)。2.5‰坡度是指线路有效长内的平均坡度。由于溜出的车组在上述坡度的线路上受到重力加速度的作用,使车组逐渐加速,不易在预计地点停车;若车辆制动不及时,可能造成冲突、脱轨、挤岔子等事故。除禁止溜放调车外,还应采取其他保证安全的措施,如机车应尽量停于坡道下方,不可能时应按规定连接制动软管。摘车时,必须停妥,采取防溜措施,方可摘开车钩;挂车时,如没有连挂妥当,则不得撤除防溜措施。

(3)停有正在进行技术检查、修理、装卸作业的车辆及无人看守道口的线路。因为正在检修的车辆,车下常有检修作业的人员和工具;正在装卸的车辆,车内外有工人和起重、搬运机具工作,一旦溜放车组制动控制不当,溜进作业区就有可能造成事故和人身伤亡;在无人看守的道口,当车组溜出后不易控制,如有行人、车辆横越线路时,遇意外情况,则可能会造成伤亡事故。

(4)停有装载爆炸品、气体类危险货物车辆的线路。调车作业中若遇调速不当与停留上述车辆发生冲撞时,可能发生爆炸或毒气泄漏而造成危害,后果严重。所以,无论固定与非固定线路,均禁止向该线路溜放。上述车辆在调车场一般均固定线路停留,两端道岔定位开通邻线并加锁。

(5)停留车辆距警冲标的长度,容纳不下溜放车辆(应附加安全制动距离)的线路。车辆在线路停留时,车辆尾部必须停于警冲标内方。停留车距警冲标距离过短时,若向该线溜放车辆,则会发生撞车,造成事故;或造成压标或压岔子,影响邻线作业。此时不但影响作业效率,还会危及人身及行车安全。

(6)中间站正线、到发线及与其衔接而未设隔开设备的线路。这主要是为了确保车站接发列车安全。中间站股道少,咽喉区短。在这样的线路上溜放调车,一旦制动不当,车辆溜至警冲标外方,极易与列车发生冲突,造成严重后果。

(三)禁止溜放调车的其他情况

(1)调车组不足3人时,禁止溜放作业。未配调车组的中间站,利用本务机车进行调车作业,一般由车站值班员、助理值班员担任指挥人,临时配合,难免不协调。司机对车站设备与停留车位置不太熟悉,中间站夜间照明不足,不利溜放作业和行车安全。溜放调车作业必须有一人指挥机车,一人提钩作业,一人实施制动,至少需三人。所以,配有调车组的中间站,调车组不足三人时,禁止溜放作业。若配有调车组的中间站,有三人作业时,由于设备较差(如线路坡度大)、人员水平低、相互配合不好等原因,也禁止进行溜放作业。

(2)不准采用牵引溜放法调车。牵引溜放法调车,是指调车机车牵引车列快速运行,途中摘钩后,机车加速与车辆拉开距离,从而扳动道岔,使机车与车列进入不同股道的调车方法。这种调车方法对司机、调车人员、扳道员相互的配合要求较高,倘若提钩时机、速度大小、扳道时机掌握不当,都可能造成前堵后追,进入"四股"的严重后果,因此在任何行车设备条件下均不准采用。

(3)向货场、专用线送车,向列车中连挂车辆的调车,禁止溜放作业。除上述情况外,遇有降雾、暴风及雨雪等不良气候或照明不足,确认信号和停留车位置有困难时,车辆人力制动机失效而又不具备使用铁鞋等制动条件时,制动人员不足或使用人力制动机未配挂安全带时,均不得溜放调车。

五、牵出线调车的作业程序

牵出线调车的作业程序,如图2-10所示。

1.连挂车列

(1)作业联系。调车长根据计划要求,了解作业准备情况,通知司机开始作业。显示起动信号,指挥司机动车。

图2-10 平面牵出线调车的作业程序

(2)准备进路。信号员或扳道员按规定准备进路,确认进路开通正确。扳道员显示道岔开通信号,立岗监视机车车辆走行。

(3)连挂车列。调车长在接近车列时下车,确认排风完了,显示连接信号,指挥机车连挂。

2.牵出车列

(1)联系牵出。制动员提前到达取车地点,按规定摘管提钩,核对取车末端车号,确认调车长的联络信号,向调车长回示。调车长向车列开口处或末端制动员显示联络信号,确认制动员回示后,向司机显示起动信号。

(2)准备进路。信号员或扳道员按规定准备进路,确认进路正确。扳道员得到司机要道信号后,显示道岔开通信号,立岗监视机车车辆走行。

(3)起车牵出。制动员确认车列起动后,向调车长回示。调车长确认开口处或末端制动员的回示,注意调查人员上车及安全等情况向司机回示"好了"信号。连结员在车列牵出时,按计划核对提钩处软管摘开、无抱闸车及牵出车列最后一辆车号正确。调车长根据作业计划,确认车列停车所需位置,指示司机停车。

3.溜放车列

(1)作业联系。制动员试闸后,向调车长或连结员显示试闸良好。制动长向调车长报告"准备好了"。连结员检查核对车组无误,确认制动员试闸好了信号,并向调车长报告。调车长听取有关人员准备好了的报告后,按计划指示开始溜放。

(2)进路确认。调车长在非集中区确认扳道长(员)道岔开通信号,连续溜放第一钩执行要道还道制度;在集中区确认调车信号开放,指示开始作业。

(3)溜放车辆。调车长显示溜放信号,掌握溜放速度,保证溜放车组速度、间隔。连结员在溜放过程中按计划核对车数、车号,随时确认调车长信号或调车信号及显示状态,根据车组大小、走行性能、气候条件、难易行线、间隔距离、禁溜车等情况,正确提钩;发现异常情况时,应及时报告或采取停车措施。

扳道员(信号员)应按计划准备进路,监视溜放车组走行。扳道员在扳道岔时应做到溜放车组距离不足规定距离时不扳;车组未过联动道岔时不扳;有压标车或有侧面冲突的可能时不扳。

制动员使用人力制动机时,应抓牢站稳,按规定使用安全带,均衡调速,稳妥连挂,完全制动后应松开人力制动机。当使用铁鞋制动时,制动员应根据计划钩序、辆数、空重、难易行线、停留车位置、车辆走行、气候条件,采取相应的下鞋方法;一批作业完成后,应及时撤除铁鞋、归位、摆齐。

4. 摘挂整场

(1)作业联系。调车长应根据调车作业计划要求,通知有关人员做好摘挂整场准备,需要越区作业时,应同时通知联系越区。

(2)准备进路。信号员(或扳道员)按规定准备进路,确认进路开通正确。扳道员(长)得到调车人员或司机的要道还道信号后,应显示股道号码、道岔开通信号,并立岗监视机车车辆走行。

(3)确认动车。调车长在单机或牵引运行时,应向司机显示起动信号,指示动车。当推进车列运行时,应确认扳道员(长)股道号码及道岔开通信号,集中区确认调车信号,瞭望进路,指挥运行。

(4)连挂车辆。制动员检查线路、车辆停留、货物装载,调整钩位。在推送车辆前要试拉,车列前部应有人进行瞭望,并及时显示信号。确认停留车位置困难时,应派人显示停留车位置。使用手信号调车时,调车长应位于易于瞭望前方,同时又能使司机看见所显示信号的位置。当连挂车辆时,应正确、及时地显示十、五、三车距离信号(单机除外),并听取司机鸣笛回示;如没有回示时,应立即显示停车信号。

当连续连挂时,可不停车连挂,要确认连挂状态,车组间距超过10车时,应试拉或顿钩。当末端车辆距警冲标较近时,应采取安全措施。在推送或牵出车辆前,应按规定确认车列挂拖。

 模拟练习

请分组模拟扮演车站调车长、连结员、制动员,结合图2-5~图2-8,完成在牵出线上相应的调车作业。

六、排风与摘管作业

排风制动员作业前要与调车领导人联系,做到车次、股道、时间、钩序(或组号)清楚;当多人作业时,应做好分工。列车到达后,应确认列检到达试风作业完毕,在做好防护后,开始排风、摘管作业。

(一)排风

排风,是指通过放风和拉风,排出每个待解车辆制动主管和副风缸中的压力空气,使待解车辆彻底松闸缓解,为平面溜放或驼峰分解车辆做准备。

1. 放风

放风,是指在待解车列进行到达技术检查作业和摘除列尾装置后,由排风制动员在车列的一端,一手拿起制动软管,一手扳动折角塞门,将车列制动主管的风放出一部分。这里需要注意的是:不要把车列制动主管的风全部放净,应使车列制动主管的余风保留在100kPa左右。操作方法是缓缓打开折角塞门,待制动主管的风压放出一部分后,就立即将折角塞门关上,这样连续几次后,待制动软管的驳力不大时或制动软管里排出的风声将要停止时,关闭折角塞门。在扳动折角塞门时,不能一次扳得过猛,因为放风过猛会使整个车列紧急制动,这样,不仅会使车辆制动机的零部件受到损坏,又会造成缓解不良的后果。制动主管里还需留100kPa的风压,其原因是:如果把列车制动主管内的风全部放完,就会造成拉风不缓解的现象。

2. 拉风

拉风,是指拉动车辆副风缸上的缓解阀,排出副风缸中的余风。当副风缸中余风的压力小于列车制动主管的风压时,列车制动主管的风压即推动三通阀的活塞,并同时带动滑阀向右移动,使制动缸里的风由三通阀的排风口排出使车辆的制动机得到缓解。

(1)拉风方法

拉风的方法主要有石子拉风、循环拉风、跟踪拉风等几种。

①石子拉风:用手拉动拉风杆,待副风缸内的余风开始排出时,再用石子(或利用排风三角木)卡在缓解阀拉风杆与拉杆托之间,以代替人力长时间拉动拉风杆,使副风缸继续排风。这种拉风方法的优点是拉风速度快、效率较高;缺点是增加了取石子的作业过程,石子不实不紧,车辆则不能及时缓解。这种拉风方法在人员紧、作业时间受到限制时采用。这种方法是目前现场广泛运用和调车人员习惯运用的一种方法。

②循环拉风:即由一人绕待解车列往返进行拉风,去时在一侧拉拉风杆及关闭待摘制动软管的折角塞门,回来时由另一侧复检未完全缓解的车辆并把去时路上无拉风杆而没有进行拉风的车辆进行检查拉风,同时再关闭这一侧待摘制动软管的折角塞门和摘解制动软管。这种拉风方法的优点:一是制动员遇到一侧无法拉风的车辆时,不必钻车底到另一侧找拉风杆拉风,消灭了往返钻车;二是摘解制动软管时,不用上肢探过车钩反手关另一侧车辆的折角塞门;三是不致产生漏拉风和余风排不尽的现象。其缺点是:解体一个车列,一名制动员必须绕车列往返一次。在作业时间不受限制的情况下,采用这种方法比较好。

③跟踪拉风:对急需车辆,列车技术检验人员检完后,拉风人员就随之进行拉风,采用"先检先拉"的拉风方法。这种方法一般适用于快速中转车辆及紧急排送车辆的作业。采用此法应注意:必须与列车技术检查人员密切联系,不能影响列检人员的作业,特别是在放主管的余风时,切勿过猛过急。制动员拉风后,应及时进行复查,发现拉风不缓解的车辆,应及时处理。

(2)常见拉风不缓解的原因及处理方法

排风制动员在拉风过程中,有时会遇到拉风不缓解的现象。其原因及处理方法有以下几个方面:

①拉风不排风。排风制动员拉动缓解阀,但听不到缓解阀排风口有排风的声音。原因是缓解阀排风孔堵塞、缓解杆折损或阀杆顶部磨耗等,造成副风缸的风排不出去或压不开阀。如果是排风孔堵塞,可用铁丝等物穿通缓解阀排风口,如图2-11所示。如果仍不排风,则由车辆段更换缓解阀。为应急处理,可松动副风缸上的排水堵,从排水堵

图2-11 缓解阀的排风口

孔排风,但处理后必须通知车辆段。

②排风但车辆不缓解。一种可能是:列车制动主管内的风已全部放净,此时拉动缓解阀只能放出副风缸的风,列车制动主管因失去风压就无力使三通阀的活塞向右移动,三通阀的滑阀也就始终挡住制动缸通向三通阀的排风口和制动缸通向副风缸的排风通路,而不能排出制动缸的余风,故出现拉风不缓解的现象。遇到这种情况,应将缓解阀的拉杆拉开后卡上石子,然后关闭该车一端的折角塞门,在另一端向制动软管吹气(起人工充风的作用),促使三通阀活塞稍稍向右运动,这样就接通了制动缸与三通阀排风口的通路,使制动缸的余风由三通阀排风口排出。这时制动缸的活塞靠自身的弹簧力量缩回,而使车辆的制动梁缓解。需要注意的是:在向软管吹风时,一定要把缓解阀拉杆拉开,并卡上石子,否则,副风缸的风未放干净,易出现向软管吹气就缓解、一停止吹气又抱闸的情况。按此方法如果仍不能使车辆缓解,有可能是制动缸的弹簧不灵活,这时可对制动缸活塞杆适当加以外力,促使制动缸活塞杆缩回而达到车辆缓解的目的。另一种可能是:因人力制动机未松开,闸链(拉杆)绷紧,造成制动缸活塞不能缩回所致,此时应设法松开人力制动机。此外,还有可能是三通阀故障,应由车辆段处理。

需要注意的是:调车作业中不能带风溜放。在车列解体前,调车人员必须打开待解车列首部或尾部车辆的折角塞门,把制动主管的余风放完,并且逐车"拉风",把所有车辆上的压缩空气通过缓解阀放掉。这样做的目的,不但使所有车辆缓解,更重要的是使待解的车辆或车列在溜放调车的时候,失去风力制动作用,确保调车作业的安全。如果在溜放调车作业前不把余风放掉,在溜放过程中,一旦制动主管或软管漏风时,就会因制动主管风压降低,副风缸的压缩空气进入制动缸而推动活塞运动,使制动缸和大气的通路被阻断而进行制动。这时,溜放中前行的车辆或车组就会遽然减速、停车,后行车组很容易与前行车组发生冲突,造成严重事故。

排风制动员在进行作业时,应注意车列端部是否有防护信号,以保证自身的安全。在作业中要求做到:彻底拉风,正确摘解制动软管,松开人力制动机,绑好钩链,敲掉石子。

(二)摘管

制动软管是连接两车制动主管的软管,其端部装有连接器。将车辆间两个制动软管的连接器摘开或接上的作业过程,称为摘接软管。

到达解体列车的摘管作业是由排风制动员按照调车作业计划的要求,将车组分解处的制动软管摘开,以免在驼峰解体或溜放的过程中,再停车摘解制动软管,延长调车时间。

摘管的方法有正手摘管和反手摘管两种。

(1)正手摘管。先关闭两制动主管的折角塞门,使其手把与制动主管垂直,而后将右腿伸入两轨中间并稍加屈膝,紧紧靠住两制动软管接头,右手正握住靠近自身的制动软管接头,用力向上提拉靠近自身一边的制动软管接头,使制动软管头部旋转,即可摘开制动软管。其优点是:易学好用,适于初学人员使用。缺点是:消耗体力大,磨损衣服,初学人员如稍不注意,易将手碰伤。

(2)反手摘管。右腿曲膝跨入两轨间,左腿斜伸在线路外,以右手反握住制动软管接头的内侧用力往上稍提,待制动软管的余风排出一些后,再继续往上提,以防制动软管端部的连接器因风压的冲力猛然向外甩而打伤摘管人员的腿。反手摘管既不磨损衣服,又可避免挤伤手、碰伤腿,是一种比较安全的摘管方法。当制动软管摘开后,应分别将制动软管的连接器挂在防尘堵上。

值得注意的是:在摘管时,不论使用哪一种方法,都不准许双脚进入两钢轨之间(道心),或用手紧握两制动软管的接头处,以防发生人身伤亡事故。

模拟练习

请模拟扮演连结员、制动员,在选定的车辆上完成拉风、摘挂软管作业。

七、人力制动机制动作业

目前,我国铁路牵出线采用溜放调车法时,对溜行车组多采用人力制动机制动,即制动员利用车上设置的人力制动机调节车组的溜行速度,使车组间逐步形成必要的间隔(称为间隔制动),并使其溜至指定地点停车或与停留车安全连挂(称为目的制动)。

人力制动机的制动过程简称"选、检、试、磨、拧"的"五字法",即包括选闸、检闸、试闸、磨闸、拧闸等一系列过程。

1. 选闸

制动人员在作业前选择制动车辆及人力制动机类型、位置等,称为选闸。

如果只制动一辆车,不存在选闸的问题,只需判断该车的人力制动机能否使用。对一辆车制动时,如果人力制动机不能使用,不能进行溜放调车,或者溜放时只能使用铁鞋制动。溜放两辆以上车组时,制动员要认真选择,选择一个制动性能良好的人力制动机,对保证调车作业安全,提高作业效率意义重大。选闸的一般原则如下:

(1)选大不选小。即在一组车中,大小型车都有时,应选择大型车上的人力制动机,其制动力大,便于调速。

(2)选重不选空。即选择重车上的人力制动机。根据物理学中两物体相互碰撞的原理,重车质量较大,制动时首先减速,与相邻车辆发生碰撞,质量较大的车辆会很快带着其他质量较小的车辆迅速减速,有利于调节车组溜行速度。所以空重车混杂时要选择重车的人力制动机,并应尽量避免使用装有原木、毛竹、棉花、芦苇等车辆的人力制动机,因为这些车辆既不好上下车,又不易瞭望。

(3)选前不选后。即选择溜放车组中间偏前的人力制动机,这不仅易于瞭望,而且调速方便,制动效能高。根据现场经验,如溜放车组为5辆,制动力强的是第二、三辆制动位;溜放车组为10辆时,制动力强的是第三、四辆制动位。

一般不使用车组最前或最后的闸位,这是因为最前的闸位安全条件差,振动力大,制动员站在最前面的闸位操作时,万一溜放车组与停留车相撞,尤其是当停留车上装载的是易窜货物时,最前面闸位的制动力还会显著下降。不选最后面的闸位,是因为在最后面闸位上,不易瞭望进路和确认停留车位置。闸位在中间偏前,制动员使其中一辆车制动减速时,前后车辆互相牵制,整个车组减速较快。

(4)选高不选低。选择闸位高的车辆,制动员能站得高看得远。一般而言,棚车、大型敞车的制动台较高,便于瞭望进路、确认停留车位置和掌握制动距离。

(5)选标(标准)不选杂(杂型)。即选择制动性能好的标准型人力制动机,如50t棚车、60t棚车、50t敞车、60t敞车、50t罐车、60t罐车等。这些车辆人力制动机质量好,制动力强,使用灵活。

(6)选双不选单。也称选"对口闸",即选择相邻车辆相对的人力制动机,以便一辆车人力制动机一旦失效时,可立即使用另一辆车上的人力制动机(但注意不能违章作业),或当制动力不够时,便于使用两个人力制动机制动。

此外,要选用上下车方便的车辆。对装载易窜货物的车辆、货物装载紧靠闸盘的车辆、车梯在端板上的车辆以及覆盖篷布车辆上的人力制动机,尽量不要使用。

选闸时,制动员可根据上述原则结合实际情况灵活选用。但在选闸时,应先检查人力制动机状态是否良好,如制动链是否良好,闸瓦踏面是否有油垢。折叠式人力制动机要注意检查轴套、销子状态是否良好。应注意各种类型人力制动机闸瓦状态是否良好,磨薄的闸瓦与车轮踏面的间隙大、制动力差,新换闸瓦与车轮踏面不能密贴;还要注意货物装载状态是否良好、牢固。

2. 检闸

选择人力制动机是为了确定理想的人力制动机类型和位置。但选好位置和人力制动机类型后,该人力制动机能否使用,还须认真检查,以防制动失效。

对固定链条式人力制动机要注意检查:制动链是否良好,有无链环折断或铁丝代替链环的,如果有不仅不能使用,而且要通知列检人员修理;还要检查闸链是绕在制动轴接点的上面还是下面,如果在下面,应将链子往上提,新造车的锁链都比较长,要注意检查是否卡在别的部件上;另外,还要检查制动掣轮和止销是否良好。

对折叠式人力制动机要注意检查:方套、销子是否完整无缺和有无裂痕。

对掣轮式人力制动机要注意检查:锁链是否脱槽或被卡住。

对脚踏式人力制动机要注意检查:踏面是否良好、灵活。

对各种类型的人力制动机,除了检查上述内容外,还要检查有无闸盘、制动台有无破损以及闸瓦的状态。例如:闸瓦面是否有油垢,闸瓦是否活动,是新闸瓦还是旧闸瓦,是厚闸瓦还是薄闸瓦等。一般磨得很薄的闸瓦与车轮踏面间隔大,制动力小。有时,一辆车上只有个别闸瓦是更换的新闸瓦,制动时,只有新闸瓦起作用,制动力就小。

3. 试闸

试闸是对人力制动机制动力的强弱进行试验。试人力制动机的方法有停留试闸和牵出试闸两种。

(1)停留试闸:又称停车试闸或静止试闸。一般在待解车列拉风、摘管后牵出前,车辆在静止状态下进行。若仅判断有无反弹作用力,一般都在牵出时进行试验。方法为"一看、二拧、三蹬、四松"。

一看:看人力制动机的各部件是否齐全良好。例如:人力制动机链有无开口,闸盘是否变形等。

二拧:上车将人力制动机拧紧,然后再松开,看是否有弹力,弹性大的就是好闸。随后再拧闸,将掣子卡在掣轮上。

三蹬:下车蹬闸瓦,看闸瓦动不动;蹬闸链,看链紧不紧。闸链拉紧,闸瓦蹬不动,就表明制动力强。

四松:再上车把人力制动机松开,以免在溜放过程中,车组突然减速,造成后续车组的追尾事故。

(2)牵出试闸:牵出试闸的最好时机是在牵出车列起动之初或在牵出线末端将要停车之时进行。因为这时速度较慢,容易听清楚闸瓦的摩擦声,并能看清车钩的伸缩状态和试验反弹力,从而容易判断出人力制动机的好坏。但在起动之初试闸时,拧闸不要太早或过猛。起动之初试闸太早或过猛,会过多消耗牵引力而造成起动困难,影响调车速度,要注意掌握时机。在车列牵出将要停车前进行试闸时要用最大力气,一则可以试验人力、制动机的强度,以防止链条的折断;二则可以帮助机车制动,减少走行距离。

牵出试闸判断人力制动机作用是否良好的方法是:"一听、二看、三感觉"。

一听:听车轮与闸瓦的摩擦声。如果人力制动机性能良好,拧闸时会发出"吱吱"的清脆声音。如果听到的是"嘶嘶"的哑音或其他声音,可能是闸瓦松脱,或者是闸瓦及其他零配件不良发出的声音,则表明该人力制动机性能不良。

二看:看车钩的伸缩状态。车列在牵出时,各车辆都以同一速度运行。试闸时,如人力制动机良好,被试车辆的速度降低,车辆前端车钩呈拉伸状态,后端车钩呈压缩状态。这种状态越明显,说明人力制动机性能越好。

三感觉:对链条式人力制动机试闸时,要根据人力制动机反弹力的大小来判断。拧闸时,被试验车辆反弹力大的,制动力强;反弹力小的,制动力就弱。在试验反弹力的大小时,作业人员应防备因反弹力过大被甩开双手而造成危险。

人力制动机经试验证明确实良好后,方可向调车指挥人或提钩人员显示试闸良好信号。

4. 磨闸

正常情况下,不需要磨闸。在雨、露、霜、雪等不良天气,轨面与车轮踏面附有水滴或装载油、盐等的车辆,若油、盐等滴在车轮和闸瓦上,都会使摩擦系数减小,制动力减弱,使车辆不易制动。遇此情况,为增加制动力,溜放车辆前必须进行磨闸。

磨闸方法为:将人力制动机稍稍拧紧,使闸瓦接触车轮踏面摩擦生热,可使车轮踏面和闸瓦上的雨、露、霜、雪、油渍等熔化和干燥,或除去油垢,增大摩擦系数,增强制动力。但摩擦时间不宜过长,否则闸瓦发热,反使制动力降低。

5. 拧闸

拧闸是一件比较复杂的工作,一个优秀的制动员应善于根据不同的具体情况,巧妙地拧闸,不使"傻"劲,而用"巧"劲。拧闸的方法通常有两种,即"端闸"(双臂分开)和"勒闸"(双臂合拢),如图 2-12 所示。

"端闸"是双臂分开用力旋转制动手轮,依靠双臂猛然向相反方向晃动的力量,产生制动力。一般在车组走行速度低,对罐车、空车和连挂车辆调速时使用。

"勒闸"是双臂合拢旋转制动手轮,即双臂向同一方向猛然用力旋转,用力时不要只凭臂力制动,要和身体晃动产生的力量相结合,这样可以加大旋转的臂力。它多用于速度较高,要求急剧减速的车辆。

图 2-12 端闸、勒闸示意图

模拟练习

请模拟扮演制动员,在一组车辆中选择你应上的车辆,然后选闸、试闸、拧闸。

巩固提高

1. 牵出线调车作业有哪些特点?
2. 何谓调车钩?主要分哪几种?何谓调车程?主要分哪几种?
3. 何谓推送调车法?有何优缺点?在什么情况下采用?

4. 何谓单钩溜放法？有何优缺点？在什么情况下采用？
5. 何谓连续溜放法？有何优缺点？在什么情况下采用？
6. 禁止溜放的车辆、线路及其他限制有何规定？
7. 采用溜放调车法时，车组溜放速度与哪些因素有关？
8. 如何进行排风作业？
9. 如何进行摘管作业？
10. 如何选闸、试闸和拧闸？

任务三 驼峰调车

任务描述

本学习任务需要你作为一名调车长根据调车作业任务。调车驼峰情况和条件，独立确定调车作业方案，正确选择并执行调车作业程序及标准，并派人做好铁鞋及减速器制动等准备工作，还能依据规章规定条理清晰地说明你的理由。

相关理论知识

一、驼峰调车作业过程及特点

（一）作业过程

驼峰分解车列通常要经过连挂车列、推峰、解散车列、下峰整场等作业过程。

驼峰调车作业过程，如图2-13所示。

1. 连挂车列

驼峰调车机车驶往到达场连挂车列。在到达场与调车场横向配列的车站，挂车后还需将车列牵引至峰前牵出线。

2. 推峰

驼峰调车机车将车列推至峰顶或预推至峰前信号机。

3. 解散车列

图2-13 驼峰调车作业过程图

驼峰调车机车推送车列经过峰顶，使被摘解的车组脱钩后，依靠车组本身的重力溜向调车场内指定的线路。有时在溜放的过程中还要向禁溜线内推送禁止溜放的车辆。

4. 下峰整场

驼峰机车在分解几个车列后，要下峰整理调车场。整场的目的有二：一是消除股道内停留车组之间的空当（简称"天窗"），使其连挂在一起；二是将与警冲标间的距离小于溜入车组的长度和安全距离的停留车（简称"堵门车"）推至调车场内的适当位置，为驼峰继续溜放创造条件。有时，驼峰机车还要取送禁溜车和交换转场车。

某些车辆由于其走行部侵入车辆减速器的限界，或因车载货物的性质及装载状态，通过驼峰可能危及作业和货物安全，这些车辆禁止过峰，它们可称为"禁峰车"。有的车辆虽允许过峰,但由于其所载货物的性质或所进入线路停有限速连挂的车组等原因,禁止溜放,只允许机车推送下峰,它们可称为"禁溜车"。《技规》《铁路危险货物运输管理规则》《站细》等对上述车辆及其调移方法有明确的规定,必须遵照执行。

(二)特点

驼峰调车与牵出线调车比较,具有以下特点。

1. 车辆溜行动力

牵出线调车主要依靠机车推力;驼峰调车主要依靠车辆本身的重力,机车推力只起辅助作用。

2. 提钩地点

在牵出线上进行溜放调车时,机车推送车列逐钩移向调车场,提钩地点不固定;驼峰解体车列时,提钩地点基本上固定在压钩坡至峰顶这一段。

3. 溜放速度

在平面牵出线上溜放车辆时,车组脱离车列的初速度较高(15km/h 左右),调车长调节溜放速度的范围较大,车辆走行性能对溜放距离的影响较小;驼峰调车时,车组脱离车列的初速度较低(5km/h 左右),调节推峰速度的范围较小,车辆走行性能对其溜行速度、距离的影响较大。

4. 车组间隔调节

牵出线主要靠调车长推送速度和脱钩时机来形成,其次靠制动员拧闸来调节。驼峰溜放主要靠机车变速推峰、前后车组在峰上脱钩时间间隔来形成。在车组溜行过程中,还要用车辆减速器或铁鞋制动来调节。

二、车辆通过驼峰的限制

(一)严禁通过驼峰的车辆

机车(调车机车除外)、铁路救援起重机、客车、动车组、大型养路机械、凹形车、落下孔车、钳夹车及其他涂有禁止上驼峰标记的车辆禁止通过驼峰。D_{17}型落下孔车,车体全长25.942m,转向架为五轴构架,转向架中心距离为17.5m,比一般货车长75%左右(普通货车的转向架中心距离一般为10m左右)。当它经过驼峰时,其车钩与相邻车钩钩舌高度差和夹角必然偏大,因而损坏钩托板螺栓、钩舌销等配件,甚至造成断钩或自动脱钩。同时峰顶净平台一般为7.5~10m,D_{17}型落下孔车转向架中心距离大于峰顶净平台,经过驼峰时,车体构件距钢轨面距离最小仅有200mm,极易出现"骑峰"事故,刮坏驼峰设备或车辆,因此严禁通过驼峰。

我国驼峰各部分尺寸基本定型,车辆走行部分也有标准规格,因此,在车辆出厂前,即能确认其能否通过驼峰。对不宜通过车辆,应事先打上禁止过峰的标记。

(二)机械冷藏车过峰限制

机械冷藏车一般禁止通过设有车辆减速器(顶)的驼峰。为了防止机械冷藏车连接处的冷却盐水管道、电线路设备及车内精密仪器装置发生损坏,规定机械冷藏车禁止通过设有车辆减速器(顶)的驼峰。但因迂回线故障等原因,必须通过设有车辆减速器(顶)的驼峰时,应以不超过7km/h的速度推送过峰。不得附挂机械冷藏车溜放其他车辆(推峰除外)。

(三)其他车辆过峰规定

装载活鱼(包括鱼苗)、跨装货物的车辆(跨及两平车的汽车除外)等,是否可以通过驼峰,由车站会同车辆段等有关部门根据驼峰坡度及长度等情况,进行计算和试验后确定,并纳入《站细》。

装载活鱼(包括鱼苗)的车辆在陡坡上因水面倾斜而溢出,可能会造成活鱼或鱼苗的大量死亡。

跨装货物的车辆通过驼峰时,转向架的心盘中心销可能出现折损,并且易使跨装货物窜动而破坏原来的加固状态。

三、推峰作业

(一)驼峰溜放车组技术间隔

在驼峰溜放中,保持相邻车组间的必要间隔是关系驼峰作业安全和效率的重要条件。这种车组间的间隔,是安全转换道岔和使车组顺利溜入不同股道所必需的;而在机械化驼峰和自动化驼峰上,也是安全操作车辆减速器(顶),对车组施行制动所需要的。车组间隔太小,会危及调车安全;车组间隔太大,又会影响驼峰效率。车组技术间隔包括峰顶间隔和溜放间隔。

1. 峰顶间隔

峰顶间隔是指相邻车组在峰上先后脱钩,自前行车组脱钩至后行车组脱钩,推峰机车所走行的距离,如图2-14所示。它是形成溜放间隔的基础,可按式(2-3)计算:

$$l_{间}^{峰} = l_{脱}^{前} + l_{车}^{后} - l_{脱}^{后} \quad (m) \tag{2-3}$$

式中:$l_{脱}^{前}$、$l_{脱}^{后}$——前、后车组脱钩时,车组尾部与峰顶距离,m;

$l_{车}^{后}$——后车组长度,m。

图2-14 相邻车组峰顶间隔示意图

车组在峰顶的时间间隔,可按式(2-4)计算:

$$l_{间}^{峰} = \frac{l_{间}^{峰}}{v_{推}^{后}} = \frac{l_{脱}^{前} + l_{车}^{后} - l_{脱}^{后}}{v_{推}^{后}} \tag{2-4}$$

式中:$v_{推}^{后}$——机车推送后组车的平均速度,m/s。

2. 溜放间隔

溜放间隔是指相邻车组自峰顶脱钩,直至进入分路道岔后,在溜放过程中形成的间隔距离或间隔时间。

在驼峰平、纵断面一定,车组大小相同的条件下,溜放间隔主要取决于车组走行性能和共同溜行的距离。当前后车组的走行性能相同时,其先后溜经任一地点的时间间隔保持不变,等于峰顶的间隔时间。但是,由于在同一时间内前后车组溜经的坡段不同,速度并不一样,车组间的距离间隔却是变化的。因为车组从峰顶溜出有先后,当后车组尚未溜出时,前车组已进入加速坡而加速,在同一时间内前后车组形成很大的速度差,车组间的间隔距离越来越大。但是,当前车组进入道岔区时,坡度减缓,阻力增加,速度也就逐渐降低。可是,此时后车组却在较陡的坡段上溜行,所受到的加速力比前车组要大,从而使两个车组的溜行速度渐趋接近。当前后车组的速度达到相同的一瞬间,车组间的间隔距离为最大。此后,由于后车组速度超过前车组,它们的间隔距离也就逐渐缩短。这就是走行性能相同的前后车组在溜行过程中的时间和距离间隔变化的规律。当前后车组的走行性能不同时,由于受到的基本阻力、空气阻力与风阻力的不同,在相同的坡段上溜行速度也不一样。因此,溜放间隔有一个更加复杂的变化。

(二)影响推峰速度的主要因素

(1)车辆的走行性能。车辆按走行性能的不同,可分为易行车和难行车。

(2)溜入线路的阻力。根据线路阻力的大小,可将调车线分为难行线和易行线。

(3)车组的大小。根据车组的大小,车组可分为大、中、小车组。7辆以上为大车组,4~6辆为中车组,1~3辆为小车组。通常是小车组溜行快,大车组溜行慢。

(4)气温、风向和风力。如冬天低温轴油凝固或逆风时,车辆走行阻力显著增加;反之,夏天顺风时阻力小,甚至起加速作用。

(5)车组的溜行距离。在其他条件相同的情况下,从峰顶到车组预定停车地点的距离越长,需要的推峰速度越大。

此外,诸如车组在车列中的排列顺序,相邻车组共同溜行的距离,峰下制动员的作业条件等,对于确定推峰速度都有一定影响。

(三)调节推峰速度的方法

机车推峰速度应使难行车能溜入难行线警冲标内方,并保证易行车进入减速器不超过安全速度(21~23km/h)、压上铁鞋不超过允许速度(18km/h)。

1. 非机械化驼峰调节推峰速度的方法

非机械化驼峰之一的简易驼峰,多是牵出线平地起峰,峰下线路大部分为梯形布置,咽喉区长,纵断面也不够理想,难、易行线的差别比较大,调车场一般都未设车辆减速器,制动工具主要是铁鞋。由于设备上的这些特点,决定了保证非机械化驼峰调车作业安全的关键问题是要掌握好车辆溜放速度和距离、提钩时机和车组间的间隔距离、制动工作组织和制动方法。

这些问题的解决,在很大程度上都和正确掌握推峰速度有关。推峰速度掌握不当会直接影响非机械化驼峰作业的安全和效率。推峰速度过高,会出现道岔不能及时转换,使车组进错股道,严重的可能造成追尾冲突。反之,如果推峰速度过低,不仅延长车列解体时间,还会使车组溜不进股道而在道岔区停车,甚至可能入线后堵门,中断溜放作业,从而降低溜放作业效率。

非机械化驼峰由于难、易行线的阻力相差较大,相同的推峰速度难以保证车组溜行的实际需要,多采用定速和变速结合、以变速为主的推峰方法。调车长或驼峰作业员要认真分析调车作业中车组的大小、排列的顺序、溜入的股道,结合调车场存车情况,重点掌握要变速溜放的车组。必要时,还可以采取调车机车在峰上暂时停轮等待的方法,以增大前后车组的峰顶间隔。

(1)定速推峰。对车组大小和走行性能基本相同的几个相邻车组,如溜入线路的阻力相差不大,一般可以定速推峰。此外,如遇难行车进入易行线,或易行车进入难行线,或前后车组共同溜行的距离较短等情况,也可采用定速推峰,速度可掌握在5km/h左右。

(2)变速推峰。在解体车列的过程中,遇有大小车组混编,溜入的线路难、易行线掺杂,则应根据车组的走行性能、进入的线路情况、线路中停留车位置的远近等情况,对不同的车组采用不同的推峰速度,一般控制在 3～7km/h。在变速作业中,调车指挥人必须在解体前考虑好变速时机,加强与司机的配合,保证变速的速度符合作业要求。

①当车组排列顺序为前难后易、前远后近时,前行车组应加速推峰,后行车组则应减速。

②当车组排列顺序为前易后难、前近后远时,应以较低的速度溜出前行车组后,暂停推峰,增大峰顶间隔,再以较高的速度溜放后行车组。

③当小车组按"难—易—难"或"易—难—易"顺序排列时,则应根据中间车组的要求决定变速推峰的方法。

④当有连续隔钩车时,应适当降低推峰速度,为铁鞋制动创造条件。

如遇向难行线解散难行车、大组车时,应提高推峰速度,一般控制在 7～10km/h;如向易行线解散易行车组或线路头部停留车接近警冲标时,应采用低速解散,一般控制在 3km/h 以下,或采用"钓鱼"下峰。

2. 机械化、半自动化和自动化驼峰调节推峰速度的方法

机械化、半自动化和自动化驼峰的纵断面和调车场头部平面比较合理,难、易行线的阻力相差不大,峰下又设有车辆减速器或减速顶,因此,基本上可以采用 5km/h 的速度定速推峰。但遇下列情况时须采用变速推峰方法。

(1)加速推峰。对位于小车组后面的长大车组,应加速推峰。因为长大车组由峰顶溜下时,一般要在车组长度的 1/3 左右越过峰顶时才脱钩。如采用定速推峰,会使前后车组的间隔拉大,降低驼峰作业效率。因此,要适当提高推峰速度。

(2)减速推峰。

①对于溜入同一线束并位于大车组后面的小车组,应适当减速,以拉大与前行车组间隔,防止追尾冲突。

②如遇车组排列顺序为前易后难、前近后远时,调节推峰速度的方法与非机械化驼峰变速推峰的方法基本相同。即:前行车组应减速,也可短时间停轮,拉大前后车组的间距,后行车组应加速,这样,既给制动位调节前行车组的速度留有时间,又避免后行车组入线后溜不到目的地而堵门。

推峰速度还要综合考虑车辆停留位置、车辆走行性能、车组排列顺序、溜行距离、风向、风力、气候、同一线束的连续钩数或进入相邻线束的车组,适当地掌握车组间隔距离,相应地变换推峰速度,以保证作业安全。

四、提钩作业

(一)提钩时机与脱钩点

驼峰解散车列时,车组重心一旦进入加速坡,由于本身重力的作用,即脱离车列向峰下溜去。车组在峰上开始脱离车列开始溜行的地点,称为脱钩点。

提钩时机应在车组进入脱钩点之前适当地点提钩。车组未到脱钩点前,车钩呈压缩状态,易于提钩;车组一旦超过脱钩点即呈拉伸状态,不易提钩,故提钩必须掌握在车组进入脱钩点以前适当时机进行。

提钩不宜过早或过晚。提钩过早,可能使车列振动而使钩销回落,重新回到闭锁位,或遇有紧急情况必须暂时停止溜放作业时,对于已经提开车钩的车组来说,无法使其停止溜放,危及作业安全;提钩过晚,车组一旦进入或越过提钩点时,造成"钓鱼",车列必须回拉后才能提开车钩,影响作业效率。所以,正确掌握提钩地点和时机,对保证驼峰作业安全,提高

调车效率具有重要意义。

脱钩点与车组大小和车辆空、重有关。从实践中得出的一般规律是：

(1)小车组越峰1/2左右脱钩,大车组越峰1/3左右脱钩,如图2-15所示。

图 2-15 车组脱钩点示意图

(2)大车组内,重、空车辆的排列顺序为前重后空,脱钩点适当提前,反之则适当推后。

(二)提钩方法

提钩工作由连结员或提钩制动员根据调车作业通知单进行。提钩时应该把握:宁可峰上慢,不让峰下乱,坚决不提危险钩。一般采用"一看、二查、三提钩、四呼应"的作业方法。

一看:看调车作业通知单,保证所提钩数、辆数与计划相符;看推峰速度、车组走行性能和前行车组脱钩后的溜行速度,保证峰顶间隔。

二查:检查制动软管是否摘开,提钩杆是否良好,车辆是否抱闸,所摘车组是否为长轴距车、禁溜车或禁止过峰车。对计划上未注明的禁溜车、禁止过峰的车辆,应向调车指挥人报告,必要时立即停车。

三提钩:先试提车钩,但不要提开,以检查钩链是否折损或死钩;然后看准提钩时机,用力提开车钩,并监督脱钩情况。

四呼应:由两名提钩人员负责提钩时,应做到"两人交叉提钩,钩不脱、手不离,前钩不脱、后钩不提"。前行车组脱钩后,应向后方提钩人员显示"脱钩信号"。未得到信号时,后方提钩人员不得提钩。

(三)提钩作业中要求做到"七不提"

(1)计划不清、没有信号不提。

(2)钩不脱、手不离;前钩不脱、后钩不提。

(3)自动制动机未缓解、人力制动机未松开、制动软管未摘开不提。

(4)推峰速度过高、车组间隔不足不提。

(5)禁溜车、禁止通过减速器车辆不提。

(6)需要人力制动机制动的车组,未得到制动员试闸良好的信号不提。

(7)前人力制动机制动、后车组铁鞋制动、前车组人力制动机未过分歧道岔警冲标时,后车组不提。

(四)对"钓鱼"情况的处理

所谓"钓鱼"是指驼峰分解车辆时,一部分车辆越过峰顶平台,受重力作用,使车钩拉紧提不开车钩,车辆吊在加速坡上的情况,俗称"钓鱼"。

产生"钓鱼"的原因,主要是对车组的脱钩点掌握不当,错过了提钩时机。也有临时发现制动软管未摘开、提钩链未绑好或钩提杆失效,在车组脱钩点以前来不及将车钩提开,提开车钩后,由于钩舌不灵活而发生"咬钩"情况,产生"钓鱼"。产生"钓鱼"后的正确处理方法:

(1)"钓鱼"以后的车组为大、中车组且又进入易行线时,调车指挥人可指挥司机加速推进,在机车加速、车钩压缩的瞬间提开车钩。使用这种方法必须配合好,一瞬间抓住提钩时机,否则会越推越难提,或在加速坡上即使提开了车钩,车组也可能溜不到位而造成"堵门"。

(2)小车组以及难行的大、中车组进入难行线发生"钓鱼"时,则应指挥机车将车列回拉到脱钩点以前,重新推送提钩。

(3)"咬钩"一般发生在小车组,应指挥机车将车列回拉到脱钩地点以前,重新推送,将两车钩同时提开。

非机械化驼峰在分解车辆的过程中发生"堵门车"或"追尾车"时,峰上应停止作业,通知制动员对后车组紧急制动或放入其他线路后,采取制动措施,以保证作业安全。

⚠ **讨论**:驼峰与牵出线有何不同?

五、驼峰作业方案

按驼峰设备条件和作业机车的台数不同,驼峰调车作业组织可采取不同的作业方案。对驼峰调车作业方式的共同要求是:在确保驼峰调车安全的基础上,各项作业程序尽可能做到快速、平行和不间断进行,以提高驼峰调车作业的效率和驼峰的解体能力。驼峰调车作业方案主要有单推单溜、双推单溜和双推双溜 3 种。

(一)单推单溜

在驼峰上只配备一台驼峰机车担当分解作业的组织方式,称为单推单溜。这种作业方案,驼峰作业周期(指两次整场作业之间的时间间隔 $T_{循环}$)长,解体一个车列占用驼峰的平均时间($t_占$)也长。虽然机车很少发生作业等待的情况而运用效率较高,但驼峰设备有较多空闲,利用率低,驼峰改编能力较小。单推单溜驼峰作业方案,如图 2-16 所示。

图 2-16 单推单溜驼峰作业方案

(二)双推单溜

在具有两条推送线、一条溜放线、配备两台机车担当驼峰作业时,一台机车担当分解作业,另一台机车可进行预推作业,这种作业组织方式称为双推单溜。采用这种作业方式,虽然驼峰调机有一部分等待时间,但当一台机车在峰顶分解车列时,另一机车可与之平行完成除推峰之外其他作业程序而形成在峰顶前的"预推"状态,可很快实现另一车列解体作业的接续,使驼峰设备的利用率和改编能力显著提高。我国铁路编组站驼峰多采用这种作业方式。双推单溜驼峰作业方案,如图 2-17 所示。

(三)双推双溜

按驼峰的推送线、溜放线将调车场连同到达场纵向划分为两个独立的作业区,使之各自成为独立调车系统,两台驼峰机车可同时在自己的调车系统内进行推峰、分解及整场作业,这种作业组织方式称为双推双溜。该作业方案的特点是:两套调车系统互不干扰,两区的推峰分解作业可同时平行进行,从而可提高驼峰设备和机车运用效率,大大提高推峰解体能力,缩短分解一个车列占用推峰的平均时间。但是,由于不能同时进行交叉性溜放,出现邻区车流时只能在本区入线暂存,导致两区之间"交换车流"的出现,这在车站衔接方向多且各方向车流交互严重时尤其突出,须额外消耗一部分驼峰能力来处理交换车流。研究表明,当车站此类重复改变车数(包括交换车和由此而增加的重复分解车数)超过16%时,采用双推双溜一般不利。为减少交换车的重复改编作业量,当调车线宽余时,也可在本区内对待交换的主要车流分类入线,但这将造成同一车流分线集结,延长集结过程;或增加峰尾编组的作业干扰,使相对薄弱的尾部能力进一步降低。双推双溜驼峰作业方案,如图 2-18 所示。

图 2-17 双推单溜驼峰作业方案

图 2-18 双推双溜驼峰作业方案

能采用双推双溜作业方案的车站,在驼峰设备条件许可时,也可实行双推双溜与双推单溜相结合的作业方案。当解体车列出现邻区车流时,可暂时停止邻区推峰机车的溜放作业,或利用邻区推峰机车分解车列的时间空当,经峰下交叉渡线向邻区分解车辆。这需要事先加强计划联系,周密安排两区之间的作业配合。若到达场入口处有完善的疏解设备,接车线路能够充分调配,还可按到达列车的车流构成,机动调整其接入区域,以减少交换车的发生。

六、铁鞋制动

(一)铁鞋及铁鞋叉的检查

1. 铁鞋的检查

目前,我国铁路车站上使用的铁鞋,都是双边制动铁鞋,其构成一般由底部和头部两部分组成,如图2-19所示。

(1)底部:铁鞋安放在钢轨上时,使车轮压上的部分。底部又分为鞋尖、鞋边、鞋底3部分。鞋尖是一个斜面,它的作用是使车轮压上铁鞋,并减少车辆的振动和避免铁鞋被撞击后发生掉鞋。鞋尖向下约呈70°角,长度为20~30mm,以利于车轮踏压。鞋尖的宽度要小于调车场钢轨头部的宽度,以免轮缘撞击鞋尖将铁鞋打掉,一般不大于60mm。

鞋边的作用是使铁鞋稳妥地骑在钢轨上,不致歪斜掉鞋。鞋底是铁鞋与钢轨接触的平面,在滑动时,由于摩擦产生较大制动力,鞋底的内侧宽度要比调车场钢轨头部的宽度大4~6mm,以便铁鞋能在钢轨上安全滑动。

图2-19 铁鞋及铁鞋叉(尺寸单位:mm)

(2)头部:当车轮压上铁鞋后,利用头部将车轮卡住,使车轮与铁鞋同时在钢轨上滑动而起制动作用。头部又分为挡板和支座两部分。铁鞋挡板好比制动闸瓦,是圆弧形钢板,挡板的倾角应不小于37°。若小于37°,当溜放车组的速度较高时,车轮就可能越过铁鞋。但这个倾角又不能过大,如果超过45°,则铁鞋的高度、长度、质量都要增加,此时制动力虽大,但操纵不方便,还可能引起轨道窜动。铁鞋半径应与车轮半径相等,车轮压上后,阻止车轮继续滚动,由于车轮与挡板之间产生较大的摩擦力,从而使车轮由滚动变为在钢轨上滑动。支座的作用是支撑挡板并连接底部,支座前后的缺口则是方便铁鞋叉子插入。

鞋尖适当加高,可以增加"回动量",以防止压鞋。鞋尖加得越高,其"回动量"越大,但鞋尖的高度与鞋底板的厚度之和应小于25mm。因为车轮的轮缘高度为25mm,超过25mm就等于车轮整个离开轨面,不能保证行车安全。

制动员在检查铁鞋时,发现有下列情况之一者,应禁止使用。

① 支座有裂纹;
② 没有挡板或挡板损坏;
③ 底板扭曲;
④ 鞋尖与轨面不密贴;
⑤ 鞋尖破损或弯曲;
⑥ 鞋尖宽度超过轨面宽度;
⑦ 支座或底板的焊接破裂;
⑧ 底板边缘损坏、磨耗过甚或弯曲;

⑨铁鞋尺寸与轨型不符;

⑩铁鞋底板有冰雪、油渍或盐碱等润滑性物质。

此外,出过事故未被鉴定的铁鞋,也不能使用。

2. 铁鞋叉的检查

为了便于安全操作,铁鞋制动时,要使用铁鞋叉。工作人员接班后应注意检查铁鞋叉是否良好。检查铁鞋叉时应注意:

(1)铁鞋叉的叉柄是否有断裂现象。叉柄的长度一般为1.5m左右,叉柄太长会影响上鞋的稳、准、快;太短会影响到人身安全。

(2)铁鞋叉是否完整、平直。铁鞋叉的叉口是否有过宽或过窄的现象,叉口的宽度一般定为100mm。

(3)叉柄与鞋叉的安接是否牢固。

(二)禁止安放铁鞋的情况

1. 禁止安放铁鞋的地点

(1)在钢轨的接头处或在钢轨的接头前1m之内不能安放铁鞋。因为在钢轨的接头处,其枕木不平,钢轨头部也不平,容易引起铁鞋和轨面不密贴,当车轮压上铁鞋后,会发生跳动而造成掉鞋或造成车辆脱轨。正确的安放方法是:铁鞋制动员在安放铁鞋遇到钢轨接头处时,应把铁鞋安放在钢轨接头以后的轨面上。

(2)在道岔区不能安放铁鞋。因在道岔区域内有导曲线,辙叉能使铁鞋脱出,脱出的铁鞋与辙叉心撞击又易引起辙叉损伤,另外还有被辙叉槽卡住引起车辆脱轨的可能。

(3)在曲线的外轨上不能安放铁鞋。由于外轨超高,在轨面不平的曲线外轨上安放铁鞋时,铁鞋很容易与车轮相撞,而且安放不牢固,容易跌落,所以在一般情况下,应避免在曲线的外轨上安放铁鞋。必须在曲线上安放铁鞋时,只能安放在曲线的内轨上。

(4)在绝缘体的钢轨接头前不能安放铁鞋。因为在集中联锁的道岔绝缘接头前安放铁鞋有可能接通电流,形成短路,造成道岔中途转换。

(5)在覆盖冰雪、油渍或盐碱等润滑性物质的钢轨上,不能安放铁鞋。因为在这样的钢轨上安放铁鞋,易使铁鞋滑动,不但延长了滑行距离,而且有打落铁鞋的可能。如果必须在这样的线路上安放铁鞋,就必须清除油垢或者撒砂后才可。

(6)在钢轨内侧有飞边或同一条线路轨型不一,以及铁鞋与钢轨的尺寸不符的线路上不能安放铁鞋。因为一旦放上铁鞋就会被打掉,即使暂时未被打掉也会造成卡鞋、脱鞋的情况发生。

(7)在调车场以外的线路上不能安放铁鞋。铁鞋只能在调车场的线路上进行制动,由于调车场以外线路上的钢轨型号不一致,铁鞋尺寸与钢轨类型不符,容易发生危险。尤其在到发线上不能安放铁鞋,因为到发线主要用来接发列车,一旦忘记撤去铁鞋就有使列车脱轨的危险。其他线路只能使用铁鞋防溜。

2. 禁止使用铁鞋的车辆

(1)直径950mm及其以上的大轮车。目前,我国使用的铁鞋托座弧面是根据一般轮对直径为840mm制造的。直径在950mm以上的大轮车使用普通铁鞋时,车轮踏面与铁鞋托座弧面不密贴,影响制动力,也可能发生"压不上"的情况,从而发生车辆冲撞。对一些编解这种车型较多的车站,可使用特制的大轮车铁鞋。轮径超过950mm的车型主要有:P_9、P_{69}、C_{77}、M_9、N_9、D_6、D_9、D_{16}、D_{17}、D_{18}、D_{19}、G_6、G_9、G_{14}、G_{15}、G_8、G_{27}、T_1等。

(2)外闸瓦车。有的车型将制动闸瓦安装在两对车轮的外侧,此类外闸瓦车的闸瓦钎距轨面最低为25mm,而铁鞋挡板距轨面高度为110~125mm。此时如将铁鞋放在轨面上,当溜放车组接触铁鞋时,很容易被闸瓦钎子撞掉或被推着滑行,起不到制动作用,甚至会发生因闸瓦钎子将铁鞋掘起(鞋尖向上)卡住车辆,造成行车事故。外闸瓦车型主要有 C_5、C_{25}、D_6 等。在使用铁鞋进行防溜时,也要注意外闸瓦车。

其他不准使用铁鞋的情况,由车站根据具体情况决定,并纳入《站细》。

(三)铁鞋制动的方法

驼峰调车场内一般配有铁鞋制动组,负责车组入线后的制动工作。根据制动工作的不同,铁鞋又分为脱鞋制动组和目的制动组。前者的主要任务是调速拉挡,起间隔制动作用;后者的主要任务是使车组在预定地点停车,起目的制动作用。

铁鞋制动组通常由制动长统一指挥。根据制动员"固定包线、灵活分工、邻线互助、循环制动"的分工原则和调车作业的需要,由制动长机动调整人力,并在"调车作业通知单"上注明,做到分工明确,防止漏钩,保证安全。

1. 基本鞋的使用

所谓基本鞋就是事先安放在钢轨上,车组溜行方向第一轮对压上的铁鞋。其主要作用是为了减速,当车组溜行速度过低时,也可在不放辅助鞋的情况下,起着目的制动的作用。

根据需要,基本鞋可在一根钢轨上安放一只铁鞋(称为单轨单基本)或在一根钢轨上前后安放两只铁鞋(称为单轨双基本),也可以在两根钢轨上平行或交错各放一只铁鞋(称为双轨双基本)。在一根钢轨上,前后安放两只铁鞋,制动员可根据车组接近铁鞋时速度的大小,灵活调整基本鞋的位置。速度低时可撤掉前一只铁鞋,速度大或为1~3辆小车组时,加放后一只铁鞋,这样当前一只铁鞋被打掉时,还有后一只铁鞋起保护作用。

采用铁鞋制动时,根据实践经验,一般采用单轨双基本放鞋的方法。因为在一根钢轨上安放基本鞋,车轮压鞋后,不但使车轮由滚动变为滑动,而且由于货车转向架发生倾斜,加大了阻力,所以在一根钢轨上安放铁鞋的制动力比较大,滑行距离比较短。而采用两轨平行双基本,虽然在轮对同时压上两只铁鞋时瞬间的制动力可能稍大一些,但由于铁鞋制动是由滚动变为滑动,它与一个轮对压上一只铁鞋相比较,并不能使制动力增大,相反,由于转向架不产生倾斜,其制动力可能还要小一些,而且跨越股道放鞋、取鞋,对人身安全也不利,所以一般不采用双轨双基本放鞋的办法。

铁鞋放在钢轨上,应将铁鞋的鞋边贴紧钢轨头部内侧,不要使鞋边与钢轨头部内侧留有缝隙,以免车轮未踏上铁鞋就被车轮轮缘撞掉。

为增加制动阻力,或遇雨、露、霜、雪等天气时,应在铁鞋尾部、鞋尖及鞋底下撒砂,以缩短滑行距离,同时也可避免打落铁鞋。

2. 辅助鞋的使用

在车组溜放过程中,用铁鞋叉子将铁鞋放在同一车辆两个转向架之间的钢轨上(称为大档下鞋),或放在两相邻车辆前后两转向架之间的钢轨上(称为小档下鞋)。这样安放的铁鞋叫作辅助鞋,主要起目的制动作用。

大档下鞋的特点是:空档较大,上鞋方便,易掌握,安全条件好,在正常情况下使用。

小档下鞋的特点是:空档小,安全条件差,需抓住时机准确上鞋,仅在大档下鞋错过时机、紧急制动情况下使用。

当溜行车组走行速度大,为争取时间进行紧急制动时可使用大档和小档一齐下鞋。这种方法是以大档下鞋为主、小档下鞋为辅。

无论是大档下鞋或是小档下鞋,铁鞋制动员都应使用铁鞋叉,叉入铁鞋后,背向来车方向,两腿稍叉开,两脚站稳,腰部稍弯,头转向来车方向,以便随时观察车组走行速度,掌握安放时机。不要将上肢扭过去,也不要距车辆过近,以免被溜行车组撞伤。认真下好第一只辅助鞋非常重要,因下鞋时间短,一旦铁鞋被车组打掉,就会失去一次重要的减速制动机会,特别是对小车组或者是对近放基本鞋的车组来说,下辅助鞋的机会更少,如果掌握不好,就可能发生撞车事故。安放辅助鞋时,应注意以下事项:

(1)用铁鞋叉安放辅助鞋时,须保持铁鞋的平稳,特别是个别铁鞋由于鞋身质量不平衡,在鞋叉叉住铁鞋时可能产生铁鞋前后摆动的现象。这时需要制动员紧握叉柄,人为地加以调整,以保持铁鞋的平稳。

(2)向钢轨上安放辅助鞋时,不宜将铁鞋抬得过高,更不宜用力过猛。铁鞋抬得过高,与钢轨的撞击力就会过大,铁鞋就容易被撞掉;用力过猛时,容易造成在铁鞋接触轨面后翻入轨内。

(3)用铁鞋叉叉起铁鞋时,要注意使铁鞋叉与铁鞋呈一个角度,并使鞋尖稍转向钢轨外侧,以便铁鞋安放后能与钢轨密贴。

(4)在向钢轨安放铁鞋后,如果车辆溜行速度较慢,在时间允许的情况下,应用铁鞋叉将铁鞋向钢轨外侧拉紧,使铁鞋与钢轨内侧靠紧,以防铁鞋被轮缘撞掉。

(5)当用铁鞋叉将铁鞋安放好后,用铁鞋叉稍微压住铁鞋,等车轮压上铁鞋后,再将鞋叉撤出,这样可以防止由于撤叉不当而带掉铁鞋。

(6)遇车辆的两侧有门梯、支柱、补助梁时,应避免在这些车辆下安放辅助鞋。

(7)对于大车组应尽量多放几个辅助鞋,以增大反驳力、避免造成压鞋。

(8)在同一线路上有连续几组隔钩车,如前后车组追得很紧,在保证前行车组安全制动的同时,应特别注意做好后车组的制动工作,以免造成追尾事故。

(9)当车组已接近铁鞋时,不能用手去调整铁鞋的安放位置,以免挤伤手指或碰伤头部。

(10)禁止反手持叉下鞋,以免车辆撞击叉把,造成人身事故。

为使铁鞋制动工作能顺利进行,在调车场各条线路旁,应备有足够数量的铁鞋。配备数量的多少,可根据业务量的大小而定。一般在编组站调车场内,于每条线的外侧相隔10~20m的距离涂以标记,在每一标记处,存放两只或三只铁鞋,按标记将铁鞋整齐地排列起来。有的站还用料石或混凝土制成铁鞋墩埋于线路旁,每隔10m一处,并按顺序编号。这样存放铁鞋就能达到纵看成行,横看成列,整齐划一,便于使用。这样设置的好处是既可根据铁鞋墩的距离和编号进行简易地测速、测距,还可以用来记忆压鞋的地段。

有的车站在峰尾牵出线溜放调车作业中也使用铁鞋制动。在一定地段的铁鞋墩上涂以颜色,以作为驼峰存放铁鞋和牵出线存放铁鞋的分界点。驼峰使用的铁鞋,其鞋尖应朝向驼峰;牵出线使用的铁鞋,其鞋尖应朝向牵出线。强调铁鞋存放时,将鞋尖置于车辆溜来的方向,目的是为了制动员在紧急情况下也能及时地安放铁鞋,以保证作业安全。

3.基本鞋与辅助鞋结合使用

(1)远放基本近掏挡。远放基本近掏挡是指距离停留车较远的地方安放基本鞋,距停留车较近的地方掏挡安放辅助鞋,以基本鞋为主的制动方法。这种方法适用于对单个车或小车组进行制动。因为当车组轧上基本鞋后速度急速下降,便于掏挡下辅助鞋;同时,当基本鞋发生不测时,可以运用辅助鞋进行辅助补救。此种方法安全可靠,常被采用。

(2)近放基本远掏挡。近放基本远掏挡是指距停留车较近的地方安放基本鞋,距停留车较远的地方提前安放辅助鞋的一种制动方法。辅助鞋先起制动作用,把溜放车组的速度控制下来,以便腾出时间处理后续车组。这种方法适用于中车组、大车组、隔钩车。

(3)近放基本多掏挡。这是一种以辅助鞋为主、基本鞋为辅的制动方法,适用于溜行速度大的大、中车组。因为大、中车组掏挡的机会多,一般都采用"让头拦尾"集中下鞋的方法,即对前半部车辆不下辅助鞋,可以避免因下鞋过早,使大车组速度缓慢,造成后续车组尾追冲突;还可以缩短滑行距离,提高制动效率。

(4)滑鞋找距。这种方法是用铁鞋叉子在钢轨上推着铁鞋随车滑行(滑行速度保持与溜放车组走行速度相同)。根据溜放车组的走行速度,测准距离后抽出叉子,使滑行的铁鞋被溜放车组压上后起制动作用,以利于压缩天窗和安全连挂;若溜放车组已降至连挂速度(5km/h)而不需制动时,可将滑鞋从钢轨上取下。

 模拟练习

请模拟扮演制动员,使用铁鞋叉子,将 10 只铁鞋放在钢轨上,并计算所用时间。

七、减速器制动

(一)减速器调速作业

机械化驼峰的峰下咽喉区一般设置两个制动位:第一制动位设在峰下第一分歧道岔后方,主要用于调整车组的间隔(间隔制动)及进入第二部位减速器不超过《站细》规定速度;所需制动力较小,一般设一组车辆减速器。第二制动位设在调车场头部每个线束之前,除负担间隔制动外,主要为目的制动创造条件,将入线速度控制在 18km/h 以下,并调整间隔,防止尾追。由于要求的制动力较强,一般设两组车辆减速器。

调速是指驼峰作业楼正确操纵减速器,控制车组间隔及速度。驼峰作业员总结了"七个字"作业程序,即"一清、二看、三听、四调、五监、六喊、七锁"。其具体内容如下:

一清:作业员对停留车位置,对空、重车,对难、易行车,对难、易行线清楚。

二看:作业员要看准走行速度,看准车组间隔。

三听:听车辆走行有无抱闸等异常声响。

四调:根据天、地、人、车、货等情况,正确控制风压级数和制动时间长短,将车组间隔调整到三车以上距离,出口速度符合《站细》规定。

五监:监视车组正确进入进路。

六喊:发现不宜使用铁鞋制动的车辆、装载易于窜动货物的车辆、溜放车组前慢后快或其他异状等情况及时通知峰下采取措施。

七锁:发生堵门车、压标车后,应立即开通其他线路并将该线路封锁。

(二)减速器操作方法

操作前应检查各按钮是否在规定位置,各种表示灯显示状态是否正常;确认油压、风压,逐台按压减速器的制动按钮、缓解按钮以及总缓解按钮,确认减速器的制动和缓解状态。

1.半自动控制操作方法

(1)定速作业方法。解体作业开始前,作业员根据调车作业计划及测距轨道电路表示灯(满线和进入"靶区"表示灯)所反映的停留车或走行车组的位置,并考虑车组走行性能、进入股道线路状态、风向气候等因素,结合实践经验,确定每股道减速器的出口速度(定速)。其方法是:先按压股道按钮,再按压所选定的定速按钮,该股道的定速数码以数字显示所定的出口速度(溜放车组间隔距离及减速器出口速度由《站细》规定),表明减速器已置于半自动控制状态。当车组进入减速器区段,车组实际走行速度若高于定速,减速器即自行制动;当车组速度降至定速要求时,减速器即自行缓解。

(2)定速的变更及取消。某股道的减速器一经定速,所经过的车组均按此定速自行调速,如需变更定速时,仍按规定先按压股道按钮,再按压定速按钮,即可变更定速;如需取消半自动定速时,只要按压本股道的缓解按钮即可。

(3)减速器动作状态的确认。在控制台上通过制动、缓解表示灯的亮灭和测速数码管所显示的速度变化,确认减速器的动作状态。

2.手动控制操作方法

手动控制应根据股道停留车位置、车辆质量、车组走行速度、线路状况、气候风向等因素和实践经验,按压有关减速器的制动按钮,以控制减速器制动时间。需要缓解时,按压缓解按钮,以保证车组的出口速度。手动控制时,溜放车组应做到"溜得快、不追尾、不夹停、不堵门"。其制动方法,主要有以下几种:

(1)闯口制动法。在车组到达前,使减速器先置于制动状态,让车轮挤开制动夹板。对于易行的车组及溜放速度过高的车组,可采用此法。

(2)"让头拦尾"制动法。对于大车组,在与前行车组间隔大与后行车组间隔小的时候,可采用此法。

(3)间歇制动法。对中车组可对其前、中、后车辆的车轮进行间歇性制动。

(4)轻级长夹和逐步升级制动法。对装有易碎、易窜货物的车辆,先施Ⅰ级制动,再根据需要逐步升级制动。

(5)两组减速器配合制动法。可采用前制后补和重复制动的方法;为防止后行车组追尾,还可采用前放后制的方法,也可采用交替制动的方法。

(三)禁止使用减速器的车辆及作业安全

1.禁止使用减速器的车辆

(1)装运水泥及装运道砟的K型车、凹形车、二轴车、特殊用途车以及涂有"禁止通过驼峰"标记的重油罐车。

(2)禁止通过机械化驼峰的机车、车辆。

2.使用减速器的作业安全

(1)机车上、下峰作业时,减速器必须置于缓解位置。

(2)大轮车、薄轮车、新出厂车等,皆属于制动困难的车辆,应选择合理的方法实行制动,并通知峰下做好铁鞋辅助调速。

(3)对于5辆以上的车组,应根据线路情况及前后车组的走行情况,采用"让头拦尾"制动法或联系驼峰调车长在推峰溜放的某处暂停推峰,待准备妥当后再继续溜放。

(四)应急处理方法

(1)车辆经减速器夹停或有途停堵门车时,作业员应及时采取防护措施,并报告驼峰调车长。当危及安全时,要果断按下"切断信号"按钮,关闭驼峰信号,停车进行处理。

(2)对不能使用减速器制动且人力制动机又不良的单个车辆,应送入禁溜线,或并钩使用人力制动机制动,或推送下峰。

(3)如减速器区段和测速数码管显示异常,应视为半自动控制失效,作业员应立即进行手动干预,通知驼峰调车长停止该减速器作业,在"行车设备检查登记簿"上登记,通知电务人员进行检修,经检修、消记、试验良好后方可使用。

(4)遇下列情况应停止使用减速器:
①控制电源及制动、缓解按钮故障或操作不能正常表示时;
②风压、油压警铃鸣响(报警)禁用表示灯亮红灯时;
③减速器不能制动或缓解,或虽能动作但达不到规定的动作时间和要求时;
④制动效能明显降低时。

减速器遇临时故障,应立即切断推峰信号,并在"行车设备检查登记簿"内登记,通知电务人员进行处理,待修复试验良好后,才能恢复正常使用。

遇减速器正常检修和维修施工时,须由施工人员在"行车设备检查登记簿"内登记,由作业员请示驼峰调车长并签字确认,按下"检修"或"测试"按钮并挂上红牌后,施工人员才能作业。完工后,由施工人员销记,作业员试验良好并签认后,才能恢复正常使用。

八、减速顶制动

(一)减速顶作用的基本原理

减速顶是一种既不需要外部供给能源,又不需要安装外部制动设备的自动调速工具。它结构简单,性能可靠,易于施工、维修,工程造价和运营费用都较低,因而在我国铁路调车场得到广泛使用。

减速顶由外壳和吸能帽组成,吸能帽内有速度阀和压力阀,在减速顶的内腔充有油液和氮气。

根据减速顶设置位置的不同,可以利用调整速度阀板下的弹簧来调节减速顶的规定速度(临界速度)。当减速顶设在股道内作目的制动时,临界速度一般选为4km/h。

当车辆压上减速顶吸能帽的速度低于临界速度时,油液对速度阀板的压力小于速度阀板下弹簧的支撑力;由于油液可通过油孔顺利地流入减速顶下腔(这时上腔中的氮气受到一定的压缩),吸能帽较容易地向下滑动,对车轮不产生制动作用。

当车辆压上减速顶吸能帽的速度高于临界速度时,油液对速度阀板的压力大于速度阀板下弹簧的支撑力;速度滑板向下运动关闭油孔,油液不能通过油孔顺利地流入减速顶下腔,而必须挤开压力阀门的钢球流向下腔(这时上腔中的氮气也受到一定的压缩);由于钢球下的弹簧弹力很大,油液在从压力阀向下腔流动的过程中产生较大的热量而吸收车辆的动能,对车轮产生制动作用。

当车轮通过吸能帽顶点后,吸能帽上腔被压缩的氮气开始膨胀,使吸能帽向上回升;由于速度阀板下弹簧的支撑力使速度阀板打开,从而油液通过油孔回到上腔,减速顶恢复原来的状态。

(二)减速顶作业方法

1.推峰速度

某站采用"股道全顶方案"(图2-20),其设计速度是5km/h。对于不同车组、不同股道,推峰速度是不固定的,要根据车组空重大小的变化来掌握。一般的推峰速度都控制在3~7km/h,大车组需要超过5km/h的速度推峰,中、小车组采用定速5km/h以下的速度推峰。除空重车组、大小车组以外,还应根据难易行线掌握推峰速度。

2.同股道隔钩车溜放作业方法

同股道隔钩车,遇前难后易或前大后小的

图2-20 股道全顶方案示意图(尺寸单位:m)

车组组合时,由于通过顶群的时差大,容易造成追尾。因此,后组车常采用减速推峰或停轮再推的作业方法,这样人为地缩小了两个车组通过减速顶的时差,从而防止追尾。

3. 防止相邻股道追尾侧撞的作业方法

某站编发场头部溜放区未设间隔制动,同时,减速顶群的布顶始点距警冲标的距离平均为59.03m,最短的为53.5m,遇溜放超过5辆以上的大车组时,由于大车组进入股道时前端受顶群的突然制动,速度明显下降,但尾部仍未进入警冲标,后行车组已追上,这样容易发生追尾侧撞。因此,遇到这种情况溜放时,后车组必须采取停轮再推的方法,使前行车组有足够的时间进入警冲标内方。

4. 对扣修空车等溜放时的作业方法

扣修空车等轻车,由于惯性小,同时溜放进入顶群时,受到集中制动,减速很快甚至突然停车。为此,对这类车组,往往采用低于5km/h的速度推峰。

5. 调车长对股道存车与顶群距离及溜放车组在顶群上行走状态的掌握方法

某站编发场减速顶调速制动系统未配备测速、测长等任何附属设备,而峰顶至减速顶群一段距离近300m,调车长靠瞭望掌握股道存车距离和车组在顶群上的走行状态是比较困难的;特别在夜间,由于照明不足,更难辨认。为了帮助调车长掌握上述情况,以便及时处理问题,在减速顶群区设制动员一人,其任务是随时将股道存车距离、车组走行状态用广播通知调车长,以便对发生的问题及时采取有效措施。

机车牵出车列或单机通过减速顶区段时,应控制速度,以减少机车车辆轮缘和减速顶的磨耗。

注意:减速顶安全区段不得使用铁鞋。

巩固提高

1. 驼峰调车与牵出线调车有何不同?
2. 影响推峰速度的因素有哪些?
3. 简述驼峰调车的提钩方法。
4. 铁鞋制动时,基本鞋与辅助鞋应如何配合使用?
5. 车辆减速器的操作程序及内容是什么?
6. 哪些情况下应停止使用车辆减速器?
7. 减速顶作用的基本原理是什么?

任务四　中间站调车

任务描述

本学习任务需要你作为一名调车长根据摘车、挂车、对货位、取车及送车等调车作业任务,调车设备和环境,独立确定调车作业方法,正确选择并执行调车作业程序及标准,能够对中间站停留车采取防溜措施等,并能依据规章规定条理清晰地说明你的理由。

相关理论知识

调车作业是中间站行车工作的重要内容,它对于及时甩挂货物作业车、安全正点地接发列车起着重要的作用。

一、中间站车流组织

中间站车流是指在中间站进行装卸作业的重空车流,也称为区段管内车流。中间站车流组织的原则,是在加强货源组织的基础上,最大限度地组织直达、成组输送,以加速车流输送速度,缓解技术站作业强度。除此之外,中间站车流的输送还有以下几种形式。

1. 普通摘挂列车

普通摘挂列车是目前输送中间站车流广泛采用的一种形式。它们的主要优点是:可以直接为区段内中间站输送货物作业车,及时办理中间站车辆的甩挂、取送和对货位的调车作业。缺点是:利用摘挂列车本务机车担当沿线各站的调车作业,不仅不能发挥本务机车的功能,而且由于各站停站时间长,旅行速度和机车日车公里低,对区间通过能力的影响较大。

2. 重点摘挂列车配合调度机车(或调车机车)

重点摘挂列车是指在指定的几个中间站进行摘挂作业的列车。重点摘挂列车甩下的车辆,由调度机车或调车机车送往本站或邻站的货物作业地点,并同时取回待挂车辆,预先按列车编组计划的要求编成车组,待摘挂列车挂走。

重点摘挂列车配合调度机车,是减少摘挂列车作业站数、缩短作业时间、提高旅行速度、加速管内货物输送的有效方法。如能将调度机车的运用计划与重点摘挂列车的到开时刻密切结合(图 2-21),将送车计划与货物作业过程相衔接,将会得到较好的效果。但是,采用此种管内列车方案也有缺点,一是增加了调机台数,二是调机往返于各中间站,对区间通过能力影响较大。

3. 分段作业的摘挂列车

分段作业的摘挂列车,如图 2-22 所示。当同方向每天开行两列摘挂列车时,可以组织分段作业,使第一列摘挂列车在前半段的中间站上作业,第二列摘挂列车在后半段的中间站上作业。这种车流的输送方式,能够减少摘挂列车作业站数,加速摘挂列车运行,加速区段管内车流的输送,目前在开行两对以上摘挂列车的区段已广泛采用。另外,还有小运转列车、管内分组列车等形式。

图 2-21 重点摘挂列车与调度机车配合图

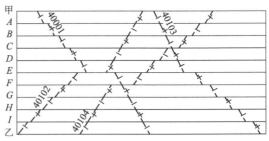

图 2-22 分段作业的摘挂列车

区段管内除个别中间站的车流需由装车地直达列车或区段小运转列车输送外,大多数中间站的车流需要由摘挂列车输送,几乎每个区段都要开行摘挂列车。摘挂列车具有作业站次多、停站时间长、旅行速度及列车等级低等特点。研究摘挂列车作业组织,压缩在站作业过程,对于提高区间通过能力,压缩车站停时,加速机车车辆周转有十分重要的意义。

二、摘挂列车调车作业程序

摘挂列车在中间站主要进行车辆的摘挂调车作业。摘挂列车调车作业程序,如图 2-23 所示。

(一)准备作业

1. 作业联系

列车到达前,车站值班员(车站调度员)应及时与列车调度员联系,了解摘车的位置、车数、货物品名及收货人;如为空车,应了解车种、吨位。将车站待挂车辆报告列车调度员,确定挂车车次、位置、作业时间;同时与货运人员联系,商定摘车地点,确定装卸作业时间。要掌握待挂车辆的装卸进度,指示货运人员做好取送车准备。

图2-23 摘挂列车调车作业的程序

2. 作业准备

中间站作业时,在办理列车闭塞(预告)后,通知调车作业人员做好准备工作,并向调车指挥人传达计划及注意事项,做好作业分工及安全预案,提前上岗。列车到达后,应亲自向司机递交调车作业通知单,传达作业注意事项和作业方法,向司机递交便携式无线调车灯显设备,并检查作业人员上岗情况。

调车人员按计划核对现车,并检查车辆状态,按规定排风摘解制动软管。

(二)摘挂作业

1. 动车准备

动车前,调车人员应按规定准备进路,确认进路开通正确,认真执行要道还道制度。

2. 指挥运行

调车指挥人指挥动车前,应确认调车人员回示的起动信号,向司机显示起动信号。车列起动后,确认调车人员的"好了"信号,注意调车人员上车及安全等情况,向司机显示"好了"信号。指挥推送车辆时,要先试拉。车列前部应有人进行瞭望,及时显示信号。确认停留车位置有困难时,应派人显示停留车位置信号。调车指挥人应位于易于瞭望前方,又能使司机看见所显示信号的位置。中转信号人员,位置应适当,正确、及时、一致地中转信号。当车辆越过联动道岔需返岔时,调车人员应向扳道长(员)显示过岔的"好了"信号。

图2-24 简易紧急制动阀

3. 作业检查

机车车辆在进入装卸地点前,必须停车,待调车人员检查线路、道岔、停留车位置后,方准进入。在车辆连挂好以后,调车人员应按规定连接制动软管。使用简易紧急制动阀(图2-24)时,应确认通风良好。

4. 摘挂车辆

摘车时,必须在车辆停稳后,按规定做好防溜措施再提钩。挂车时,挂妥后,再撤出防溜措施。连挂车辆正确,及时显示十、五、三车距离信号(单机除外)。听取司机鸣笛回示,如没有回示,应立即显示停车信号。

连续连挂时,可不停车连挂,要确认连挂状态;车组间距超过10车时,必须顿钩或试拉。末端车辆距警冲标较近时,须采取安全措施。摘挂列车挂妥后,应进行试拉。

5. 作业后处理

摘挂作业完了后,调车人员应及时将道岔恢复定位,向车站值班员报告车辆停留位置及防溜措施,并取回便携式无线调车灯显设备。

(三)摘挂报告

车站值班员应填记行车揭示板,并在作业后向列车调度员报告。

三、加速摘挂列车调车作业的方法

为了加速摘挂列车在中间站的技术作业,压缩停站时间,车站值班员或调车区长应提前开出高质量的调车作业计划,以减少调车作业时间。在作业组织上,主要采取以下方法:

1. 加速摘挂列车作业过程

组织各部门紧密配合,加快计划传达、挂车、摘车、走行等作业过程,减少各环节之间的等待时间。

2. 选择调车行程短和作业方便的接车线

中间站应将摘挂列车接入靠近货场或专用线接轨一侧的线路。这样既可缩短调车行程,又可减少调车作业与接发车进路的干扰,降低安全隐患。

3. 组织车站调车机车和本务机车配合作业

在设有调车机车的中间站,组织调车机车与本务机车配合作业,能加速摘挂列车调车作业。例如,调车机车事先准备待挂车组,在邻线等候,摘挂列车到达后,本务机车负责前部甩车,调车机车在尾部挂车。对摘下的车组,由调车机车负责分送至货物作业地点。

4. 组织不摘车装卸作业

不摘车装卸作业是指随摘挂列车挂到中间站进行装卸作业的车辆,利用摘挂列车在中间站的停站时间,快速进行装卸作业后,仍随原摘挂列车挂走。

对于不摘车装卸作业的车辆,由于只统计装卸作业次数,不统计停留时间,因此,这种方法是压缩中间站货车停留时间的有效措施,应大力推广。在到发线上进行不摘车装卸作业时,还能减少调车作业,节省调车时间和费用。

组织不摘车装卸作业时,车站应加强与列车调度员的联系,及时准确地了解列车运行情况、预计到达作业站的时间及不摘车装卸的车数、车种、吨位、品名及编挂位置,提前做好货位、装卸劳动力、机具等装备工作,并派人在指定地点等候,待列车进站停车对好货位(或将车摘下对好货位)后,立即开始装卸作业,确保在列车调度员要求的时间内完成作业,以免延误发车,打乱列车运行秩序。

5. 加强车机联控

(1)车站值班员可提前利用列车无线调度通信设备直接向司机预告本站列车的到发计划、站内情况、甩挂计划及接车股道。司机应提前做好准备,列车到达车站后即可立即进行摘挂调车作业,以保证摘挂列车的作业时间。

(2)调车作业中,调车指挥人利用列车无线调度通信设备指挥调车作业,加强与有关人员的联系,了解其他列车在本站的到发情况,有预见地组织调车作业,可以提高调车作业效率,压缩调车作业时间。

四、摘车和挂车

(一)摘车

在机车车辆间进行摘解制动软管、提钩使之分离的作业过程,称为摘车。

从列车中摘下车辆时,由于车辆制动主管内存有大量压缩空气,应严格按照"一关前、二关后、三摘管、四提钩"的程序进行。即:先关闭靠机车方向的折角塞门,后关闭另一端折角塞门,然后摘开制动软管,再提开车钩。只有这样才能保证人身安全和作业安全。

（二）挂车

挂车前要先调整钩位,挂车后应确认车钩连挂状态。在列车中连挂车辆时,还要连接制动软管,开放折角塞门,并除掉排风杆上的石子,检查列车通风是否良好。

连挂车辆时,应按下列程序进行:

1. 调整钩位

在连挂前,将进行连挂的车钩调整到便于安全连挂的位置,称为调整钩位。

在直线上连挂车辆,车辆钩头位于中心,一方车辆的车钩在全开位,另一方车辆的车钩置于闭锁位,防止两钩都在全开或都关闭而造成临时抢扳钩舌或重复连挂的现象。如两车钩均在闭锁位置,则连挂时两钩舌互相冲撞易损坏车钩;如两车钩都在全开位置,又容易损坏钩舌或钩锁铁,且不易正确连挂。

在曲线上挂车时,车辆纵中心线示意如图 2-25 所示。两车纵向中心线相错,车身越长或曲线半径越小,则相错的差度越大,而要使两车钩连挂,必须使两钩的纵中心线相近,错度过大,则不易连挂。如果勉强连挂,可能使两钩头相错,互触于车辆制动主管头上,甚至撞坏端梁。因此在曲线上连挂时,应调整钩位,将两钩头向曲线内侧扳动,使两车钩纵中

图 2-25 两车纵中心线交点相错示意图

心线相近,并将两钩各开六七成,以加大两钩接触面,再去连挂。同时,要降低连挂速度,做好防止溜逸的准备。调整钩位时,必须在停车状态下进行,并要以停车信号防护。调车人员站立位置要适当,信号显示要及时。

2. 显示信号,指挥机车进行连挂

及时显示十、五、三车距离信号(单机除外),并听取司机鸣笛回示;如没有回示,则应立即显示停车信号。连续连挂时,可不停车连挂,但要确认连挂状态;车组间距超过 10 车时,必须顿钩或试拉。

3. 确认车钩连挂状态

车钩连挂后应认真确认是否连挂稳妥。其确认的方法如下:

上作用式车钩,要确认上锁销是否充分落在钩头内。判断上锁销已充分落在钩头内的方法,就是看锁销露出钩头的长度是否在 56mm 以内,或者钩锁铁锁脚在钩头底部是否露出白铅油标,如图 2-26 所示。

下作用式车钩,则要看下锁销是否已正确地落在钩头下方。如两车连挂正确,钩销由钩头底部露出部分在 240mm 以上,锁铁脚也应露出白铅油标,如图 2-27 所示。

图 2-26 上锁销露在外的部分(尺寸单位:mm)

图 2-27 下锁销露在外的部分(尺寸单位:mm)

两车连挂后,除了确认是否挂妥外,还应确认两车钩纵中心水平线的高差是否超过75mm。车钩中心线高度差75mm是由车钩中心线距轨面最高为890mm、最低为815mm两者之差决定的。

观察车钩高差的方法是:在车钩中心线上有一条白线,首先检查两车钩连挂后两白线是否吻合成同一水平线,如果发现错开时,就应观察两中心水平线的高差是否超过75mm;若超过时,应立即报告调车长或车站调度员,转告车辆部门处理。

4.连接制动软管

连接制动软管前应先检查车辆是否连挂好,确认钩锁销落槽。为了防止漏风,并应检查两管头部是否良好,胶皮圈有无丢失;缺少胶皮圈时应补上。安装时不许以一个胶皮圈反扣,因为这样会造成下次摘解制动软管时胶皮圈丢失,影响作业,导致列车晚点;同时,反扣还会引起漏风,导致列车运行中自动抱闸,危及行车安全。

连接制动软管时两脚应一里一外,即一只脚迈入道心,另一只脚在轨外蹲下,用左手紧握靠身体一侧的制动软管接头,随即将肘部弯曲,使手握的制动软管接头接近肩部。同时,右手扶起另一侧制动软管头部,对好接头,借软管本身的弹力,向下推压制动软管,即可以连接。

连接制动软管时,两脚不能同时迈入道心,蹲在里面,要按规定两脚一前一后;万一车辆移动,就可以马上将前脚退出钢轨外面,避免发生危险。

制动软管连接好后,将来风方向一端的折角塞门慢慢打开,试验一下刚接好的制动软管是否漏风;若漏风,必须重新连接。

⚠ **讨论:** 中间站一般办理哪些列车?作业条件和技术站相比有何不同?所有作业都会在车站完成吗?

五、越出站界调车

越出站界调车是指利用列车占用区间的间隔时间,调车车列越过进站信号机或站界标进入区间的调车作业。

越出站界调车,一般出现在没有牵出线,也没有可利用的岔线或其他线路的中间站,当机车带着较长车组进行摘挂、转线作业时,只能利用区间正线调车而越出站界进入区间。由于车列占用了区间,因此,必须遵守有关规定;否则,越出站界调车就不能保证行车安全和调车作业安全。由于中间站闭塞设备及区间线路数目不同,保证作业安全的方法和规定也不尽相同。

(一)双线区间正方向越出站界调车

由于双线区间正方向线路的发车权归本站所有,是否向区间发车由车站值班员控制。为此,只要区间空闲,经车站值班员口头准许并通知司机后,方可越出站界调车。其具体情况有:

(1)区间为自动闭塞,从监督器上确认第一闭塞分区空闲。

(2)区间为非自动闭塞,必须区间空闲。

(二)双线区间反方向越出站界调车

双线区间反方向越出站界调车,必须在区间空闲时。由于发车权归邻站所有,越出站界调车时,要请示列车调度员发布停止基本闭塞法的调度命令,车站值班员与邻站办理电话闭塞手续,取得电话记录号码,填写并发给司机出站调车通知书(表2-2)后,方可出站调车。

双线自动闭塞有反方向运行条件的区段,越出站界的调车作业不开放出站信号机,因而可以任意改变闭塞方向,为此,也应办理电话闭塞手续。

| 出站(跟踪)调车通知书 | 表2-2 |

```
        出站
              调车通知书
        跟踪
    对方站承认的号码第_____号,

    准许自    时   分 起至    时   分  止,_____机车由车站向_____区间 出站 调车。
                                                                          跟踪

                                      站(站名印)车站值班员(扳道)员    (签名)

                                                              年  月  日填发
```

注:不用的字句抹消。　　　　　　　　　　　　　　　　　　　　　　　(规格 90mm×130mm)

(三)单线区间越出站界调车

(1)当区间为自动闭塞时,闭塞系统必须在发车位,第一闭塞分区空闲,经车站值班员口头准许并通知司机后,即可越出站界调车。

(2)当区间为半自动闭塞时,区间必须空闲,得到停止基本闭塞法的调度命令,与邻站办理电话闭塞手续,取得电话记录号码,填写并发给司机出站调车通知书后,方可出站调车。

(四)注意事项

出站调车通知书应由车站值班员填写,当调车机车距行车室较远时,可由扳道员按车站值班员的指示填写。

(1)调车车列应在限定的时间内返回站内,以免影响列车运行。调车车列未返回车站时,两端车站值班员不得向区间发出列车。若越出站界发给司机凭证时,待出站调车作业完毕,全部退回站内并不妨碍列车进路时,车站值班员应将占用区间凭证收回注销并与邻站办理区间开通手续。

(2)出站调车在限定的时间内不受出站次数限制。但在限定的时间退回车站待避列车后,再次出站调车时,应重新办理手续,不得使用原凭证。

(3)去区间岔线取送车辆的调车作业及列车在区间进行装卸作业返回车站时,均应按列车办理,不得按出站调车办理。

(4)车站值班员应在控制台或闭塞机上揭挂"出站调车"指示牌,以防遗忘。

六、跟踪出站调车

在单线区间和双线正方向线路上,在先发列车尾部越过预告、接近信号机(或靠近车站的第一个预告标)或《站细》规定的间隔时间后,跟随在出发列车后面越过进站信号机或站界标,在站界外 500m 内进行的调车作业,称为跟踪出站调车。

跟踪出站调车,因与列车运行是平行作业,而且"同时"进入同一区间,虽然提高了运输效率,但存在着不安全因素,因此,对跟踪出站调车应加以限制。

(一)跟踪出站调车的限制

(1)跟踪出站调车只准在单线区间及双线正方向的线路上办理。因为双线反方向行车是运行调整的一种临时措施,本身的安全性就比较差,在这种情况下,进行跟踪出站调车,不能保证作业安全。

(2)与前行列车保证一定的安全间隔。为保证跟踪出站调车作业的机车车辆与前行列车保持一定距离,只有前发列车尾部越过预告、接近信号机(或靠近车站的第一个预告标)后,方可跟踪出站调车。如确认前发列车位置有困难时,应按《站细》规定的间隔时间进行。

(3)跟踪出站调车最远不得越过站界500m。因为列车在不得已情况下必须退行时,未得到后方站车站值班员允许,不得退行到车站最外方预告信号机或预告标(双线区间为邻线预告标或特设的预告标)的内方。这样可以保证调车车列与由区间退回的列车保持300m以上的安全距离。

(二)跟踪出站调车应办理的手续

(1)须经列车调度员口头准许,以防因办理跟踪出站调车影响其他列车运行。

(2)取得邻站值班员承认的电话记录号码,防止跟踪出站调车的机车、车辆返回车站前两站误办闭塞,使其他列车进入区间。

(3)发给调车司机跟踪调车通知书。填写跟踪调车通知书时,应将"出站"字样及"对方站确认号码第×号"字样抹掉。跟踪调车通知书允许由扳道员根据值班员的命令填发。跟踪调车完毕后,应及时收回跟踪调车通知书,并通知邻站值班员。当前发列车到达邻站,且跟踪调车完毕后,收回凭证,两站值班员方可办理区间开通手续。如果列车虽已到达邻站,但跟踪调车通知书尚未收回时,禁止办理区间开通手续。

(三)禁止办理跟踪出站调车的情况

(1)在双线反方向的线路上禁止办理。因为双线反方向行车是运行调整的一种临时措施,本身的安全性就比较差,在这种情况下,进行跟踪出站调车,不能保证作业安全。

(2)出站方向区间内有瞭望不良的地形,或有连续长大上坡道(站名表由铁路局集团有限公司公布)。

长大下(或上)坡道为:线路坡度超过6‰,长度为8km及其以上;线路坡度超过12‰,长度为5km及其以上;线路坡度超过20‰,长度为2km及其以上者。因为一旦前发列车发生制动失效,列车失去控制就有可能溜回发车站,如果再进行跟踪出站调车,就有可能发生正面冲突。

(3)先发列车需由区间返回,或挂有由区间返回的后部补机。同样,在先发列车由区间返回或补机由区间返回的情况下办理跟踪出站调车,有可能发生正面冲突。

(4)车站一切电话中断。

(5)降雾、暴风雨雪时,因瞭望不便,禁止办理跟踪调车。

(6)动车组调车作业。

跟踪调车作业完毕,车站值班员确认跟踪调车通知书收回后,向邻站发出电话记录号码。列车虽已到达邻站,但跟踪调车通知书尚未收回时,禁止办理区间开通手续。

七、中间站停留车作业

(一)车辆停留规定

到发线、调车线、货物线等线路停留机车车辆时,必须停在警冲标内方。

调车作业中,因溜放车组调速不当未进入警冲标内方,但不妨碍本批计划的进路时,准许临时停在警冲标外方。在一批作业完了后,应立即将该车组送入警冲标内方。

因车站装卸线货位紧张、货位固定设备设在警冲标外方、抢运军运物资或急用物资等特殊情况时,车辆需停在警冲标外方进行装卸作业时,须经车站值班员、调车区长准许,在不影响列车到发及调车作业情况下方可进行;装卸作业完了后,应立即取走或送入警冲标内方。

正线上不应停留机车车辆。到发线上停留车辆时,应经车站值班员准许;在中间站上,应取得列车调度员的准许方可占用。

安全线、避难线、机车固定走行线上禁止停留机车车辆。这是因为安全线、避难线的设置目的是为了防止列车和机车、车辆冲突,如在该线上停留机车、车辆,不仅失去了它的作用,而且增加了冲突机会。

在超过6‰坡度的线路上,不得无动力停留机车车辆。

此外,牵出线、渡线、道岔联动区及轨道衡上不得停留车辆。如必须停留时,应按《站细》规定。因为牵出线是专门调车的线路,如果停放了机车、车辆,不仅影响效率,而且危及调车安全。

(二)车辆停留时的道岔处理

(1)中间站到发线停留车辆时,两端道岔扳向不能进入该线的位置并加锁,设有轨道路的线路及到发线兼货物线停留车辆除外。

(2)装载爆炸品、气体类危险货物的车辆及救援列车,必须停放在固定的线路上,两端道岔应扳向不能进入该线的位置并加锁。

(3)临时停留公务车线路上的道岔应扳向不能进入该线的位置并加锁,一般不准利用该线进行与其无关的调车作业。

集中操纵的道岔可在控制台上进行单独锁闭。

八、手推调车作业

手推调车是调移车辆的辅助形式,一般只在缺乏动力的情况下,利用人力或其他机械设备短距离移动车辆(如对货位等)时采用。因为手推调车没有动力制动,存在不安全因素,所以除遵守调车有关规定外,需要有严格限制和作业要求。

手推调车,须取得调车领导人的同意,人力制动机作用必须良好,由胜任人员负责制动。手推调车速度不得超过3km/h,以保证随时停车。

下列情况禁止手推调车:

(1)在正线、到发线及在超过2.5‰坡度的线路上(确需手推调车时,须经铁路局集团有限公司批准)。2.5‰坡度指的是线路的实际坡度。这主要考虑在实际坡度超过2.5‰的线路上调车时,若制动不及时,则容易发生车辆溜逸,可能会造成严重后果。由于设备条件限制,必须在超过2.5‰坡度的线路上手推调车时,必须制定安全措施,报路局批准,并纳入《站细》。

(2)停有动车组的线路上。

(3)遇暴风雨雪或夜间无照明时。

(4)接发列车时,与接发列车进路没有隔开设备或脱轨器的线路,向能进入接发列车进路的方向。隔开设备系指:安全线、避难线、与邻线起隔开作用的道岔。脱轨器在调车作业时可作为隔开设备。

(5)装有爆炸品、气体类危险货物的车辆。

(6)电气化区段,在接触网未停电的线路上,对棚车、敞车类的车辆。

九、取送车辆作业

车站货场和专用线的取送调车作业是车站行车部门与货运部门以及铁路与企业之间联系的纽带,是铁路实现"门到门"运输的重要手段。

取送车辆作业程序,如图2-28所示。

图 2-28　取送车辆调车作业程序图

1. 送车(去程)

(1) 挂车

调车人员按作业计划要求挑选车组。调车长显示连挂信号,指示挂车。挂妥后,撤除防溜措施;对遗留车辆应先采取防溜措施,再摘开车钩。调车人员向调车长显示试拉信号,确认末位车辆起动后,向调车长显示"好了"信号。按《站细》规定数量连接制动软管并试风。

注意: 使用简易紧急制动阀时,应确认通风良好。

(2) 运行

连结员(制动员)应在车列前部瞭望,执行要道还道制度,得到扳道员道岔开通信号或确认调车信号开放正确后,向调车长显示起动信号。调车长确认连结员(制动员)显示起动信号后,向司机显示起动信号。

连结员(制动员)确认车列起动无误,向调车长显示"好了"信号。调车长确认连结员(制动员)的"好了"信号,注意调车人员上车及安全等情况,向司机显示"好了"信号。调车长应位于易于瞭望前方,又能使司机看见所显示信号的位置。中转信号人员站立位置应适当,并正确、及时、一致地中转信号。

车列运行中,司机要进行瞭望,及时显示信号。推进运行经过无人看守道口前,要显示指示司机鸣笛信号,适当控制速度。走行线上由调车人员扳动的道岔,开通走行线并加锁时,可不停车检查,运行中应加强瞭望。

(3) 送车

进入货物线、岔线、段管线前,调车长应派人检查线路及停留车,确认道岔开通位置正确(由调车人员扳动的道岔),货物装载无异状,车门关闭,装卸停止,防护信号及装卸机具已撤除,车下无障碍。按作业计划及货运人员的要求,对好货位,拉好挡。按规定采取防溜措施。

2. 取车(回程)

(1) 连挂返回

按送车(去程)程序中的挂车和运行的岗位作业标准进行挂车。由货物线、岔线、段管线返回时,应确认扳道人员的道岔开通信号或调车信号开放正确后,进入指定的股道。

(2) 交接报告

调车人员交递货运票据时,应认真负责交清货运票据。每次作业完毕,应将计划变更的情况、停留车位置及防溜措施等,一并向调车领导人报告清楚。

 巩固提高

1. 摘挂列车在中间站进行哪些技术作业项目?简述其作业内容。
2. 何谓不摘车作业?组织不摘车作业有哪些优缺点?
3. 如何判断车钩连挂状态?
4. 越出站界调车应遵守哪些规定?
5. 哪些情况禁止办理跟踪出站调车?
6. 哪些线路禁止停留机车车辆?
7. 中间站停留车应如何防溜?
8. 取送调车的作业程序有哪些?

项目三　接发列车工作

★ 知识重点
1. 列车基本概念及符号；
2. 接发列车工作内容、标准与程序；
3. 行车闭塞法及行车凭证；
4. 相对方向同时接车和同方向同时发接列车；
5. 一切电话中断；
6. 双线反方向及改按单线行车；
7. 封锁区间及列车分部运行。

★ 项目任务
1. 正确识别列车；
2. 熟练运用接发列车作业标准；
3. 正确办理正常情况下接发列车作业；
4. 准确分析非正常情况影响及作业程序变化。

任务一　列　车　认　知

任务描述

本学习任务需要你作为一名车站值班员能面对列车车次，独立判定列车情况及条件，包括明确列车运行方向、运输性质及等级、列车运行时刻、确定作业要求，判定列车的运行状态等，并能依据规章规定条理清晰地说明你的理由。

相关理论知识

一、列车定义及分类

（一）定义

列车是指编成的车列并挂有机车及规定的列车标志。也就是说，列车必须具备如下 3 个条件：

（1）按有关规定编成的车列。

（2）挂有牵引本次列车的机车。

（3）有规定的列车标志。

单机（包括单机挂车）、大型养路机械及重型轨道车虽未完全具备列车条件，也应按列车办理。单机（包括单机挂车）、大型养路机械及重型轨道车的编组内容简单，因此发往区间时可不完全具备列车条件，但在办理闭塞、接发列车、在区间被迫停车后的防护及调度指挥等方面，均应按列车运行的有关规定办理。

（二）分类

为适应旅客和货物运输的不同需要，一般按照运输性质、用途及等级进行分类。

1. 按运输性质列车分类

(1) 旅客列车(动车组列车,特快、快速、普通旅客列车):是指运送旅客的列车,根据运行速度及等级不同分为不同的列车。

(2) 特快货物班列:是指使用25t行李车编组,最高运行时速160km的快运货物班列。它由行李车组成,运行速度较快,以加速行包送达的列车。

(3) 军用列车:是指为完成铁路军事运输任务,为国防建设服务而开行的列车。

(4) 货物列车:是指以运送货物的车辆编成的列车,包括超限及快运货物列车、重载列车、冷藏列车、超限列车、自备车列车、直达列车、直通列车、区段列车、摘挂列车、快速货物班列和小运转列车等,如图3-1所示。

图3-1 货物列车分类

① 快速货物班列:是指固定发到站间、有固定的车次和运行线、明确的开行周期和运行时间,按客车化模式组织开行的货物列车。

② 快运货物列车:是指运输鲜活易腐货物为主的货物列车。

③ 重载列车:是指牵引质量至少达到8 000t(以前为5 000t)的货物列车。

④ 冷藏列车:是利用机械冷藏车专门运送鲜活、易腐等需要保持特定温度货物的列车。

⑤ 超限列车:是指挂有装载超限货物车辆的货物列车。

⑥ 自备车列车:是为运输大宗、固定的货物往返运行于特定区段内,全部以企业自备车编组而成的货物列车。

⑦ 直达列车:是指列车编成后,途中通过一个及其以上编组站不进行改编的列车。根据列车编成的地点可分为始发直达列车(装车地编组)和技术直达列车(技术站编组);根据列车运输货物可分为煤炭直达列车和石油直达列车;在卸车地可编成空车直达列车。

⑧ 直通列车:是指在技术站编组,途中通过一个及其以上区段站不进行改编的列车。

⑨ 区段列车:是指在技术站编组,运行于一个牵引区段的列车。

⑩ 摘挂列车:是指在技术站编组,运行于一个牵引区段为中间站服务的列车。

⑪ 小运转列车:是指在技术站和邻接区段规定范围内的几个车站间开行的非正规列车。在枢纽内各站间开行的列车,称为枢纽小运转列车。

(5) 路用列车:是指为铁路内部自用而开行的列车。

2. 按列车运行等级顺序分类

(1) 动车组列车。

(2) 特快旅客列车。

(3) 特快货物班列。

(4)快速旅客列车。
(5)普通旅客列车。
(6)军用列车。
(7)货物列车。
(8)路用列车。

讨论:北京站、南仓站、泰山站可能会有哪些列车?高铁线路上可能会有哪些列车?

二、列车运行方向及车次

列车运行,原则上以开往北京方向为上行,相反方向为下行。

全国各线的列车运行方向,以中国国家铁路集团有限公司的规定为准,但枢纽地区的列车运行方向,由铁路局集团有限公司规定。

列车须按有关规定编定车次。上行列车编为双数,下行列车编为单数。在个别区间,使用直通车次时,可与规定方向不符。列车车次的规定,见表3-1。

列车车次编定表　　表3-1

顺号	列车分类		车次范围	顺号	列车分类		车次范围
一	旅客列车				特快旅客列车 140km/h		T1~T9998
1	高速动车组		G1~G9998	5	其中	跨局	T1~T3998
	其中	跨局	G1~G4998				T3001~T3998 临客预留
			G4001~G4998 临客预留			管内	T4001~T9998
		管内	G5001~G9998				T4001~T4998 临客预留
			G9001~G9998 临客预留				
2	城际动车组		C1~C9998		快速旅客列车 120km/h		K1~K9998
			C9001~C9998 临客预留				
3	动车组		D1~D9998	6	其中	跨局	K1~K4998
	其中	跨局	D1~D4998				K4001~K4998 临客预留
			D4001~D4998 临客预留			管内	K5001~K9998
		管内	D5001~D9998				K5001~K5998 临客预留
			D9001~D9998 临客预留				
4	直达特快旅客列车 160km/h		Z1~Z9998		普通旅客列车 120km/h		1001~7598
	其中	跨局	Z1~Z4998	7	(1)普通旅客快车		1001~5998
			Z4001~Z4998 临客预留		其中	直通	1001~3998
		管内	Z5001~Z9998				3001~3998 临客预留
			Z9001~Z9998 临客预留			管内	4001~5998

续上表

顺号	列车分类		车次范围	顺号	列车分类		车次范围	
7	（2）普通旅客慢车		6001～7598	（2）	快运货物列车			
	其中	跨局	6001～6198	①	快速货物班列 120km/h		X201～X398	
		管内	6201～7598	②	货物快运列车 120km/h		直通	X2401～X2998
8	通勤列车		7601～8998				管内	X401～X998
9	临时旅客列车 100km/h		L1～L9998	③	中欧、中亚集装箱班列 铁水联运班列		X8001～X9998	
	其中	跨局	L1～L6998		其中	中欧中亚集装箱班列 120km/h	X8001～X8998	
		管内	L7001～L9998			中亚集装箱（普通货车标尺）	X9001～X9498	
10	临时旅游列车 120km/h		Y1～Y998			铁水联运班列（普通货车标尺）	X9501～X9998	
	其中	跨局	Y1～Y498	④	普快货物班列（普通货车标尺）		80001～81998	
		管内	Y501～Y998	(3)	"点到点"快速货物列车		79001～79998	
	有关回送客车底列车			(4)	远程技术直达列车		X88001～X88998	
	回送客车底列车		"00"均为数字	3	普速货物列车			
(1)	有火回送动车组车底		001～00100	(1)	煤炭直达列车		82001～84998	
(2)	无火回送动车组车底		00101～00298	(2)	石油直达列车		85001～85998	
(3)	无火回送普速客车底		00301～00498	(3)	始发直达列车		86001～86998	
(4)	回送图定客车底		图定车次前冠以数字"0"	(4)	空车直达列车		87001～87998	
(5)	因故折返旅客列车		原车次前冠以"F"	(5)	技术直达列车		10001～19998	
二	特快货物班列			(6)	直通货物列车		20001～29998	
	特快货物班列 160km/h		X1～X198	(7)	区段货物列车		30001～39998	
				(8)	摘挂列车		40001～44998	
				(9)	小运转列车		45001～49998	
三	货物列车			(10)	重载货物列车		71001～77998	
1	特需货物列车			(11)	自备车列车		60001～69998	
(1)	时速160km/h		X3001～X3098	(12)	超限超重货物列车		70001～70998	
(2)	时速120km/h		X3101～X3398	(13)	冷藏列车		78001～78998	
(3)	时速80km/h		X3401～X3998	四	军用列车			
2	快速货物列车				军用列车		90001～91998	
(1)	特快货物班列 160km/h		X1～X198	五	单机和路用列车			

续上表

顺号	列车分类			车次范围	顺号	列车分类		车次范围
1	单机			50001~52998	(2)	动车组确认列车		DJ5001~DJ8998
	其中	客车单机		50001~50998		其中	直通	DJ5001~DJ6998
		货车单机		51001~51998			管内	DJ7001~DJ8998
		小运转单机		52001~52998		试运转列车		55001~55998
2	补机			53001~54998	4	其中	普通客货列车	55001~55300
3	动车组检测、确认列车						300km/h以上动车组	G55301~G55500
(1)	动车组检测列车			DJ1~DJ8998			250km/h动车组	D55501~D55998
①	300km/h检测列车			DJ1~DJ998				
	其中	直通		DJ1~DJ400				
		管内		DJ401~DJ998				
②	250km/h检测列车			DJ1001~DJ1998	5	轻油动车、轨道车		56001~56998
	其中	直通		DJ1001~DJ1400	6	路用列车		57001~57998
		管内		DJ1401~DJ1998	7	救援列车		58101~58998

注：各局的零散货物车辆，可挂入直达、直通、区段货物列车中。

挂有装运跨局零散货物快运车辆的列车，在基本车次前加字母"X"。如：X28002次。

三、列车的行车时刻

为贯彻行车工作的集中领导，统一指挥，全国列车的行车时刻标准必须统一。

全国铁路的行车时刻，均以北京时间为标准，从零时起计算，实行24h制。

铁路行车房舍内和办理行车工作的有关人员均应备有钟表。钟表的时刻应与调度所的时钟校对。调度所的时钟及各系统的时钟须定期校准。钟表的配置、校对、检查、修理及时钟校准办法由铁路局集团有限公司规定。

巩固提高

1. 什么是列车？
2. 列车是如何分类的？
3. 如何辨别列车运行方向及车次？
4. 列车运行状态应从哪些方面识别？

任务二　接发列车工作认知

任务描述

接发列车工作是铁路车站必须完成的一项重要工作，由车站值班员岗位群依据列车运行计划中各种列车的先后顺序，借助各种行车设备才能实现。本学习任务需要你作为一名车站值班员面对列车车次、车站设备，独立判定接发列车情况及条件，包括明确接发列车的基本任务、主要内容、人员分工，选择接发列车作业标准，理解接发列车作业程序，判定两相邻站接发列车的配合时机等,并能依据规章规定条理清晰地说明你的理由。

 相关理论知识

一、基本任务

接发列车工作是车站(线路所)根据行车闭塞方式及技术设备条件,按照规定程序办理列车接、发、通过作业的整个过程。

接发列车工作是铁路运输生产活动的一项重要内容,是列车运行过程中不可缺少的重要环节,所有列车都需经过发车和接车作业,方能进入区间运行或接入站内进行各项技术作业。因此,严格按照列车运行图规定的时刻,安全、正点、不间断地接发列车,是车站行车工作的主要任务。

二、主要内容及人员分工

接发列车工作的主要内容有:办理闭塞(预告)、布置(包括听取进路准备妥当的报告)、开闭信号、交接凭证、接送列车、发车、开通区间。车站参与接发列车工作的人员有:车站值班员、助理值班员、信号员或扳道员(长)。车站值班员是接发列车工作的统一组织者和指挥者,接发列车有关人员必须服从车站值班员的统一指挥。

上述接发列车工作,原则上由车站值班员亲自办理。由于设备分散或业务量关系,由车站值班员一人亲自办理确有困难时,除布置进路(包括听取进路准备妥当的报告)外,其他各项工作可指令助理值班员、信号员或扳道员办理。

⚠ 讨论:车站值班员、助理值班员、信号员的岗位设在哪里? 分别具体做哪些工作?

三、接发列车作业标准

接发列车作业直接关系着安全正点和运输效率。不间断地接发列车,严格按列车运行图行车,是车站的基本任务之一。在完成接发列车作业时,必须严格执行铁路行车规章。

1. 铁路行车规章

铁路行车规章是铁路运输企业安全、正点、优质、高效完成运输任务,组织生产活动,约束经营行为的规范和准则。在铁路运输企业管理中,行车规章制度属于技术管理范畴。在生产过程中,正确、合理地制定规章制度,科学、规范地管理规章制度,全面有效地实施规章制度,是铁路运输企业技术管理的主要任务。因此,行车规章制度的科学性、先进性及实施中的权威性、实效性是衡量铁路运输企业管理水平的重要标志。同时行车规章是铁路实施安全基础建设的重要内容,是规范安全生产和组织运输生产活动的基本依据和行为准则,必须做到"科学制定、贯彻畅通、规范管理、落实到位",以确保铁路运输安全正点、方便快捷、高速有效。

铁路行车规章主要包括《技规》《接发列车作业标准》《铁路调车作业标准》(简称《调标》)《铁路运输调度规则》(简称《调规》)《铁路营业线施工及安全管理办法》《铁路行车组织规则》(简称《行规》)《车站行车工作细则》(简称《站细》)《铁路200~250km/h既有线技术管理暂行办法》等有关内容。

《技规》依据《铁路法》《中华人民共和国铁路运输安全保护条例》等有关法律法规制定,

是铁路技术管理的基本规章。铁路其他规章和规范性文件以及各部门、各单位制定的技术管理文件等,都必须符合《技规》的规定。《技规》规定了铁路的基本建设、产品制造、验收交接、使用管理及保养维修方面的基本要求和标准;规定了各部门、各单位、各工种在从事铁路运输生产时,必须遵循的基本原则、责任范围、工作方法、作业程序和相互关系;规定了信号的显示方式和执行要求;规定了铁路工作人员的主要职责和必须具备的基本条件。《技规》是长期生产实践和科学研究的总结,它将随着运输生产和科学技术的不断发展,逐渐充实和完善。在中国国家铁路集团有限公司没有明令修改以前,任何部门、任何单位、任何人员都不得违反《技规》的规定。

《行规》是各铁路局集团有限公司为实施《技规》规定的行车组织原则和办法,针对本局技术设备、运输特点及工作水平的具体条件制定的行车组织办法。其主要内容包括:《技规》明文规定由各局自行规定的事项;《技规》未做统一规定,又不宜由站段等基层单位自行补充规定的行车办法;根据铁路局集团有限公司管内特殊地段的平、纵断面情况,信号、联锁、闭塞设备和机车类型,对行车工作所规定的特殊要求和注意事项;本局在生产实践中普遍推广的先进经验和行之有效的安全生产措施等。

《站细》是车站编制、执行日常作业计划,组织接发列车、调车和各项技术作业以及有关技术设备使用的基本法规。《站细》的主要内容包括车站技术设备的使用、管理,接发列车、调车以及与行车有关的运输工作的组织,列车的技术作业程序和时间标准,作业计划的编制、执行制度,车站信息系统的管理制度,车站通过、改编能力,并应附注有坡度的车站线路平面图、进站信号机外制动距离内平纵断面图、联锁图表及电气化区段接触网高度和分相分段绝缘器位置等技术资料。

2. 行车指挥的原则

行车工作必须坚持集中领导、统一指挥、逐级负责的原则。

局与局间由中国国家铁路集团有限公司统一指挥,局管内各区段间由铁路局集团有限公司统一指挥,一个调度区段内由本区段列车调度员统一指挥。

车站由车站值班员统一指挥,线路所由线路所的车站值班员统一指挥。凡划分车场的车站,车场间接发列车进路互有关联的行车事项,由指定的车站值班员统一指挥。

列车和单机由司机负责指挥。列车或单机在车站时,所有乘务人员应按车站值班员的指挥进行工作。

在调度集中区段,有关行车工作由该区段列车调度员直接指挥。但转为车站控制时,由车站值班员指挥。

3. 接发列车作业标准

作业标准是指与直接生产有关的作业项目、程序,在内容、顺序、质量、时限、工具、动作和态度等方面所作的统一规定,是对生产作业人员具有约束性的准则,包括国家标准、部颁标准、局定标准。各基层站段根据本单位具体情况制定的属于站段一级的标准。

中国国家铁路集团有限公司根据我国铁路不同的行车闭塞方法、人员配备和作业方法等情况,在充分考虑正常情况下的作业方法和非正常情况下特定措施的前提下,结合不同闭塞法、不同联锁类型和不同的劳动组织形式,制定了《接发列车作业标准》。

《接发列车作业标准》是以重复特征的作业程序、作业方法以及有关事项为对象,以科学技术和实践经验的综合为基础,以铁道行业标准的形式发布的统一规定,由作业程序与岗位作业技术要求构成。

为确保接发列车作业安全,车站接发列车作业必须按照《接发列车作业标准》的规定办理,并使用规定用语。而随意简化、甚至颠倒或遗漏作业程序及用语,势必危及行车安全。

2009年5月1日实施的《接发列车作业标准》包括《双线自动闭塞集中联锁(设信号员)接发列车作业标准》(TB/T 1500.1—2009),《双线自动闭塞集中联锁(未设信号员)接发列车作业标准》(TB/T 1500.2—2009),《单双线半自动闭塞集中联锁(设信号员)接发列车作业标准》(TB/T 1500.3—2009),《单双线半自动闭塞集中联锁(未设信号员)接发列车作业标准》(TB/T 1500.4—2009),《单双线半自动闭塞色灯电锁器联锁接发列车作业标准》(TB/T 1500.5—2009),《单双线电话闭塞无联锁接发列车作业标准》(TB/T 1500.6—2009),《单线自动站间闭塞集中联锁(设信号员)接发列车作业标准》(TB/T 1500.7—2009),《单线自动站间闭塞集中联锁(未设信号员)接发列车作业标准》(TB/T 1500.8—2009)等8个标准。

四、接发列车作业程序

接发列车作业必须在两个相邻车站(线路所)由车站值班员指挥完成,如表3-2所示。两站完成一个列车的运行,必须相互配合,才能保证列车运行安全。

接发列车作业程序表　　　　　　　　表3-2

时间	发车站	接车站	时间
出发站	请求闭塞 →	← 承认闭塞	
出发	准备发车进路 开放出站信号机 发车或直接显示发车信号 监视列车出发		
区间运行	填写"行车日志" 向调度所报点	通知发车时刻 → 填写"行车日志" 准备接车进路 开放进站信号机 监视列车进站	区间运行
		列车全站进入警冲标内方	进站
开通区间	开通区间 填写"行车日志"	← 通知到达时刻　开通区间 填写"行车日志" 向调度所报点	开通区间

【案例3-1】 ××××年××月××日19:21~22:05,×××站联锁失效。22002次停在站内2道,计划交会11319次、1385次后再开(这几列车为该班组接晚班的第一批作业)。

车站值班员×××盲目布置两端扳道员,准备11319次2道通过进路,而两端扳道员既未出场检查确认进路,也未填记占线揭示板,竟先后盲目汇报2道通过进路准备妥当。直至11319次逼近,车站值班员出场接车时,才发觉2道停有22002次,慌忙跑回行车室,命令1号扳道号:"改进1道、改进1道。"而1号扳道员却误听为"赶紧引导、赶紧引导",迅速往进站信号机外跑。结果,11319次与22002次正面冲突(列车颠覆,死亡6人、伤1人,货车报废16辆、大破8辆,机车报废1台、大破1台,中断正线行车24h),构成重大行车事故。

这起事故有关的主要责任者均被刑事处理,有关领导也被从重给予行政处分。从这起事故分析来看:

(1)严重违章。违反《技规》关于"接车前,车站值班员必须亲自或通过有关作业人员确认接车线路空闲……"的规定。在接11319次前,简化作业程序,几个作业人员均未对线路是否空闲进行现场检查。22002次停在站内2道,而车站接车人员却盲目准备11319次2道通过,给事故的发生埋下隐患。

(2)处理不当。车站值班员在发现问题(准备通过11319次的2道,却停有22002次)后,应急处理不当,未迅速采取有效措施,只知道急忙命令扳道员变更进路,而不知以无线调度电话通知司机站外停车,尽可能阻止11319次进站闯入2道,以最大限度减少事故损失。

(3)简化和颠倒作业程序。首先,在办理11319次通过进路时,就简化作业程序,漏检接车线是否空闲;其次,当发现线路有车后的应急处理中,作业程序又予以简化和颠倒(应先取消前发进路的命令,再重新发布进路命令),用语含糊不清,未使用作业标准用语(导致"改进1道"误为谐音的"赶紧引导",误解及混淆词义),严重简化和颠倒了《接发列车作业标准》有关规定程序及作业用语,导致事故损失惨重。

在应急处理中,更需注意执行规定的作业程序和作业用语。如车站值班员命令扳道员:"前发命令取消,11319(次)1道通过,准备进路。"那么,1号扳道员也就不会误以为是"赶紧引导"。

所以,接发列车规定的作业用语,与行车安全的重要性和行车工作的严肃性是贯穿于每一作业环节、渗透在每一作业项目中的,必须严格执行。

五、执行安全操作规范

(1)接发列车时,应认真执行接发列车作业标准。

(2)接发列车时,应认真执行车机联控标准。

(3)接发列车时,接发列车人员应穿着规定服装,衣帽整齐,佩戴臂(胸)章,携带列车无线调度电话,持规定信号旗(灯),立正姿势,站在《站细》规定地点,面向列车,注意列车运行和货物装载状态。

(4)办理接发列车用语应使用普通话,遇"0""1""2""7"可发"dòng(洞)""yāo(幺)""liǎng(两)""guǎi(拐)"音。用语中括号内的"站""次""点""分""了"可省略。办理动车组以外的客运列车时,车次前冠以"客车"两字(向列车调度员报点除外),如动车×(次),客车×(次),客车直(特、快、内、临、游)×(次)。

(5)开放信号时,执行"一看、二按(点击)、三确认、四呼唤"及"眼看、手指、口呼"制度。

眼看:看准应操纵的按钮;手指:中、食指并拢成"剑指",指向应确认的按钮(计算机联锁设备为鼠标箭头或光电笔对准应确认的按钮);口呼:规定用语,吐字清楚。

(6)填写《行车日志》(旅客列车使用红笔)、调度命令及各种行车凭证,要做到正确齐全,字迹清晰。使用无线传输系统传送各种行车凭证时,有关输入、核对、传送、接收等办法由铁路局集团有限公司规定。

(7)一端有两个及其以上列车运行方向,办理预告及下达接发车命令时,应以线名或邻站名区别方向("线"或"站"字可省略);有两个及其以上车场或经路时,要讲明车场或经路。其具体办法在《站细》中有规定。

(8)遇有超长、超限列车,单机挂车及列尾装置灯光熄灭的列车,应在办理发车预告时通知接车站。

(9)列车区间运行时分小于规定的开放进站信号时分时,办理信号时按《站细》规定执行。

(10)车站使用列车无线调度通信设备发车时,通知司机用语为:"×(次)、×道发车",并听取复诵无误。

(11)接发列车作业中,发现列车有异状等问题时,接发车人员应立即报告同时按规定采取安全措施。

(12)始发列车发车后,应向列车调度员报告列车编组简报、机车号码、司机姓名或代号及晚点原因,摘挂列车还应报告摘挂辆数等。

(13)列车同时到发,助理值班员不能兼顾时,应先办理发车。

(14)信号控制台上使用的行车表示牌(帽、卡)及揭挂办法,按《站细》规定执行。

(15)由于设备、人员组织不同,执行"岗位作业技术要求"中的有关内容有困难时,可由铁路局集团有限公司(车站)补充规定。

(16)使用自动通过按钮的办法,由铁路局集团有限公司制定。

巩固提高

1. 简述接发列车工作的主要任务。
2. 简述接发列车工作的主要内容。
3. 接发列车工作人员是如何分工的?
4. 接发列车工作有哪些标准?
5. 如何完成接发列车作业?

任务三　正常情况接发列车作业

任务描述

本学习任务需要你作为一名车站值班员面对列车,独立判定车站列车运行情况,包括待发列车车次、停留线路、运行方向、接车线路及接车条件,确认区间空闲、接车线路空闲、发车条件,确定采用的发车方法、接车方法,选择并执行接发车作业程序标准等,并能依据规章规定条理清晰地说明你的理由。

相关理论知识

一、发车作业

发车作业是将列车由车站开往区间,由车站值班员岗位群依据列车运行计划确定发出的列车。此作业借助各种行车设备才能实现。

（一）发车作业内容

1. 定义

发车作业是指发车站从向邻站请求发车(双线为预告发车)时起,至列车全部开出站界,并办完有关作业为止的一段时间内所办理的全部作业。

接收列车调度员下达的列车运行计划并核对,是发车站发车之前必须认真对待的工作。接收计划并认真核对,以确保发出列车车次无误。

2. 确定发车方向

发车作业时,车站值班员应向有关人员讲清车次和占用线路(由某股道出发)。如果车站一端有两个及其以上列车运行方向或双线反方向行车时,应讲清方向、线别,以保证列车不会开往异向。

车站作业人员依据列车运行计划中的列车车次,判定列车的运行方向,在办理发车作业前首先要清楚列车要开往哪个方向的车站。

3. 发车作业内容

发车作业的主要内容有:请求闭塞(发车预告),布置与准备发车进路,开放出站信号或交付凭证,发车,通知发车时刻及报点。

（二）区间

列车运行是以车站、线路所所划分的区间及自动闭塞区间的通过信号机所划分的闭塞分区作间隔。

1. 站间区间

在单线上,车站与车站间以进站信号机柱的中心线为车站与区间的分界线。单线铁路站间区间,如图3-2所示。

图3-2 单线铁路站间区间

在双线或多线上,车站与车站间分别以该线的进站信号机柱或站界标的中心线为车站与区间的分界线。双线铁路站间区间,如图3-3所示。

图3-3 双线铁路站间区间

2. 所间区间

两线路所间或线路所与车站间,以该线上的通过信号机柱的中心线为所间区间的分界线。设有进站信号机的线路所,所间区间的分界方法与站间区间相同。双线铁路所间区间,如图3-4所示。

3. 闭塞分区

自动闭塞区间同方向相邻的两架色灯信号机间,以该线上的通过信号机柱的中心线为闭塞分区的分界线。双线铁路自动闭塞分区,如图3-5所示。

图 3-4　双线铁路所间区间

图 3-5　双线铁路自动闭塞分区

(三)行车闭塞法

为了保证安全,在列车运行时,使列车与列车间保持一定的距离,这种行车方法叫作行车闭塞法。我国铁路行车闭塞法分为基本闭塞法和代用闭塞法。基本闭塞法采用自动闭塞、自动站间闭塞和半自动闭塞3种。电话闭塞法是当基本闭塞设备不能使用时,根据列车调度员的命令所采用的代用闭塞方法。

从列车运行间隔角度出发,行车闭塞法又可分为空间间隔法和时间间隔法。

1. 空间间隔法

空间间隔法,又称距离间隔法,是指在一个站间区间、所间区间或闭塞分区在同一时间内,只准一列列车运行的方法。空间间隔法具有以下优点:

(1)由于铁路线路划分成若干个区间或闭塞分区,在一定时间内每一区间(闭塞分区)都可以开行列车,这样可提高通过能力。

(2)由于车站都有为列车到、发、会让而铺设的配线,可保证列车安全会让。

(3)由于在一个区间(闭塞分区),只准许一个列车运行,列车可按规定的速度在区间运行,这样既能提高列车速度,又加速机车车辆周转。

(4)有的区段在干线上设立了线路所,对提高通过能力也起到一定作用。

基于空间间隔法有以上优点,我国铁路正常行车采用了此法。当基本闭塞设备良好时,均可实现空间间隔运行。

2. 时间间隔法

时间间隔法是指在一个区间,按规定的时间,将同方向运行的列车彼此间隔开运行的方法。

此法由于用时间间隔列车,没有设备上的控制,安全性较差,容易发生事故。所以,采用这种间隔放行列车只有在特殊情况下(如临时性的缓解列车堵塞、事故发生后的车流疏散、战时行车等)采用。

(四)发车作业程序

发车作业简要程序,如图3-6、图3-7所示。

1. 请求闭塞(发车预告)

办理列车闭塞(预告)是接发列车作业的首要环节,是列车取得区间占用权的重要环节,也是较易发生列车事故的关键环节。

(1)办理闭塞(发车预告)前,必须认真确认区间空闲。

办理闭塞(预告)前,两相邻站(所)的车站值班员对区间空闲应确认以下各项:

①区间是否有列车占用。
②区间是否封锁。
③区间是否有遗留车辆。
④区间内设有道岔时,发出进入正线的列车,区间道岔是否向正线开通并锁闭。
⑤是否同意区间内使用轻型车辆。
⑥出站(跟踪)调车作业是否完毕。
⑦查看控制台闭塞表示灯的显示(该方向接发车指示灯均熄灭)或指示牌的揭挂,以及行车日志的填记。
⑧其他占用区间的情况。

图 3-6　TB 1500.1 发车程序图　　　　　图 3-7　TB 1500.3 发车程序图

(2)办理闭塞(发车预告)时,车次必须准确清晰。如遇有超长、超限列车,单机挂车及列尾装置灯光熄灭的列车,发车站应通知前方接车站,以便接车站做好接车准备。

(3)办理闭塞(发车预告)时,用语必须准确完整。办理闭塞(预告)及确认闭塞时,均须严格执行《接发列车作业标准》用语,如向接车站发出"×(次)预告""×(次)闭塞",并听取接车站"同意×(次)闭塞"用语等。

(4)办理闭塞(发车预告)时,必须正确操纵控制台有关按钮。

在自动闭塞区段,正方向行车不需操作任何设备办理闭塞(预告),两站通过联系即可。

在半自动闭塞区段,办理闭塞必须操作闭塞设备。坚持"一确认(区间空闲)、二按(闭塞按钮)、三听(铃响)、四看(黄灯变绿)"的操作规定。发车站必须先联系接车站,请求闭塞得到同意后,再按闭塞按钮,确认闭塞表示灯亮黄灯。待闭塞表示灯亮绿灯,闭塞手续才办妥。

2.布置与准备发车进路

正确及时地准备好列车进路是接发列车作业中的关键。车站值班员根据列车调度员下达的列车运行调整计划,按顺序安排接发列车的车次。

(1)布置发车进路。车站值班员必须亲自布置和听取进路准备妥当的报告。

①布置内容。车站值班员应向有关人员讲清车次和占用线路(由某股道出发)。如果车站一端有两个及其以上列车运行方向或双线反方向行车时,还应讲清方向、运行线路。

②布置要求：

a. 按《站细》规定时间，正确及时地布置进路。

b. 布置进路应使用《接发列车作业标准》规定的用语，不得简化。布置进路的命令不能与其他作业的命令、通知一起下达，如"×(次)×道发车，开放信号"。

c. 受令人复诵。当两个及其以上人员同时接受准备进路的命令时，应指定其中一人复诵。车站值班员要认真听取复诵，核对无误后，方可命令"执行"。

(2)准备发车进路。信号员、扳道员必须按车站值班员布置的发车进路命令，核对占线板后，正确及时地准备进路。扳道员于发车进路准备完了或信号开放后，除从设备上检查确认外，还应及时向车站值班员报告。

办理发车进路时，必须执行"眼看、手指、口呼"的操作程序。如使用6502电气集中联锁设备，在控制台上眼看、手指进路始端按钮，口呼"×道"，按压按钮；再眼看、手指进路终端按钮，口呼"出站"，按压按钮。如使用计算机联锁设备，则在显示器上眼看、鼠标手指进路始端按钮，口呼"×道"，点压按钮；再眼看、鼠标手指进路终端按钮，口呼"出站"，点压按钮。

(3)确认发车进路。发车进路正确与否，直接影响列车出站运行安全，车站值班员应做到以下几点。

①确认影响发车进路的调车作业已停止。影响接发车进路的调车作业是指：

a. 占用或穿越接发车进路的调车作业。

b. 接发超限货物列车进路的线路上，当线路间距不足5 000mm时，邻线上的调车作业。

c. 接发非超限货物列车进路的线路上，当线路间距不足5 000mm时，邻线上调动装载超限货物的车辆的调车作业。

d. 接发旅客列车时，能进入接发车进路的线路没有隔开设备的调车作业。

停止影响发车进路的调车作业时间，应遵守《站细》规定。车站接发列车时，上述各种影响列车进路的调车作业，必须在《站细》规定的时间确实停止，严禁"抢购"作业，严格遵守"调车作业必须服从于接发列车"这一行车工作原则，以保证列车运行安全正点。

②确认发车进路上道岔位置正确，需加锁的道岔已经加锁。

a. 根据信号员或扳道员进路准备好了的报告并通过控制台上的光带确认。

b. 非正常接发列车时，准备进路应执行设备优先的原则。准备进路时，能排列调车进路的优先使用排列调车进路方式准备进路，不能排列调车进路的单操单锁准备进路，不能通过信号操作终端操纵的道岔就地操纵准备进路。

3. 开放出站信号机(行车凭证)

信号是指示列车运行的命令。自动闭塞法、自动站间闭塞法和半自动闭塞法行车时，出站(进路)信号机上显示的准许列车运行的各种进行信号，均为列车的行车凭证。为此，操纵信号设备时，必须慎重。

(1)行车凭证。铁路行车凭证是列车进入区间或闭塞分区的凭据。正常情况下，出站信号机开放相应的信号显示，列车就已经获得了相应的行车凭证，具备发车的条件之一。非正常情况下，列车出发的行车凭证可能不仅有出站信号机开放的信号显示，还要有其他书面的行车凭证，才具备发车的条件。

铁路行车凭证可分为两大类：一类是基本闭塞法时的行车凭证，自动闭塞、半自动闭塞的出站或通过信号机显示的进行信号；另一类是绿色许可证、调度命令或车站值班员命令、当基本闭塞法停止使用后采用电话闭塞法的路票、一切电话中断时的红色许可证等。无论采用何种行车凭证,都必须保证在同一时间内一个区间或一个闭塞分区(封锁区间施工开行路用列车、跟踪出站调车等特定情况除外)只有一个列车运行。

①自动闭塞正常条件下的行车凭证。自动闭塞(包括三显示自动闭塞和四显示自动闭塞)把两站间的线路划分为若干闭塞分区,每个闭塞分区运行一个列车,因而不必等前行列车到达前方站,车站即可发出续行列车,列车密度大大增加,提高了通过能力。由于区间线路上全部装设了区间空闲检查设备(轨道电路或计轴器),当有机车、车辆占用或钢轨折断时,都可以自动地使通过信号机显示停车信号,对列车在区间的运行安全有可靠的保证。

使用自动闭塞法行车时,列车进入闭塞分区的行车凭证为出站或通过信号机显示的允许运行的信号。

自动闭塞区段的车站,办理发车前应向接车站预告;单线自动闭塞区段的车站,还须得到列车调度员的同意。如已向接车站预告,但列车不能出发时,发车站须通知接车站取消预告。

②自动站间闭塞正常条件下的行车凭证。使用自动站间闭塞法行车时,列车凭出站信号机或线路所通过信号机显示的允许运行的信号进入区间。自动站间闭塞须与集中联锁设备结合使用,自动检查区间空闲,发车站办理发车进路后即自动构成站间闭塞。列车到达接车站或返回发车站并出清区间后,自动解除闭塞。发车站在办理发车进路前,须确认区间空闲、接车站未办理同一区间的发车进路,并向接车站预告。发车站已向接车站预告,但列车不能出发时,在取消发车进路后,须通知接车站。

③半自动闭塞正常条件下的行车凭证。使用半自动闭塞法行车时,列车凭出站信号机或线路所通过信号机显示的允许运行的信号进入区间。开放出站信号机或通过信号机前,双线区段必须得到前次列车到达前方站的到达信号;单线区段必须得到接车站的同意闭塞信号。

发车站办理闭塞手续后,列车不能出发时,应将事由通知接车站,取消闭塞。

半自动闭塞区段,遇超长列车头部越过出站信号机而未压上出站方面的轨道电路发车时,行车凭证为出站信号机显示的允许运行的信号,并发给司机调度命令。

(2)开放出站信号机的时机。开放出站信号的时机,需根据出站信号机开放后至列车起动前办理全部作业所需的时间确定。这些作业包括助理值班员确认出站信号机的开放状态、确认发车条件、显示发车信号的时间;司机确认发车信号、出站信号以及起动列车的时间。

在电气集中联锁和计算机联锁设备正常的情况下,发车进路锁闭后出站信号机即开放。信号员确认光带、信号显示正确,口呼"信号好(了)",车站值班员听到信号员报告后检查确认,应答"×道出站信号好(了)"。

(3)正确办理出站车机联控。车机联控是车务、机务等行车有关人员利用列车无线调度通信设备,按规定联络,确认行车要求,提示行车安全信息,确保行车安全的互控措施。

车机联控将列车调度员、车站值班员、司机均列入联控范围,围绕着列车运行的安全正点,每个人既是参加作业人员,又是安全工作的检查员。每个车站、每趟列车及每个岗位,都进入联控范围之中,实现了司机"问路行车"、车站值班员"指路行车",从而强化了行车工作的整体安全。

为加强车机联控工作,规范安全管理,制定了《车机联控标准》(TB/T 3059—2002)。该标准对车机联控的设备、人员、信息、作业程序和用语等作了具体规定,参加车机联控的单位和人员均应严格执行。

①基本要求。车机联控必须"站站列列呼唤应答";联控作业程序应规范;用语要准确、清晰并使用普通话。联控用语中,动车组称为"动车×次",直达特快旅客列车称为"客车直×次",特快旅客列车客车称为"客车特×次",快速旅客列车称为"客车快×次",普通旅客列车称为"客车×次",临时旅客列车称为"客车临×次",旅游列车称为"客车游×次",行包快运列车称为"行××次",货运列车称为"×次"等。

②发车作业标准(与车站接发列车作业人员有关部分)。列车站内停车再开或列车始发时,出站信号机开放后的车机联控程序及用语,如表3-3所示。

列车站内停车再开或列车始发时,出站信号机开放后的车机联控程序及用语　　表3-3

呼叫时机	作业用语		
	作业人	车站值班员	列车司机
列车站内停车再开或列车始发时,出站信号机开放后	呼叫人	××(次)×道出站信号好了	
	被呼叫人		××(次)×道出站信号好了,司机明白

注:有两个及其以上运行方向的车站,应在联控用语中增加"去××方向"。

4. 发车

(1)在发车前或临时停车后继续运行的有关要求:

①《技规》第288条规定,列车在发车前,有关人员应做到:

a. 发车进路准备妥当,行车凭证已交付,出站(进路)信号机已开放,发车条件完备后,车站值班员(助理值班员)方可显示发车信号。

b. 司机必须确认行车凭证及发车信号显示正确后,方可起动列车。

c. 语音记录装置良好的车站,准许使用列车无线调度通信设备发车。

②《技规》第363条规定,列车在站内临时停车,待停车原因消除且继续运行时,应按下列规定办理:

a. 司机主动停车时,自行起动列车。

b. 其他列车乘务人员使用紧急制动阀停车时,由车辆乘务员(随车机械师)通知司机开车。

c. 车站接发列车人员使列车在站内临时停车时,由车站按规定发车。

d. 其他原因的临时停车,车站值班员应会同司机、车辆乘务员(随车机械师)等查明停车原因,在列车具备运行条件后,由车站按规定发车。

上述第a、b、d项,司机应立即报告车站值班员,并说明停车原因。

(2)立岗。列车从车站出发,必须由接发列车有关人员在室外立岗发车。其目的是检查列车出发状况,监视列车出站运行状态,及时处理危及行车安全的问题。

①发车人员应携带列车无线调度通信设备,持手信号旗(灯),站在规定地点发车。

②注意列车运行和货物装载状态,发现车辆燃轴、抱闸、制动梁脱落、货物窜动或倾斜、倒塌等危及行车安全时,要立即采取措施。

发现旅客列车尾部标志灯光熄灭时,应通知车辆乘务员进行处理。自动闭塞区段列车是追踪运行的,夜间尾部标志灯光熄灭对列车运行安全影响很大,通知不到时,应使列车停车处理。如发现列车运行或货物装载状态异常时,要立即采取措施。发现货物列车列尾装置丢失时,应报告列车调度员,使列车在前方站停车处理。

【案例3-2】　××××年××月××日,×××站助理值班员在接22506次通过列车时,由于其认真立岗严密监视,发现列车第27位车辆燃轴,立即显示停车手信号,司机紧急制动停车。之后,在将该故障车调到装卸线6道时,发生了车辆断轴事故。

(3)发车。列车出发前,车站值班员、助理值班员在确认发车进路准备妥当,影响列车进路的调车作业已经停止后,方可开放出站(进路)信号机、交付行车凭证;在确认旅客上下、行包装卸和列检作业完毕后,方可显示发车信号发车;否则,极易发生安全事故。

【案例3-3】 ×××年××月××日,×××站,由于L145次客车底调送晚点,列车调度员催促赶点。发车时,助理值班员误认为其他人员的圆形手势为"好了"信号(列检试风作业实际尚未完毕),即给信号开车。结果,L145次司机也疏忽,风表悬挂在列车尾端没取下就出发,途中风表撞击破碎又致使列车在区间停车3min,造成一般行车事故。此事故车站负主要责任。

①确认发车条件:
a.确认影响列车进路的调车作业已经停止;
b.确认发车进路准备妥当;
c.确认出站信号机开放;
d.确认旅客上下、行包装卸和列检作业完毕。

②发车:
a.单机、大型养路机械、重型轨道车的列车。单机、大型养路机械、重型轨道车列车由车站直接发车,可使用列车无线调度通信设备代替手信号发车。在语音记录装置良好的车站,利用无线调度电话直接发车时,车机联控程序及用语,如表3-4所示。

语音记录装置良好的列车 表3-4

呼叫时机	作业用语		
	作业人	车站(助理)值班员	列车司机
通信记录装置良好的车站,列车发车条件具备后	呼叫人	××(次),×道发车	
	被呼叫人		××(次),×道发车,司机明白

车站(助理)值班员确认具备发车条件并在《站细》规定位置立岗后呼叫"××(次),×道发车";值乘司机回答"××(次),×道发车,司机明白"后,确认发车条件及出站(进路)信号机显示进行信号即可开车。

b.装设发车表示器的车站发车。在设有发车表示器的车站,按发车表示器显示发车。
• 出站信号机开放后,发车人员所在地点(雨棚柱或发车线间的发车柱上)的发车信号按钮处亮一白灯。发车人员确认发车条件具备后,按压"发车按钮",白灯熄灭。
• 司机确认出站信号机已开放并确认发车表示器亮一白灯后开车。
• 列车出发,当出站信号机关闭后,发车表示器自动熄灭。

③监视列车出发。发车条件具备后,司机鸣笛一长声起动列车,车站助理值班员在现场应面向列车监视列车出发,确认列车运行正常,确认列车尾部标志;信号员监视控制台光带变化,确认列车完全进入第一离去区段后,向车站值班员报告"××(次)出站"。

5.通知发车时刻与报点
(1)确定列车出发时刻:
①出发时刻,以列车机车向前进方向起动,列车在站界内(场界内)不再停车为准;

②列车全部发出站界后,因故退回车站再次出发时,则以第一次出发时刻为准;

③在分界站向邻局出发时,则以最后发出时刻为准。

(2)通知发车时刻与报点:列车出发后,车站值班员应立即通知接车站列车出发时刻并填写"行车日志"(TDCS 系统报点有关规定办理),向列车调度员报点。

 模拟练习

请分成学习小组,模拟扮演两站车站值班员、助理值班员、信号员完成以下练习。

①甲—乙为双线单向自动闭塞区间,甲、乙两站均配备信号员。甲站 3 道停有待发列车 2345 次,乙站 3 道停有待发列车 T78 次后,请甲、乙两站分别办理发车作业。

②乙—丙为双线双向自动闭塞区间,乙、丙两站均配备信号员。乙站 4 道停有待发列车 K56 次,丙站 3 道停有待发列车 T69 次列车。请甲、乙两站分别办理发车作业。

③A—B 为单线半自动闭塞区间,A、B 两站均配备信号员。A 站 3 道停有待发列车 21045 次车,B 站 4 道停有待发列车 1106 次。请 A、B 两站分别办理发车作业。

二、接车作业

接车作业是将列车由区间接入车站,由车站值班员岗位群依据列车运行计划接入邻站发出的列车。此作业需借助各种行车设备才能实现。

(一)接车作业的内容

1. 定义

接车作业是指接车站从承认邻站发车时起,至列车全部到达本站停于警冲标内方,并办完开通区间有关作业为止的一段时间内所办理的全部作业。

接车作业是结合发车站发车安排进行的,但也要核对运行计划,以确保接车安排无差错。

2. 确定接发车顺序

在车站办理接发列车作业时,经常会遇到两个列车在站内相对方向同时接车或同方向同时发接列车的情况。为保证接发列车作业的安全,车站值班员应根据进站方向的坡度、接车线末端有无隔开设备、闭塞方式及列车性质,按《技规》和铁路局集团有限公司有关规定,确定车站能否办理相对方向同时接车或同方向同时发接列车。

(1)相对方向同时接车:指自车站一端开放进站信号机至列车全部进入接车线警冲标内方停妥的时间内,也开放另一端的进站信号机,接入相对方向的列车。

(2)同方向同时发接列车:指自车站一端开放出站(进站)信号机至列车全部出站(进入接车线警冲标内方停妥)的时间内,也开放另一端的进站(出站)信号机,接入(发出)相同方向的列车。

(3)隔开设备:是指将一条进路与另一条进路隔离开,使两条进路的接发列车作业互不干扰的设备,包括安全线、避难线以及能起隔开作用的道岔。此外,连接接车线末端道岔的无机车车辆占用的牵出线、货物线、岔线也可以作为隔开设备使用。

相对方向同时接车时,当一端列车为全部进入接车线警冲标内方,而另一端列车越过接车线末端警冲标时,若无隔开设备就有发生冲突的可能;同方向同时发接列车时,当发出列车尚未全部驶出车站,而另一端进站列车越过接车线末端的警冲标时,若无隔开设备,也可能发生冲突。因此,为保证车站接发列车的效率和作业安全,应根据进站方向的坡度、接车线末端有无隔开设备、车站及列车的性质,确定车站能否办理相对方向同时接车或同方向同时发接列车。

(4)禁止办理相对方向同时接车和同方向同时发接列车的情况:

①进站信号机外制动距离内,进站方向为超过6‰的下坡道,而接车线末端无隔开设备,如图3-8、图3-9所示。

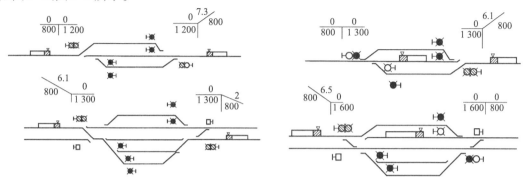

图3-8　禁止相对方向同时接车示意图　　　　图3-9　禁止同方向同时发接列车示意图

列车在超过6‰的下坡道运行时,下滑力超过运行阻力,如司机不能正确施行制动,列车进站时可能越过接车线末端警冲标;若接车线末端无隔开设备,就有可能与正在进站的对向列车或正在出站的同向列车发生冲突。

②在接、发客运列车的同时,接入列车运行监控记录装置或轨道车运行控制设备发生故障的列车、制动力部分切除的动车组列车而接车线末端无隔开设备。

(5)接发车顺序。相对方向两列车同时接近车站而不能同时接车时,应先将一个方向的列车接入站内停于接车线末端警冲标内方后,再接入另一列车。在确定先后顺序时,应先接如下列车:

①后面有续行列车的列车;
②停车后起动困难的列车;
③不适于在站外停车的列车。

其他情况应报告列车调度员后,遵照"先客后货、先快后慢"的原则执行。一般可考虑:旅客列车与非旅客列车交会时,应先接旅客列车;停车列车与通过列车交会时,应先接停车列车;超长列车与非超长列车交会时,应先接非超长列车;进站方向为下坡道的列车与进站方向为平道或上坡道的列车交会时,应先接进站方向为平道或上坡道的列车。

遇同方向不能同时发接列车时,原则上应先接后发,也可根据列车调度员的指示办理。

3.接车作业内容

接车作业的主要内容有:承认闭塞(接受预告),布置与准备接车进路,开放进站信号,接送列车,开通区间或报点。

(二)接车作业程序

接车作业简要程序,如图3-10、图3-11所示。

(三)承认闭塞(接受预告)

1.承认闭塞(接受预告)前,必须确认区间空闲

接车站要配合发车站请求闭塞(发车预告),也要确认区间确实空闲,方可同意闭塞。

2.承认闭塞(接受预告)时,车次必须准确清晰

接车站与发车站办理闭塞时,必须将车次确认清楚,同时要按列车运行计划核对车次、

时刻、命令、指示,必要时与列车调度员联系。

图 3-10 TB 1500.1 接车(通过)作业程序图　　图 3-11 TB 1500.3 接车(通过)作业程序图

3. 承认闭塞(接受预告)时,用语必须准确完整

承认闭塞(接受预告)时,须严格执行《接发列车作业标准》用语,如复诵发车站发出"×(次)预告",或听取发车站"×(次)闭塞"请求后,发出"同意×(次)闭塞"用语等。

4. 承认闭塞(接受预告)时,必须正确操纵控制台有关按钮

在自动闭塞区段,正方向行车不需操作任何设备办理闭塞(预告),与发车站联系即可。

在半自动闭塞区段,办理闭塞必须操作闭塞设备,坚守"一确认(区间空闲)、二按(闭塞按钮)、三听(铃响)、四看(黄灯变绿)"的操作规定。接车站承认闭塞时,必须先同意发车站闭塞,听到闭塞机铃响并确认闭塞表示灯亮黄灯后,再按闭塞按钮。待闭塞表示灯亮绿灯,闭塞手续完成。

(四)布置与准备接车(通过)进路

1. 确定接车(通过)线路

接发列车应在正线或到发线上办理,并应遵守下列原则:

(1)旅客列车、挂有超限货物车辆的列车,应接入规定线路。

(2)动车组列车在车站办理客运业务时,须固定股道、固定站台、固定停车位置。

(3)动车组列车、特快旅客列车通过时应在正线办理,其他通过列车原则上应在正线办理。

(4)原规定为通过的旅客列车由正线变更为到发线接车及动车组列车、特快旅客列车遇特殊情况必须变更基本进路时,须经列车调度员准许,并预告司机;如来不及预告时,应使列车在站外停车后,开放信号机,接入站内。动车组列车遇特殊情况需变更办理客运业务的固定股道时,须经调度所值班主任(值班副主任)准许。

到发线是专门为接发列车和进行技术作业设置的。正确运用到发线,可以保证车站安全、有条不紊地接发列车和进行站内调车作业。各种列车因在车站作业的内容不同,须结合作业条件和列车性质安排线路使用。

2. 正线、到发线停留车辆的规定

车站值班员应保证有不间断接车的空闲线路。

(1)正线上不应停留车辆(尽头式车站除外)。正线是列车通过车站的线路,正线上停留车辆会影响列车运行,若列车改经道岔侧向通过车站,则会产生不安全因素。

(2)到发线停留车辆时,须经车站值班员准许,在中间站上必须取得列车调度员的准许方可占用,该线路的两端道岔应扳向不能进入的位置并加锁(装有轨道电路除外)。

在车站到发线上停留车辆时,须经车站值班员准许,以免影响接车工作。中间站的到发线经常办理列车会让,若必须停留车辆时,除须经车站值班员准许外,并须得到列车调度员的同意,以便列车调度员在运行调整中全面考虑。

停有车辆的到发线的两端道岔,应扳向机车车辆不能进入该线的位置并加锁。当车站为集中联锁或到发线装有轨道电路时,道岔可不加锁。

中间站停留车辆,无论停留线路是否有坡道,均应连挂在一起,拧紧两端车辆的人力制动机,并以铁鞋(止轮器、防溜枕木等)牢靠固定。因装卸车对货位等情况,不能连挂在一起时,应分组做好防溜措施。

3. 布置接车(通过)进路

车站值班员必须亲自布置和听取进路准备妥当的报告。

(1)布置内容:车站值班员应向有关人员讲清车次和占用线路(接入某股道)。如果车站一端有两个及其以上列车运行方向或双线反方向行车时,还应讲清方向及线别。

(2)布置要求:

①按《站细》规定时间,正确及时地布置进路。

②布置进路应使用《接发列车作业标准》规定的用语,不得简化。布置进路的命令不能与其他作业的命令、通知一起下达。如接车站值班员听取发车站值班员开车通知后,命令信号员"×(次)×道停车(通过),开放信号"。

③受令人复诵。当两个及其以上人员同时接受准备进路的命令时,应指定其中一人复诵。车站值班员要认真听取复诵,核对无误后,方可命令"执行"。

4. 准备接车(通过)进路

信号员、扳道员必须按车站值班员布置的接车(通过)进路命令,核对占线板后正确及时地准备进路。扳道员于接车(通过)进路准备完了或信号开放后,除从设备上检查确认外,还应及时向车站值班员报告。

办理接车(通过)进路时,必须执行"眼看、手指、口呼"的操作规定。如使用6502电气集中联锁设备,在控制台上眼看、手指进路始端按钮,口呼"进站",按压按钮;再眼看、手指进路终端按钮,口呼"×道"(正线通过时,口呼"出站"),按压按钮。如使用计算机联锁设备,则在显示器上眼看、鼠标手指进路始端按钮,口呼"进站",点压按钮;再眼看、鼠标手指进路终端按钮,口呼"×道"(正线通过时,口呼"出站"),点压按钮。

5. 确认接车(通过)进路

接车(通过)进路正确与否,直接影响列车进站运行安全,车站值班员应做到如下几点:

(1)确认接车线路空闲:指接车线无封锁施工,无机车、车辆、动车、重型轨道车以及轻型车辆、小车或其他能造成脱轨的障碍物。车站在准备列车的接车进路或通过进路时,首先必须确认接车(通过)的线路空闲,以防止线路上存有机车、车辆及其他危及列车运行安全的障碍物等,防止俗称"有车线接车"的行车事故。

车站作业人员对接车(通过)进路空闲的检查,其确认方法如下:
①在设有轨道电路的车站,通过控制台上股道占用光带或股道占用表示灯确认;此外,还需现场确认有无轻型车辆、小车及线路附近有无能使列车脱轨的障碍物。车站新铺轨、更换轨或较少使用的线路,由于轨面锈痕较厚,接触不良,轮缘在设有轨道电路的轨面上走行,反映在控制台的表示灯有时会出现时隐时现的现象;个别车辆在线路上停留,甚至控制台表示灯无显示,该股道的进站信号仍可开放,这种事故隐患是相当危险的。因此,车站遇有这类情况的线路时,务必加强新用时期的安全措施,明确"接车线空闲"的检查办法。
②未设轨道电路或轨道电路发生故障时,由接发列车人员现场确认接车线路是否空闲。
③查看股道占用揭示板。
(2)确认接车进路上道岔位置正确,需加锁的道岔已经加锁。
①根据信号员或扳道员进路准备好了的报告并通过控制台上的光带确认。
②非正常接发列车时,准备进路应执行设备优先的原则。准备进路时,能排列调车进路的优先使用排列调车进路方式准备进路,不能排列调车进路的单操单锁准备进路,不能通过信号操作终端操纵的道岔就地操纵准备进路。
(3)确认影响接车进路的调车作业已停止,内容同发车作业。

(五)开放进站信号机

进站信号机开放后,不同的信号显示表示列车进站运行的条件不同。当列车接近车站时,司机会确认并按照进站信号显示控制列车进站或机外停车。为了不影响列车进站或通过,车站应在列车到达前按《站细》规定的时间开放进站信号机。

进站信号机开放后即锁闭有关进路上的道岔,过早开放就会过早占用咽喉区,影响站内其他作业;晚开放就可能造成列车在信号机外减速或停车。

开放进站信号机最理想的时机,是当列车运行至预告信号机外方时。进站信号即开放,如图 3-12 所示。开放进站信号的时间($t_开$)等于列车从预告信号机外方运行至车站中心线或停于警冲标内方的进站走行时间($t_进$),即:

图 3-12 开放进站信号时列车运行的位置

$$t_开 = t_进 = \frac{L_确 + L_进 + L_制 + L_列}{v_进} \times 0.06 \quad (\text{min})$$

式中:$L_确$——司机确认预告信号的距离,m;

$L_制$——列车制动距离,m;

$L_进$——进站信号机至接车线始端警冲标的距离,m;

$L_列$——列车长度,m;

$v_进$——列车进站平均速度,km/h;

0.06——km/h 换算为 m/s 的单位换算系数。

进站信号为臂板信号机的车站,还要增加操纵信号和确认信号开放状态的作业时间($t_{作业}$),即:

$$t_开 = t_{作业} + t_进 \quad (\text{min})$$

在电气集中联锁和计算机联锁设备正常的情况下,接车进路锁闭后进站信号机即开放。信号员确认光带、信号显示正确,口呼"信号好(了)",车站值班员听到信号员报告后检查确认光带、信号显示正确,口呼"×道进站信号好(了)"。

(六)正确办理车机联控

列车接近车站时,司机会主动呼叫车站问路,车站值班员应正确指路。当列车在站外停车,信号开放后,车站值班员应主动呼叫司机联控。特快(双层)旅客列车在车站通过时,车站助理值班员应主动与司机联控列车运行情况。联控程序及用语,如表3-5、表3-6所示。

列车接近车站的车机联控程序及用语　　　　　表3-5

呼叫时机	作业用语		
	作业人	列车司机	车站值班员
自动闭塞区段,列车接近第一接近通过信号机或规定的呼叫点;半自动闭塞区段,列车在规定的呼叫点	呼叫人	××(站)××(次)接近	
	被呼叫人		××(次)××(站)×道通过(停车)
	呼叫人	××(次)×道通过(停车),司机明白	

注:①有两个及其以上运行方向的车站,应在联控用语中增加"去××方向";
②执行指导式行车作业的标准用语,由铁路局集团有限公司制定,报中国国家铁路集团有限公司批准,并通知相关铁路局集团有限公司。

列车机外停车再进站的车机联控程序及用语　　　　　表3-6

呼叫时机	作业用语		
	作业人	车站值班员	列车司机
列车机外停车时,信号开放后	呼叫人	××(次)×道进站信号好了	
	被呼叫人		×(次)×道进站信号好了,司机明白

注:有两个及其以上运行方向的车站,应在联控用语中增加"去××方向"。

(七)接送列车

1. 作用

列车出入车站时,必须由接发列车有关人员在室外立岗接送列车,监视列车状态,及时处理危及行车安全的问题。

2. 立岗接车

《技规》286条规定:接发列车时,接发车人员应携带列车无线调度通信设备,持手信号旗(灯),站在规定地点接送列车,注意列车运行和货物装载状态。发现旅客列车尾部标志灯光熄灭时,应通知车辆乘务员进行处理。在自动闭塞区段,通知不到时,应使列车停车处理。

发现货物装载状态有异常时,应及时处理;发现货物列车列尾装置丢失时,应报告列车调度员,使列车在前方站停车处理。

列车接近车站、进站和出站时,接发车人员应及时向车站值班员报告列车进出站情况(能从设备上确认者除外)。

列车到达、发出或通过后,车站值班员应立即向邻站及列车调度员报点,并记入"行车日志"(设有计算机报点系统的按有关规定办理)。遇有超长、超限列车,单机挂车和货物列车列尾装置灯光熄灭等情况,应通知接车站。

(1)对停车列车:

①列车进站后,应停于接车线警冲标内方。在设有出站(进路)信号机的线路上,列车头

部不得越过出站(进路)信号机。

②如列车尾部停在警冲标外方或压轨道绝缘时,车站接车人员应使用列车无线调度通信设备等通知司机或显示向前移动的手信号(昼间:拢起的手信号旗上下摇动;夜间:白色灯光上下摇动),使列车向前移动。

车机联控程序及用语,如表3-7、表3-8所示。

接停车的列车,列车未整列进入接车线时的车机联控程序及用语　　表3-7

呼叫时机	作业用语		
	作业人	车站值班员或助理值班员	列车司机
站内停车的列车进站停车前或停车后尾部压标时	呼叫人	××次尾部压标,向前移动	
	被呼叫人		××次尾部压标,向前移动,司机明白

待列车尾部进入接车线后的车机联控程序及用语　　表3-8

呼叫时机	作业用语		
	作业人	车站值班员或助理值班员	列车司机
待列车尾部进入接车线后	呼叫人	××次尾部过标	
	被呼叫人		××次尾部过标,司机明白

③当超长列车尾部停在警冲标外方,接入相对方向的列车时。在进站信号机外制动距离内进站方向为超过6‰的下坡道,而接车线末端无隔开设备,须使列车在站外停车后,再接入站内。如在邻线上未设调车信号机,又无隔开设备,相对方向需要进行调车作业时,必须派人以停车手信号对列车进行防护。

(2)对通过列车:

①发现货物装载状态有异状时,及时处理。

②发现旅客列车尾部标志灯光熄灭时,应通知车辆乘务员进行处理,如图3-13所示。

③发现货物列车列尾装置丢失时,应报告列车调度员,使列车在前方站停车处理,如图3-14所示。

图3-13　旅客列车尾部标志灯光熄灭　　　图3-14　货物列车尾部装置丢失

列车尾部标志:列车尾部有两个侧灯,向后显示红色灯光,向前显示白色灯光;挂有列尾装置时,为列尾装置向后显示红白相间的反射标志和一个红色闪光灯光。

列车接近车站时,扳道及信号人员应及时向车站值班员汇报,以便有关人员出场接车。在接送列车时,还应向车站值班员汇报列车进出站情况(能从设备上确认者除外)。

(八)开通区间及报点

1.确定列车到达及通过车站时刻

(1)到达时刻,以列车进入车站、停于到达线警冲标内方的时刻为准。列车超过实际到达线有效长时,以第一次停车时刻为准。列车在区间分部运行时,以全部车辆到达车站的时刻为准。

(2)通过时刻,以列车机车通过车站值班员室的时刻为准。

2.开通区间及报点

列车到达或通过车站后,车站值班员应立即开通区间或向列车调度员报点。

自动闭塞区段列车全部到达或通过车站,车站值班员填写"行车日志"后,向列车调度员报点(TDCS系统报点按有关规定办理)。

非自动闭塞区段列车全部到达或通过车站后,接车站应及时通知发车站列车到达或通过本站的时分;填写"行车日志"后,与发车站办理区间开通手续;向列车调度员报点。

模拟练习

请分组模拟扮演两站车站值班员、助理值班员、信号员完成以下练习。

(1)甲—乙为双线单向自动闭塞区间,甲乙两站均配备信号员。甲站开往乙站列车12345次,乙站开往甲站列车1106次,请甲、乙两站分别办理接车作业。

(2)乙—丙为双线双向自动闭塞区间,乙丙两站均配备信号员。乙站开往丙站列车K1156次。丙站乙站开往列车T699次列车,请乙、丙两站分别办理接车作业。

(3)A—B为单线半自动闭塞区间,AB两站均配备信号员。A站开往B站列车1045次车,B站开往A站列车31106次,请A、B两站分别办理接车作业。

巩固提高

1.什么是行车闭塞法?
2.区间是如何划分的?
3.基本闭塞法的行车凭证有哪些?
4.发车作业有哪些内容?发车条件有哪些?
5.什么是接车作业?
6.如何确定接车线路?
7.简述禁止办理相对方向同时接车和同方向同时发接列车的情况。
8.相对方向不能同时接车和同方向不能同时发接列车时,如何确定接发车顺序?
9.如何确定进站信号机开放时机?
10.如何把握车机联控的时机及用语?
11.如何开通区间?

任务四 行车设备故障接发列车作业

本学习任务需要你作为一名车站值班员面对列车,独立判定行车设备的状态,包括明确故障现象及特点、设备故障处理程序、一切电话中断、中断的时间、影响情况、发车的权限等;确定引导接车方法、行车方法并正确选择及填写行车凭证,选择并执行接发车作业程序标准等,并能依据规章规定条理清晰地说明你的理由。

相关理论知识

非正常情况接发列车是指运行条件和自然条件发生变化或行车设备故障（包括施工、停电）导致不能按行车设备完好时的使用要求办理接发列车。

一、行车设备故障处理程序

行车设备故障是导致联锁关系失效的直接原因。行车设备故障主要有进站（进路）信号机故障、出站信号机故障、轨道电路故障、道岔失去表示、区间通过信号机故障、停电、一切电话中断等情况。发生行车设备故障的情况，就必然涉及设备部门的检查、维修等，所以车站值班员应清楚设备故障处理程序及程序中所涉及的用语、"行车设备检查登记簿"（以下简称"运统-46"）的填写、调度命令的请求与接收，及判断接发列车作业的依据和确定作业方法。

无论何时发生行车设备故障，车站作业人员均应及时报告车站值班员。车站值班员应根据行车设备故障情况做出初步判断，并及时进行处理。

行车设备故障处理程序，如图 3-15 所示。

图 3-15 行车设备故障处理程序

1. 确认报告

车站值班员主要通过信号员、助理值班员等确认故障的地点、现象及有无影响行车安全的障碍物等，及时报告列车调度员、值班干部，以便他们了解现场情况，组织故障处理及指挥列车运行。

2. 登记通知

发生行车设备故障后，为及时修复设备，以保证车站接发列车及调车作业的安全，要求车站值班员应及时通知工务、电务、供电等设备相关部门，并在运统-46 上进行登记，登记事项包括登记的时间、地点、现象、职务、姓名、通知时间、设备部门及人员姓名。

运统-46 是行车与设备部门对设备不良情况的记录，格式如表 3-9 所示。

行车设备检查登记簿（车站登记） 表3-9

月/日	时:分	检查试验结果,所发现的不良及破损程度	通知时间		
			月/日	时:分	通知的办法(用电报、电话、书面或口头)
9/10	14:05	4道下行出站信号机不能开放	9/10	14:06	电话通知 车站值班员　王二 电务　　　　张三 供电　　　　王五

3. 作业准备

相关设备部门人员到达车站后对设备进行检查,将检查结果登记在运统-46上,如表3-10所示。

行车设备检查登记簿（设备部门登记） 表3-10

到达时间			消除不良及破损的时分及盖章		
月/日	时:分	该段工作人员到达后盖章	月/日	时:分	破损及不良的原因,采用何种办法进行修理的(工作人员及车站值班员盖章)
9/10	14:10	供电　王五	9/10	14:15	供电设备正常,不影响行车安全 供电　　　　王五 车站值班员　王二
9/10	14:11	电务　张三	9/10	14:20	4道下行出站信号机由于××原因,一时难以修复 电务　　　　张三 车站值班员　王二

车站值班员确认工务、电务检查结果,报告列车调度员并请求及接收调度命令。列车调度员根据车站值班员的请求,下达调度命令。车站值班员将调度命令登记在附件七"调度命令登记簿"上,如表3-11所示。根据需要再誊抄在附件四调度命令上,如表3-12所示,或在TDCS系统上接收后直接打印,如表3-13所示。通知作业人员上岗,确定接发列车作业方法(多方向车站要核对列车运行计划)。

调度命令登记簿 表3-11

月/日	发出时刻(时:分)	命令			复诵人姓名	接收命令人姓名	调度员姓名	阅读时刻签名
		号码	受令及抄知处所	内容				
5/1	12:20	4943	××站,并抄收××次司机	根据×站报告,×站进站信号机内方第一轨道电路区段故障,一时难以修复,自接令时起,准许××次列车凭引导信号运行	张三	张三	王二	

调度命令 表3-12

_____年_____月_____日_____时_____分　　　　　　第____号

受令处所	××站、××次司机	调度员姓名	张三
内容	根据××站报告,因××站×原因,自接令时起,××次列车凭引导信号运行		

电子调度命令   表 3-13

命令号码:第 4943 号	2012 年 1 月 5 日 12 时 20 分		发令人:王二
受令处所	×站,并抄收××次司机		受令情况
内容	根据×站报告,因×站下行进站信号机内方第一轨道电路区段故障,自接令时起,准许××次列车凭引导信号运行		

4. 接发列车

车站值班员根据确定的接发列车作业方法,行车设备故障的时机、影响,按接发列车作业程序继续完成接车或发车作业。各种非正常情况下接发列车的具体办法在后面详述。

5. 设备恢复

设备部门人员将设备维修好后,再一次在运统-46 上登记。车站值班员确认登记结果,对设备进行试验后签字,再报告列车调度员,有必要时请求恢复正常接发列车作业的调度命令。

二、进站信号机故障接车作业

(一)进站信号机故障现象及特点

《技规》第 364 条规定:进站、出站、进路及线路所通过信号机发生故障时,应置于关闭状态。进站信号机及线路所通过信号机发生不能关闭的故障时,应将灯光熄灭或遮住。在将灯光熄灭或遮住以及信号机灭灯时,于夜间应在信号机柱距钢轨顶面不低于 2m 处加挂信号灯,向区间方面显示红色灯光。

在集中联锁的车站办理接车作业,要按照接车作业程序为某一列车准备接车进路,接车进路锁闭后点亮一条白光带后,进站信号机会按照进路的要求开放,点亮相应的信号灯。但作业中有时会遇到进站信号机不能开放或只能开放黄色灯光等情况,进站信号机不能按进路要求正常显示,车站值班员此时可以初步判断进站信号机故障。

当进站信号机发生故障时,车站值班员除了正确做出判断,按规定手续进行登记、通知外,还应及时进行应变处理,并预告司机,保证列车运行安全及车站不间断地接发列车。进站信号机可能出现的故障现象及特点有如下几种。

1. 进站信号机不能开放

进站信号机不能开放表现在集中联锁的车站为某一列车准备接车进路时,接车进路锁闭后点亮一条白光带,进站信号机表示灯红色灯不灭。这种情况下,进站信号机亮红色灯,车站就不能按正常接车手续将列车接入站内。车站值班员听到信号员报告后,应指示信号员再次开放信号。如果进站信号机表示灯红色灯仍然不灭,可以视为进站信号机不能开放,此时可以使用引导信号接车。

2. 进站信号机不能开放通过信号

进站信号机不能开放通过信号表现在集中联锁的车站为某一列车办理通过进路时,正线上出站信号机开放后,进站信号机不能打开绿色灯光,只能显示黄色灯光。这种情况下,车站将不能按正常通过手续办理列车通过作业,此时车站值班员应在进行车机联控时预告司机。

3. 进站信号开放后自动关闭(俗称跳信号)

进站信号机开放后自动关闭表现在集中联锁的车站为某一列车准备好接车进路后,进站信号机已经开放,此时列车尚未进入接车进路,进站信号机就自动关闭。这种情况下,车站值班员听到信号员报告后,应指示信号员再次开放信号。如果进站信号机表示灯红色灯光仍然不灭,可以视为进站信号机不能开放,此时可以使用引导信号接车。

造成进站信号机开放后自动关闭,有人为和设备两方面的原因。人为原因表现在进路上有机车、车辆占用或侵入,或有其他因素造成轨道电路短路等;设备上的原因表现在轨道电路故障或进站信号机本身故障等方面。进站信号机开放后自动关闭,是现场发生频率较高的一种常见故障。正确及时地进行应变处理,可避免列车在信号机外停车或冒进信号。

4. 进站信号机红色灯光熄灭

进站信号机红色灯光熄灭后,按照信号—安全原则,进站信号机其他灯光也不能点亮,即进站信号机不能开放。这种情况可能发生在车站办理接车作业之前,也可能发生在车站办理接车作业过程中,此时只能人工引导接车。

(二)引导接车

凡进站或接车进路信号机不能使用或在双线区段由反方向开来列车而无进站信号时,使用引导信号或派引导人员接车的方式称为引导接车。

引导接车须报请列车调度员发布调度命令,并使用无线列调电话通知司机。

1. 引导接车的使用范围

(1)进站或接车进路信号机不能使用时,包括进站、接车进路信号机故障,联锁失效轨道电路发生故障,施工,停电等。

(2)在进站或接车进路信号机联锁范围以外的线路上接车时。

(3)双线区段反方向开来列车而无进站信号或引导信号不能使用时,包括区间返回列车、补机、退回的列车等。

《技规》第359条规定:进站、接车进路信号机不能使用时,应开放引导信号。引导信号不能开放或无进站信号机时,应派引导人员接车。

引导接车时,列车以不超过20km/h的速度进站,并做好随时停车的准备。由引导人员接车时,应在引导员接车地点标志处(未设的,引导人员应在进站信号机、进路信号机或站界标外方),显示引导手信号接车。列车头部越过引导信号时,即可关闭信号或收回引导手信号。

当车站发生需办理引导接车的情况时,车站值班员应迅速查明原因,并经慎重确定后,方可按有关规定办理引导接车。注意:不可因臆测、误判或本身操作失误,盲目办理引导接车而造成行车事故。

【案例3-4】 ×××年×月×日,6:40,××站11308次于6:35进Ⅱ道,计划交会22581次,22581次进3道。

办理22581次接车进路时,扳道员误将5号道岔开通Ⅱ道,车站值班员××未确认控制台表示,即盲目操纵"3道"及"进站信号"按钮,进站信号开放不了,仍未予以确认,却误认为进站信号断丝(控制台断丝表示灯亮),即开放引导信号将22581次引导接入停有11308次的Ⅱ道,幸好被司机及时发现,采取紧急制动,停车后距11308次仅12根枕木,构成性质极为恶劣的"有车线接车"的行车事故。

可见,在接发列车作业中,遇有特殊情况而需办理引导接车时,必须情况明了,慎重确定,且不可盲目办理。

2. 引导接车方式

引导接车的方式主要有开放引导信号接车、人工引导接车两种。非正常接发列车时,开放信号应执行设备优先的原则。引导接车时,能开放引导信号的优先使用引导信号接车,引导信号不能使用或未设引导信号的使用引导手信号接车。

(1)引导信号接车。集中联锁设备的车站开放引导信号接车,按进路的锁闭方式分为引导进路锁闭接车和引导总锁闭接车两种。

引导进路锁闭接车使用时机主要包括进站(接车进路)信号机本身故障不能开放或接车进路上(含延续进路)某一轨道电路区段故障(但不手摇道岔)等情况。

引导总锁闭接车使用时机主要包括接车进路上某组道岔失去表示(道岔被挤除外),某一轨道电路故障(须手摇道岔),向非到发线接车或向无联锁线路接车等情况。

(2)人工引导接车。人工引导接车是指派引导员在进站信号机、进路信号机或站界标外方显示引导手信号接车方式。其使用时机主要包括进站信号机灭灯、无双向闭塞设备的双线区间接入反方向的列车无进站信号机、施工、停电等,救援列车、路用列车返回车站调度命令有规定时等情况。

3.引导接车注意事项

引导接车,一般是在特殊情况下进行的。此时,如放松有关行车条件及限制,往往会留下事故隐患。

(1)须取得列车调度员的命令。

(2)引导接车前,应确认接车进路空闲,有关道岔位置正确和敌对信号未开放。

(3)进路准备妥当后,应将进路上的有关对向道岔及邻线上能进入该进路的防护道岔按《站细》规定办法加锁。

(4)引导人员应站在"引导员接车地点标"处(未设者,应站在进站、接车进路信号机或站界标外方),正确及时显示引导手信号。

(5)司机确认引导信号或引导手信号显示正确。

(6)列车应以不超过20km/h的速度进站,并做好随时停车的准备。

(7)列车头部越过引导信号或引导手信号时,即可关闭信号或收回引导手信号。

4.引导接车程序

引导接车作业程序,如图3-16所示。

(三)进站信号机故障应变处理

不管进站信号机发生什么故障,均属于引导接车的范畴。在进站信号机故障且红色灯光能点亮的情况下,引导信号能开放,可以采用引导进路锁闭接车;在进站信号机灭灯的情况下,引导信号不能建立,可以采用人工引导接车。

1.进站信号机不能开放接车

故障处理提示:

①按原闭塞法行车。

②排列调车进路后取消或单独操纵道岔准备进路。

③开放引导信号,采用引导进路锁闭方式接车。

处理程序:

①办理闭塞(接受预告)。车站值班员与发车站值班员正常办理闭塞手续。

图3-16 引导接车作业程序

②布置与准备接车进路。车站值班员获悉列车从邻站开车后,布置与准备接车进路。

③准备接车进路时,发现进站信号机不能开放,准备报告。

④确认报告。车站值班员确认进站信号机确实不能开放,报告列车调度员,通知值班干部上岗,预告司机机外停车。

报告列车调度员用语:"××站×进站信号机不能开放"。

确认进站信号机不能开放,车站值班员需要司机机外停车时,应立即主动与列车司机进行车机联控。呼叫时机及用语,如表3-14所示。

列车临时机外停车作业　　　　　　　　　　　　　　　　表3-14

呼叫时机	作业用语		
	作业人	车站值班员	列车司机
列车接近前	呼叫人	××(次)××(站)机外停车	
	被呼叫人		××(次)××(站)机外停车,司机明白

⑤登记通知。车站值班员登记运统-46,通知电务、供电部门,如表3-15所示。

进站信号机故障车站登记　　　　　　　　　　　　　　　表3-15

月/日	时:分	检查试验结果,所发现的不良及破损程度	通知时间		
			月/日	时:分	通知的办法(用电报、电话、书面或口头)
9/10	14:05	下行进站信号机不能开放	9/10	14:06	电话通知 车站值班员　王二 电务　　　　张三 供电　　　　王五

车站值班员确认电务、供电部门的检查结果,在确定不影响行车安全且进站信号机不能马上修复后签认,如表3-16所示。

进站信号机故障设备部门登记、车站签认　　　　　　　　表3-16

到达时间			消除不良及破损的时分及盖章		
月/日	时:分	该段工作人员到达后盖章	月/日	时:分	破损及不良的原因,采用何种办法进行修理的(工作人员及车站值班员盖章)
9/10	14:10	供电　王五	9/10	14:15	供电设备正常,不影响行车安全 供电　　　　王五 车站值班员　王二
9/10	14:11	电务　张三	9/10	14:20	4道下行进站信号机由于××的原因,一时难以修复 电务　　　　张三 车站值班员　王二

⑥车站值班员报告列车调度员设备部门检查故障结果,用语:经供电部门检查,不影响行车安全;经电务部门检查,×进站信号机由于××的原因,一时难以修复,请求办理引导接车。

列车调度员指示引导接车,车站值班员办理引导接车。

⑦开放引导信号。车站值班员或信号员单独锁闭进路上的有关道岔,在运统-46上登记破封使用相应的引导按钮,如表3-17所示。然后破封按压(点击)引导按钮,开放引导信号。

使用引导按钮登记　　　　　　　　　表3-17

月/日	时:分	检查试验结果,所发现的不良及破损程度	通知时间		通知的办法(用电报、电话、书面或口头)
			月/日	时:分	
9/10	14:30	破封使用下行引导按钮	9/10	14:31	电话通知 车站值班员　王二 电务　　　张三

⑧通知助理值班员出场接车,与司机进行车机联控,引导信号开放后,车站值班员应主动呼叫列车司机。呼叫时机及用语如表3-18所示。

车站引导接车作业　　　　　　　　　表3-18

呼叫时机	作业用语		
	作业人	车站值班员	列车司机
列车接近前	呼叫人	××(次)××(站)引导接车,×道停车(通过),注意引导信号	
	被呼叫人		××(次)××(站)引导接车,×道停车(通过),司机明白

⑨确认列车整列到达或停妥,解锁进路。对单锁道岔进行单解,进路上遗留的白光带采用引导进路锁闭方式解锁,首先在运统-46上登记破封使用相应的总人工解锁按钮,如表3-19所示,然后同时按压总人工解锁按钮和进路始端按钮。

使用总人工解锁按钮登记　　　　　　　　　表3-19

月/日	时:分	检查试验结果,所发现的不良及破损程度	通知时间		通知的办法(用电报、电话、书面或口头)
			月/日	时:分	
9/10	14:38	破封使用下行总人工解锁按钮	9/10	14:40	电话通知 车站值班员　王二 电务　　　张三

⑩半自动闭塞设备还需办理开通区间手续及通知发车站列车到达时刻,向列车调度员报点。

2.进站信号机不能开放通过信号(出站信号机正常)接车(通过)

故障处理提示:

①按原闭塞法行车。

②排列进路,开放信号。

处理程序:

①本站停站列车正常办理。

②正线通过列车:开放进站信号机后,预告司机,待列车越过进站后,再开放出站信号机。

3.进站信号机红色灯光灭灯接车(通过)

故障处理提示:

①夜间在进站信号机机柱上加挂防护灯。

②按原闭塞法行车。
③排列调车进路锁闭接车进路或对进路上的有关道岔和防护道岔单操单锁。
④引导手信号接车。
⑤通过列车闭塞手续办妥后，凭开放的出站信号在站内通过。

处理程序：

除派人显示引导手信号外，其他程序与进站信号机不能开放接车相同。与司机进行车机联控，派人显示引导手信号后，车站值班员应主动呼叫列车司机。呼叫时机及用语如表3-20所示。

车站引导接车作业　　　　　　　　　　　　　　　　　　　　　表3-20

呼叫时机	作业用语		
	作业人	车站值班员	列车司机
列车接近前	呼叫人	××(次)××(站)引导接车，×道停车(通过)，注意引导手信号	
	被呼叫人		××(次)××(站)引导接车，×道停车(通过)，司机明白

4. 进站信号开放后自动关闭接车(通过)

故障处理提示：

①列车进路上遗留白光带。
②按原闭塞法行车。
③引导信号接车。
④通过列车闭塞手续办妥后，凭开放的出站信号在站内通过。

处理程序：

当进站信号机开放后自动关闭，如重复开放信号仍不能开放时，处理程序与进站信号机不能开放接车相同。只是列车到达车站或通过后，解锁引导接车进路，要用故障解锁。在运统-46上登记破封使用相应的总人工解锁按钮和区段解锁按钮，如表3-21所示，同时按压总人工解锁按钮和各轨道电路区段解锁按钮。

使用总人工解锁按钮登记　　　　　　　　　　　　　　　　　　表3-21

月/日	时:分	检查试验结果，所发现的不良及破损程度	通知时间		
			月/日	时:分	通知的办法(用电报、电话、书面或口头)
9/10	14:38	破封使用下行总人工解锁按钮、区段解锁按钮	9/10	14:40	电话通知 车站值班员　王二 电务　　　　张三

 模拟练习

请分组模拟扮演两站车站值班员、助理值班员、信号员完成以下练习。

(1)甲—乙为双线三显示自动闭塞区间，甲、乙两站均配备信号员。甲站向乙站发出32045次列车，甲站报开后，乙站办理32045次列车接车进路，开放下行进站信号机时，发现下行进站信号机不能开放，请乙站办理32045次列车的接车作业。

(2)甲—乙为双线三显示自动闭塞区间，甲、乙两站均配备信号员。乙站向甲站发出K254次列车，乙站报开后，甲站开放进站信号机后，进站信号机自动关闭，请甲站办理K254

次列车的接车作业。

(3) 甲—乙为双线四显示自动闭塞区间,甲、乙两站均配备信号员。甲站向乙站发出1105次列车,甲站报开后,乙站发现下行进站信号机红色灯闪,请乙站办理1105次列车的接车作业。

(4) 甲—乙为双线四显示自动闭塞区间,甲、乙两站均配备信号员。甲站向乙站发出T25次列车,甲站报开后,乙站办理T25通过进路时,发现下行进站信号机不能开放绿色灯光,只能着黄色灯光,请乙站办理T25次列车的接车作业。

三、道岔或轨道电路故障接车

道岔或轨道电路故障对列车进出站走行造成很大危险,同时也会造成进、出站信号机不能开放,所以铁路车站必须保证进路列车运行安全,方能办理列车进出车站。

(一) 道岔故障现象及处理

1. 故障现象

道岔故障主要表现在道岔失去表示,在6502电气集中联锁设备控制台上,故障现象表现为道岔表示灯灭灯。在计算机联锁设备控制台上道岔开口位置不明,有的设备会出现四开状态。

2. 处理方法

道岔失去表示时,进路失去了正常的联锁关系。在准备无联锁进路时,首先要考虑进路上的道岔是否需要转换。当一条进路上的道岔失去表示,必须在现场判断道岔开通位置;有的道岔正常表示,可以在控制台上判定道岔开通位置。其次要正确转换道岔,转换道岔的方式有两种,一种是在控制台上单操道岔,另一种是在现场手摇道岔。失去表示的道岔要在现场转换,其他道岔可在控制台上单独操纵。

发生道岔失去表示后,车站值班员应在"行车设备检查维修登记簿"运统-46内登记,并通知工务、电务部门前来处理,得到道岔正常报告后可按规定办理。

(二) 轨道电路区段故障现象及处理原则

轨道电路可防止在占用线路上接车,使车务部门错办进路事故下降了80%。但如果轨道电路故障不能正确反映机车车辆对轨道区段的占用情况,传递错误信息,不仅影响车站作业效率,而且存在许多不安全因素,直接威胁行车安全。为了防止错办进路事故的发生,车站行车人员要认真确认轨道电路发生故障后,设备性能发生的变化,找出潜在的危险,发现不安全因素,采取有效措施保证行车安全。轨道电路故障,也是信号联锁设备中经常遇到的一种故障。如何根据故障的不同情况保证车站不间断地接发列车,是车站值班员在非正常情况下办理接发列车作业水平的重要标志。

集中联锁设备通常以光带变化来反映轨道电路区段空闲、有车及故障等现象。进路处于解锁状态时,轨道电路区段为控制台线路常用颜色;进路处于空闲锁闭状态时,轨道电路区段为白光带,进路处于有车锁闭或故障锁闭状态时,轨道电路区段为红光带。

1. 轨道电路区段无机车车辆占用而出现红光带

个别区段无机车车辆占用而出现红光带是轨道电路常见的故障之一。产生这种现象的原因,除了有外在的短路因素外,还有电务及工务两方面的原因。

当站内轨道电路出现红光带时,首先应派能胜任此工作的人员到现场确认,在查明确无机车车辆占用或侵入后,方能在"行车设备检查维修登记簿"内登记,通知工务、电务部门做记录并按轨道电路故障进行处理,这是一条最基本的原则。

但需要注意的是,通知工务、电务部门派人前来检查处理,并不等于要待工务、电务部门寻找到故障的原因,在"行车设备检查维修登记簿"上签字注销后,才能办理接发列车。往往有些车站值班员为了保证所谓列车运行的绝对安全,遇到这种情况,非要工务部门的人员在"行车设备检查维修登记簿"上签字证明无断轨或道岔不影响行车使用后,方才办理接发列车,以至造成接发列车作业的间断,影响了列车运行秩序。这种做法是不妥当的,也是没有必要的。因为出现红光带时首先已派能胜任此工作的人员到现场检查确认,除了确认无机车车辆占用或侵入外,一般明显的断轨或道岔病害是能发现的;其次出现红光带后,接发列车的有关规定(比如向司机传递限速、注意运行的命令、引导信号接车等),已经包含了对工务设备可能故障情况下列车安全运行的保护措施。

当离去、接近区段轨道电路出现红光带时,因其不在车站范围之内,可以不派人员前往查明情况,但仍应在"行车设备检查维修登记簿"内登记,并通知工务、电务部门前来处理,得到线路正常报告后可按规定办理。若第一闭塞分区故障,发车时应给司机发监督器通知书。

2. 轨道电路区段有机车车辆占用而未出现红光带

个别区段有机车车辆占用而未出现红光带是轨道电路常见的故障之二。应特别注意在有机车车辆占用的情况下,而相应部位轨道电路不显示红光带的故障,如忽略这种现象,有可能造成在有车线路接车,导致险性乃至重大、大事故的发生。遇此情况、车站值班员应登记运统-46,通知工务、电务部门检查;在控制台相关线路上揭挂表示牌,揭示板上注明列车车次。在微机联锁设备的车站,因数字化仪和微机屏幕上都不能像电气集中的控制台那样,在相关线路上揭挂表示牌,所以应特别引起重视。

(三)进路变更时机及方法

列车进路分为基本进路和变通进路。站内由一点向另一点运行有几条路径时,规定常用的一条径路为基本进路。办理列车基本进路,需顺序按下始端的列车进路按钮和终端的列车进路按钮。

基本进路以外的其余进路为变通进路。当遇基本进路上的道岔发生故障、道岔被挤、轨道电路区段故障或有车占用时,需要使用变通进路。办理列车变通进路,需顺序按下始端的列车进路按钮、变通用的按钮和终端的列车进路按钮。

进站或出站信号机开放后,其接发列车进路不得随意变更。遇道岔或轨道电路故障不能利用原进路接车并且有可以变更的进路等特殊情况必须变更时,应做到以下几点。

1. 变更接车进路

变更接车进路时,应保证列车在进站信号机外不减速、不停车。设有接近锁闭的车站,当列车进入接近锁闭区段后,除危及行车安全情况外,不得变更接车进路。双线区段的车站,原规定为正线通过的列车临时变更进路(直进侧出、侧进直出、侧进侧出)时,须经列车调度员准许,并预告司机;如来不及预告时,应使列车在站外停车后,再开放信号机,接入站内。

2. 变更发车进路

变更发车进路时,应先通知发车人员,确知停止发车后,方可取消发车进路。列车司机持有书面行车凭证时,应将行车凭证收回。当发车人员已显示发车指示信号而列车尚未起动时,必须通知司机后,方可关闭出站信号机取消发车进路。严禁先取消进路,后通知发车人员。

3. 变更特快旅客列车进路

原规定为通过的旅客列车由正线变更为到发线接车及动车组列车、特快旅客列车遇特殊情况必须变更进路时,须经列车调度员准许并预告司机,车机联控用语如表3-22所示;如来不及预告时,应使列车在站外停车后,开放进站信号机,再接入站内。

旅客列车变更固定接车线路作业　　　　表3-22

呼叫时机	作业用语		
	作业人	车站值班员	列车司机
列车接近前	呼叫人	客车××(次)××(站)变更×道通过(停车),限速××公里	
	被呼叫人		客车××(次)××(站)变更×道通过(停车),限速××公里,司机明白

如遇列车直进侧出通过车站的作业,车机联控用语如表3-23所示。

列车直进侧出通过作业　　　　表3-23

呼叫时机	作业用语		
	作业人	车站值班员	列车司机
列车接近前	呼叫人	××(次)××(站)×道通过,直进侧出,限速××公里	
	被呼叫人		××(次)××(站)×道通过,直进侧出,限速××公里,司机明白

(四)道岔或轨道电路故障引导接车应变处理

不管什么时间发生道岔或车站轨道电路区段故障,均有可能造成进站、出站信号机不能开放,只要接车均属于引导接车的范畴。在道岔或轨道电路故障的情况下,首先在控制台上判断故障区段的道岔开通位置与进路要求是否一致。如一致,将故障区段的道岔在控制台上单独锁闭即可;如不一致,将故障区段的道岔用手摇把摇至所需位置并现场加锁,其他道岔可在控制台上单独操纵。其次确定引导接车方法。轨道电路故障但不需要手摇道岔时,如无岔区段(包括进站信号机内方第一轨道电路区段故障)、到发线轨道电路区段故障,道岔区段故障但不手摇道岔,均可采用引导进路锁闭接车;道岔失去表示、道岔区段轨道电路故障但需要手摇道岔时,可采用引导总锁闭方式接车。只要发车就有可能根据行车闭塞方法不同,使用书面凭证,此问题将在下个任务中详述。

1. 到发线轨道电路故障

(1)有车占用无红光带表示。故障处理提示:对存放车辆的线路,揭挂表示牌,揭示板上注明列车车次,并将线路两端道岔开通异线,可以正常办理发车。

(2)无车占用亮红光带接车。故障处理提示:

①车站值班员通知助理值班员等能胜任工作的人员现场检查,确认故障区段空闲、无异常。

②如遇车站有空闲线路,又满足《站细》规定的接车时间时,可以变更接车线路,但须报列车调度员准许。

③按基本闭塞法行车。

④排列调车进路后取消或单独操纵道岔准备进路。

⑤开放引导信号,采用引导进路锁闭方式接车。

处理程序:除运统-46的登记、签认,调度命令内容略有不同外,其他程序与进站信号机不能开放接车相同。运统-46的登记,如表3-24所示。

到发线轨道电路故障车站登记　　　　　　　　　　表3-24

月/日	时:分	检查试验结果,所发现的不良及破损程度	通知时间		
			月/日	时:分	通知的办法(用电报、电话、书面或口头)
1/8	16:10	3G着红光带	1/8	16:11	电话通知 车站值班员　王二 电务　　　　张三 工务　　　　李四 供电　　　　王五

车站值班员确认工务、电务、供电部门检查结果,确认不影响行车安全且到发线轨道电路故障不能马上修复后签认,如表3-25所示。

到发线轨道电路故障设备部门登记、车站签认　　　　　　　　　　表3-25

到达时间			消除不良及破损的时分及盖章		
月/日	时:分	该段工作人员到达后盖章	月/日	时:分	破损及不良的原因,采用何种办法进行修理的 (工作人员及车站值班员盖章)
1/8	16:14	供电　王五	1/8	16:17	供电设备正常,不影响行车安全 供电　　　　王五 车站值班员　王二
1/8	16:15	工务　李四	1/8	16:18	工务设备正常,不影响行车安全 工务　　　　李四 车站值班员　王二
1/8	16:16	电务　张三	1/8	16:20	3G因电缆断了,一时难以修复 电务　　　　张三 车站值班员　王二

车站值班员报告列车调度员设备部门检查故障结果,用语:经工务、供电部门检查不影响行车安全;经电务部门检查,因3G电缆断了,一时难以修复,请求办理引导接车。

列车调度员指示引导接车,车站值班员办理引导接车。

2.无岔区段、道岔区段不改变红光带区段道岔位置轨道电路故障

(1)道岔故障位置与进路要求一致时接车(通过)。故障处理提示:

①车站值班员应指派助理值班员等能胜任工作的人员现场检查,确认故障区段空闲、无异常。

②自动闭塞区段按基本闭塞法行车;如进站信号机内方第一轨道电路区段故障时,在半自动闭塞区段改按电话闭塞法行车。

③排列调车进路后取消或单独操纵道岔准备进路。

④开放引导信号,采用引导进路锁闭方式接车(进站信号机内方第一轨道电路区段故障时,微机联锁设备须每隔固定时间点压一次引导按钮,电气集中设备须一直按压引导按钮,直到列车头部越过)。

处理程序:处理程序与到发线轨道电路故障引导接车基本相同,不同之处有以下几点:

①运统-46 的登记、签认内容略有不同。运统-46 的登记,如表 3-26 所示。

无岔区段轨道电路故障车站登记　　　　表 3-26

月/日	时:分	检查试验结果,所发现的不良及破损程度	通知时间		
			月/日	时:分	通知的办法(用电报、电话、书面或口头)
1/9	15:10	进站信号机内方第一轨道电路区段着红光带	1/9	15:11	电话通知 车站值班员　王二 电务　　　　张三 供电　　　　王五

车站值班员确认工务、电务、供电部门检查结果,确认不影响行车安全且无岔区段轨道电路故障不能马上修复后签认,如表 3-27 所示。

无岔区段轨道电路故障设备部门登记、车站签认　　　　表 3-27

到达时间			消除不良及破损的时分及盖章		
月/日	时:分	该段工作人员到达后盖章	月/日	时:分	破损及不良的原因,采用何种办法进行修理的(工作人员及车站值班员盖章)
1/9	15:14	供电　王五	1/9	15:17	供电设备正常,不影响行车安全 供电　　　　王五 车站值班员　王二
1/9	15:15	工务　李四	1/9	15:18	工务设备正常,不影响行车安全 工务　　　　李四 车站值班员　王二
1/9	15:16	电务　张三	1/9	15:20	下行进站信号机内方第一轨道电路区段因电缆断了,一时难以修复 电务　　　　张三 车站值班员　王二

车站值班员报告列车调度员设备部门检查故障结果,用语:经工务、供电部门检查不影响行车安全;经电务部门检查,因进站信号机内方第一轨道电路区段电缆断了,一时难以修复,请求办理引导接车。

列车调度员指示引导接车,车站值班员办理引导接车。

②故障的道岔区段轨道电路的道岔需要单锁。轨道电路故障有可能是瞬间停电造成,为避免道岔区段轨道电路故障自然恢复,道岔解锁,故需要将道岔单独锁闭,保证安全。

③进站信号机内方第一轨道电路区段故障使用引导按钮开放引导信号操作略有不同。

进站信号机内方第一轨道电路区段故障后,引导信号不能稳定开放。为保持引导信号处于开放状态,在 6502 电气集中联锁设备控制台上应一直按压引导按钮,直到列车头部越过方可松手;在计算机联锁设备控制台上应每隔固定时间点压一次引导按钮,直到列车头部越过。

(2)道岔故障位置与进路要求不一致时接车(通过)。故障处理提示:

①车站值班员应指派助理值班员等能胜任工作的人员现场检查,确认故障区段空闲、无异常。

②按基本闭塞法行车。

③能使用信号操作终端操纵的道岔通过排列调车进路后取消或单独操纵道岔准备进路;红光带区段内需改变位置的道岔就地操纵至所需位置并达到锁闭,确认进路正确后现场加锁,通知工务紧固。

④开放引导信号,采用引导总锁闭方式接车。

处理程序:处理程序、道岔故障位置与进路要求一致时,引导接车基本相同,不同之处有以下几点:

①运统-46 的登记、签认内容略有不同。

运统-46 的登记,如表3-28 所示。

道岔区段轨道电路故障车站登记　　　　　　　　　　表 3-28

月/日	时:分	检查试验结果,所发现的不良及破损程度	通知时间		
			月/日	时:分	通知的办法(用电报、电话、书面或口头)
2/9	10:10	3DG 轨道电路区段着红光带	2/9	10:11	电话通知 车站值班员　王二 电务　　　　张三 供电　　　　王五

车站值班员确认工务、电务、供电部门检查结果,确认不影响行车安全且道岔区段轨道电路故障不能马上修复后签认,如表3-29 所示。

道岔区段轨道电路故障设备部门登记、车站签认　　　　　表 3-29

到达时间			消除不良及破损的时分及盖章		
月/日	时:分	该段工作人员到达后盖章	月/日	时:分	破损及不良的原因,采用何种办法进行修理的 (工作人员及车站值班员盖章)
2/9	10:14	供电　王五	2/9	10:17	供电设备正常,不影响行车安全 供电　　　　王五 车站值班员　王二
2/9	10:15	工务　李四	2/9	10:18	工务设备正常,不影响行车安全 工务　　　　李四 车站值班员　王二
2/9	10:16	电务　张三	2/9	10:20	3DG 轨道电路区段因电缆断了,一时难以修复 电务　　　　张三 车站值班员　王二

车站值班员报告列车调度员设备部门检查故障结果,用语:经工务、供电部门检查,不影响行车安全;经电务部门检查,因 3 号道岔轨道电路区段电缆断了,一时难以修复,请求办理引导接车。

列车调度员指示引导接车,车站值班员办理引导接车。

②锁闭进路不同。车站值班员或信号员在控制台上单操单锁进路上的非故障区段道岔和防护道岔。登记使用电动转辙机手摇把,如表3-30 所示,助理值班员或扳道员现场手摇故障区段道岔,双人确认后加锁。

使用手摇把登记 表3-30

月/日	时:分	检查试验结果,所发现的不良及破损程度	通知时间		通知的办法(用电报、电话、书面或口头)
			月/日	时:分	
2/9	10:25	使用手摇把	2/9	10:26	电话通知 车站值班员　王二 电务　　　　张三

车站值班员在运统-46上登记破封使用相应的引导总锁闭按钮,如表3-31所示。车站值班员或信号员在控制台上破封按压(点击)引导总锁闭按钮,锁闭整个咽喉道岔。

使用引导总锁闭按钮登记 表3-31

月/日	时:分	检查试验结果,所发现的不良及破损程度	通知时间		通知的办法(用电报、电话、书面或口头)
			月/日	时:分	
2/9	10:30	破封使用下行引导总锁闭按钮	2/9	10:31	电话通知 车站值班员　王二 电务　　　　张三

③开放引导信号或派人显示引导手信号。车站值班员在运统-46上登记破封使用相应的引导按钮,如表3-32所示。然后破封按压(点击)引导按钮,开放引导信号;或通知引导员引导接车。

使用引导按钮登记 表3-32

月/日	时:分	检查试验结果,所发现的不良及破损程度	通知时间		通知的办法(用电报、电话、书面或口头)
			月/日	时:分	
2/9	10:32	破封使用下行引导按钮	2/9	10:33	电话通知 车站值班员　王二 电务　　　　张三

④解锁进路不同。确认列车整列到达或停妥后,解锁进路。采用引导总锁闭方式解锁,列车全部进入股道后,股道点红光带。车站值班员确认列车全部进入股道后,拉出本咽喉的引导总锁闭按钮,进路解锁。

3.道岔失去表示接车(通过)

故障处理提示:

①车站值班员应指派助理值班员等能胜任工作的人员现场检查,确认故障道岔区段空闲、无异常。

②按基本闭塞法行车。

③能使用信号操作终端操纵的道岔通过排列调车进路后取消或单独操纵道岔准备进路;失去表示的道岔就地操纵至所需位置并达到锁闭,确认进路正确后现场加锁,通知工务紧固。

④开放引导信号,采用引导总锁闭方式接车。

处理程序:

处理程序、道岔故障位置与进路要求不一致时与引导接车基本相同。

运统-46的登记、签认内容略有不同。

运统-46的登记,如表3-33所示。

道岔区段轨道电路故障车站登记　　　　　　　　表 3-33

月/日	时:分	检查试验结果,所发现的不良及破损程度	通知时间		通知的办法(用电报、电话、书面或口头)
			月/日	时:分	
9/9	22:10	3 号道岔失去表示	9/9	22:11	电话通知 车站值班员　王二 电务　　　　张三 供电　　　　王五

车站值班员确认工务、电务、供电部门检查结果,确认不影响行车安全且道岔失去表示不能马上修复后签认,如表 3-34 所示。

道岔区段轨道电路故障设备部门登记、车站签认　　　　表 3-34

到达时间			消除不良及破损的时分及盖章		
月/日	时:分	该段工作人员到达后盖章	月/日	时:分	破损及不良的原因,采用何种办法进行修理的 (工作人员及车站值班员盖章)
9/9	22:14	供电　王五	9/9	22:17	供电设备正常,不影响行车安全 供电　　　　王五 车站值班员　王二
9/9	22:15	工务　李四	9/9	22:18	工务设备正常,不影响行车安全 工务　　　　李四 车站值班员　王二
9/9	22:16	电务　张三	9/9	22:20	3 号道岔因转辙机故障,一时难以修复 电务　　　　张三 车站值班员　王二

车站值班员报告列车调度员设备部门检查故障结果,用语:经工务、供电部门检查,不影响行车安全;经电务部门检查,因 3 号道岔失去表示,一时难以修复,请求办理引导接车。

列车调度员指示引导接车,车站值班员办理引导接车。

　模拟练习

请分组模拟扮演两站车站值班员、助理值班员、信号员完成以下练习。

(1)甲—乙为双线三显示自动闭塞区间,甲、乙两站均配备信号员。行车计划规定甲站向乙站发出 33107 次列车,两站办理预告后,乙站发现下行进站信号机内方第一轨道电路区段着红光带时,请乙站办理 33107 次列车的接车作业。

(2)甲—乙为双线三显示自动闭塞区间,甲、乙两站均配备信号员。乙站向甲站发出 K254 次列车,乙站报开后,甲站发生接车进路上某道岔失去表示,请甲站办理 K254 次列车接车作业。

四、出站信号机故障发车

(一)出站信号机故障现象及特点

《技规》第 365 条规定:出站信号机发生故障时,除按规定交递行车凭证外,应预告通过列车司机,并显示通过手信号。装有进路表示器或发车线路表示器的出站信号机,当该表示器不良时,由办理发车人员通知司机后,列车可凭出站信号机的显示出发。

在集中联锁的车站办理发车作业,总是要按照发车作业程序为某一列车准备发车进路,发车进路锁闭点亮一条白光带后,出站信号机会按照进路的要求开放,点亮相应的信号灯。但作业时总会遇到出站信号机不能开放等情况,致使出站信号机不能按进路要求正常显示,车站值班员此时可以初步判断出站信号机故障。如果是道岔或轨道电路区段故障造成出站信号机不能开放,必须查明故障原因,方能视为出站信号机不能开放。

当出站信号机发生故障时,车站值班员除了正确做出判断,按规定手续进行登记、通知外,还应及时进行应变处理,并预告司机,保证列车运行安全及车站不间断地接发列车。出站信号机可能出现的故障现象及特点如下。

1. 出站信号机不能开放(含灭灯)

出站信号机不能开放表现在集中联锁的车站为某一列车准备发车进路时,发车进路锁闭后点亮一条白光带,出站信号机表示灯红色灯光不灭。这种情况下,出站信号机亮红色灯光,车站就不能按正常接车手续将列车开往区间。车站值班员听到信号员报告后,应指示信号员再次开放信号。如果出站信号机表示灯红色灯光仍然不灭,可以视为出站信号机不能开放。出站信号机红色灯光灭灯后,按照信号—安全原则,出站信号机其他灯光也不能点亮,即出站信号机也不能开放。此时列车出发没有出站信号机显示的行车凭证,须发书面凭证。

2. 出站信号开放后自动关闭(俗称跳信号)

出站信号机开放后自动关闭表现在集中联锁的车站为某一列车准备好发车进路后,出站信号机已经开放,此时列车尚未出发,出站信号机又自动关闭。这种情况下,车站值班员听到信号员报告后,应指示信号员再次开放信号。如果出站信号机表示灯红色灯光仍然不灭,可以视为出站信号机不能开放。此时列车出发没有出站信号机显示的行车凭证,须发书面凭证。

在不同的闭塞设备区段,在出站信号机故障的情况下,行车方法、行车凭证也会不同。在自动闭塞区段,遇到出站信号机故障或其他原因造成其不能开放时,不需改变闭塞方式,只要使用自动闭塞的特殊情况发车即可。在半自动闭塞区段,遇到出站信号机故障或其他原因造成其不能开放时,必须停止基本闭塞改电话闭塞法行车。

(二)自动闭塞区段特殊情况行车凭证

长期以来,广大铁路职工在长期的生产实践中,摸索总结出确保接发列车安全的宝贵经验,这就是"严三控"(自控、互控、他控)、"把三关"(闭塞关、进路关、信号凭证关)和"达四标"(上标准岗、干标准活、用标准语、交标准班)。在"把三关"中的把好"信号凭证关",就是要求车站行车人员在正常情况下接发列车时,应严格按照《站细》规定时机,正确及时地开闭信号;在非正常情况下接发列车时,应正确及时地填写、交接行车凭证;确保各种情况下接发列车的行车安全。

接发列车时,铁路行车凭证可分为两大类:一类是正常情况下采用的基本行车凭证;另一类是非正常情况下所采用的书面行车凭证。

非正常情况下接发列车使用的书面行车凭证有:

路票(《技规》附件1)——使用电话闭塞法行车时列车进入区间的行车凭证。

绿色许可证(《技规》附件2)——用于自动闭塞区段,当出站或进路信号机不能按正常要求开放或在未设出站信号机的线路上发出列车时,列车进入出站方面第一闭塞分区的行车凭证。

红色许可证(《技规》附件3)——用于一切电话中断时(自动闭塞设备作用良好除外),列车进入区间的行车凭证。

调度命令(《技规》附件4)——用于向封锁区间开行救援列车或路用列车时,列车进入封锁区间的行车凭证。

出站跟踪调车通知书(《技规》附件5)——用于出站、跟踪调车时,调车车列越出站界进入区间的行车凭证。该行车凭证虽然不是列车占用区间,但和列车占用区间的性质是一样的。因此,要求车站值班员在使用时应与填发列车的行车凭证一样对待。

对不同的行车凭证,本书会在不同的接发列车任务中进行各种书面行车凭证的填写与使用方法的介绍。

1. 自动闭塞区段遇特殊情况发车的行车凭证

自动闭塞区段遇特殊情况发车的行车凭证,在自动闭塞区段如表3-35所示。

自动闭塞区段特殊情况行车凭证表 表3-35

列车出发情况	行车凭证	发给行车凭证的依据	附带条件
(1)出站信号机故障时发出列车	绿色许可证(附件2)	(1)监督器表示第一个闭塞分区空闲,不表示时为接到前次列车到达邻站的通知或前次列车发出后不少于10min的时间; (2)确认道岔位置正确及进路空闲; (3)单线须取得对方站确认区间内无迎面列车的电话记录	从监督器上不能确认第一个闭塞分区空闲时,车站应发给司机书面通知(附件8),司机以在瞭望距离内能随时停车的速度,最高不超过20km/h,运行到第一架通过信号机,按其显示的要求执行
(2)由未设出站信号机的线路上发出列车			
(3)超长列车头部越过出站信号机发出列车			
(4)发车进路信号机发生故障时发出列车		确认道岔位置正确及进路空闲	列车到达次一信号机按其显示的要求执行
(5)超长列车头部越过发车进路信号机发出列车			
(6)自动闭塞作用良好,监督器故障时发出列车	出站信号机显示的允许运行的信号		与邻站车站值班员及本站信号员联系
(7)双线双向闭塞设备的车站,反方向发出列车	出站信号机显示的允许运行的信号	(1)区间占用表示灯表示区间空闲; (2)双线反方向行车的调度命令	反方向发车进路表示器显示正确(进路表示器故障时通知司机)

2. 绿色许可证

绿色许可证是自动闭塞区间列车由车站(车场)出发进入出站(出场)方面第一闭塞分区的书面行车凭证。它仅仅指示列车可以由车站(车场)出发运行到次一架通过信号机前。也就是说,它的历史使命是只管出站(出场)方面第一闭塞分区,当列车运行到防护第二闭塞分区的通过信号机前,应按其显示要求执行。

(1)格式:绿色许可证格式,如图3-17所示。

(2)填写与交付:填写绿色许可证时,可由车站值班员或指定助理值班员填写;填写时应一式两份,司机一份,车站存根一份;填写的文字、车次、日期要规范;填写的项目要齐全,不用的字句要划掉,划掉字句后要注意语句通顺。

附件2　绿色许可证

```
          许　可　证
                    第_____号
  在出站（进路）信号机故障、未设出站信号机、列车头
部越过出站（进路）信号机的情况下，准许第_____次列车
由_____线上发车。

            站（站名印）车站值班员（签名）
```

注：①绿色纸，复写一式两份，司机一份，存根一份；
　　②不用的字句抹消。
（规格90mm×130mm）

图3-17　绿色许可证

要保证凭证中保留对象的唯一性。例如，信号机是"出站"还是"进路"，二者只能保留一个删去另一个；另外，信号机是故障、是未设出站信号机，还是列车头部越过出站信号机，三者只取其一。

不要漏填、错填。许可证中的"第_____号"是本班使用的顺序号，由车站值班员自己编写填记，和值班员签名一样不可遗漏。车次、到发线、日期不可错填、漏填。填写好的凭证要双人核对，正确后交付司机。

填写的绿色许可证必须字迹清楚，内容齐全，印章清晰，不得涂改；填写错误，应画"×"作废。

（3）填写注意事项：一般填写时，首先填写绿色许可证的编号，注意按每日使用顺序编号；其次将内容填写完整，注意语句通顺，车次、线路正确；第三填写车站值班员姓名及年月日，注意当班日期，尤其零点变日；第四车站值班员与助理值班员、助理值班员与机车乘务员在绿色许可证填妥后与交付时都应认真执行"复诵""核对"制度，其目的是为了保证凭证的正确性，避免错填、漏填、错交行车凭证。对于填写的绿色许可证，如果是车站值班员亲自填写的，填完后首先要自核，对照"行车日志"上记载的日期、列车车次、占用的区间、股道等用笔点读进行核对。交予助理值班员后由助理值班员念读，车站值班员与"行车日志"上的记载进行核对。确认无误后，加盖站名印，由助理值班员交付司机。

 模拟练习

请分组模拟扮演两站车站值班员、助理值班员、信号员完成以下练习。

(1)甲—乙为双线三显示自动闭塞区间，甲、乙两站均配备信号员。甲站办理3道的31027次列车发车作业，3道下行出站信号机正常开放。当车站值班员命令助理值班员发车后，发生出站信号自动关闭，离去监督器表示正常。请甲站办理31027次列车的发车作业。

(2)甲—乙为双线四显示自动闭塞区间，甲、乙两站均配备信号员。乙站4道停有向甲站发出的1106次列车。此前已知乙站4道上行出站信号机不能开放，请乙站办理1106次列车的发车作业。

(3)甲—乙为双线四显示自动闭塞区间，甲、乙两站均配备信号员。甲站向乙站发出T37次列车，甲站办理T37通过进路时，发现Ⅰ道下行出站信号机不能开放绿色灯光，只能着黄色灯光，请甲站办理T37次列车的通过作业。

（三）电话闭塞法

电话闭塞是当基本闭塞设备故障不能使用，或闭塞设备不能满足运行列车的要求时（如在无双向闭塞设备的双线区段反方向运行，半自动闭塞区段发出由区间返回的列车等），由两车站（线路所）值班员利用站间行车电话，以电话记录的方式办理闭塞。

电话闭塞不论单线或双线，均按站间区间办理。由于电话闭塞没有机械、电气设备的控制，都靠制度加以约束，所以办理闭塞手续必须严格。出站信号机不能开放，需要填写行车凭证，接发列车进路在一般情况下也失去联锁，除人工确认进路正确外，还要按规定加锁，对车站的行车安全和效率影响巨大。

为保证同一区间、同一线路、同一时间内不误用两种闭塞法,在停用基本闭塞改用电话闭塞或恢复基本闭塞时,均须根据列车调度员的调度命令办理。

在列车调度员电话不通,得不到调度命令的情况下,应由该区间两端站的车站值班员确认区间空闲后,以电话记录办理。列车调度电话恢复正常时,两端站车站值班员应及时向列车调度员报告。

1. 使用电话闭塞法行车的情况

(1)基本闭塞设备发生故障导致基本闭塞法不能使用、自动闭塞区间内两架及以上通过信号机故障或灯光熄灭时:

自动闭塞设备发生故障,不能正常办理行车,所以要停止使用,改电话闭塞法行车。例如:自动闭塞电源停电,区间所有通过色灯信号机灭灯,列车没有进入闭塞分区的行车凭证。

自动闭塞区间内如果有两架及其以上通过信号机故障或灯光熄灭,势必造成每趟列车都须在两架及其以上通过信号机前停车、等候 2min,再以最高不超过 20km/h 的速度运行。这样既降低了列车的运行速度,而且有进入不空闲闭塞分区的危险;既降低了行车效率,又难以保证安全。此情况下,停基改电是最好的解决方案。

半自动和自动站间闭塞设备发生故障的情况有:未办或办理闭塞时,闭塞机表示灯显示错误;列车进入区间或到达车站时,因轨道电路故障,造成闭塞表示灯显示错误;出站信号机故障或灯光熄灭;使用故障按钮不能办理复原等。这些都不能构成半自动控制,都不能以出站信号机的进行信号作为列车占用区间的凭证,所以应当停止使用。

(2)发出由区间返回的列车,或发出挂有由区间返回后部补机的列车时:

在半自动闭塞区间,发出挂有由区间返回的后部补机的列车时,列车到达前方站,而补机尚未返回发车站,此时,如果两邻站办理区间开通手续,容易造成向占用区间发出列车的误办。

在自动闭塞区间,不能从设备上保证补机或列车未返回发车站前不再向该区间发出列车,为防止车站错误办理(向占用区间再发出列车),造成严重后果,所以必须停用。

(3)无双向闭塞设备的双线区间反方向发车或改按单线行车时:

双线区间有的未设双向闭塞设备,所以无论是反方向发车,还是改按单线行车,发车站都无反方向的出站信号机,列车进入区间无凭证,必须使用电话闭塞法行车,发给司机路票作为行车凭证。

当双线改按单线行车时,由于未设双向闭塞设备,原反方向发车站必须改用电话闭塞法。对于该区间原定正方向的车站来说,即使能用基本闭塞发出列车,也不允许使用。因为在同一区间、同一条正线上,电话闭塞法和基本闭塞法交替使用,容易造成对向列车进入同一区间,造成严重后果。

(4)自动站间闭塞、半自动闭塞区间,由未设出站信号机的线路上发车,或超长列车头部越过出站信号机并压上出站方面轨道电路发车时:

半自动闭塞区间发出须由区间返回的列车,由于列车不到达前方站,未驶入前方站的接车轨道电路,闭塞机不能正常办理复原。当列车返回原发车站后,双方站控制台上闭塞表示灯仍着红灯(占用表示),事前须由接车站值班员向列车调度员申请使用故障按钮办理人工复原,事后还需登记运统-46 并通知电务,手续多且不安全,所以应停止使用。

由未设出站信号机的线路上发车,或超长列车头部越过出站信号机并压上出站方面的轨道电路时,前者因未设出站信号机,列车进入区间无凭证;后者因发车方面轨道电路已被超长列车头部占用,无法办理闭塞,开放不了出站信号,所以均需停止使用。

(5)在夜间或遇降雾、暴风雨雪,为消除线路故障或执行特殊任务,开行轻型车辆时:

根据《技规》规定,轻型车辆在夜间或遇降雾、暴风雨雪时,仅限于消除线路故障或执行特殊任务时使用,应按列车办理。轻型车辆装有绝缘车轴,如用基本闭塞,无法使轨道电路动作实现闭塞条件,所以应停止使用基本闭塞。

自动站间闭塞设备故障,半自动闭塞设备良好时,可根据调度命令改按半自动闭塞法行车。

2. 占用区间的行车凭证

(1)行车凭证。使用电话闭塞法,列车占用区间的行车凭证,不论单线或双线均为路票。路票的格式,如图3-18所示。

注:①路票为预先印好区间(即站名)和编号的硬卡片,规格75mm×88mm。
②加盖⑪字戳记者,为路票副页。

图 3-18 路票

一般情况下,路票填写每次一张,加盖站名印后交给司机。当发出挂有由区间返回的后部补机的列车时,应填写两张,均加盖站名印,一张交本务机车司机,一张加盖"副"字戳记后交给后部补机司机,作为由区间返回车站的凭证。

(2)填发路票的条件。单线或双线反方向发车(正方向首列发车)时,根据"行车日志"查明区间已空闲,并经接车站承认,在发车进路准备妥当后,方可填发路票。双线正方向发车(首列除外)时,根据收到的前次发出的列车到达的电话记录号码,在发车进路准备妥当后,方可填发路票。

【案例3-5】 ××××年×月×日,10:24,××站停止使用基本闭塞法改用电话闭塞法办理行车,计划22563次交会11020次。

11020次通过后,车站值班员×××忙于填发22563次路票而忘记下达准备22563次发车进路的命令。路票交递司机后,便盲目指示将22563次开出。结果,列车挤坏2号道岔,构成"未准备好进路发车"的行车事故。

(3)填写与交付。路票应由车站值班员或指定的助理值班员填写。车站值班员与助理值班员、助理值班员与机车乘务员在路票填妥后与交付时,都应认真执行"复诵""核对"制度。其目的是为了保证凭证的正确性,避免错填、漏填、错交行车凭证。对于填写的路票,车站值班员应根据"行车日志"的记录,进行认真核对,确认无误后,加盖站名印,方可送交司机。

双线反方向行车使用路票时,应在路票上加盖"反方向行车"章;两线、多线区间使用路票时,应在路票上加盖"××线行车"章。使用路票、调度命令等书面凭证办理行车时,对其使用区间(含区间停车地点)、车次、电话记录号码等,应特别注意,以防止填写错误而导致行车事故。

对使用完毕、填写时发生差错或临时变更车次等情况而废止的路票,车站(线路所)值班员必须将其画"×"注销,以防废票肇事。

交接凭证,要认真检查是否正确,通过列车凭证交递困难时应停车交付。车站收回凭证后,要确认凭证是否正确,并及时注销保管。为了保证人身及行车安全,便于路票的回收与交递,接递时要使用行车凭证携带器,原则上应停车接递,不能停车接递时,应采用二人接递的方式,一人接收,一人交递,在列车运行速度不超过20km/h 的情况下,接车人员应面向来车方向,先接后递,两人站立前后位置不应少于50m。接递路票时身体不要侵入限界,接递完毕迅速回到安全位置。

3. 电话记录号码

办理电话闭塞,下列各项应发出电话记录号码,并记入"行车日志":

(1)承认闭塞。
(2)列车到达、补机返回。
(3)取消闭塞。
(4)单线或双线反方向越出站界调车。

电话记录号码自每日0时起至24时止,按日循环编号,编号办法由铁路局集团有限公司规定。

4. 电话闭塞的办理手续

(1)单线区间电话闭塞简要程序,如表3-36所示。

单线区间电话闭塞简要程序　　　　　　表3-36

车站 程序	发车站	接车站
办理闭塞	(1)确认区间空闲后,请求闭塞:"××(次)闭塞"	
		(2)确认区间空闲及接车线可以接车,答:"电话记录×号,×时×分,同意××(次)闭塞。"同时记入"行车日志"
	(3)复诵并记入"行车日志"	
发车与接车	(4)准备发车进路	
	(5)填写路票并进行自检及互检	
	(6)将路票交给司机,指示发车。通知接车站:"××次×时×分发车"并向列车调度员报点	
		(7)复诵并准备接车进路,开放信号接车
区间开通		(8)列车到达收回路票划"×"注销,向发车站办理区间开通手续"电话记录×号,××次×时×分到,区间开通"并记入"行车日志",向列车调度员报点
	(9)复诵电话记录,并记入"行车日志"	

(2)双线区间电话闭塞简要程序,如表3-37所示。

双线区间电话闭塞简要程序　　　　　　表3-37

车站 程序	发车站	接车站
预告发车	(1)根据前次发出列车到达接车站的电话记录号码预告开车:"××次预告"	
		(2)复诵:"××次预告",并填写"行车日志"

续上表

车站 程序	发车站	接车站
发车与接车	（3）准备发车进路	
	（4）填写路票，并进行自检及互检	
	（5）将路票交司机，指示发车	
	（6）通知接车站："××次×时×分开"，填写"行车日志"并向列车调度员报点	
		（7）复诵："××次×时×分开"。准备进路，开放信号接车
区间开通		（8）列车到达收回路票，划"×"注销，通知发车站："电话记录×号，××次×时×分到，区间开通"并填写"行车日志"，向列车调度员报点
	（9）复诵："电话记录×号××次×时×分到，区间开通"并记入"行车日志"	

 模拟练习

请分组模拟扮演两站车站值班员、助理值班员、信号员完成以下练习。

甲—乙为单线半自动闭塞区间，甲、乙两站均配备信号员。乙站4道停有向甲站发出的K336次列车。两站办妥闭塞手续，乙站开放4道上行出站信号机时，发现出站信号机不能开放，请乙站办理K336次列车的发车作业。

（四）行车方法

1. 需要使用书面凭证的情况

（1）出站信号机故障不能开放时。

（2）道岔或轨道电路故障，致使出站信号机不能开放时。

（3）由未设出站信号机的线路上发车时。

（4）停电等。

当发生需办理使用书面凭证的情况时，车站值班员应迅速查明原因，并经慎重考虑是否需要改变闭塞方式后，方可按有关规定办理发车。要注意切不可因臆测、误判或本身操作失误，盲目办理填写凭证而造成行车事故。

2. 发车程序

发车作业程序图，如图3-19所示。

（五）发车应变处理

1. 出站信号机不能开放（含灭灯）发车

故障处理提示如下：

（1）闭塞方式：自动闭塞正常，半自动闭塞停止基本闭塞改电话闭塞法。

（2）排列调车进路锁闭发车进路或进路上的有关道岔和防护道岔单操单锁。

图3-19 发车作业程序图

(3)行车凭证:自动闭塞—绿色许可证,半自动闭塞—路票。
处理程序如下:
(1)确认报告列调,抄收调令,通知值班干部。
(2)登记运统-46,通知电务、供电部门,如表3-38所示。

出站信号机故障车站登记　　　　　　　　　　　　　　　表3-38

月/日	时:分	检查试验结果,所发现的不良及破损程度	通知时间		通知办法(用电报、电话、书面或口头)
			月/日	时:分	
9/10	14:05	×道×行出站信号机不能开放	9/10	14:06	电话通知 车站值班员　王二 电务　　　张三 供电　　　王五

车站值班员确认电务、供电部门检查结果,确认不影响行车安全且出站信号机不能马上修复后签认,如表3-39所示。

出站信号机故障设备部门登记、车站签认　　　　　　　　表3-39

到达时间			消除不良及破损的时分及盖章		
月/日	时:分	该段工作人员到达后盖章	月/日	时:分	破损及不良的原因,采用何种办法进行修理的 (工作人员及车站值班员盖章)
9/10	14:10	供电　王五	9/10	14:15	供电设备正常,不影响行车安全 供电　　　王五 车站值班员　王二
9/10	14:11	电务　张三	9/10	14:20	×道×行出站信号机因××,一时难以修复 电务　　　张三 车站值班员　王二

车站值班员报告列车调度员设备部门检查故障结果。

自动闭塞区段用语:经供电部门检查,不影响行车安全;经电务部门检查,×道×行出站信号机由于××原因,一时难以修复,使用绿色许可证发车。

半自动闭塞区段用语:经供电部门检查,不影响行车安全;经电务部门检查,×道×行出站信号机由于××原因,一时难以修复,请求停止基本闭塞改按电话闭塞法行车。

列车调度员在自动闭塞区段应答按有关规定办理。在半自动闭塞区段发布停止基本闭塞法改按电话闭塞法行车的调度命令,车站值班员接收调度命令,如表3-40所示,向司机转达调度命令,车站办理电话闭塞法行车。

调度命令　　　　　　　　　　　　　　　　　　　　　　表3-40

＿＿＿＿年＿＿＿＿月＿＿＿＿日＿＿＿＿时＿＿＿＿分　　　　　　　　　　第＿＿＿＿号

受令处所	××站、×道、××次司机	调度员姓名	张三
内容	根据××站报告,因××站×道×行出站信号机故障,自接令时起,××站—××站间停止基本闭塞改电话闭塞法行车		

(3)核对车次,自动闭塞区段办理发车预告,半自动闭塞区段办理电话闭塞手续。
(4)排列调车进路、锁闭接车进路或对进路上的有关道岔和防护道岔单操单锁。
(5)办理凭证(自动闭塞填写绿色许可证,半自动闭塞填写路票并核对),双人核对,准备发车。

（6）通知助理值班员出场接车,与司机进行车机联控,交付凭证后,确认列车具备发车条件,车站值班员应主动呼叫列车司机。呼叫时机及用语,如表3-41所示。

车站发车作业　　　　　　　　　　　表3-41

呼叫时机	作业用语		
	作业人	车站值班员	列车司机
列车接近前	呼叫人	××(次)×道发车	
	被呼叫人		××(次)×道发车,司机明白

（7）监视列车出站后,解锁进路。

2. 出站信号机开放后自动关闭

故障处理提示：

（1）确认无机车车辆侵入,白光带保留,重复开放信号。

（2）取消重新办理,不能开放,按出站信号机不能开放办理。

处理程序：若重复办理后,出站信号机开放,则程序可正常办理；若重复办理,出站信号机开放仍不能开放,按出站信号机不能开放程序办理。

五、一切电话中断接发列车

电话联络是行车工作的重要条件,车站在办理闭塞和接发列车时,都要通过电话与邻站及列车调度员进行联系。由于自然灾害和其他原因,造成车站行车室内的一切电话全部中断,无法与相邻车站（线路所）及列车调度所取得行车联络的特殊情况,即为一切电话中断。

一切电话中断这种情况很少遇到,容易被忽视,但很难预料不会发生,因为雷电、洪水、地震等自然灾害及施工挖断电缆等其他原因,都有可能造成一切电话中断。

（一）一切电话中断行车办法及凭证

一切电话中断后,车站值班员应立即通知电务通信工区进行修复,并应按规定登记运统-46,报告站长到岗组织有关人员协助工作。

车站一切电话中断后,两邻站值班员无法办理闭塞手续,为了保证不中断行车,必须采用特定的行车办法。

《技规》规定：车站一切电话中断时,单线行车按书面联络法、双线行车按时间间隔法行车。在双线自动闭塞区间,如闭塞设备作用良好时,列车运行仍按自动闭塞法行车,但车站与列车司机应以列车无线调度通信设备直接联系（说明车次及注意事项等）。如列车无线调度通信设备故障时,列车必须在车站停车联系。

1. 单线行车按书面联络法

单线区间上、下行列车均在同一条区间正线上交替运行,一切电话中断后,区间两端站需通过书面联络,确定列车进入区间运行的顺序。

书面联络法是指在单线区间的车站遇一切电话中断时,相邻两站以规定的书面联络方式确定向区间开行列车的权限和运行顺序的方法。书面联络使用红色许可证中的"通知书"。在单线区间,列车运行执行的是双向行车制,两相邻站均有权向区间发车。一切电话中断后,按照《技规》规定,由优先发车站向区间发出电话中断后的第一趟列车,然后通过第一趟列车携带的"通知书"建立起联络关系,再确定下一趟列车的发车权。以此类推,行车不致中断,用书面联络代替了电话联络。非优先站如有待发列车时,必须在收到优先发车站送达的发车权限"通知书"后方准发出列车。如果优先发车站无待发列车,应利用一切交通工具,迅速将红色许可证中的通知书送交非优先发车的车站,准许非优先发车的车站发车。

2. 双线行车按时间间隔法

时间间隔法是指前一列车由车站出发后,不论是否到达前方站,准许间隔一定的时间,再向该区间发出同方向次一列车的行车办法。

在双线区间,列车运行执行的是单向行车制,上行列车运行在上行正线,下行列车运行在下行正线。由于双线区间运行的列车可分别固定在区间一条正线上运行,因此,一切电话中断后,区间两端站只准发出正方向列车。

3. 在双线自动闭塞区间,如闭塞设备作用良好时,列车运行仍按自动闭塞法行车

此时电话虽然中断,但车站值班员仍能从监督器上确认列车是否出清第一、第二闭塞分区,区间的通过色灯信号机仍能保证列车运行安全所需间隔。但车站与列车司机应以列车无线调度通信设备直接联系(说明车次及注意事项等)。如列车无线调度通信设备故障时,列车必须在车站停车联系。

4. 行车凭证

列车按书面联络法或按时间间隔法运行时,进入区间的行车凭证为红色许可证,如图3-20所示。

```
                    许  可  证
                  第_____号
    现在一切电话中断,准许第____次列车自____站至____站。本列车前于____时____分发出的第____次列车,邻站
到达通知 已/未 收到。

                    通  知  书
  1. 第____次列车到达你站后,准接你站发出的列车。
  2. 于____时____分发出第____次列车,并于____时____分再发出第____次列车。

                          站(站名印)车站值班员(签名)
                            年    月    日   填发
```

注:①红色纸,一式三份,司机、运转车长各一份,存根一份,规格90mm×130mm;
②不用的字句抹消。

图3-20 红色许可证

(1)行车凭证的作用:行车凭证包括许可证和通知书两部分。许可证部分是一切电话中断时列车进入区间的行车凭证。它首先告知司机、运转车长"现在一切电话中断",准许本次列车进入的区间;其次通知在本次列车前,曾向该区间发出列车的开车时间及是否到达邻站,使本次列车司机了解其运行前方区间是否空闲。如邻站到达通知未收到时,应提醒本次列车司机应加强瞭望,防止与前发列车发生追尾。

通知书部分是发车站与接车站确定次一列车占用区间的书面联络书。第一项是发车权的转换;第二项是续发列车的预告。如果本次列车在区间被迫停车,必须立即通知跟踪列车司机并对本次列车尾部进行防护,防止追尾事故发生。

（2）填写注意事项：

①填写一式两份，一份交司机、一份留存根。

②填写时必须字迹工整，不得涂改，不用的字句必须抹消。填写错误，应画"×"作废并重新填写。

③填写完毕，双人确认无误后加盖站名印。

④必须坚持发车进路准备妥当后，方准填写。

（二）优先发车站的确定

一切电话中断后，有权向区间发出第一趟列车的车站称为优先发车站。确定优先发车站既可以防止区间两端站都向该区间发出列车，造成两对向列车进入同一区间；又可以防止区间两端站都不向该区间发出列车，造成行车中断。为此，单线区间（双线改单线）在一切电话中断前就规定了优先发车的车站，该站在一切电话中断后，可优先发出第一趟列车。下列车站可以优先发车。

（1）已办妥闭塞而尚未发车的车站。办妥闭塞是指一切电话中断前两相邻站已经办好闭塞手续。因为办妥闭塞而尚未发车的车站已取得了发车权，故可优先发车。此时，若司机持有行车凭证时，则不再发给红色许可证，只发给与邻站确定下一个列车发车权的通知书。如无手持的行车凭证时，列车应持红色许可证开往邻站。

（2）未办妥闭塞时，单线区间为发出下行列车的车站；双线改为单线行车时，为该线原定发车方向的车站。未办妥闭塞是指一切电话中断前两相邻站未办好闭塞手续，一切电话中断后又无法办理。因此，《技规》规定：未办妥闭塞时，单线区间为开下行列车的车站为优先发车站；双线改为单线行车时，为该线原定正方向发车的车站为优先发车站。这样可以在一切电话中断后，两端站可根据《技规》规定，确定本站是否为优先发车站。

（3）同一线路、同一方向运行的列车，有上、下行两种车次时，优先发车的车站。

（三）时间间隔法

发出同方向列车的间隔时间，一切电话中断后，无论单线或双线区间，均无法收到列车到达邻站的通知。发出同方向运行的列车，必须使两列车保持一定的距离。为此，同方向运行的列车必须有一定的间隔时间。

《技规》规定：两列车间隔时间，应按区间规定的运行时分另加3min，但不得少于13min。

同方向两列车间隔时间为区间规定的运行时分另加3min，但当区间规定运行时分少于10min时，其两列车的间隔时间不得少于13min。这样，在一般情况下，前行列车完全可以到达前方站，构成区间空闲。3min主要是接车站安排后行列车进路的时间，或前发列车在区间被迫停车的防护时间。这样，在一般情况下能保证前次列车已到达邻站，区间腾空后再发出后行列车。

（四）半自动闭塞区间发出第一个列车时，在发车前应查明区间空闲

半自动闭塞区间在正常情况下办理闭塞时，应确认区间空闲。当一切电话中断后，发出第一个列车前更需要确认区间空闲。

第一趟列车的发车站，在发出第一趟列车前必须确认区间空闲。一切电话中断前发出的列车是按正常闭塞法行车的，如果列车未到达邻站，在电话中断后不确认区间空闲即按电话中断时的方法向区间发出列车，可能造成两列车进入同一区间。前行列车被迫停车后根据原闭塞法的要求可能退行，亦可能不进行防护，因而给行车安全带来威胁。因此，无论单线还是双线，发出第一个列车必须确认区间空闲。

(五)一切电话中断时禁止发出的列车

在电话中断时,行车指挥和站间联系都很困难。为保证列车运行安全,对于不十分紧要的列车或可能引起不安全因素的列车,禁止开行。因此,一切电话中断时,禁止发出下列列车:

(1)在区间内停车工作的列车(救援列车除外)。

(2)开往区间岔线的列车。

(3)须由区间内返回的列车。

(4)挂有由区间内返回后部补机的列车。

(5)列车无线调度通信设备故障的列车。

(六)一切电话中断时区间封锁与开通

1. 封锁区间

电话中断时间内,如因列车在区间发生事故或线路故障,造成行车中断时,必须立即组织救援和抢修,尽快恢复行车。如需封锁区间时,由接到请求的车站值班员,以书面(应加盖站名印及车站值班员签名或盖章)通知封锁区间的相邻车站。如需开行救援列车时,以车站值班员的书面命令(使用调度命令卷书写)作为进入封锁区间的凭证。

2. 开通区间

抢修或救援工作完成后,应及时开通被封锁的区间。

(1)单线区间,由接到请求开通封锁区间的车站值班员确认区间空闲(或线路恢复正常状态)后,以书面形式通知该区间的相邻车站,然后按电话中断行车办法行车。

(2)双线区间,接到请求开通封锁区间的车站,如原定发车方向为正方向时,在确认区间空闲(或线路恢复正常状态)后,即可发车;如原定发车方向不是正方向时,应以书面形式尽快通知相邻车站,恢复行车。

在电话联络恢复后,再将封锁区间事项报告列车调度员。

(七)单线区间车站电话呼唤 5min 无人应答时的行车办法

单线区间的车站,经以闭塞电话、列车调度电话或其他电话呼唤 5min 无人应答时,应由列车调度员查明该站及相邻区间确无列车(包括单机、大型养路机械及重型轨道车)后,发布调度命令封锁不应答站的相邻两区间,按封锁区间办法向不应答站发出列车,列车凭调度命令进入区间。由于事先不了解不应答站的情况,为保证进入封锁区间列车的安全,无论不应答站的进站信号机是否开放,列车都必须在进站信号机外停车。判明不应答原因及准备好进路后,妥当后再行进站。列车进站后,司机或车站值班员将经过情况报告列车调度员。若该站电话不通或不能使用时,列车继续运行至前方站,向列车调度员汇报。

模拟练习

请分组模拟扮演两站车站值班员、助理值班员、信号员完成以下练习。

(1)A—B 为单线半自动闭塞区间,甲、乙两站均配备信号员。B 站 4 道停有向 A 站发出的 32046 次列车,已知 A 站 3 道停有向 B 站发出的 3459 次列车,无其他列车,现两站间一切电话中断。请办理两站的接发车作业。

(2)甲—乙为双线三显示自动闭塞区间,甲、乙两站均配备信号员,车站位置如图 3-21 所示。甲—乙站上行区间运行时分为 9min,甲站在 9:20 发出 4 道的 21016 次列车后一切电话中断。现甲站 6 道停有 31018 列车,发出后无后续列车。如果你是甲站值班员,请办理 21016 次、31018 列车发车作业。

图 3-21　车站位置图

 巩固提高

1. 进站（接车进路）信号机灭灯如何接车？
2. 进站（接车进路）信号机故障，能显示红色灯光，不能显示进行信号时如何接车？
3. 进站信号开放后自动关闭如何接车（通过）？
4. 轨道电路故障时如何接车？
5. 道岔失去表示时如何接车？
6. 车站停电时如何接车？
7. 非到发线或无联锁线路如何接车？
8. 简述出站信号机故障现象及特点。
9. 出站信号机故障时如何接车？
10. 简述使用电话闭塞法接车步骤。
11. 简述发出电话记录号码的事项。
12. 简述填写行车凭证的条件。
13. 发车进路轨道电路故障时如何发车？车站停电时如何发车？区间停电时如何发车？
14. 什么是一切电话中断？
15. 简述一切电话中断后的行车方法。
16. 简述优先发车站的确定。
17. 简述同方向列车时间间隔。
18. 简述一切电话中断后禁止发出的列车。

任务五　运行条件变化接发列车作业

 任务描述

本学习任务需要你作为一名车站值班员面对列车，独立判定双线反方向或改按单线行车的特点及条件，车站线路使用情况、列车的特殊性，包括明确行车特点及条件、发生的时机、运行条件变化处理程序、线路无空闲现象及特点、接车线停留车位置和空闲地段的长度，确定接发列车方法，选择并执行接发列车作业程序标准等，并能依据规章规定，条理清晰地说明你的理由。

 相关理论知识

一、运行条件变化处理程序

运行条件变化改变了列车运行的条件，通常会使列车的运行不能在原设备提供的条件下使用，或设备达不到列车运行所需的正常条件，或列车自身有与其他列车不同的运行条件要求。如列车在双线单向反方向运行时，设备就不能提供闭塞设备的保护。

运行条件变化主要有:双线反方向或改按单线行车,向非到发线接车,由未设出站信号机的线路发车,出站信号机只能亮黄灯发车,列车头部越过出站信号机的超长列车发车,车站无空闲线路接车,列车退行等情况,还有如特快旅客列车、超长列车、超限列车等特殊条件的列车。其中向非到发线接车、由未设出站信号机的线路发车、列车头部越过出站信号机的超长列车发车等可以通过分析找出与行车设备故障的一些办理特点,在本书中就不列为典型工作任务介绍。

发生运行条件变化时,车站值班员应清楚处理程序及程序中所涉及的用语、调度命令的请求与接收,并判断接发列车作业的依据及确定作业方法。无论何时发生运行条件变化,车站作业人员均应及时报告车站值班员。车站值班员应根据条件变化情况做出初步判断,并及时进行应变处理。

图 3-22 运行条件变化处理程序

运行条件变化处理程序,如图 3-22 所示。

1. 确认报告

车站值班员主要是通过信号员、助理值班员等确认运行条件变化的现象,及时联系或报告列车调度员、车站值班干部,以便他们了解现场情况,组织指挥列车运行。

2. 作业准备

车站值班员确认运行条件变化情况,报告列车调度员并请求及接收调度命令。列车调度员根据车站值班员的请求,下达调度命令。车站值班员将调度命令登记在"附件7 调度命令登记簿"上。根据需要再誊抄在"附件4 调度命令"上,或在 TDCS 系统上接收后直接打印。通知作业人员上岗,确定接发列车作业方法(多方向车站要核对列车运行计划)。

3. 接发列车

车站值班员根据确定的接发列车作业方法,运行条件变化的时机、影响,按接发列车作业程序继续完成接车或发车作业。各非正常情况接发列车的具体办法后面详述。

4. 恢复正常

车站值班员确认运行条件恢复正常,再报告列车调度员,有必要时请求恢复正常接发列车作业的调度命令。

二、双线反方向或改按单线接发列车作业

(一)双线反方向改按单线行车特点及条件

1. 双线自动闭塞特点

双线自动闭塞通常分为双线单向自动闭塞和双线双向自动闭塞。上行列车在上行线运行、下行列车在下行线运行称为正方向运行。上行列车在下行线运行、下行列车在上行线运行则称为反方向运行。

双线单向自动闭塞区段,每条线路仅在正方向设置通过信号机,设有自动闭塞设备。反方向则没有闭塞设备。

双线双向自动闭塞区段,通过信号机设置与双线单向自动闭塞相同,但每条线都允许双

方向运行列车。即正方向设有自动闭塞设备,反方向一般设有自动站间闭塞。双线双向自动闭塞区段,需要设置改变运行方向电路,以改变列车在区间的运行方向。只有改变了运行方向,正方向通过信号机灭灯,允许反方向运行,构成双线反方向行车。

双线改按单线行车是利用双线之一线,组织上下行列车运行。

2.准许双线反方向或改按单线行车的运行条件

(1)准许双线反方向运行的条件:

①货物列车为整理列车运行时,经列车调度员准许。

②旅客列车仅在正方向区间的线路封锁施工、发生自然灾害或因事故中断行车等特殊情况下,经铁路局集团有限公司调度所值班主任准许。

(2)准许双线改按单线行车的情况:

①双线之一线封锁施工时。

②双线之一线发生故障或自然灾害时。

③双线之一线发生行车事故中断行车时。

发生双线反方向或改按单线行车的情况,列车运行必须按站间区间行车;还须取得调度员的"调度命令"准许。双线单向区段反方向没有闭塞设备,所以必须停止基本闭塞改电话闭塞法行车。双线双向区段反方向通常设有自动站间闭塞设备,可以实现正常行车。

【案例3-6】　×××年×月×日,15:40,××线乙站—丙站间742km+800m处,因乙站道岔施工,××列车调度员发出调度命令,准许乙站的43021次改为向上行线发车(反方向行车),但未通知与其相邻的丙站。

在丙站不知道下行线停用的情况下,乙站值班员与丙站办理了43021次列车的反方向闭塞。之后,乙站又盲目地同意了丙站值班员的11312次列车的正方向(上行线的重叠)闭塞。结果,乙站于15:29由2道发出了43021次,反方向开入上行线的同时,丙站通过的11312次也于15:34正方向进入上行线,致使两列车在区间742km+800m处发生正面冲突。造成机车乘务员死亡3人、伤1人,机车报废1台、大破1台,货车报废12辆、大破2辆,上行线中断行车55h50min,下线中断行车22h20min,直接经济损失达98.60万元。

这起事故的主要责任者乙站车站值班员×××、重要责任者××、列车调度员××,被追究刑事责任。

(二)双线反方向或改按单线行车办法

1.双线反方向发车办法

(1)必须有调度命令。

(2)双线区间设有反方向闭塞设备时,列车进入区间的行车凭证为调度命令和出站信号机显示的允许运行的信号,并确认反方向发车进路表示器为白色灯光;未装设反方向发车进路表示器时,发车人员通知司机后,列车凭调度命令和出站信号机显示的进行信号进入区间。双线区间未设反方向闭塞设备或反方向闭塞设备故障时,应停止基本闭塞法,改按电话闭塞法行车,并在路票上加盖"反方向行车"章。

(3)布置准备发车进路的命令时,要说明反方向发车。

(4)发给司机反方向运行的调度命令,无双向闭塞设备的双线区间还要发给司机路票,路票上注明反方向发车。

(5)双线双向自动闭塞区段反方向行车以及双线改单线时,应执行以下行车办法。

列车在双线双向区段使用自动站间闭塞设备反方向运行时,按站间区间掌握,列车凭出站信号机的允许运行的信号进入区间。

①车站值班员在办理反方向行车或恢复正方向行车前,须得到列车调度员的调度命令,两邻站车站值班员共同确认区间空闲。

②发车时,发车站确认控制台上区间监督表示器在灭灯状态并取得接车站值班员同意后,方可准备发车进路,开放出站信号。

③车站值班员应将列车的发、到时刻通知邻站,记入"行车日志",并在记事栏内注明"反"字。

④当出站信号机故障不能显示允许运行的信号时,应停止使用自动站间闭塞。

双线双向区段改单线行车时,应根据调度命令按站间区间掌握行车。

2. 双线反方向接车办法

(1)布置准备接车进路的命令时,说明反方向接车。

(2)开放进站信号机接车或引导接车。

3. 双线改按单线行车办法

(1)根据列车调度员命令封锁区间的一条线路改按单线行车。

(2)无双向闭塞设备的双线区间停止基本闭塞法改用电话闭塞法行车,办理单线电话闭塞手续,列车占用区间行车凭证为路票。

(3)接车时,开放进站信号机接车或引导接车。

(三)双线反方向或改按单线接发列车应变处理

1. 双向闭塞设备的车站改变发车方向

(1)正常办理改变发车方向:是指车站控制台改变发车方向,设备处于正常状态时,需改变方向的办理方法。

改变发车方向的前提:设甲站处于接车站状态,其接车方向表示灯黄灯点亮,乙站处于发车状态,其发车表示灯绿灯点亮,并且区间空闲,监督区间表示灯熄灭。

①作业准备:需要改变发车方向时,应通知值班干部上岗监控,向列车调度员报告,请求并接收反方向行车的调度命令后,方可办理接、发车作业。

②作业要点:原接车站要办理反方向发车,车站值班员根据列车调度员下达的反方向行车的调度命令,在确认列车整列到达、监督区间表示灯熄灭、区间空闲后,等待13s,登记破封按下改变方向按钮(改变方向按钮为二位非自复式按钮,按下后闪绿灯或红灯),此时,车站值班员只要办理发车进路,接车站就可变为发车站,原发车站就变为接车站。接车站改为发车站后,其接车方向表示灯熄灭,发车方向表示灯绿灯点亮;发车站改为接车站,其发车表示灯熄灭,接车表示灯黄灯点亮,此时,拉出改变方向按钮即可。

当甲站出站信号机开放后及列车在区间运行时,两站的监督区间表示灯同时点亮红灯。列车完全驶入乙站,区间空闲后,甲站未再办理发车进路时,等待13s后,监督区间表示灯熄灭。

(2)辅助办理改变发车方向。

①办理时机:

辅助办理改变发车方向是当办理改变发车方向的过程中,反方向设备出现故障时的一种辅助办理方式。故障现象一般有两种:一是当监督区间电路发生故障(监督区间表示灯点亮红灯)时,辅助办理改变发车方向的办理;二是当设备故障(电源突然瞬间停电或改变方向电路瞬间故障),不能继续完成正常改变发车方向的工作,使两站均处于"接车"状态(即接车站的接车表示灯亮黄灯,发车站的发车表示灯也亮黄灯)时,通过正常办理手续无法改变发车方向,必须辅助办理。

②作业准备:

当设备发生故障出现两站的监督区间表示灯均显示红色灯光时或当设备因故障出现"双接"情况时,车站值班员应立即通知值班干部上岗监控,并向列车调度员报告,通知电务人员到岗并在"行车设备检查登记簿"内登记。两端站及列车调度员共同确认区间空闲,请求并接收列车调度员发布使用"总辅助按钮"的调度命令。

③作业要点:

双方站车站值班员在辅助办理前必须先确认区间空闲。此时,原接车站若要改为发车站,须经原发车站同意后,两站共同完成辅助办理手续,方可改变发车方向。

办理时,先由原接车站值班员登记破封按下本咽喉的"总辅助按钮"和"发车辅助按钮",发车辅助办理按钮表示灯闪白灯,表示本站正在进行辅助办理,这时要求原接车站值班员仍需继续按压"发车辅助按钮"。

与此同时,原发车站值班员也登记破封按下"总辅助按钮"和"接车辅助按钮",使原接车站发车辅助办理表示灯由闪光变为稳定白灯;原发车站接车辅助办理表示灯显示稳定白灯,表示原发车站也已经开始进行辅助办理。此时,原发车站值班员可不再按压接车辅助按钮,辅助办理表示灯灭,表示本站辅助办理结束。原发车站已被改为接车站,这时接车方向表示灯显示黄灯(原发车表示灯绿灯熄灭)。

原接车站值班员要在发车方向表示灯绿灯亮后,方可松开发车辅助按钮,表示本站已改为发车站,辅助办理改变发车方向已经完成,但辅助办理表示灯仍亮白灯,表示本站尚未办理发车进路。

当排列进路列车出发越过出站信号机时,辅助办理表示灯灭。待列车进入区间后拉出总辅助按钮,整个改变运行方向过程结束。

辅助办理时,发车站如果在发车方向改变9s之后其监督区间表示灯仍不熄灭,此时辅助办理未成功,不能开放出站信号发车,只能停止基本闭塞法改电话闭塞法行车。

列车出发进入区间后,拉出总辅助办理按钮。

④注意事项:

a. 遇有改变方向和辅助办理时,接车站车站值班员应立即通知值班干部上岗监控,并向列车调度员报告,通知电务人员到岗并在"行车设备检查登记簿"内登记,与发车站及列车调度员共同确认区间空闲,请求并接收反方向行车的调度命令,需使用总辅助按钮进行辅助办理时,请求并接收使用"总辅助按钮"的调度命令。按上述办理过程配合发车站进行辅助办理。辅助办理成功后正常办理接车,如不成功立即按双向闭塞设备反方向设备故障办理。

b. 为了保证不间断地接发列车,出现故障时辅助办理只能办理一次。

2. 双向闭塞设备的双线反方向、改按单线行车或恢复双线正方向行车

(1)正常情况下,设有改变方向按钮时,对改变运行方向的线路,按压改变方向按钮,恢复正方向,再办理发车。

(2)对按压改变方向按钮仍不能恢复正方向或出现区间遗留红光带等设备故障时,按使用辅助办理的方法恢复正方向后,方可办理发车。

(3)反方向行车后,正方向发车时,车站由于行车设备施工或故障等原因需使用绿色许可证按非正常办法办理发车时,发车站亦须办理改变方向手续,使区间通过信号机恢复正常

显示后,办理发车;否则,区间通过信号机显示红色灯光,列车不能正常运行。

3.双线反方向接车(含双向闭塞设备反方向设备故障)

(1)作业准备:通知值班干部上岗监控,接收列车调度员发布的双线反方向行车和停止基本闭塞法改按电话闭塞法行车的调度命令。

(2)作业要点:

车站值班员根据列车调度员的命令,停止基本闭塞法改按电话闭塞法行车。根据闭塞表示灯、TDCS 终端显示、"行车日志"及各种安全帽确认区间空闲,与发车站办理闭塞手续,发出同意闭塞的电话记录号码,上行为双号,下行为单号。闭塞办理妥当后,揭挂"区间占用"安全帽。

反方向接车时,设有双向闭塞设备的车站,可以开放进站信号机办理接车。

反方向接车时,未设双向闭塞设备的车站,开放调车信号锁闭进路(调车进路不能完全锁闭整个进路时,其他未锁闭道岔单独锁闭)或单操道岔(含防护道岔)准备进路,并单独锁闭。通过控制台按下接通光带按钮确认进路正确后,指示引导员到《站细》规定地点,显示引导手信号接车。

引导接车的调度命令可连同前发停止基本闭塞法的命令一同下达。

列车到达后,收回占用区间凭证,向发车站发出"列车反方向到达"的电话记录号码,办理区间开通手续,摘下"区间占用"安全帽。

4.双线单向反方向发车(含双向闭塞设备反方向设备故障)

(1)作业准备:通知值班干部上岗监控,请求并接收列车调度员发布双线反方向行车和停止基本闭塞法改按电话闭塞法行车的调度命令。

(2)作业要点:车站值班员根据列车调度员的命令,停止基本闭塞法改按电话闭塞法行车。根据闭塞表示灯、TDCS 终端显示、"行车日志"及各种安全帽确认区间空闲,与接车站办理闭塞手续,抄收接车站同意闭塞的电话记录号码,上行为双号,下行为单号。闭塞办理妥当后,揭挂"区间占用"安全帽。

开放调车信号锁闭进路(调车进路不能完全锁闭整个进路时,其他未锁闭道岔单独锁闭)或单操道岔(含防护道岔)准备进路,并单独锁闭。通过控制台按下接通光带按钮确认进路正确后,核对车次、区间、电话记录号码,方可填写路票,并在路票右上角加盖"反方向行车"章。

助理值班员与车站值班员认真核对路票、调度命令,核对正确,通过控制台再次确认发车进路正确后(由于设备的关系助理值班员不能通过控制台确认发车进路时可不确认),与司机核对路票、调度命令,无误后一并交给司机,确认发车条件具备,发车。

列车出发后,向接车站通知发车时刻,提醒接车站"反方向运行"。列车到后,接收接车站列车到达的电话记录号码,办理区间开通手续,摘下"区间占用"安全帽。

5.双线改按单线行车的接车

(1)作业准备:

通知值班干部上岗监控,接收列车调度员发布的双线改按单线行车、停止基本闭塞法改按电话闭塞法行车的调度命令。

(2)作业要点:

车站值班员根据列车调度员的命令,停止基本闭塞法改按电话闭塞法行车。根据闭塞表示灯、TDCS 终端显示、"行车日志"及各种安全帽确认区间空闲,与发车站办理闭塞手续,发出同意闭塞的电话记录号码,上行为双号,下行为单号。闭塞办理妥当后,揭挂"区间占用"安全帽。

正方向接车时,可以开放进站信号机办理接车。

反方向接车时,设有双向闭塞设备的车站,可以开放进站信号机办理接车。

反方向接车时,未设双向闭塞设备的车站,开放调车信号锁闭进路(调车进路不能完全锁闭整个进路时,其他未锁闭道岔单独锁闭)或单操道岔(含防护道岔)准备进路,并单独锁闭。按下接通光带按钮,通过控制台上的白色光带确认进路正确。指示引导员到《站细》规定地点,显示引导手信号接车,引导接车的调度命令可连同前发停止基本闭塞法的命令一同下达。

列车到达后,收回占用区间凭证,向发车站发出"列车到达"的电话记录号码,办理区间开通手续,摘下"区间占用"安全帽。

6. 双线改按单线行车的发车

(1)作业准备:

通知值班干部上岗监控,接收列车调度员发布的双线改按单线行车和停止基本闭塞法改按电话闭塞法行车的调度命令。

(2)作业要点:

车站值班员根据列车调度员的命令,停止基本闭塞法改按电话闭塞法行车。根据闭塞表示灯、TDCS终端显示、"行车日志"及各种安全帽确认区间空闲,与接车站办理闭塞手续,抄接车站发出同意闭塞的电话记录号码,上行为双号,下行为单号。闭塞办理妥当后,揭挂"区间占用"安全帽。

开放调车信号锁闭进路(调车进路不能完全锁闭整个进路时,其他未锁闭道岔单独锁闭)或单操道岔(含防护道岔)准备进路,并单独锁闭。按下接通光带按钮,通过控制台上的白色光带确认进路正确后,核对车次、区间、电话记录号码,方可填写路票。

助理值班员与车站值班员认真核对路票、调度命令,核对正确,通过控制台再次确认发车进路正确后(由于设备的关系助理值班员不能通过控制台确认发车进路时可不确认),与司机核对路票及调度命令无误后交给司机,确认发车条件具备,发车(正方向发出列车时,必须采用排列调车进路的方法准备发车进路,不可开放出站信号,以防司机误认信号)。

列车到达邻站后,接收接车站列车到达的电话记录号码,办理区间开通手续,摘下"区间占用"安全帽。

 模拟练习

请分组模拟扮演两站车站值班员、助理值班员、信号员完成以下练习。

(1)甲—乙为双线单向自动闭塞区间,甲、乙两站均配备信号员。甲站3道停有待发列车32045次,甲站接入乙站开来的列车1308次后,接到列车调度员命令32045次反方向运行,请甲、乙两站分别办理32045次列车的发车、接车作业。

(2)乙—丙为双线单向自动闭塞区间,乙、丙两站均配备信号员。乙站3道停有待发列车K253次列车,现知乙—丙区间下行线因工务施工封锁改按单线行车,请乙、丙两站分别办理K253次列车发车、接车作业。

(3)甲—乙为双线双向自动闭塞区间,甲、乙两站均配备信号员。乙站4道停有待发列车32048次。乙站向甲站发出1105次列车,接到列车调度员命令32048次反方向运行,请甲、乙两站分别办理32048次列车的发车、接车作业。

三、车站无空闲线路接车作业

(一)站内无空闲线路现象及特点

站内无空闲线路是指站内正线、到发线以及可按引导接车的其他站线(如调车线、货物线)均有车占用或因线路故障不能正常接车的情况。

站内无空闲线路也会造成进站信号机不能开放。站内无空闲线路情况下,车站没有开出计划。一旦邻站有列车开来,本站没有线路可以接车,势必造成列车机外停车。此时应考虑腾空线路。

(二)对接入列车的限制

《技规》283条规定:在站内无空闲线路的特殊情况下,只准许接入为排除故障、事故救援、疏散车辆等所需的救援列车、不挂车的单机及重型轨道车。上述列车均应在进站信号机外停车,由接车人员向司机通知事由后,以调车手信号旗(灯)将列车领入站内。

(三)接车办法

1. 接车前的准备

接车前,车站值班员应亲自或派人确认接车线停留车位置和空闲地段的长度。若距离不够,应指示其向前或向后移动,保证能容纳下接入的列车。如接车线内停有机车、重型轨道车,接车前应通知司机不得移动位置。

2. 接车方法

接车时不开放进站信号机,也不使用引导接车办法,接车人员应站在进站信号机(或站界标)外方,显示停车手信号。所接列车在站外停车后,由接车人员将接车线路、停留车位置、列车停车地点及有关注意事项告知司机,然后接车人员登乘机车,以调车手信号旗(灯)按调车办法将列车领入站内。

(四)接车应变处理

1. 作业准备

在站内无空闲线路的情况下,仅限于接入为排除故障、事故救援、疏解车辆等所需要的救援列车、不挂车的单机及重型轨道车。向列车调度员报告车站线路占用情况,根据列车调度员的指示做好接车准备。通知值班干部上岗监控,同时指派能胜任此工作的人员现场检查接车股道内的停留车位置,看能否容纳所接列车。接车线内如停有机车及重型轨道车时,应通知司机不得移动。

2. 作业要点

开放调车信号锁闭进路(调车进路不能完全锁闭整个进路时,其他未锁闭道岔单独锁闭)或单操道岔(含防护道岔)准备进路,并单独锁闭,按下接通光带按钮确认进路正确。

确认列车在进站信号机外停车后,由接车人员到站外通知司机事由及注意事项。接车人员登乘机车以调车手信号旗(灯)将列车领入站内接车线,停于指定地点。

 模拟练习

请分组模拟扮演两站车站值班员、助理值班员、信号员完成以下练习。

甲站有3股道。3道停有列车33107次列车,机车乘务员等待换班;Ⅱ道停有19056次机械故障列车(距警冲标50m);1道停有工务大修队的路用列车,计划区间卸料。本班无开车计划。邻站开出 58102 次(单机)来牵引 19056 次,请甲站办理 58102 次列车的接车作业。

四、特殊列车接发作业

(一)动车组列车、特快旅客列车接发作业

1. 原规定为通过的旅客列车由正线变更为到发线接车

原规定为通过的旅客列车由正线变更为到发线接车,分两种情况:一种变更为由到发线通过,另一种变更为在到发线停车。由于旅客列车的运行速度高,当旅客列车由正线通过车站改为侧线通过或停车时,由于有些到发线上的道岔为12号,侧向运行受45km/h(AT弹性可弯尖轨为50km/h)速度的限制。由于道岔曲线半径小,又无外轨超高。再者,进站信号机前方的预告信号机,只能预告进站信号机的开放状态,不能预告道岔开通位置。因此,为了保证旅客安全,原规定为通过的旅客列车由正线变更为到发线接车时,除有关信号机的正常显示外,还应采取以下措施:

(1)须经列车调度员准许,以严格控制及监督车站接发列车线路的使用。

(2)预告司机,使司机提前做好准备。

(3)如果来不及预告时,使列车在站外停车后,再开放进站信号机,接入站内。

(4)特快旅客列车从正线上通过时,作业人员须提前停止在列车的通过线上和相邻线路通过列车一侧的作业。

对原规定在车站正线停车的旅客列车,由正线变为到发线接车时,由于司机已有在站停车的准备,可以控制列车速度,故不必采取上述措施。

2. 特快旅客列车

特快列车具有技术质量高、运行速度快、行车条件严格、安全措施严密等显著特点。

(1)基本作业要求。为了进一步加强特快旅客列车的行车组织,完善有关作业办法,提高行车安全系数,对其基本作业提出了更高的要求。

①各级列车调度员、车站值班员及有关行车人员对特快旅客列车必须重点掌握,严格按列车运行图行车,确保列车安全、正点运行。

特快旅客列车通过车站时,应在正线上办理。遇特殊情况必须变更基本进路时,须经列车调度员准许并预告司机;如来不及预告时,应使列车在站外停车后,开放信号机,再接入站内。

②按自动闭塞法行车,特快旅客列车通过车站时,出站信号机应显示允许运行的信号。

特快旅客列车的紧急制动距离值为:列车运行速度在 120~160km/h,紧急制动距离限值为 1 400m;列车运行速度在 160~200km/h,紧急制动距离限值为 2 000m。

特快旅客列车发生意外而不危及本列车安全时,可不停车,继续运行。同时,使用列车无线调度通信设备报告就近车站处理。

③车站停止影响特快旅客列车进路的调车作业和准备列车进路、开放进出站信号的时机,应严格执行《站细》规定的时间,严禁调车"抢钩"作业。

车站值班员接到前方站特快旅客列车预告后,应按《站细》规定时间,通知有关作业人员到岗接车,监护列车安全运行。

(2)特快旅客列车基本安全措施。为确保特快旅客列车的运行安全,对列车编组、故障处理、行车速度以及有关施工安全等,有相应的条件限制。

①不准编挂货车,编入的客车车辆其构造速度等级必须符合特快旅客列车规定的速度

要求。

②禁止附挂回送机车。

③不准编挂关门车,在运行途中,遇自动制动机临时故障,在停车时间内不能修复时,准许关闭一辆,但列车最后一辆不得为关门车。此时,列车运行速度不得超过120km/h。

④在运行途中,发生空气弹簧故障时,应切断空气弹簧风源。此时,列车运行速度不得超过120km/h。

⑤区间线间距离在4m及其以下时,不准办理特快旅客列车与挂有中部超限货物车辆的列车在区间交会。

⑥列车调度员对特快旅客列车运行区段的施工应重点掌握。线路、桥梁封锁施工后的第一趟列车,不准放行特快旅客列车。

⑦特快旅客列车通过时,有关作业人员须提前停止在列车通过线路上和相邻线路通过列车一侧的作业。特快旅客列车到达施工地点前10min,所有作业人员、设备等撤至距钢轨头部外侧2m以外,施工机械、物料堆码必须放置牢固。

⑧当列车调度员接到特快旅客列车在运行途中机车信号或列车运行监控记录装置出现故障的报告时,应及时通报列车运行前方有关车站。

(二)超长列车接发作业

1.编组列车的质量要求

(1)编组列车的依据:按列车种类、用途和运输性质,根据《技规》、列车编组计划和列车运行图所规定的编挂条件、车组、质量及长度标准,将车辆或车组选编并连挂成车列。

(2)编组列车的质量要求:

①编组列车必须符合《技规》关于机车车辆编入列车的技术条件,隔离和编挂限制,关闭自动制动机的车辆配挂数量和位置要求,以及单机挂车和超限货物车辆等规定。

②编组列车必须符合列车编组计划规定的列车种类、去向、编组内容、车组和车辆编挂顺序的要求。一般情况下,旅客列车按旅客列车编组表编组;军用列车的编组,按有关规定办理。

③编组列车必须符合该区段列车运行图规定的列车重量或长度标准。

编组列车时,其质量或长度应满足列车运行图规定的各区段牵引定数或计长。由于实际编成的列车与图定质量、长度不可能完全相符,因此,中国国家铁路集团有限公司规定了尾数波动范围:货物列车牵引质量允许上下波动80t,计长允许欠1.2。如线路坡度在12.5‰以上的区段,牵引定数尾数波动,局管内的列车由铁路局集团有限公司自定;跨局的列车由有关铁路局集团有限公司商定,中国国家铁路集团有限公司批准。

根据运行图规定的列车质量和长度,当列车质量按列车运行图规定的牵引定数超过81t及其以上,连续运行距离超过机车乘务规定区段1/2的货物列车就称为超重列车。

超重列车有利于节省机车使用台数,提高区段通过能力,但由于机车性能和司机技术水平的限制,可能造成运缓、区间停车或会让不当而打乱运行秩序。为此,编组超重列车时,在编组站、区段站应经机务(或折返)段调度员同意;在中间站应得到司机的同意,并且均须经列车调度员准许,以使其指挥行车时心中有数。

当列车质量按运行图规定的牵引定数欠81t及其以上,又换长欠1.3及其以上,连续运行距离超过机车乘务规定区段的1/2的货物列车就称为欠重(轴)列车。

欠轴列车开行浪费机车牵引力,因此,列车不得低于运行图规定的质量或长度。遇必须开行欠轴列车时,亦应得到列车调度员的命令准许。跨局列车要经中国国家铁路集团有限公司批准,并发给准许欠轴的调度命令方可开行。

当列车长度超过运行图规定的区段计长时,就称为超长列车。

列车虽未超过图定区段计长,而实际超过停放该列车的到发线有效长时,应按超长列车办理。编组超长列车时,必须考虑运行区段内的具体条件,编组超长列车的最大长度不得超过区段内两股最短到发线有效长之和,并不宜编挂超限及其他限速车辆。开行超长列车时,必须取得列车调度员的命令准许。

2. 接车办法

(1)超长列车应接入《站细》规定的线路。

(2)列车交会时,应组织非超长列车先到,使超长列车在站内通过。如因站外起动困难或其他原因,超长列车必须先接入站内时,当其进站停妥后,尾部无论是否进入进站信号机内方,均应将进站信号机关闭(自动闭塞除外)。如其尾部停在进站信号机外方,禁止办理区间开通。

与非超长列车相比,超长列车进站停车时,其尾部的作业安全应引起重视。可以说,这也是超长列车开行的一个薄弱环节,稍不注意则极易发生事故。

【案例3-7】 ××××年××月××日,84035次列车"油龙"在××站让22581次列车。当84035次列车进5道停车后,车钩自动延伸,致使列车尾部越出警冲标1m,而未被发现。车站又盲目将22581次列车接入邻线4道,构成了"未准备好进路接入列车"的险性事故。

超长列车到站后,除车钩间隙会导致一个自动延伸的距离外,遇装载液体、气体货物的货车、滚动轴承的车辆,以及停车的线路有坡度等情况时,也都常出现列车尾部返回向后稍有移动的情况,因此,在列车尾部刚过警冲标就停车,其安全程度是不可靠的。在条件允许的情况下,超长列车尾部停车位置,应与警冲标间预留一定的安全距离。

(3)超长列车尾部停在警冲标外方时,接入相对方向列车的接车办法:

①在进站信号机外制动距离内进站方向为超过6‰下坡道,而接车线末端无隔开设备时,须使列车在站外停车后,再接入站内。

②如在邻线上未设调车信号机,又无隔开设备,相对方向需要进行调车作业时,必须派人以停车手信号对列车进行防护。

(4)超长列车头部需越过出站信号机或警冲标时,待进站列车停妥后,接车人员通知司机,按调车方法,指示列车越过出站信号机或接车线末端警冲标。

(5)超长列车因妨碍邻线需要转线时,由本务机车担当一钩转线作业,车辆技术检查可在转线后进行。

3. 发车办法

(1)开行超长列车必须有调度命令。始发站车站值班员应向列车转交调度命令。

(2)车站值班员在办理闭塞或预告发车时,应将超长列车有关事项通知接车站,以便接车站做好接车准备。

(3)超长列车头部准许越过出站信号机或警冲标发车的几种情况:

①超长与非超长列车交会时,因先发非超长列车,超长列车向前移动。

②超长列车分解在两条线路上,开车前连挂在一起。

③中间站加挂车辆于列车前部。

模拟练习

请分组模拟扮演两站车站值班员、助理值班员、信号员完成以下练习。

甲—乙为双线三显示自动闭塞区间,甲乙两站均配备信号员。甲站3道停有开往乙站的超长列车41025次。请甲、乙两站分别办理41035次列车的发车、接车作业。

(三)超限列车接发作业

1. 超限列车的特点

超限列车是指编挂装载超限货物车辆的列车。

超限货物是指一件货物装车后,在平直线路上停留时,货物的高度和宽度有任何部位超过机车车辆限界或特定区段装载限界的。在平直线路上停留虽不超限,但行经半径为300m的曲线线路时,货物内侧或外侧的计算宽度(已经减去曲线水平加宽量36mm)仍然超限的,亦为超限货物。

车站在挂运超限车以前,由车站值班员或车站调度员将批示命令号码、车种、车号、到站、超限等级等事项报告调度所,以便纳入日班计划。调度所在挂运超限车以前,将管内具体运行条件以调度命令下达有关站段,以便做好准备工作。发站、中转站的车站值班员应将调度命令交给列车乘务员。挂有超限车的列车,应按《站细》规定的线路通过。运行上有限速等限制条件的超限车辆,除有特别指示外,禁止编入直达、直通列车。

在接收超限车时,应严格检查超限车的加固状态,确认没有窜出检查线,方准挂运。如在运行途中发现异常时,应立即报告列车调度员,按其指示办理。

注意: 没有调度命令的超限车,禁止挂运。

2. 接发超限列车的有关规定

(1)超限列车应在《站细》规定的线路上办理。

(2)车站值班员在接车前应通知接车有关人员注意超限宽度。

(3)按《站细》规定停止邻线上的调车作业。

(4)当列车经过车站时,与相邻线路上车辆之间的最小距离不得少于350mm。

(5)超限货物的任何超限部位在接近建筑物或设备时,在70~100mm之间,时速不得超过15km/h;在100~150mm之间,时速不得超过25km/h;不足70mm时,由铁路局集团有限公司根据实际情况规定运行办法。

遇不得已情况需要变更接车线路时,须得到列车调度员的准许,在这种情况下,车站值班员应根据《站细》及其附件中各线限界情况,报告列车调度员,确定变更线路。

(6)在向接车站请求闭塞或发车预告时,应提前通知接车站,以便做好准备。

(7)接发车人员要注意超限货物状态,发现装载加固不牢,货物移位等异状时,应立即报告列车调度员,听其指示。

(8)编组站、区段站或途中指定检查站应按"超限货物运输记录"进行检查,确认无异状后,方可挂运编入列车。

(9)发站、中转站在挂运超限车以前,由车站调度员或车站值班员将批准命令号码、车种、车号、到站、超限等级等报告铁路局集团有限公司调度,以便纳入日班计划。超限车的挂运必须要有调度命令。"调度命令"是超限车挂运的首要条件之一,所有参与超限运输作业的人员均应严格遵守,千万不可忽视;否则,难以保证超限车的运行安全。

[案例3-8] ××××年××月××日18:04,××线××站—××站,22562次货物

列车机后第 22 位挂有××防腐枕木厂的 15t 自轮起重机 1 辆,限速 50km/h 运行,由××机务段×××机班担当乘务,××调度所在列车出发前未按规定发布调度命令限速运行。待列车到达××(中间)站,司机询问时,调度员才补发了"限速 50km/h、注意运行"的调度命令。

列车到达××(区段)站后,下班司机又未与接班司机认真交接。结果,列车约以时速 65km 超速运行,同时又由于起重机本身既超限又偏重,列车行至 242km+153m 处发生脱轨,脱轨后又走行了 6 535m,直至 235km+600m 处因制动软管脱开,列车才自行停车。造成轧伤枕木 11 579 根,中断行车 5h1min 的列车脱轨重大事故。

构成这起事故的直接原因是司机超速运行所致,而超速原因又与调度命令的下达和传递不连续有直接关系。为吸取事故教训,应注意掌握:调度命令必须在超限车挂运之前下达、传递和接受,不得简化,更不可遗漏。

(四)退行列车接车作业

1. 退行原因

列车在区间因自然灾害、线路故障、坡停等原因不能继续向前运行而退回原发车站,称为列车退行。列车退行后可能会继续运行,也可能会成为保留列车。

2. 退行办理方法

①接到退行请求的处理:车站值班员接到退行报告后,应立即向列车调度员报告。在准许列车退行前,车站值班员应了解列车停车地点及请求退行原因,与"行车日志"核对,确认该列车发出后,无追踪或续行列车及无出站(跟踪)调车、线路施工等,方可同意其退行。

②通知邻站:将该列车退行情况通告邻站。

③准备进路:车站值班员根据列车调度员的 3~4h 列车运行调整计划和车站线路占用情况准备进路,布置进路时应说明××次退回。

④接车:开放进站信号机或按引导接车办法,将列车接入站内。

3. 不准列车退行情况

①按自动闭塞法运行时(列车调度员或后方站车站值班员确认该列车至后方站无列车,并准许时除外)。

②在降雾、暴风雨雪及其他不良条件下,难以辨认信号时。

③电话中断后发出的列车(持有附件三通知书之一的列车除外)。

挂有后部补机的列车,除上述情况外,是否准许退行,按铁路局集团有限公司规定执行。

4. 退行要求

在不得已情况下,列车必须退行时,车辆乘务员或随车机械师(无车辆乘务员或随车机械师时为指派的胜任人员)应站在列车尾部注视运行前方,发现危及行车或人身安全时,应立即使用紧急制动阀(紧急制动装置)或使用列车无线调度通信设备通知司机,使列车停车。

列车退行速度不得超过 15km/h。未得到后方站(线路所)车站值班员准许,不得退行到车站的最外方预告标或预告信号机(双线区间为邻线预告标或特设的预告标)的内方。

车站接到列车退行的报告后,除立即报告列车调度员外,根据线路占用情况,可开放进站信号机或按引导办法将列车接入站内。

模拟练习

请分成学习小组,模拟扮演两站车站值班员、助理值班员、信号员完成以下练习。

甲—乙为单线半自动闭塞区间,甲乙两站均配备信号员。乙站向甲站发出 11056 次列车后 5min,接到司机请求退行。请乙站办理 11056 次列车的退行作业。

 巩固提高

1. 简述运行条件变化的处理程序。
2. 简述准许反方向运行的条件。
3. 简述准许双线改按单线行车的情况。
4. 分析双线反方向或改按单线行车的方法。
5. 双线反方向或改按单线行车如何接发车?
6. 简述车站无空闲线路。
7. 车站无空闲线路接车有何限制?
8. 车站无空闲线路时如何接车?
9. 简述不同特殊列车的特点。
10. 简述办理原规定为通过的旅客列车由正线变更为到发线接车的措施。
11. 简述超长列车的接车办法。
12. 简述超限列车的接发规定。
13. 简述列车退行及退行办理方法。

任务六 施工(事故)接发列车作业

 任务描述

本学习任务需要你作为一名车站值班员对工务、电务、供电等部门的施工计划进行核对,并完成施工登记和签认,调度命令的申请、传达等工作,能正确填写运统-46 等行车簿册。能把握施工的注意点和关键点,根据不同的情况接发各种路用列车、救援列车,执行接发列车作业标准,确保接发列车作业的安全。

 相关理论知识

一、施工登记与签认

在铁路接发列车工作中,最常见的棘手问题就是铁路营业线施工问题,而如何把握好施工时的行车安全关键,很大程度上取决于施工登记与签认过程。作为铁路运输的高技能人才,必须扎实把好施工登记与签认关,确保接发列车作业安全。在完成本项学习任务前,必须首先掌握以下知识点。

(一)铁路营业线施工基本要求与等级

铁路营业线施工系指影响铁路营业线设备稳定、设备使用和行车安全的各种施工。铁路营业线施工必须坚持运输、施工兼顾的原则,切实加强施工前的组织和施工期间的运输组织。积极推广使用先进的施工机具和科学的施工方法,提高施工作业效率,有计划、有组织地进行各项施工。

铁路营业线施工必须把确保行车安全放在首位,坚持"安全第一、预防为主"的方针,建设、设计、施工、监理、行车组织、设备管理等部门和单位必须严格执行《中华人民共和国安全生产法》《铁路运输安全保护条例》《建设工程安全生产管理条例》《技规》《铁路工务安全规则》《铁路线路维修规则》和各铁路局集团有限公司的《行规》各车站的《站细》等有关规定。影响营业线设备稳定、使用和行车安全的施工,必须纳入天窗计划,对影响行车和施工安全的每个环节,都必须强化管理,确保行车和施工安全。

根据施工时间和施工对运输的影响,为便于安全控制,一般将施工划分为三级进行管理,有些铁路局集团有限公司结合本局的实际情况,做了进一步细分。

Ⅰ级施工包括对运输影响较大的大型站场改造、新线引入、主要干线换梁、主要干线更换正线道岔、主要干线及枢纽上跨铁路结构物、大型信联闭改造、大型电气化改造的施工。

Ⅱ级施工包括主要干线封锁线路3h以上、影响信联闭4h以上的施工,以及其他干线封锁线路4h以上、影响信联闭6h以上的施工。

Ⅲ级施工包括Ⅰ级、Ⅱ级施工以外的各类施工。

(二)铁路营业线施工的主要项目

铁路营业线施工根据作业性质及对铁路运输的影响程度,可分为施工作业和维修作业两种。

1. 施工作业

施工作业对铁路运输的影响较大,比较大型的施工如站场设备技术改造等对铁路既有线运输的影响更大。施工作业主要包括:

(1)线路及站场设备技术改造,增建双线、新线引入、电气化改造等施工。

(2)跨越、穿越线路、站场,架设、铺设桥梁、管道、渡槽和电力线路、通信线路、油气管线和铺设临时道口、平过道、人行过道等设施的施工。

(3)在线路安全保护区内架设、铺设管道、渡槽和电力线路、通信线路、油气管线等设施的施工。

(4)在规定的安全区域内实施爆破作业,在线路隐蔽工程(含通信、信号电缆经路)上作业,影响路基稳定的各种施工。

(5)在信号、联锁、闭塞、CTC、列控等行车设备上的大中修施工作业。

(6)线路大中修,路基、桥隧大修及大型养路机械施工作业,接触网大修作业。

2. 维修作业

维修作业系指利用"维修天窗"进行的作业,作业前不需限制列车运行速度,结束后达到正常放行列车条件。维修作业主要项目,包括工务维修天窗作业、电务维修天窗作业及接触网维修天窗作业。

(1)工务维修天窗作业项目:

①成段更换钢轨不超过100m。

②更换接头夹板。

③更换或整修道岔尖轨、基本轨、辙叉、护轨、扳道器、转辙连接杆、可动心轨道岔辙叉的长心轨、可动心轨凸缘与接头铁连接螺栓。

④更换道岔扳道器下长岔枕、可动心轨道岔钢枕及两侧相邻岔枕或辙叉短心轨转向轴处轨枕。

⑤在线路上焊接钢轨。

⑥在线路上使用轨缝调整器、平轨机调直钢轨。
⑦在线路上使用轨缝调整器调整轨缝而不插入短轨头。
⑧单根抽换轨枕。
⑨使用有碍行车的中小型养路机械。
⑩桥梁施工进行试顶需要起动梁身并回落原位。
⑪抬起钢轨,单根抽换桥枕。
⑫拨正支座,支座垫砂浆厚度在50mm及其以下时。
⑬在有碍行车的隧道内刨冰。
⑭检查桥隧施工所搭的脚手架。
⑮跨越线路上部且有碍行车安全的施工。
⑯清理危石、砍伐危树影响行车安全时。
⑰利用小型爆破开挖侧沟或基坑(限于不影响路基稳定的范围)。
⑱整修道口。
⑲整治钢轨接头错牙、伤损钢轨焊补、打磨等综合项目。
⑳冻结钢轨。
㉑清筛道床、边坡。
㉒成段松开扣件。
㉓夹板螺栓涂油。
㉔成段整治或更换胶垫。
㉕移动桥枕进行钢梁上盖板涂装。
㉖隧道拱顶漏水整治。
㉗隧道衬砌裂损加固。
㉘跨线路转移较重的小型机械等作业。
㉙影响行车的长大桥隧的综合检查。
㉚不破底处理道床翻浆冒泥。
㉛起道量、拨道量不超过40mm的起道和拨道。
㉜其他影响行车的维修项目。
(2)电务维修天窗作业项目:
①室外转辙机、轨道电路、信号机、电缆、各种变压器箱、接线盒等各种信号设备的检修、整治和测试。
②室内电源屏、组合架、控制台等各种信号设备的检修、整治及电源接地、电缆全程等影响设备使用的测试。
③影响道口及车站设备正常运用的检修及试验。
④可在维修天窗时间内完成的零小型器材的更换。
⑤影响驼峰信号设备使用的检修作业实行停轮修。
⑥零星更换转辙机。
⑦年度信号联锁关系检查试验。
⑧CTC/TDCS设备检查。
⑨在天窗内可以完成的其他作业项目。
(3)接触网维修天窗作业项目:此类作业包括接触悬挂、附加悬挂、软横跨、绝缘部件、支

撑装置、隔离开关检修、牵引变电所内有关行车设备检修等。

维修作业需要的时间要少一些,有些维修作业也可以按照施工作业进行管理,以确保维修作业的绝对安全。

(三)天窗及慢行处所的规定

1. 天窗概念

天窗是指列车运行图中不铺画列车运行线或调整、抽减列车运行线为营业线施工、维修作业预留的时间,按用途分为施工天窗和维修天窗。施工天窗是指列车运行图预留的、在运营线行车设备进行维修作业的时间。维修天窗是指列车运行图预留的、对运营线行车设备进行维修作业的时间。

2. 天窗时间

主要项目的时间通常规定如下:

(1)施工天窗,技改工程、线路大中修及大型养路机械作业时不应少于180min。

(2)维修天窗,电气化双线不应少于90min、单线不应少于60min,非电气化双线不应少于70min、单线不应少于60min。

维修天窗在时间安排上应与施工天窗重叠套用,除春运、暑运、黄金周及中国国家铁路集团有限公司调度命令停止外,原则上每月每区间不应少于20次(双线为单方向)。

(3)双线车站同时影响上下行正线的渡线道岔或影响全站信号设备正常使用的电务设备检修,每月应确保一次30min的封锁时间。对作业繁忙的编组、区段站,可按接发列车方向划分联锁区,联锁区每月应确保一次30min封锁时间。

(4)对电化区段的双线区间,每月应保证至少一次的接触网检修的"垂直天窗"时间,通常不少于60min。

由于铁路线路的繁忙程度各有不同,运输紧张的线路有可能达不到以上时间的要求,运输不紧张的线路时间就要宽松些。

3. 慢行处所的规定

各项施工、维修作业要采用平行作业的方式,综合利用天窗,提高天窗的利用率。要严格按照运行图预留的慢行附加时分控制线路慢行处所,原则上单线一个区段慢行处所不超过两处,双线一个区段内每个方向慢行处所不超过两处,同一区间内慢行处所不超过一处(包括施工慢行处所)。各项施工要按规定控制慢行距离和慢行速度,桥涵顶进施工慢行限制速度不应低于45km/h。

对于同一区间内慢行处所比较近的地点,如慢行长度不超过1 200m的连续两处及以上的慢行处所可视为同一处慢行处所同时安排施工。

(四)施工计划的变更与临时施工

各种施工(维修天窗作业计划除外)均应纳入月度施工计划,未纳入月度施工计划的施工项目原则上不准进行施工。特殊情况必须施工时,由施工单位提出施工申请,并签订安全协议,制定安全措施,通过主管业务处审查,经主管运输副局长批准,由运输处安排施工。

1. 计划变更

(1)月度施工计划原则上不准变更。特殊情况必须进行调整时,由施工单位提前5d向铁路局集团有限公司主管业务处和运输处提出书面申请,由运输处调整施工计划。

(2)纳入月度施工计划的施工项目原则上不准停止施工,因专特运、事故、自然灾害及调整车流等原因停止施工时,应于前日14:00前以调度命令通知有关单位。

2. 临时施工

对突发性设备故障和灾害的紧急抢修及轨道状态超过临时补修标准处所的临时补修等临时封锁要点施工,按下列程序办理:

(1)需临时封锁要点时,由设备管理单位向铁路局集团有限公司主管业务处提出申请,主管业务处审查,运输处签认,经主管运输副局长批准后,由调度所安排施工。

(2)危及行车安全需立即抢修时,设备管理单位要及时通知配合单位和铁路局集团有限公司主管业务处,并按规定登记,通过车站值班员报告铁路局集团有限公司列车调度员,经调度所主任(正班副主任)批准,发布调度命令进行抢修。

(3)受天气条件限制及作业性质特殊的施工、维修项目,可根据具体情况安排临时封锁或调整天窗时段。

(五)施工处理程序

施工通常是设备部门对行车设备进行的维修、养护等。运输部门通常起着协调、配合的作用。

施工处理程序,如图3-23所示。

1. 确认登记

车站值班员应根据施工计划,逐项核对施工单位的施工申请登记。车站值班员对施工项目、影响范围、施工所需时间等逐项审核后,在确认各项登记内容无误后方可签认,再向列车调度员汇报。

2. 作业准备

作业准备包括:干部按施工计划上岗,作业人员按安排上岗,确保上岗人员到岗。

图3-23 施工处理程序

施工中应注意以下事项:

(1)车站值班员要掌握施工进度,严把施工时间关。

(2)组织作业人员落实施工安全措施,接受局、站(段)施工负责人员的监督检查。

(3)把好进路、信号、凭证"三关",确保行车、人身安全。

(4)实际施工与登记施工的内容要求不符时,有权责令其停止施工。

(5)遇施工提前或延时时,应及时向列车调度员汇报。

3. 要令给点

车站值班员核实施工登记无误后,向列车调度员请求调度命令。在列车调度员下达调度命令后签认,并将调度命令登记"行车设备施工登记簿"(运统-46)后,通知施工负责人。

4. 接发列车

行车部门要加强施工期间行车组织和调度指挥,非正常情况下接发列车,站长(或主管副站长)须到岗监督作业,严格执行作业标准,落实施工安全卡控措施。控制好发布行车命令、确认区间空闲、进路检查确认、行车凭证填写交付、引导信号使用等关键环节。施工开通必须严格执行施工单位、设备管理单位登记开通、车站签认和列车调度员发布开通命令的程序。

影响行车的施工、检修作业,应安排在"天窗"内进行。遇有施工又必须接发列车的特殊情况时,可按以下施工特定行车办法办理:

(1)车站采用固定进路的办法接发列车。施工开始前,车站须将正线进路开通,并对进路上所有道岔按规定加锁(集中联锁良好的道岔可在控制台上进行单独锁闭)。有关道岔密贴的确认及具体的加锁办法,由铁路局集团有限公司规定。

(2)引导接车并正线通过时,准许列车司机凭特定引导手信号的显示,以不超过60km/h速度进站。

(3)准许车站不向司机递交书面行车凭证和调度命令,但车站仍按规定办理行车手续,并使用列车无线调度通信设备(其语音记录装置须作用良好)将行车凭证号码(路票为电话记录号码、绿色许可证为编号)和调度命令号码通知司机,得到司机复诵,确认正确后,方可显示通过手信号。列车凭通过手信号通过车站。

5. 开通使用

施工单位要在调度命令规定的时间内开通,施工结束后,车站值班员确认施工单位全部销点后方可签认,报告列车调度员。列车调度员再次查实施工单位全部销点、符合开通条件后,发布开通命令。如因特殊情况不能按时开通或不能按规定开通速度运行时,应提前通知车站值班员,要求列车调度员延长时间或限速运行。有作业车时,列车调度员要及时安排作业车返回基地。施工完毕、开通前,应注意如下事项。

(1)施工完毕,以施工负责人的登记为依据,开通时间以调度命令为准。

列车调度员下达调度命令后签认,并将调度命令抄交施工的相关部门,方可开通。

(2)施工开通前,设备的试验在"天窗"时间内完成,不准在列车间隔时间内进行试验。

(3)对大型的施工,开通后车站值班员要重点盯防设备的变化,并落实好开通调度命令的有关事宜。站(段)的施工人员要在现场盯防,防止发生问题。

(4)对限速运行的地段,车站值班员要将限制速度的日期、速度及趟数等事项列为交接班的重点内容,车站站长要认真监督、检查、落实。

(六)施工登记与签认

施工时,施工单位在车站行车室设驻站联络员,施工地点设现场防护员,驻站联络员与现场防护员要保持随时通信状态,掌握施工现场和列车运行情况,做好邻线通过列车的安全防护,发现异常及时通知车站值班员和施工负责人。

施工单位应在施工开始前40min,由施工负责人(或施工单位、驻站联络人员)在车站"行车设备施工登记簿"(运统-46)上登记,如表3-42、表3-43所示。车站值班员应对在运统-46登记的内容进行审核及签认,在信号楼醒目位置将作业内容、封锁范围、停电范围、命令号码、作业时间、作业车辆运行等做出提示,并及时报告列车调度员,由列车调度员向有关车站发布实际施工调度命令。调度命令下达后,车站值班员可通过驻站联络员将调度命令转达给现场施工负责人。施工负责人接到调度命令号码后,方可进行作业。

车站值班干部(中间站站长)要提前30min到岗进行安全监控并协调组织各单位天窗修理作业。

施工单位作业完成后,经施工、设备单位检查达到放行列车条件,由施工负责人(或施工单位指定人员)、设备单位检查人(或设备单位指定人员)办理开通登记,车站值班员签认后,由车站值班员报告列车调度员开通线路。如在提速过程中发现安全隐患,应按施工现场提出的限制列车运行速度条件行车,如表3-44所示,施工单位应立即整改。

换枕施工作业填记样张

表 3-42

本月施工编号	施工项目	请求施工（限速及封锁）登记		承认施工	施工后开通检查、销记		施工开通
		月-日 时:分	影响使用范围（需要的限速或封锁条件）； （1）影响使用范围（需要的限速或封锁条件）； （2）施工负责人签名； （3）设备单位检查人签名； （4）车站值班员签名	所需时分	（1）命令号及发令时间； （2）限速及封锁起止时间； （3）车站值班员签名； （4）施工负责人签名	月-日 时:分	（1）恢复使用范围和条件（开通后恢复常速确认）； （2）施工负责人签名； （3）设备单位检查人签名； （4）车站值班员签名	（1）开通（恢复常速）命令号码及开通时间； （2）施工负责人签名； （3）设备单位检查人签名； （4）车站值班员签名
××	换枕	5-5 10:00	（1）申请封锁××站至××站间K80+073～K81+503进行换枕施工，封锁前1h限速25km/h，轨道作业车进入封锁区间进行收枕，作业完毕返回××站。施工防护已到位； （2）×工务工区：××，10:00； （3）车站：××，11:00 盯岗	120min	（1）限速命令××号，5月4日15:30； （2）5月5日11:00分起至封锁时止，限速25km/h； （3）车站：××，11:00； （4）×工务工区：×× 盯岗 （1）封锁命令××号,11:59； （2）12:00—14:00封锁施工； （3）车站：××，12:00； （4）×工务工区：×× 盯岗	5-5 14:00	（1）××站至××站间K80+073～K81+503换枕施工完毕，作业警冲标内方，××道开通。开通后首列客车）不得过客车），第二列限速45km/h；前1小时限速45km/h； （2）×工务工区：××，14:00； （3）车站：××，14:00 盯岗	（1）开通命令××号，自14:00分起××站至××站间K80+073～K81+503开通5月4日15:30分发××号命令开通后首列列车限速25km/h，自第二列起开通限速45km/h至5月12日11:00止； （2）×工务工区：××，14:00； （3）车站：××，14:00 盯岗
						5-6 11:00	（1）××站至××站申请K80+073～K81+503恢复常速； （2）×工务工区：××，11:00； （3）车站：××，11:00 盯岗	

供电维修作业（需封锁）填记样张

表3-43

本月施工编号	施工项目	请求施工（限速及封锁）登记	承认施工	所需时分	施工后开通检查，销记	施工开通
月-日 时:分		(1)影响使用范围（需要的限速或封锁条件）； (2)施工负责人签名； (3)设备单位检查人签名； (4)车站值班员签名	(1)命令号及发令时间； (2)限速及封锁起止时间； (3)车站值班员签名； (4)施工负责人签名	所需时分	(1)恢复使用范围和条件； (2)施工负责人签名； (3)设备单位检查人签名； (4)车站值班员签名	(1)开通（恢复常速）命令号码及开通时间； (2)施工负责人签名； (3)设备单位检查人签名； (4)车站值班员签名
4-8 15:00	天窗修	(1)根据天窗检修计划，供电在××站至××站间K1010+100～K1011+600进行检修作业，需接触网停电，防护到位； (2)×供电工区：××，15:01； (3)×车站：××，15:02 盯岗：××	(1)封锁命令××号，15:50停电命令××号，15:57，施工起止时间:15:50～17:00； (2)×车站：××，15:50； (3)×供电工区：××，15:51 盯岗：××	60min	(1)××站至××站间K1010+100～K1011+600检修作业完毕，申请开通回××站，作业车已返回，16:56； (2)×供电工区：××，16:57； (3)×车站：××，16:57 盯岗：××	(1)开通命令××号，16:59送电命令××号，17:01； (2)×供电工区：××，17:02； (3)×车站：××，17:03 盯岗：××

运统-46 填记要求：

①施工维修作业开始前40min，由施工单位和设备管理单位的专职联络员（施工负责人）在《行车设备施工登记簿》（施工负责人）上逐项登记签认，车站值班员（列车调度员）应对施工单位和设备管理单位登记签认的内容进行审核、签认。

②施工单位作业完毕后，经施工、设备管理单位检查达到放行列车条件，由施工负责人（或指定人员）办理开通登记签认（施工销记），车站值班员（列车调度员）审核无误后签认。

③当施工和设备管理单位相同时，允许一次签认"施工负责人签名"和"设备单位检查人签名"栏。

④"本月施工编号"栏填写施工计划月度施工编号；集团公司以电报形式安排的施工，填记电报号码。

⑤"施工负责人、设备单位检查人（维修）"在同一施工负责人、车站值班员签名"栏内登记有关事项。施工（维修）单位必须在"请求施工（限速及封锁）登记"栏内注明"需××部门配合"字样（如需接触网停电，必须注明）。

⑥有配合单位的施工（维修），在同一施工项目内登记有关事项。

各项施工作业放行列车条件

表 3-44

序号	项　目	施工条件	作业方式	放行列车条件
一 影响道床路基稳定的施工作业				
1	(1) 破底清筛枕底道木连续 3 根及其以上； (2) 成段更换道床； (3) 大型养路机械换渣； (4) 基床换填； (5) 曲线平面改造； (6) 一次起道量超过 40mm； (7) 一次拨道量超过 40mm； (8) 利用小型爆破开挖边沟或基坑（限于影响路基稳定范围）； (9) 成组更换道岔或岔枕； (10) 成段更换、方正岔枕连续 3 根及其以上。	封锁施工	大型养路机械捣固、稳定车作业	①道岔两捣作业程序，第一列 25km/h，第二列 45km/h，第三列 60km/h，24h 后恢复正常； ②两捣一稳作业程序，第一列 35km/h，第二列 60km/h，第三列 80km/h，24h 后恢复正常； ③三捣两稳作业程序，第一列 60km/h，第二列 80km/h，第三列 120km/h，24h 后恢复正常； ④五捣三稳作业程序，第一列 80km/h，第二列 120km/h，其后恢复正常（速度≤120km/h 线路 80km/h，24h 后恢复正常）
			小型养路机械捣固	①施工期间，当日第一列 25km/h，第二列 45km/h，不少于 4h，以后限速 60km/h 至下次封锁前 1h； ②施工结束，开通后第一列 45km/h，第二列 45km/h，不少于 12h，以后 60km/h，80km/h，120km/h 各不少于 24h，其后正常（速度≤120km/h 线路 80km/h，24h 后恢复正常）
			人工捣固	①施工期间，当日第一列 15km/h，第二列 25km/h，第三列 45km/h，不少于 4h，以后限速 60km/h 至下次封锁前 1h； ②施工结束，开通后第一列 15km/h，第二列 25km/h，第三列 45km/h，不少于 24h，其后正常 60km/h，80km/h，120km/h 各不少于 24h，其后正常
2	(1) 在线路上安装、拆除、使用小型枕底清筛机； (2) 在线路上安装、拆除轨束梁、横穿梁和 D 梁； (3) 更换道岔及两侧相邻部位岔枕或辙叉短心轨道岔钢枕、可动心轨岔枕，可动心轨辙叉转向节处钢轨	封锁施工		开通后，速度不得超过 45km/h，限速时间、次数和速度由施工负责人根据具体情况决定

133

续上表

	序号	项目	施工条件	作业方式	放行列车条件
二、不影响道床稳定的施工作业	1	(1)成段更换钢轨； (2)无缝线路放散； (3)成段调整轨缝、拆出接头并通入短轨头； (4)成段整修垫物底坡	封锁施工		开通后，第一列25km/h，第二列45km/h，第三列80km/h，其后正常。速度大于120km/h线路，第一列25km/h，第二列45km/h，第三列80km/h，120km/h各一列后恢复正常
	2	使用冻害垫板一次总厚度超过40mm	封锁施工		开通后，第一列25km/h，第二列45km/h，第三列60km/h，其后正常。速度大于120km/h线路，60km/h，120km/h各一列后恢复正常
	3	长大隧道冕枕垫碴	封锁施工		开通后，第一列25km/h，第二列45km/h，第三列60km/h，其后正常
	4	道口大修（若影响道床稳定，比照第一大项办理）	封锁施工		开通后，第一列25km/h，第二列45km/h，第三列60km/h，其后正常
	5	隧道整体道床翻修	封锁施工		施工期间速度不超过25km/h
	6	拆除钢轨，无砟桥全面更换桥枕	封锁施工		开通后，第一列25km/h，第二列45km/h，第三列60km/h，其后正常（施工期间每日开通后至次日施工封锁前最高速度不超过60km/h）
	7	不拆除钢轨更换桥枕	封锁施工		施工结束后，第一列45km/h，第二列60km/h，第三列80km/h，第四列120km/h，其后恢复正常
三、桥隧涵的施工作业	1	(1)更换或改正钢梁，圬工梁； (2)抬高或降低桥梁； (3)拨正支座，更换桥梁支座或翻修支撑垫石，砂浆厚度超过50mm； (4)下承式钢桁梁整孔喷砂除锈除装； (5)喷锚加固隧道衬砌	封锁施工		开通后，第一列25km/h，第二列45km/h，施工结束后第一列45km/h，第二列60km/h，其后正常
	2	隧道内增设密井暗管	慢行施工		施工期间限速25km/h，不少于12h，60km/h，80km/h各不少于24h，其后正常
	3	新建明、棚洞开挖基础	慢行施工		施工期间限速45km/h
	4	桥涵顶进	封锁施工		施工期间限速45km/h，施工结束后45km/h，120km/h一列后正常
四、应急处理	1	个别更换重伤钢轨、辙叉或连接零件	封锁施工		按《铁路工务安全规则》有关条款执行
	2	钢轨、辙叉、尖轨折断后的紧急处理	封锁施工		按《铁路工务安全规则》有关条款执行
	3	线路发生胀轨的紧急处理	封锁施工		按《铁路工务安全规则》有关条款执行
五、其他施工作业	1	跨越线路上有碍行车安全的施工	封锁施工		放行列车不限速，特殊情况下由施工领导人决定
	2	电务更换电动转辙机及道岔安装装置	封锁施工		放行列车不限速，特殊情况下由施工领导人决定
	3	信联闭设备停用施工的联锁试验	封锁施工		放行列车不限速，特殊情况下由施工领导人决定
	4	更换钢轨绝缘	封锁施工		放行列车不限速，特殊情况下由施工领导人决定
	5	新旧接触网过渡中的接触网施工	封锁施工		放行列车不限速，特殊情况下由施工领导人决定

(七)车站施工维修作业

1.作业准备

车站遇有施工维修作业时,施工单位负责人应提前按施工计划认真登记"行车设备施工登记簿"。请求施工登记内容包括:本月施工编号、月日、时分、施工项目、影响使用范围(需要的慢行或封锁条件)、所需时分、施工单位负责人签字、设备单位检查人签字(同一项施工,施工单位和配合单位应按顺序分别登记在一起)。车站值班员应确认施工项目及影响范围,然后按施工负责人的登记内容与施工计划核对无误后签字。

通知监控干部及参加作业人员按施工计划安排提前上岗。车站值班员确认上岗人员到岗后向列车调度员报告,请求并接收准许施工的调度命令。

车站值班员与施工单位负责人共同确认无误后签字,按施工计划或调度命令准许的项目开始施工,按施工行车办法准备接发列车作业。

2.作业要点

车站值班员及所有参加作业人员要严格按照施工行车办法及《接发列车作业标准》办理接发列车作业。监控干部要认真填记"非正常情况下接发列车控制卡"。

施工完毕后,经施工、设备管理单位检查达到放行列车条件,由施工单位负责人组织施工及配合单位分别进行销记、签名;多家施工单位利用同一天窗时,由施工主体单位组织各施工单位、配合单位销记、签名。全部销记后,经设备管理单位确认签名,再统一交车站值班员。车站值班员逐个核对、签认无误后方可报告列车调度员,请求调度命令,开通区间或线路。

 模拟练习

请分成学习小组,模拟扮演两站车站值班员、助理值班员、信号员完成以下练习。

(1)工务需要在甲站至乙站下行正线 K501+100 处进行更换钢轨作业,电务配合,申请时间 30min,影响下行列车运行,应封锁下行正线,作业后限速运行,其他条件由教师或小组自行设定,请模拟工电部门人员到行车室进行施工登记和销记过程,车站值班员填写各种簿册和申请调度命令。

(2)甲站信联闭停用,采用施工特定行车办法行车,任务涉及的某些条件由小组或教师设定,有关行车凭证的交付和正线通过列车的引导按"施工特定行车"规定办理。

二、路用列车接发作业

(一)封锁区间的概念及分类

向封锁区间开行路用列车和救援列车也是非正常情况接发列车的一种。其特点主要表现在:一是列车进入的区间是封锁区间;二是只限于路用列车和救援列车进入;三是列车进入封锁区间时不办理闭塞手续,行车凭证为调度命令(遇调度电话不通时,凭车站值班员命令);四是列车进入封锁区间的目的是为完成某项特定的任务。由于任务不同,列车开行地不同,进入的区间就会出现封锁区间与非封锁区间之别。

1.封锁区间定义

封锁区间是指区间施工或发生自然灾害、行车事故等原因,只准救援或路用列车根据列车调度员的命令进入的区间。

2.封锁区间分类

(1)封锁区间施工。主要对区间内的线路、桥梁、隧道、信号、接触网等设备进行有计划的施工维修或安装新设备。这类封锁区间要求纳入施工计划,各部门需提前做好准备,事先在列车运行图中预留施工"天窗"。

(2)封锁区间救援。主要对区间内的行车设备故障、损坏或发生行车、人身伤亡等事故,迫使行车中断,由列车调度员发布调度命令封锁区间并开行救援列车(单机)进行抢救。这种封锁区间是突发性的、事前无准备的、被动的。

向封锁区间开行路用列车和救援列车也存在不安全因素:一是误用基本闭塞设备开放出站信号,错误地使用行车凭证发车;二是误将其他列车放入封锁区间。因此,车站值班员、信号员遇区间封锁时,必须在控制台上及时加挂"区间封锁"表示牌,以防误办。

(二)封锁区间的条件与办理手续

1.封锁区间的条件

(1)区间正线施工。

(2)区间正线发生线路故障或自然灾害时。

(3)区间正线发生行车事故中断行车时。

2.封锁区间条件下准许接发的列车

(1)救援列车。

(2)路用列车。

3.封锁区间的办理手续

(1)封锁区间——确认施工计划或救援请求,由确认施工登记或接到请求救援的车站值班员向列车调度员报告,列车调度员下达命令封锁区间;遇列车调度员电话不通,由车站值班员下达命令封锁区间并送达邻站。

(2)开通区间——由确认施工销点登记或接到救援恢复正常的车站值班员向列车调度员报告,列车调度员下达命令开通区间;遇列车调度员电话不通,由车站值班员下达命令开通区间并送达邻站。

(三)路用列车的定义及种类

路用列车是指为铁路内部自用而开行的列车,如图3-24所示。路用列车按用途不同主要分以下几种:

图3-24 路用列车

(1)以非运用车编成的专列,如回送入厂的列车、试验列车、除雪车、救援列车等。

(2)回送封存车的列车。

(3)进、出封锁区间为运送施工作业人员及各种路用器材而开行的列车。

(4)为施工而开行的按列车办理的线路作业机械。

(5)为由区间内收集路用器材而开行的列车。

(四)路用列车的行车凭证

(1)向非封锁区间开行路用列车时,列车仍以该区间原使用的行车凭证进入区间。

(2)向封锁区间开行路用列车时,列车以进入封锁区间的行车凭证为调度命令。

向非封锁区间开行路用列车时,列车仍以该区间规定的基本闭塞法或电话闭塞法办理的行车凭证进入区间,而不能模糊地错误认为:开行路用列车就以"调度命令"为凭证将列车往区间放行。

【案例3-9】 ××××年××月××日,14:27,路用列车57201次,计划在××站-××站间,864km+500m~863km+500m间进行"边走边卸"路料作业。发车站值班员×××,在未与邻站办理闭塞手续的情况下,就使用"调度命令"将57201次放入区间卸车作业,构成了"未办闭塞发出列车"的险性事故。

经事后分析,该值班员才清醒地认识到,开行路用列车时,其"区间封锁"与"列车闭塞"所办理的行车凭证是有区别的。

(3)当调度电话中断时,遇有急需封锁区间抢修线路、桥涵或隧道等处的紧迫施工,路用列车进入封锁区间的行车凭证为车站值班员的命令。

(五)封锁区间接发路用列车

1. 一般规定

(1)向施工封锁区间开行路用列车时,原则上该区间两端车站每端只准进入一列。一端站开行两列及其以上路用列车时,第一列路用列车到达指定地点停车并按规定设置防护后,施工领导人方可通知驻站专职联络人员转告车站值班员开行同方向次一路用列车进入封锁区间;作业完毕后,施工领导人(或专职联络人员)应取得车站值班员的同意后,列车方可返回车站(包括两站、所开行的路用列车回一个车站)。前行路用列车到站后,由车站值班员通知专职联络人员准许次一路用列车返回车站。

(2)路用列车应由施工单位指派能胜任此工作的人员携带列车无线调度通信设备值乘,并在区间协助司机作业。

(3)向封锁区间开行路用列车时,除救援或抢险的应急情况外,发车站须根据铁路局集团有限公司批准并下达的月度施工方案,以及施工负责人现场办理的书面请求,并取得列车调度员的调度命令准许后,方可办理。

(4)为确保路用列车发车进路安全无误,车站值班员须先准备好发车进路,再递交行车凭证。

(5)在封锁区间施工中,单机、重型轨道车以及工务部门使用的捣固、清筛线路配有动力装置自行移动式的大型施工机械,其进、出封锁区间的行车方式,均按路用列车办理。

(6)路用列车的发车,仍按列车方式办理。

2. 向施工封锁区间发出路用列车

(1)作业准备:车站值班员根据施工负责人的请求向列车调度员报告。请求并接收封锁区间及向施工封锁区间开行路用列车的调度命令,车站值班干部按施工规定认真监控作业。

(2)作业要点:车站值班员接到封锁区间的调度命令后,揭挂"区间封锁"安全帽。向施工封锁区间发出路用列车不办理闭塞手续,但需与邻站联系,以调度命令作为出入封锁区间的行车凭证。开放调车信号锁闭进路(调车进路不能完全锁闭整个进路时,其他未锁闭道岔单独锁闭)或单操道岔(含防护道岔)准备进路,并单独锁闭。按下接通光带按钮,确认进路正确。助理值班员与车站值班员认真核对调度命令;核对正确,通过控制台再次确认发车进路正确后(由于设备的关系,助理值班员不能通过控制台确认发车进路时可不确认),与司机核对调度命令,无误后交给司机,确认发车条件具备,指示发车或发车。

路用列车进入封锁区间时,要立即通知邻站,说明进入"线别",揭挂"区间占用"安全帽。由一端站连续两列及以上路用列车进入同一施工封锁区间时,间隔不得少于8min。

两列及两列以上路用列车进入同一施工封锁区间时,具体运行按施工安全措施及调度命令的规定办理。

3.由施工封锁区间返回路用列车

（1）作业准备：车站值班员接到施工现场负责人开车通知后，核对施工封锁区间开行路用列车的调度命令。

（2）作业要点：车站值班员根据调度命令要求，确定接车线，并确认接车线路空闲，开放进站信号机办理接车。

如遇进站信号机不能开放，开放调车信号准备进路（调车进路不能完全锁闭整个进路时，其他未锁闭道岔单独锁闭）后取消调车信号或单操道岔（含防护道岔）准备进路。按下接通光带按钮确认进路正确后，开放引导信号接车（请求并接收引导接车的调度命令）。

未设进站信号机时，开放调车信号锁闭进路（调车进路不能完全锁闭整个进路时，其他未锁闭道岔单独锁闭）或单操道岔（含防护道岔）准备进路，并单独锁闭。按下接通光带按钮确认进路正确后，指示引导员到《站细》规定地点显示引导手信号接车。

车站值班员须将引导接车的调度命令向司机（运转车长）转达。

路用列车全部到达（返回）后，应及时通知邻站并报告列车调度员，摘下"区间占用"安全帽。

两端站车站值班员确认区间空闲，根据施工负责人的请求，向列车调度员报告，接收开通区间的调度命令，与邻站核对调度命令后，开通区间，并摘下"区间封锁"安全帽。

 模拟练习

请分成学习小组，模拟扮演两站车站值班员、助理值班员、信号员完成以下练习。

（1）甲站至乙站间需更换大量枕木和钢轨，封锁施工，甲站向区间开行运送钢轨和枕木的路用列车，车次为57003次。

（2）甲站至乙站间封锁抢修线路，调度电话不通，乙站开行路用列车进入区间。

任务中主要的角色有车站值班员、助理值班员、列车调度员、司机等。请各小组安排人员，模拟路用列车接发作业过程进行任务练习。

三、救援列车接发作业

在铁路接发列车作业中，救援列车开行的情况比较少，铁路职工对救援列车开行的知识掌握情况不理想，但这又是接发列车人员技能体现的一个重点。

（一）救援列车的定义

救援列车的基本任务是为了及时抢救灾害，排除线路故障，迅速恢复正常运输秩序。救援列车是为发生事故或不能正常运行的列车而开行的，担当救援任务的可以是单机、轨道车或列车。为此目的开行的列车、机车或轨道车等，都是救援列车，如图3-25所示。一般的专业救援列车由起重吊车、修理车、工具车、宿营车及工程材料车等组成，并配备有一定数量的救援人员，停放于指定车站，发生事故时，可随时主动进行抢修。

图3-25 救援列车

(二)救援列车开行

车站值班员接到司机或工务、电务、供电等人员的救援请求后,应立即报告列车调度员。根据列车调度员的命令封锁区间,发出救援列车。

1. 开行办法

(1)开行办法。向封锁区间发出救援列车时,不办理行车闭塞手续,以列车调度员的命令,作为进入封锁区间的许可。列车调度电话不通时,应由接到救援请求的车站值班员根据救援请求办理,救援列车以车站值班员的命令,作为进入封锁区间的许可。

(2)救援列车的出发或返回,均应通知列车调度员及对方站。为使列车调度员正确掌握救援进度,当救援列车开往事故现场或由事故现场返回车站时,均应由车站值班员将到发时刻、由区间拉回车数、事故救援工作进度,及时报告列车调度员。为使对方站掌握救援进度和区间占用情况,也应将上述内容通知对方站。

事故现场设有临时线路所时,车站值班员应于发车前,应商得线路所值班员同意。联系办法如下:

① 车站向线路所开行救援列车时,必须事先取得线路所值班员的同意,以便及时做好接车准备和防护工作。

② 线路所向两端站发出救援列车时,必须取得列车调度员和接车站车站值班员的同意。

③ 线路所值班员接发车前,应通知防护和引导人员,以便做好一切准备工作。

(3)在事故调查处理委员会人员到达前,站长或胜任人员应随乘发往事故地点的第一列救援列车(分部运行时挂取遗留车辆的机车除外)到事故现场,负责指挥有关行车工作。

【案例3-10】 ×××年××月××日,在××线的××站~×××站区间523km+700m处,发生水害冲塌路基的自然灾害侵袭事故。

开行的58136次救援列车,运送抢险路料以推进方式至事故地点卸片石10辆。由于事故的防护信号位置不当,又由于救援列车运行速度过高,当司机及前端的运转车长醒悟时,列车已制动不及,致使救援列车闯入路基水害塌陷处,造成救援作业过程中发生车辆严重颠覆和脱线,货车大破3辆、轻伤31人的行车大事故。

【案例3-11】 ×××年××月××日,4:53,在×××站~×××站区间840km+500m处,因机车牵引力不足列车分部运行。单机返回58101次挂取区间遗留车辆,由于未按规定设防护,又天气降雾、瞭望困难;并且,司机看错区间遗留车位置,又超速行驶,致使58101次与区间的遗留车辆发生正面冲突。造成货车大破1辆、中破1辆、小破2辆,机车中破1台,中断行车1h52min的"救援列车冲突"大事故。

从这两起事故案例分析可以看出,一是防护位置不当,二是根本未设防护,又都因司机超速行驶。所以,必须吸取的事故教训主要有两点:

(1)对事故地段必须有专人负责,按规定距离、规定地点、规定的信号认真防护。

(2)救援列车司机对事故地点及防护信号位置要准确掌握,加强瞭望,注意操纵,尤其是接近事故地段时,更要控制速度。

2. 区间开通手续

(1)车站值班员接到事故现场负责人请求,可以开通区间,恢复列车运行时,立即报告列车调度员,请求发布命令开通区间。

(2)列车调度电话不通时,接到请求的车站值班员,可通告邻站按电话记录办理区间开通,但必须查明区间确已空闲。

3.行车凭证

(1)向非封锁区间开行救援列车时,列车仍以该区间原使用的行车凭证进入区间。

(2)向封锁区间开行救援列车时,列车进入封锁区间的行车凭证为调度命令。

向非封锁区间开行救援列车时,列车仍以该区间规定的基本闭塞法或电话闭塞法办理的行车凭证进入区间。而不能模糊地错误认为:开行救援列车就以"调度命令"为凭证将列车往区间放行。

(3)当调度电话不通时,应由接到救援请求的车站值班员根据救援请求办理。救援列车进入封锁区间的行车凭证为车站值班员的命令。命令发布站应用行车电话向邻站传达命令并听取复诵。"调度命令"中的"受令车站"改为"发令车站"。调度员姓名栏可不填写。

【案例3-12】×××× 年××月××日,0:17,原计划为58104次在××站停车交会1123次,车站值班员未取得邻站同意就擅自取消了1123次闭塞,并且,仅以"加开58104次"调度命令架入自动授受机传递,指示助理值班员×××显示58104次的通过手信号,而58104次司机在未取得行车凭证的情况下,也仅凭手信号盲目通过,闯入已被1123次占用(正在对向运行)的区间。后幸被发现急用无线电台呼叫而制止,险些造成58104次与1123次正面冲突的严重后果,但已构成了"救援列车未办闭塞闯入区间"的事故。

经事故剖析,值班员误解为"救援列车就是以调度命令(作为行车凭证)开行",而对救援列车所运行的区间是否按封锁办理,调度命令上是否明确指定其作为行车凭证等,均认识模糊,分辨不清。因而,造成了这起救援列车未办闭塞闯入占用区间的一般C类事故。

(三)封锁区间接发救援列车

1.向封锁区间发出救援列车

(1)作业准备:通知值班干部上岗监控,向列车调度员报告请求救援的有关情况,并通知有关救援单位接收封锁区间及开行救援列车的调度命令。

(2)作业要点:车站值班员接到封锁区间的调度命令后,揭挂"区间封锁"安全帽,向封锁区间发出救援列车时,不办理闭塞手续,以列车调度员的命令作为进入封锁区间的许可;遇调度电话不通时,救援列车以车站值班员的命令作为进入封锁区间的许可。

开放调车信号锁闭进路(调车进路不能完全锁闭整个进路时,其他未锁闭道岔单独锁闭)或单操道岔(含防护道岔)准备进路,并单独锁闭。通过控制台按下接通光带按钮确认进路正确。

助理值班员与车站值班员认真核对调度命令;核对正确,通过控制台再次确认发车进路正确后(由于设备的关系助理值班员不能通过控制台确认发车进路时可不确认),与司机核对调度命令,无误后交给司机,确认发车条件具备,指示发车或发车。

救援列车进入封锁区间时,要及时通知邻站进入的"线别",并揭挂"区间占用"安全帽。

如果救援现场设有临时线路所时,车站值班员于发车前应商得线路所值班员的同意。

2.由封锁区间返回救援列车

(1)作业准备:在接到救援现场负责人的开车通知后,核对封锁区间开行救援列车的调度命令。

(2)作业要点:车站值班员根据命令要求,确定接车线,并确认接车线路空闲,开放进站信号机接车。

如遇进站信号机不能开放,开放调车信号准备进路(调车进路不能完全锁闭整个进路时,其他未锁闭道岔单独锁闭)后取消调车信号或单操道岔(含防护道岔)准备进路。按下接通光带按钮确认进路正确后,开放引导信号接车(请求并接收引导接车的调度命令)。

未设进站信号机时,开放调车信号锁闭进路(调车进路不能完全锁闭整个进路时,其他未锁闭道岔单独锁闭)或单操道岔(含防护道岔)准备进路,并单独锁闭。按下接通光带按钮确认进路正确后,指示引导员到《站细》规定地点显示引导手信号接车。

救援列车全部到达(返回)后,应及时通知邻站并报告列车调度员,摘下"区间占用"安全帽。

车站值班员须将引导接车的调度命令号码及内容向司机转达。

列车调度员根据救援现场负责人的报告,发布开通区间的调度命令。

车站值班员根据调度命令,与邻站核对无误后,及时开通区间,摘下"区间封锁"安全帽。

(四)开行救援列车的注意事项

(1)救援列车进入非封锁区间,仍按原闭塞法行车。

(2)进入封锁区间的调度命令应分别交给司机及救援列车负责人。

(3)封锁区间两端站要掌握好到发线的运用,为救援列车的机车转线、调车、停放车辆做好安排。

(4)封锁区间两端站,接发救援列车时,进路的准备都要按规定要求办理。

(5)如无空闲线路接车时,每次接车办法要在调度命令中说明,使司机心中有数。

进入事故地段的救援列车(包括单机、重型轨道车等),均须在防护信号处停车,撤除防护并通知救援有关事项后,再以调车方式领入事故地点。这一救援作业中的行车办法,是事故救援现场防止忙中出乱、急中出错的一项安全有效措施。在事故救援案例中,曾发生过多起事故救援出事故的现实教训,必须引以为戒。

【案例3-13】 2006年7月2日11:51,新乡机务段SS4型7164号、重联SS4型7158号机车,牵引14522次货物列车,编组51辆,总质量4 406t,计长62.2m,运行至侯月上行线磨滩至盘古寺间鱼天隧道内K196km+902m处,因线路不良,列车通过时轨距扩大,造成列车脱轨颠覆。11:52,洛阳机务段SS4型0357号机车牵引的41045次货物列车,编组24辆,总质量1 980t,计长29.6m,恰好也运行在隧道内,发现侵限车辆后停车不及,机车及机后1~3位车辆与14522次货物列车机后脱轨侵限的11位车辆碰剐。

事故发生后,现场救援指挥部在综合考虑种种不利条件,确保安全的前提下,确定了从隧道两端同时起复事故车辆,一次双线开通的总体方案,并分如下步骤具体实施:

(1)组织两端站调车机及现有机车,将事故未脱轨车辆先行分别拉离现场。

(2)安排先期到达的洛阳救援列车从隧道南口进入现场。

(3)报请中国国家铁路集团有限公司组织太原局救援列车出动,由隧道北口进入。

(4)由供电部门组织在隧道内安装照明设备,待接触网停电后,将接触网导线拨至隧道洞壁侧上方。

(5)调运大型通风设备设于隧道口,改善洞内通风条件。

(6)由货运部门组织民工卸空事故车辆,并将堆积在事故现场的散煤装袋运出。

(7)运输部门组织调运抢修物资及平板车送抵现场,工务部门做好线路抢修各项准备。

 模拟练习

请分成学习小组,模拟扮演两站车站值班员、助理值班员、信号员完成以下练习。

(1)甲站至乙站间27003次故障失去动力停于区间,甲站调机担当救援任务进入区间,将 27003 次拉回至甲站。

(2)甲站至乙站间由于大雨塌方线路中断,线路封锁,甲站向区间开行救援列车。

任务中主要的角色有车站值班员、助理值班员、列车调度员、司机等。请各小组安排好人员,模拟救援列车接发作业过程进行任务练习。

四、列车分部运行

列车分部运行是特殊情况下接发列车的一种,发生该情况的概率很小,但铁路事故的发生往往由这些小概率问题引起。由于铁路职工无法对这类情况经行实景演练,所以对本任务的学习重点是要把握方式方法和各种规章规定,在熟悉规章规定的前提下,进行模拟演练。在完成本项学习任务前,必须首先掌握以下知识点。

(一)列车在区间被迫停车时的处理方法

1. 列车在区间被迫停车的处理

(1)列车在区间被迫停车后,不能继续运行时,司机应立即使用列车无线调度通信设备通知两端站(列车调度员)及车辆乘务员(随车机械师),报告停车原因和停车位置,根据需要迅速请求救援。需要防护时,列车前方由司机负责,列车后方由车辆乘务员(随车机械师)负责,无车辆乘务员(随车机械师)为列车乘务员负责。配备列车防护报警装置的列车应首先使用列车防护报警装置进行防护。单班单司机值乘的列车防护作业办法由铁路局集团有限公司规定。

如遇自动制动机故障,旅客列车司机应通知车辆乘务员立即组织列车乘务人员拧紧全列人力制动机,以保证就地制动;其他列车司机应立即采取安全措施,并向车站值班员(列车调度员)报告,请求救援。

(2)对已请求救援的列车,不得再行移动,并按规定对列车进行防护。

(3)车站值班员(列车调度员)接到司机通知后,应将区间内列车运行情况通知司机,并立即使用列车无线调度通信设备转告区间内有关列车。在停车原因消除前,不得再放行追踪、续行列车。

(4)需组织旅客疏散时,车站值班员得到列车调度员准许后,扣停邻线列车并通知司机,由司机通知有关作业人员办理。

(5)列车被迫停车可能妨碍邻线时,司机应立即用列车无线调度通信设备通知邻线上运行的列车和两端站,并与车辆乘务员(随车机械师)分别在列车的头部和尾部附近邻线上点燃火炬;在自动闭塞区间,还应对邻线来车方向短路轨道电路。司机应亲自或指派人员沿邻线一侧对列车进行检查,发现妨碍邻线时,应立即派人按规定防护。如发现邻线有列车开来时,应鸣示紧急停车信号。

车站值班员(列车调度员)接到列车被迫停车可能妨碍邻线的通知后,在停车原因消除前,不得向邻线放行列车。

2. 区间防护

列车在区间被迫停车后,分别根据下列规定放置响墩防护:

(1)已请求救援时,从救援列车开来方向(不明时,从列车前后两方面),距离列车不少于 300m 处防护。

(2)一切电话中断后发出的列车(持有附件三通知书 1 的列车除外),应于停车后,立即从列车后方按线路最大速度等级规定的列车紧急制动距离位置处防护。

(3)对于邻线上妨碍行车地点,应从两方面按线路最大速度等级规定的列车紧急制动距离位置处防护,如确知列车开来方向时,仅对来车方面防护。

(4)列车分部运行,机车进入区间挂取遗留车辆时,应从车列前方距离不少于300m处防护。

防护人员设置的响墩待停车原因消除后可不撤。

3. 下列情况列车不准分部运行

(1)采取措施后可整列运行时。

(2)对遗留车辆未采取防护、防溜措施时。

(3)遗留车辆无人看守时。

(4)司机与车站值班员及列车调度员均联系不上时。

(5)遗留车辆停留在超过6‰坡度的线路上时。

4. 注意事项

在不得已情况下,列车必须分部运行时,司机应使用列车无线调度通信设备报告前方站和列车调度员,并做好遗留车辆的防溜和防护工作。司机在记明遗留车辆辆数和停留位置后,方可牵引前部车辆运行至前方站。在运行中仍按信号机的显示进行,但在半自动闭塞区间,该列车必须在进站信号机外停车(司机已用列车无线调度通信设备通知车站值班员列车为分部运行时除外),将情况通知车站值班员后再进站。车站值班员应立即报告列车调度员封锁区间,待将遗留车辆拉回车站,确认区间空闲后,方可开通区间。

(二)列车分部运行时的接发列车办法

1. 前部车列的接入

车站值班员接到分部运行的报告后,立即报告列车调度员,并通过列车无线调度通信设备与司机联系,指示司机按开放的进站信号或引导信号直接进入站内。前部车列进站后,车站值班员向司机了解详细情况,将情况报告列车调度员。

在分部运行前,司机或相关人员必须做好遗留车辆的防溜和防护工作,司机在记明遗留车辆辆数和停留位置后,方可牵引前部车辆运行至前方车站。

2. 挂取区间遗留车辆的接发车

(1)发车。向区间挂取遗留车辆前,必须封锁区间。向封锁区间开行挂取遗留车辆的列车,不办理闭塞手续,进入区间行车凭证为列车调度员的命令。

(2)接车。按正常列车办理,开放进站信号机或引导接车将挂取遗留车辆列车接入站内。

(3)区间开通。遗留车辆全部挂回车站后,车站值班员应将原占用区间行车凭证收回,确认区间已空闲,立即报告列车调度员开通区间。

模拟练习

请分组模拟扮演两站车站值班员、助理值班员、信号员完成以下练习。

甲站至乙站间39502次运行在区间时,第二十位车后部车钩断裂,无可更换车钩,需要分部运行。

(1)分部运行的车辆均开往乙站方向。

(2)分部运行的车辆分别开往甲乙两个车站。

任务中主要的角色有车站值班员、助理值班员、列车调度员、司机等。请各小组安排好人员,模拟列车分部运行的组织作业过程进行任务练习。

巩固提高

1. 简述施工及施工、天窗及天窗分类。
2. 简述施工特定行车要求。
3. 模拟工务道岔人工更换道砟作业的施工登记与签认过程。
4. 模拟大机清筛施工作业的施工登记与签认过程。
5. 模拟线路捣固施工作业的施工登记与签认过程。
6. 什么是路用列车?
7. 什么是封锁区间?如何分类?如何办理?
8. 路用列车封锁区间与非封锁区间的行车凭证是什么?
9. 什么是救援列车?确定行车方法,选择凭证并填写。
10. 请各小组从多方面查找(图书馆、网络等)救援列车开行发生事故的案例,写出事故过程,并指出防止该事故发生应该采取的措施有哪些?
11. 简述分部运行列车条件,确定行车方法,选择凭证并填写方法。
12. 哪些情况下列车不准分部运行?

项目四　技术站技术作业过程分析

★ 知识重点
1. 技术站办理的货物列车种类；
2. 技术站货物列车作业内容；
3. 技术站货物列车技术作业过程；
4. 列车确报；
5. 列车编组顺序表；
6. 技术站办理的货车种类；
7. 技术站办理的货车作业内容；
8. 货车在站技术作业过程；
9. 货车集结过程。

★ 项目任务
1. 能够分析确定货物列车在技术站办理的技术作业种类；
2. 能够正确填记和使用列车编组顺序表；
3. 能够按所办理的技术作业对货车进行分类；
4. 能够编制技术站各种货物列车及各种货车的技术作业过程。

任务一　技术站的货物列车技术作业

任务描述

本学习任务需要你会判断技术站办理的货物列车种类，会编制无改编中转列车的技术作业过程，会编制部分改编中转列车的技术作业过程，会编制到达解体列车的技术作业过程，会编制自编始发列车的技术作业过程，会正确填记和使用列车编组顺序表。

相关理论知识

货物列车在始发站、终到站、途经技术站的到发线上，以及摘挂列车在中间站办理的各项技术作业，统称为货物列车技术作业。货物列车技术作业是在到发线上进行的，不包括列车在调车场的编组、解体调车作业，也不包括途经各中间站的接发列车作业。

一、技术站办理的货物列车种类及作业内容

(一)技术站办理的货物列车种类

C 站是铁路线路上的一个技术站。相关货物列车及其编组内容，如图 4-1 所示。

由图 4-1 可见，在技术站 C 站办理的货物列车有如下几种。

1. 自编始发列车

自编始发列车是指由该技术站编成的列车。在始发站调车场编组作业完了转往出发场，在出发线上进行的技术作业，称为始发列车出发作业，简称到达作业。

2. 无改编中转列车

无改编中转列车是指在该技术站不进行改编作业，而只在到发场进行到发技术作业后

145

继续运行的列车。直达、直通货物列车运行途中经过某些技术站时,虽不进行改编调车作业,但是为了列车继续运行的安全和货物完整,在途经技术站到发线上进行的中转技术作业,称为无改编中转列车作业。

图 4-1 技术站 C 站办理的货物列车示意图

3. 部分改编中转列车

部分改编中转列车是指在该技术站需要变更列车质量、变更运行方向或换挂车组后继续运行的列车。部分改编中转列车在技术站到发线上进行的技术作业,称为部分改编中转列车作业,包括以下 3 种。

(1)变更货物列车质量:当相邻区段牵引定数不同时,列车在技术站需进行减轴或补轴作业。如图 4-1 所示,由 B 站始发开往 E 站的直通列车,在 C 站需进行减轴 500t 的作业,即摘下一组车;反之由 E 站始发开往 B 站的直通列车,在 C 站则需进行补轴作业,增加 500t,即挂上一组车。

(2)换挂车组:如图 4-2 所示,按编组计划规定,甲站开往丁站的直通货物列车,在甲站始发时的编组内容包括乙、丙、丁三个车组,列车运行至乙站时,需把到达乙站和丙站的车组摘下,同时为了保证列车的质量不变,还需挂上到丁站的车组,即甩一组挂一组,称为车组换挂。

(3)变更列车运行方向

当列车经过有分歧方向的技术站时,由于车场进路的原因,有时需变更运行方向后才能继续运行。如图 4-3 所示,由甲站始发开往丙站的货物列车,在乙站虽不改变编组内容,但需要进行调换列车首尾的作业,即改变运行方向后,才能进行向丙站运行。

图 4-2 车组换挂示意图　　　　　　图 4-3 变更列车运行方向示意图

4. 到达解体列车

到达解体列车是指在该技术站进行解体的列车。货物列车到达解体站后,车列解体前,在到达线上进行的技术作业,称为解体列车到达作业,简称到达作业。

需要注意的是,对某一列货物列车来说,并不是每个技术站都要进行上述四种技术作业,而是在不同的技术站上进行不同的一种列车技术作业。

(二)技术站货物列车作业内容

虽然货物列车在技术站的作业种类各不相同,但其作业项目基本相同,主要包括以下内容:

1. 车辆技术检查与修理(包括摘挂机车及试风)

由于列车质量大、速度高,在运行中所受冲击力大,车辆的走行、连接部分可能发生损坏,零件可能磨耗过多或丢失,车辆的制动部分可能动作失灵,所以经过一段长距离运行后,需要进行技术检查和修理。此项作业由列检所的检车员负责。

在列车进站时,检车人员应提前到规定线路接车,检车列车走行状况。列车停妥试风后,摘去机车并在车列两端插上安全防护信号,然后分段同时检查车辆走行部分、车钩及制动装置。对于可以在规定时间内进行不摘车修理的故障,即在到发线修理。对于必须摘车修理的车辆,应插上扣修票,注明故障内容及送修地点,并填发扣修车通知单,通知有关人员及时甩车。

车辆技术检查与修理作业,如图 4-4 所示。

2. 车辆的货运检查及整理

车辆经过一段长距离运行后,货物装载状态可能发生变化,需要进行装载整理。这项作业由车站货运检查员负责。

在列车到达前,货运检查员应在列车尾部停车地点接车,在列车进站走行中观察货物装载状况。列车停妥后,货运检查员从车列两侧检查无盖货车上的货物装载和篷布覆盖情况,棚车铅封、车门、车窗、车体等有无异常,罐车有无渗漏,超限货物的状态是否与挂运电报和记录内容相符,发现问题立即消除;如不能继续运行,应报告有关人员甩车处理。

货运检查及整理作业,如图 4-5 所示。

图 4-4 车辆技术检查与修理作业

图 4-5 货运检查及整理作业

3. 车号员核对现车

车号员按列车编组顺序表中的内容,检查核对现车,即与车列中的机车、车辆实际状况进行逐项对照、修改,补充列车编组顺序表中的记载,使之与实际状况相符的工作。其目的是保证现车、货运单据、列车编组顺序表"三相符",保证出发列车的编组内容、编挂顺序符合规定,或解体列车的调车作业计划正确。

车号员核对现车作业,如图 4-6 所示。

图4-6 车号员核对现车

4. 车列票据交接

为避免车辆错挂,列车编组顺序表内的记载必须与车列及货运票据相符。因此,到达司机和车站,车站和出发司机间必须办理票据交接,并按票据核对现车。

5. 列尾作业员技术作业

列车尾部安全防护装置简称"列尾装置",如图4-7所示。半自动闭塞区段货物列车尾部须挂列尾装置,其他区段货物列车尾部宜挂列尾装置。列尾装置包括机车控制盒和尾部主机两部分。解体列车列尾装置的摘解、始发列车列尾装置的安装以及无改编中转列车、部分改编中转列车列尾装置的换挂,由列尾作业员负责。列尾作业员应按有关规定及时填写"列尾装置使用登记表",用机车车号确认仪将本务机车号码输入尾部主机,确认尾部主机与机车的"一对一"关系,并认真监听核对,确保列车运行安全。列尾作业,如图4-8所示。

图4-7 列尾装置

图4-8 列尾作业

6. 摘挂机车或机车乘务组换班

由于机车是分段牵引列车,所在列车到达技术站后,一般要更换机车,如采用循环运转制,在基本段不更换机车时,则机车乘务组需换班。

7. 准备发车及发车或准备解体

对出发列车还应进行准备发车及发车作业,对到达解体列车还包括解体前的准备工作,如在到达线上进行的排风、拉风和摘管等作业。

二、技术站货物列车技术作业过程

技术站应根据各类货物列车技术作业的项目,查定各项技术作业时间标准,按照作业先后程序和平行作业的原则,编制各种货物列车技术作业过程及其时间标准,纳入《站细》,报分局审批,抄送机务、车辆部门,作为计算车站到发线通过能力和进行货物列车技术作业的标准。

(一)无改编中转列车技术作业过程

无改编中转列车技术作业过程,如表4-1所示。

无改编中转作业实际上是将到达作业与出发作业结合起来进行。但因不改变列车编组内容,故又具有如下特点:

(1)免除了准备解体、编制列车编组顺序表等有关作业。
(2)车列票据可由到达司机与出发司机直接在现场办理交接。
(3)机车采用循环运转制时,在基本段不更换机车,只在站线上进行机车整备作业。

无改编中转列车技术作业过程　　　　　　　　　　　　表4-1

顺序	作业项目	时间(min) 0　10　20　30　40
1	检车员、车号员、货运检查员、列尾作业员等出动	
2	车辆技术检修作业(包括摘挂机车及试风)	
3	列尾作业员技术作业	
4	车号员核对现车	
5	货运检查	
6	有关人员与到达、出发司机办理运统1和货运票据交接	
7	准备发车与发车	
	作业总时分	

加速车辆技术检修作业的主要方法如下:
(1)加强检修预报。中间站值班员发现列车中有技术状态不良的车辆时,应直接或通过列车调度员向前方技术站预报,说明车号、编挂位置和不良情况,以便列检所提前做好不摘车检修的准备。
(2)充分利用自动检测轴温设备或组织检车员提前到达现场,在列车进站过程中观测检查车辆技术状态,做到心中有数,以便缩短列车到达后检查车辆的时间。
(3)推广快速修理方法,扩大不摘车修理。如能将原需摘车修理的车辆改变为不摘车修理,既能减少摘车和送修的调车作业,又能压缩该车在站停留时间,还可避免因摘车作业造成列车出发晚点。

当无改编中转列车晚点到达技术站时,为使列车恢复正点,需压缩技术检查作业时间时,列检所可采取大组作业,多派一些列检员。

(二)部分改编中转列车技术作业过程

部分改编中转列车技术作业过程,如表4-2所示。

部分改编中转列车技术作业过程　　　　　　　　　　　　表4-2

顺序	作业项目	时间(min) 0　10　20　30　40
1	检车员、车号员、货运检查员、列尾作业员等出动	
2	车辆技术检修作业(包括摘挂机车及试风)	
3	列尾作业员技术作业	
4	车号员核对现车	
5	货运检查	
6	摘挂车辆	
7	有关人员与到达、出发司机办理运统1和货运票据交接	
8	准备发车与发车	
	作业总时分	

部分改编中转列车除需办理与无改编中转列车相同的各项作业外,按下列不同情况还须进行一定的调车作业:

(1)变更列车运行方向时,要进行变更列车首尾部的调车作业。

(2)变更列车质量时,要进行减轴或补轴的调车作业。

(3)换挂车组时,需进行摘车和挂车的调车作业。

为了加速列车作业,车站应根据列车到达确报,准备好需要加挂的车组,并调移至靠近列车到达线的线路上,以便列车技术检查后即可进行调车作业,具体组织方法如下:

(1)减轴时,对摘下车组可采用先摘下后检修的方法。在调车机车甩车时,检车员集中力量检修基本车组。这种方法既可缩短检修基本车组的时间,又可使减轴调车作业与车辆技术检修作业平行进行,从而缩短列车技术作业的延续时间。

(2)补轴时,对补轴车组可采用先检修后挂车的方法。事先检修好的补轴车组由调车机车挂好在邻线等候,在车列检修完了后立即挂上。

在列车前部补轴或减轴时,如能利用到达机车减轴、出发机车补轴,还能进一步缩短摘挂车组的作业时间。

(3)换挂车组的作业方法,甩车与上述减轴的方法相同,挂车与上述补轴的方法相同。

(三)解体列车技术作业过程

到达解体列车技术作业过程,如表 4-3 所示。加速到达解体列车技术作业过程的方法如下:

到达解体列车技术作业过程　　　　　　　　　　　　　　表 4-3

顺序	作业项目	时间(min) 0　10　20　30　40
1	检车员、车号员、货运检查员、列尾作业员等出动	
2	车辆技术检修作业(包括试风、摘机车)	
3	列尾作业员技术作业	
4	车号员核对现车	
5	货运检查	
6	有关人员与到达司机办理运统1和货运票据交接	
7	准备解体	
	作业总时分	

(1)加速到达技检。对急需解体或腾空到发线的车列,车站应提前与列检所联系,增派检车员加速检修,缩短到达技检时间。如果是分部解体车列,可组织分段检修。必要时,对部分车辆的修理,可在车列解体后在调车场进行。一般情况下,车辆的技术检查和修理是到达作业中占用时间最长的作业,是关键环节。为了压缩车辆停留时间,提高检修水平,必须注意改善检车人员的劳动组织,采用红外线测轴等先进技术设备。

(2)认真核对现车。列车到达后,车号员应根据列车确报认真核对现车,检查票据。如发现有误,应立即向运转车长提出并在确报上改正。无运转车长值乘的列车,发现票据与现车不相符时,应立即向该列车编成站提出并设法纠正,防止车、票分离。对关门车、禁溜车、禁止过峰车、限速车等有特殊标记的车辆,应在记事栏内填记清楚。核对现车后,应及时向调车领导人报告,以便及时修改解体调车作业计划。

(3)做好解体前的准备工作。调车区长应根据列车确报,提前编制解体调车作业计划;制动员根据解体调车作业计划及时对待解车列进行排风、拉风、摘管。

(四)自编始发列车技术作业过程

自编始发列车出发技术作业过程,如表4-4所示。

自编始发列车技术作业过程　　　　　　　　　表4-4

顺序	作业项目	时间(min) 0　10　20　30　40
1	检车员、车号员、货运检查员、列尾作业员等出动	
2	车辆技术检修作业(包括挂机车及试风)	
3	列尾作业员技术作业	
4	车号员核对现车	
5	货运检查	
6	有关人员与出发司机办理运统1和货运票据交接	
7	准备发车与发车	
	作业总时分	

加速自编始发列车技术作业过程的方法如下:

(1)通知有关人员做好准备工作。车站值班员应将车列编成的时间、转入到发场的股道、编成辆数、车次及出发时分通知机务段、列检所和列车段乘务室,组织机车按时出段,有关人员及时出动。

(2)挑选票据,编制列车编组顺序表。车号员根据编组调车作业计划,在编组车列过程中挑选票据,编制列车编组顺序表,并于车列编成后,认真核对现车,保证做到现车、票据、列车编组顺序表"三相符",并检查列车编组是否符合列车编组计划、运行图和《技规》规定,做好与运转车长办理交接的准备工作。

(3)及时交接票据及车列。运转车长应按规定时间提前到达车号室接收票据,并与列车编组顺序表核对无误后,立即奔赴出发线上认真核对现车,检查货物装载和车辆编挂情况。发现问题时,应立即提出,以便车站早做处理,确保列车安全正点出发。

无运转车长值乘的列车,由车号员认真核对现车,并将全部票据装入票据封套,加盖站名印后,由车号员或发车人员送交这次列车司机带往前方技术站。

⚠ **讨论**:从北京西站编组一列车,沿途经过石家庄站、邯郸站、安阳站(北京局与郑州局分界站),最终到郑州站,本列车在这些车站分别可以进行哪些技术作业?

三、列车确报

"列车预确报"是铁路运输组织中最重要的基础信息之一,是编组站作业、卸车预报、车流调整等工作必不可少的信息。生成列车确报是车站的一个重要工作。以往的电报确报模式是通过多个电报确报所传递,列车出站后,车站确报员都是掐表看时间,再通过手写电报,向前方车站预报列车信息,包括进站时间、货物信息、车次等。据统计,这种预报的准确率非常低。随着铁路运输管理信息系统(TMIS)的子系统"列车预确报"系统的投入使用,代替了原有的电报确报模式,大大提高了确报的准确性、及时性和完整性。

1. 确报系统的组成

现有的"列车预确报"系统,主要分为车站级确报子系统和铁路局集团有限公司级转发子系统。

车站级确报子系统,又是车站信息管理系统的一部分。系统根据车号自动识别系统产生的到达、出发列车编组信息,核对到达、出发确报,对确报信息进行卡控以及必要的编辑;系统生成的确报信息是地面识别设备(AEI)产生的数据和现场作业数据双向校验的结果。

铁路局集团有限公司级确报信息管理系统的主要目的,是用计算机网络代替铁路电报网传输确报信息,并将确报信息入库,供有关信息系统(如运输调度、运输统计、成本分析和办公信息系统等)共享使用。

2. 确报的传输方式

(1)编组站信息处理系统(YIS)或规范化编组站管理信息系统(SYIS),传输确报该系统能发出、传输、接收、查询、检验、划号和打印列车确报。其基本传输径路为:

对局管内各站编组站始发的列车,传输到局信息处理中心后,由局信息处理中心发往附近有关确报站及调度中心。

对跨铁路局集团有限公司交接的列车,由铁路局集团有限公司传输到中国国家铁路集团有限公司再由中国国家铁路集团有限公司中央处理主机向邻局转发。

该系统目前被大多数编组站采用。

(2)TMIS 传输确报。目前运用的 TMIS,除了具有 SYIS、YIS 已实现的功能外,还在中央主机上建有各主要站段的确报库,使用计算机通信实现中央主机与站段信息处理系统间的确报交换,而且传输高速可靠。

图 4-9 列车确报

3. 确报内容

TMIS 发车、传输和接收是各次列车编组顺序表的全部内容,如图 4-9 所示。

4. 一般要求

(1)内容正确,项目齐全,确报内容和列车编组顺序表完全一致。

(2)确报及时。列车编组顺序表必须按规定及时传输上报确报库。一般要求直达、直通、区段列车出发后 10min 内,小运转和摘挂列车出发前 10min 发出确报。

(3)字迹清楚,按规定使用简化字。

四、列车编组顺序表

列车编组顺序表(运统1)是记载列车组成情况,作为车站与运转车长(或司机)间、铁路局集团有限公司之间交接车辆的依据,如表4-5所示,是运输统计的主要原始资料。凡由编组站、区段站及列车始发站发出的一切列车(包括挂有车辆的单机、轨道车附挂的路用车),均由车站按列车实际编成情况编制"列车编组顺序表"。除留一份存查外,一份交车长(无车长时为司机,下同)带到下一区段站、终到站,并按规定及时传输上报确报库。对经由铁路局集团有限公司分界站(包括分界站为中间站)交出的列车,需增添一份,由车长负责交分界站统计人员。

列车编组顺序表(运统1)　　　　　　表4-5

_____站编组_____站终到　　_____年____月____日____时____分　　____次列车

自首尾(不用字抹销)　　　　　制表者_____　　检查者_____

顺序	车种	罐车油种	车号	自身质量	换长	载质量	到站	货物名称	发站	篷布	收货人或卸线	记事

自编组站出发及在途中站摘挂后列车编组

站名	客车				货车				守车	其他	合计	自身质量	载质量	总质量	换长	铁路篷布合计
	合计	其中			重车	空车	非运用车	其中代客								
		原编组客车	担当局	加挂客车	担当局												
部																
企																

到达时间____月____日____时____分　　交接时间____时____分　　车长签字_____

(一)列车编组顺序表(运统1)的作用

(1)运输组织工作的重要依据。由于它正确地记载了列车中车辆的顺序、质量、长度、品名、到站及特殊标记等内容,为到站编制日班计划、阶段计划、调车作业计划及组织装卸作业,提供了最根本、最重要的资料。

(2)计算货车运用效率的依据。根据它统计随同列车到发的各种车辆出入车数、时间,借以推算各阶段运用车数,计算车辆在车站停留时间。

(3)办理各项车辆交接的依据。它是查找货车、检查现车、核对票据的依据。

(二)列车编组顺序表的编制方法

(1)编组站名:填记列车始发站名。列车在分界站或运行途中的编组站、区段站更换本表时表头仍应填记原编组始发站名。

(2)年、月、日、时、分:按日历日填记列车计划发车时间。

(3)列车车次:填记计划开行车次。

(4)自首尾:不用字抹销。

(5)制表者、检查者:签字(代号)或盖章。

(6)车种栏:填记货车基本记号及辅助记号。

(7)罐车油种栏:根据罐车车体标记以简字填记。轻油,填"Q";黏油,填"L"。车体上的油种涂有代用字样时,按所代用的油种填记。

(8)车号栏:根据车体上的大号码填记。如发现双号码时,以车底架侧梁号码为准。

(9)自身质量及换长栏:车辆的自身质量及换长,按《铁路技术管理规程》中"机车、车辆质量及长度表"的规定计算。无规定时在本栏填记车体标记的自身质量及换长。

(10)载质量栏:根据货票记载的实际质量(无实际质量按计费质量)填记。一票多车只

有合计载质量吨数时,用上下括号表示。对下列货车装载质量,按以下规定填记:

①沿途零担车,无论重空和装货多少,均按货车标记载质量的1/3填记。

②重客车按车体外部标记载质量计算,并以左右括号表示。

③代客重车按每辆10t计算;行包专列重车按《行包专列组织办法》有关规定填记;其他装运非营业货物的非运用车,按实际装载质量计算;无实际装载质量时,按标记载质量1/3计算。

④货车上装载的重集装箱填记"货质量+箱质量"的合计质量。

⑤空集装箱自身质量(箱质量):按"集装箱技术参数表"规定填记。

集装箱技术参数,如表4-6所示。

集装箱技术参数表　　　　　　　　　　　　　　表4-6

集装箱类型	自身质量(t)	载质量(t)	换算箱数
1t箱	0.2	0.8	0.1
6(5)t箱	0.9	5.1	0.5
10t箱	1.6	8.4	1.0
20ft箱	2.4	21.6	2.0
40ft箱	3.7	26.8	4.0

⑥整车回送铁路篷布每张按60kg计算。

⑦其他铁路货车用具(加固材料、军用备品等)按实际质量计算;整车回送无实际质量时,按货车标记载质量的1/3计算。

本栏的载质量按辆以吨为单位填记,吨以下四舍五入。

(11)到站栏:按货票或其他货运票据填记重车的到达站名。多站整装零担车及整车分卸应分别填记第一及最终到达站站名;水陆联运货票按到达第一港口车站填记;其他有指定到站的车辆也在此栏填记到达站名。

(12)货物名称栏:按货票记载的货物名称填记。对下列车辆按规定的字样填记:

①整装零担车填记"整零";沿途零担车填记"沿零"。

②运用空车填记"空"。

③非运用车填记非运用车种别(含守车),如"检修""代客""路用"字样。

④企业自备车、企业租用空车填记"自备""租用"字样;军运货票填记军运号码。

⑤整车运送铁路集装箱时按实际状态填记箱型、重(或空)、箱数。

⑥一车货物有数种品名时,按其中质量最大的货物品名填记,如只有一个质量时,按第一个品名填记,并在品名之后增填"等"字。

(13)发站栏:按货票填记的重车始发站名。

(14)篷布栏:按货票和"特殊货车及运送用具回送清单"填记铁路篷布张数。

(15)收货人或卸线栏:按铁路局集团有限公司规定填记。

(16)记事栏:除下列规定外,其余按铁路局集团有限公司规定填记,如表4-7所示。

①对装载危险、易燃货物的车辆,按《铁路危险货物运输管理规则》的规定填记隔离记号。

②对外国车辆填记国名;对企业自备车填记企业简称;对军方自备车填记"军方自备"字样。

③凡是对列车运行、编组及调车作业有限制的车辆均须在运输票据(封套)或其他挂运

凭证和在本栏填记相应的代号或注明。

记事栏代号,如表4-7所示。

记 事 栏 代 号 表　　　　　　　　　　　　　　表4-7

代　号	记事内容	代　号	记事内容
M	关门车	R	有押运人员
J	禁止溜放	A	军方自备客车
U	限速连挂	LC	需成组连挂的车辆
X	限速运行,如限速50km/h,为X50	GS	水罐车
V	禁止通过设有减速器的驼峰	GC	食油罐车
N	超级超限	CA	公安人员押运的重要物资
N1	一级超限	GK	△易腐货物需加快办理作业
N2	二级超限	Go	△须与蜜蜂车隔离的农药车
O	跨装车或游车	GB	△有较高保价运输金额货物的车辆
C	外国车辆	GW	△特种保密物资
B	装载货物需要加冰	G1-G9	《危规》△~△
S	装载货物需要加水	Z	未涂刷新车号的企业自备车
F	施封的车辆		

(三)"自编组站出发及在途中站摘挂后列车编组"各栏填记方法

(1)站名:编组始发列车填记始发站名。列车在分界站或在运行途中的区段站更换本表时,填记更换站名。

(2)客车:填记客车(包括简易客车)的辆数。

(3)货车:分别按部属车、企业自备车、合计三行填记。其重、空车为运用车的重车、空车辆数;非运用车为检修、代客、路用、军方特殊用途空车等非运用车的合计辆数。

(4)守车:为实际守车数。

(5)其他:填记不属于客、货、守车范围的机械车辆、架桥机、起重机、无动力的机车等的合计辆数。

(6)合计:为列车编组总辆数(不包括本务、重联、补机及有动力附挂机车等)。

(7)自身质量:填记全列车(包括无动力机车)加总后的自身吨数(吨以下四舍五入)。

(8)载质量:填记表内载质量栏加总后的吨数。

(9)总质量:填记本表自身质量加载质量及括号内表示的质量总吨数。

(10)换长:填记全列车辆(包括无动力机车)加总后的换长。

(11)铁路篷布合计:为铁路篷布总张数。

(四)检修车填记

列车中有装载回送部属车检修车时,须另填本表一份,填记被装载车辆的车种、车号及辆数,并注明"第×××次列车运统1"附件,作为各车站(分界站)统计出入车的依据。

五、信息及票据传输

技术站对列车及货车合理的作业组织,在很大程度上依赖于及时、正确传递的各种列车、车辆信息。到达列车编组确报是组织车站日常作业的重要信息,包括列车的编组站、解体站、到发时间、车次、车种、车号、货物名称、到站、吨位、自身质量、换长以及编挂顺序等。

车站对信息的处理和票据传输应按一定的流程进行。技术站的信息和票据的作业流程,如图4-10所示。

图4-10 信息和票据的作业流程

当列车终点站收到列车编组顺序表后,该站的车号人员应按照列车编组计划标记每一去向车辆数,并将其送交调度室、车号室和到达场接车车号员,以便车站调度员据此在技术作业表上安排阶段计划,计划助理站调据此编制解体调车作业计划,车号员据此核对现车。

列车到达后,接车车号员核对现车,并将核对结果通知车号室,到达车长到车号室办理货运单据及列车编组顺序表的交接手续(不设运转车长时,机车乘务员可在进站咽喉处将票据投入票据箱,由接车车号员用传送装置送往车号室),车号室车号员按列车编组顺序表核对货运单据(对本站作业车应加盖本站图章)。如发现错误,应通知调度室计划助理站调修正调车作业计划,并将货运单据交调度室现在车助理站调(或现在车车号员)将核对过的列车编组顺序表送交统计室。

计划助理站调把根据列车编组顺序表编制的调车作业通知单,除传送至驼峰指挥楼、执行楼及峰顶供调车之用外,还应交给现在车助理站调(或现在车车号员),以便按调车作业计划顺序记载每条调车线上存放车辆的车号和在货运单据分类架上顺序安放票据。空车因无货票,应按其在车列中的位置,以空白纸记载车种车号,存放在相应的货运单据之间,使记载的每条线路上存放的车辆和货运单据分类架上存放的票据,与实际线路上存放车辆的顺序完全一致。到达本站的重车,其货票应按调车作业计划挑出,移交货运室;由货运室转来的出发重车的货票,应按调车作业计划分类存放于相应货票之间。

按照每一调车线上车辆集结的情况,现在车助理站调(或现在车车号员)应及时计算已集结满轴的车列质量,通知车站调度员,并根据车站调度员编制的编组调车作业计划挑选好货运单据,销去该线相应车辆的记载,然后将货运单据交车号室出发车号员,以便据以编制出发列车编组顺序表。出发列车编组顺序表与货运单据用传送装置送往出发场,由车号员与车长或机车乘务员办理交接。出发列车编组顺序表还应送交统计室和信息传送机构(电报所),以便进行统计和发出确报。

巩固提高

1. 何谓货物列车技术作业?
2. 技术站办理的货物列车分为哪几种?
3. 货物列车在技术站一般都要办理哪些技术作业?
4. 简述技术站办理的各种列车技术作业过程及内容。
5. 列车编组顺序表的作用是什么?

任务二 技术站货车的技术作业

任务描述

本学习任务需要你会判断技术站办理的货车种类,会编制无调中转车的技术作业过程,会编制有调中转车的技术作业过程,会编制一次和双重货物作业车的技术作业过程。

相关理论知识

货车自到达车站时起,至车站发出时止,在车站办理的各项技术作业称为货车技术作业。

一、技术站办理的货车种类及作业内容

(一)技术站办理的货车种类

货车按其在车站所办理的技术作业分为中转车和货物作业车两种。
如图4-11所示为在技术站C站办理的货车示意图。

图4-11 技术站C站办理的货车示意图

1. 中转车

中转车是指在本站不进行货物装卸作业的运用货车。按其在本站有无调车作业,分为无调中转车和有调中转车两种。

（1）无调中转车是指随无改编中转列车或部分改编中转列车到达，在该站进行到发技术作业后，又随原列车继续运行的货车。

（2）有调中转车是指随到达解体列车或部分改编中转列车到达，在该技术站经过一系列改编作业后，再随自编始发列车或另一列部分改编中转列车继续运行的货车。

2.货物作业车（又称本站作业车）

货物作业车是指随到达解体列车或部分改编中转列车到达、需在车站进行货物作业（卸车或装车）的货车。

货物作业车按其在车站完成装卸作业次数的不同，可以分为一次货物作业车和双重货物作业车。

（1）一次货物作业车是指在本站只进行一次装车或卸车作业的货物作业车。

（2）双重货物作业车是指在本站卸空后，在本站再装车，进行两次货物作业的货物作业车。

（二）技术站办理的货车作业内容

（1）无调中转车随中转列车到达车站，并随原列车出发。它的技术作业内容也就是中转列车的技术作业内容。无调中转车技术作业通常在到发场或出发场（或直通场）办理。

（2）有调中转车和货物作业车随到达解体列车或部分改编中转列车到达车站，它们共同的作业有：

①到达作业，是指在到达场对到达解体列车所进行的技术作业。

②解体作业，是指在驼峰或牵出线上将到达解体列车或车组按车辆的到达地点（有调中转车按列车编组计划，到达卸车的重车按货物作业地点，不良车按检修地点）分解到调车场各固定线路内的调车作业。

③集结过程，是指被分解到调车线上的货车，按列车到达站聚集成列的过程，如图4-12所示。

图4-12 货车集结

④编组作业，是指在牵出线上将集结的货车按列车编组计划和《技规》的要求，选编成车列或车组所进行的调车作业。

⑤出发作业，是指在出发场或到发场对自编始发列车所进行的技术作业。

（3）货物作业车除办理与有调中转车相同的技术作业外，还要完成以下作业：

①待送，是指被分解到调车场货物作业车停留线上的货车，等待被送到装卸作业地点的过程。

②送车，是指调车机车将货物作业车送到装卸作业地点并对好货位的调车作业。

③装卸，是指货物作业车在装卸作业地点进行装车或卸车的作业。

④取车，是指调车机车将装卸完毕的货物作业车从装卸作业地点取回到调车场固定线路的调车作业。

⚠ 讨论：货车与列车有何区别？

二、货车在站技术作业过程

货车从到达车站时起至发出时止，在车站所进行的技术作业项目、程序及时间，统称为货车在站技术作业过程。各项技术作业平均时间之和等于该货车在站停留时间。

(一)无调中转车技术作业过程

无调中转车随中转列车到达车站,并随原列车出发。因此,无调中转车技术作业过程及停留时间与无改编中转列车的技术作业过程相同。无调中转车技术作业通常在到发场或出发场(或直通场)办理,见表4-1。

(二)有调中转车技术作业过程

有调中转车随同列车到站后的技术作业过程包括:

(1)在到达线上进行解体列车的到达作业($t_{到}$)。
(2)在驼峰或牵出线上进行解体作业($t_{解}$)。
(3)在调车场集结新的车列($t_{集}$)。
(4)在牵出线上进行编组作业($t_{编}$)。
(5)编成的新车列在出发线上进行始发列车的出发作业($t_{发}$)。

其在站总停留时间($t_{有调}$)为上述五项作业平均时间之和,见式(4-1)。

$$t_{有调} = t_{到} + t_{解} + t_{集} + t_{编} + t_{发} \quad (h) \tag{4-1}$$

有调中转车在站内进行技术作业的走行径路,视技术站车场配置情况不同而异。例如,到达场、调车场与出发场横列配置的车站上,有调中转车有大量的折返走行(图4-13),在到、发车场与调车场纵列配置的车站上,除反驼峰方向的车流和折角车流外,有调中转车在站内可以顺向走行,从而保证有调中转车各项作业的流水性和最短的走行径路(图4-14、图4-15)。

图4-13 横列式车站有调中转车走行径路图

图4-14 单向纵列式车站有调中转车走行径路图

图4-15 双向纵列式车站有调中转车走行径路图

(三)一次货物作业车技术作业过程

在技术站上,一次货物作业车除办理有调中转车相同的五项技术作业外,还有向货物作业地点送车、装车或卸车和取车三项技术作业。其技术作业过程,如图4-16所示。

一次货物作业车在技术站平均停留时间($t_{一次}$)见式(4-2)。

$$t_{一次} = t_{到} + t_{解} + t_{送} + t_{装(卸)} + t_{取} + t_{集} + t_{编} + t_{发} \quad (h) \tag{4-2}$$

式中:$t_{装(卸)}$、$t_{送}$、$t_{取}$——分别为装车或卸车、送车、取车作业平均时间。

(四)双重货物作业车技术作业过程

双重货物作业车比一次货物作业车多两项技术作业:

(1)将卸后空车送往装车地点的调移作业。

(2)多一次货物作业。

其技术作业过程,如图4-17所示。

顺序	作业名称	作业时间(h)
1	到达	
2	解体	
3	送车	
4	装(卸)	
5	取车	
6	集结	
7	编组	
8	出发	
总停留时间(h)		

图4-16 一次货物作业车技术作业的过程

顺序	作业名称	作业时间(h)
1	到达	
2	解体	
3	送车	
4	卸车	
5	调移	
6	装车	
7	取车	
8	集结	
9	编组	
10	出发	
总停留时间(h)		

图4-17 双重货物作业车技术作业的过程

双重货物作业车在技术站平均停留时间($t_{双重}$)见式(4-3)。

$$t_{双重} = t_{到} + t_{解} + t_{送} + t_{卸} + t_{调移} + t_{装} + t_{取} + t_{集} + t_{编} + t_{发} \quad (h) \tag{4-3}$$

式中:$t_{调移}$——调移作业时间标准。

对双重作业车而言,其完成一次货物作业的平均停留时间,比一次货物作业车短,货车运用效率较高。因此,车站应充分利用本站卸空后的空车进行装车,并应尽可能扩大车站代用,提高双重作业系数,缩短一次货物作业平均停留时间。

所谓双重作业系数($k_{双}$)是指每一货物作业车平均摊到的装卸作业次数。最大为2,最小为1,其值变动于1~2之间。$k_{双}$越大,货车运用效率越高。$k_{双}$可按式(4-4)计算。

$$k_{双} = \frac{(u_{装} + u_{卸})}{N_{货车}} \tag{4-4}$$

式中:$u_{装}$、$u_{卸}$——装、卸作业次数;

$N_{货车}$——本站货物作业车数。

必须指出,货车技术作业过程从理论上讲,应该最大限度地采取平行作业;但实际工作中,出于主客观原因往往出现等待时间,如待解、待送、待取、待编、待发等,这些等待时间均属于非生产时间,应从改善调车机车运用,提高车站工作组织水平等方面入手,大力予以压缩。

⚠ 讨论:在图4-11中,从B站到E站的列车中,C站的车流都是什么性质的货车?需要在C站进行哪些技术作业?

三、货车集结过程

(一)货车集结过程及集结时间

在技术站上编组某一个到达站(又称为去向)的出发车列或车组,由于在质量和长度上有一定要求,因而使陆续进入调车场的货车有先到等待后到凑集成车列(满重或满长)的过程,这个过程称为货车集结过程。货车在此过程中消耗的时间,称为货车集结时间。

1. 一个车列的集结车小时

为便于分析研究货车集结过程,假定进入调车场参加集结的车组大小相等(即 $m_1 = m_2 = m_3 = m_4$),进入调车场的间隔时间相同(即 $t_1 = t_2 = t_3$)。其集结过程,如图4-18所示。

从车列集结过程图可以看出,一个车列的集结车小时(阴影部分多边形面积)可用车数与延续时间所形成的面积来表示,见式(4-5)。

图4-18 车组大小相等并均衡到达的车列集结过程图

$$\begin{aligned} t_{集}^{列} &= m_1(t_1+t_2+t_3) + m_2(t_2+t_3) + m_3 t_3 + m_4 \times 0 \\ &= \frac{1}{4}m \times \frac{3}{3}t_{列} + \frac{1}{4}m \times \frac{2}{3}t_{列} + \frac{1}{4}m \times \frac{1}{3}t_{列} + \frac{1}{4}m \times 0 \\ &= \frac{1}{4}mt_{列}\left(\frac{3}{3}+\frac{2}{3}+\frac{1}{3}\right) \\ &= \frac{1}{2}mt_{列} \quad (车·h) \end{aligned} \quad (4-5)$$

式中: $t_{列}$——车列的集结时间,h;

m——车列的编成辆数,车。

2. 一个到达站一昼夜的集结车小时($t_{集}$)

为方便计算,假设车组大小相等、到达间隔时间相同、各车列无集结中断的情况下,该到达站一昼夜集结过程如图4-19所示。那么,一个到达站一昼夜的集结车小时 $t_{集}$ 等于各个车列集结车小时之和,见式(4-6)。

$$t_{集} = \frac{1}{2}(t_{列}^1 + t_{列}^2 + t_{列}^3 + \cdots + t_{列}^n)m = \frac{1}{2} \times 24m = 12m \quad (车·h) \quad (4-6)$$

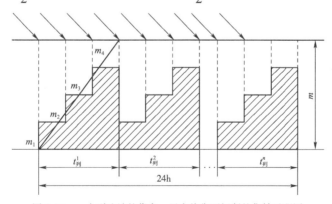

图4-19 一个到达站的货车一昼夜均衡不间断的集结过程图

实际工作中,车组的大小、到达间隔时间并不相等,而且可能出现集结中断情况。因此,一个到达站一昼夜集结车小时小于 $12m$,通常用 cm 来表示(c 为集结系数),见式(4-7)。

$$t_{集} = cm \quad (车·h) \quad (4-7)$$

3. 一车平均集结时间($\bar{t}_{集}$)

每辆货车的平均集结时间则用式(4-8)表示:

$$\bar{t}_{集} = \frac{t_{集}}{N} = \frac{cm}{N} \quad (h) \quad (4-8)$$

由上式可知,货车平均集结时间与该到达站车流量 N 成反比,与集结系数 c、车列编成辆数 m 成正比。影响货车集结系数的主要因素是车组大小的不均衡性、车组配合到达的程度、货车集结中断的次数和每次中断时间的长短。

(二)加速货车集结过程的措施

根据上述影响货车集结时间的主要因素,技术站在日常运输生产中,可以采用以下组织措施,加速货车集结过程,缩短货车集结时间。

1. 组织邻接区段和枢纽内各站产生的车流,配合到达技术站

所谓配合到达,就是组织大车组在车列集结终了前密集到达,缩短车列集结车小时。

如图 4-20 所示为车组不配合到达;图 4-21 所示为车组配合到达的情况。

图 4-20　车组不配合到达　　　　图 4-21　车组配合到达

从图 4-20、图 4-21 可以看出,后者比前者的集结车小时(带阴影的多边形面积)小得多。这是因为后者大车组 m_4 在车列集结终了时到达,其集结时间与集结车小时均为零,而且 m_2、m_3、m_4 三个车组配合到达,间隔时间短,所以车列集结车小时比前者要小得多。

2. 组织本站自装(卸)车流,提前结束车列集结过程

如图 4-22 所示,图中阴影部分就是采用这种措施后节省的集结车小时。

3. 组织超轴列车,造成集结中断

如图 4-23 所示,阴影部分表示开行超轴列车(m = 40 辆为满轴)后节省的货车集结车小时。

图 4-22　利用本站货物作业车结束车列集结图　　　图 4-23　开行超轴列车造成集结中断

 巩固提高

1. 什么是货车技术作业?
2. 何谓中转车? 中转车包括哪些种类?
3. 何谓货物作业车? 货物作业车是如何分类的?
4. 简述有调中转车在技术站办理的作业内容。
5. 试分析有调中转车在站内的走行路径。
6. 何谓双重作业系数?
7. 什么是货车集结过程? 如何加速货车集结过程?

项目五　车站作业计划编制

全路各编组站和作业量较大的车站,都要按照《铁路运输调度规则》的规定,编制和执行车站作业计划。

车站作业计划包括班计划、阶段计划和调车作业计划。

★ 知识重点
1. 车站班计划的内容、编制步骤与方法及班计划的布置与下达;
2. 车站阶段计划的内容、编制步骤与方法,技术作业图表的填写方法;
3. 调车区现在车的掌握,调车作业计划的编制方法。

★ 项目任务
1. 明确车站班计划的内容,熟练推算班计划出发车流及中停时指标;
2. 正确掌握车站技术作业图表的填画规定和方法以及调车机车的安排;
3. 准确、最优地编制调车作业计划。

任务一　编制车站班计划

 任务描述

车站班计划的核心内容是编制列车出发计划。列车出发计划的编制,实际上是推算车流、合理组织车流的过程。根据出发列车车次,判断其需要车流去向,确定编组内容。按照车辆接续时间要求,找出满足条件的车流来源,组织列车出发计划。明确推算中停时的目的,掌握推算中停时的方法。如推算的中停时完不成车站规定的指标时,要采取相应措施,力争完成班工作总任务规定的各项指标。

 相关理论知识

铁路运输工作的一个工作日为 24 小时制,即从前日 18:01 至当日 18:00 为一个工作日。一个工作日又分为两个班,即前日 18:01 至当日 6:00 为第一班;当日 6:01 至 18:00 为第二班。

班计划是车站作业的基本计划,必须充分考虑发挥设备效能,合理地组织安排车站每班和班内各个阶段的作业,均衡而有节奏地完成和超额完成运输生产任务;否则,就会造成缺乏预见、陷入被动、使工作失去协调,甚至产生影响运输生产的不良后果。为保证车站工作的顺利进行,每班必须由主管运输的副站长(调度室主任或运转主任)编制。

一、班计划的内容

车站班计划一般包括以下内容(表 5-1):

(1)列车到达计划。各方向到达列车的车次、到达时分及编组内容。

(2)列车出发计划。各方向出发列车的车次、出发时分、编组内容及车流来源等。

乙站班计划 表5-1

2013年6月16日(18:01~6:00)　　　　　　　站长　　　　副站长

(3)装车、卸车和排空计划。本班应完成的装车数、卸车数、按方向和分车种的排空车数,以及取送调车的轮廓安排等。

(4)班工作指标,也就是推算中时、停时。即推算中转车平均停留时间(中时)、一次货物作业平均停留时间(停时)。

(5)班工作总任务和重点指示。

二、班计划的编制

车站班计划的编制,第一班一般应在 14:00～17:30 时间段内进行;第二班一般应在 2:00～5:30 时间段内进行。

编制过程分两个阶段:第一阶段是了解情况、收集资料;第二阶段是计划编制。

(一)编制班计划前需了解和收集的资料

(1)预计 18:00 点(或 6:00 点)现在车。车站计划编制人员在 15:00 点(或 3:00 点)时,根据当时车站的现在车数,并考虑从 15:00 点(或 3:00 点)至 18:00 点(或 6:00 点)间列车到发和解编、车辆装卸和取送等情况,推算出车站 18:00 点(或 6:00 点)的现在车数,并按重车去向、空车车种和停留地点分别统计。

(2)货运要车计划。货运调度员收集各发货单位次日请求装车计划和承认装车计划等资料。

(3)机车供应情况。车站值班员收集各次出发列车的机车来源资料。

(4)预计 18:00 点(或 6:00 点)结存中转车总数和本站货物作业车总数。

(5)到达列车编组顺序预确报资料等。

(二)车站应于每班 16:00(4:00)前向路局调度中心报告收集到的班计划资料的情况

班计划编制人员应于每班 16:00(4:00)前,向路局调度中心报告收集到计划资料的情况,主要包括以下内容:

(1)全站(包括各场)18:00(6:00)现在车的分布情况。

(2)列车解编和车辆装卸进度。

(3)本班作业中存在的问题和对下一个班计划安排的要求。

(三)路局调度中心应于每班 17:00(5:00)前向各车站下达班计划任务

路局调度中心将收集到各站班计划资料的情况汇总分析,均衡各站作业情况,考虑重点任务和指示,综合安排全局运输生产;并于每班 17:00(5:00)前向车站下达班计划任务,作为车站编制班计划的依据。

内容主要包括:

(1)到达列车车次、时分、编组内容。

(2)出发列车车次、时分,编组内容及要求,车流来源,机车交路及型号,编挂限制等。

(3)摘挂列车甩挂作业计划。

(4)到站别的装车计划及空车来源,收发货单位、品名。

(5)卸车数及排空任务。

(6)重点任务,上级指示,施工封锁计划等。

(四)班计划编制步骤与方法

车站班计划编制人员根据路局调度中心下达的班计划任务和班工作开始前收集的资料,按照列车编组计划、列车运行图、运输方案和车站技术作业过程,编制出既具有指导意义、又切合实际的车站班计划。其具体编制方法如下：

1. 列车到达计划

列车到达计划是路局调度中心作为班工作任务布置给车站的，车站无须另作安排，直接将内容填记在班计划表中的列车到达计划相应栏内。

2. 列车出发计划

列车出发计划是班计划的核心。车站编制列车出发计划的主要任务就是确定每一出发列车的编组内容及车流来源。

(1)出发列车的车次、时分是路局调度中心作为班工作任务布置给车站的，车站无须另作安排，直接填记在班计划表中列车出发计划相应的栏内。

(2)确定列车出发计划编制内容的方法，实际上是为满足出发列车编组内容要求、推算车流、合理组织车流的过程。根据出发列车车次，判断其需要车流去向，确定编组内容。例如，乙站对 20111 次直通列车，仅办理无调中转列车技术作业，出发内容为原列内容不变；对编组 30131 次区段列车，应编挂丙及其以远的车流；对编组 40103 次摘挂列车，就应编挂乙—丙间的车流。

(3)确定列车编组辆数的方法，应根据列车运行图规定的该区段列车牵引定数、列车计长，概算编组辆数。例如，甲—乙、乙—丙区段列车牵引定数为 3 800t，列车计长为 70.0，货车平均换长为 1.2，每辆重车平均质量为 70t，则列车平均编组辆数为重车 $3\ 800 \div 70 \approx 54$ 辆；空车 $70.0 \div 1.2 \approx 58$ 辆。

(4)编组始发列车的车流来源主要有以下 3 方面：

①本班开始时的结存车。

②本班内陆续到达的中转车。

③本班内陆续装卸结束的货物作业车及出厂、站修修完的车。

(5)编制列车的出发计划时，选择列车出发车流应满足如下条件。

各种车辆在车站都要经过一定的技术作业才能编成列车由车站出发。因此，各种车辆从其参加车流集结时起，至由车站出发时止，需要一个间隔时间，这一间隔时间称为车辆接续时间。在编制班计划的列车出发计划时，选择列车出发车流，应该满足车辆接续时间。如果将接续时间不足的车辆作为出发列车的车流来源，必须有相应的措施加以保证。

乙站《站细》规定的各项技术作业时间标准为：无调中转列车技术作业时间为 45min，到达作业时间为 35min，出发作业时间为 25min，解体作业时间为 30min，解编结合时间为 40～50min，编组作业时间为 30min，编组摘挂列车为 40min，货场取送时间为 30min，机务段取送时间为 20min，双重作业车的调移时间为 15min，交接班时间为 30min，装车时间为 2.5h，卸车时间为 1.5h，调机入段整备时间为 45min。

根据上述作业时间标准，即可推算出乙站需要的各种作业接续时间。

①本班到达的无调中转车，最短的接续时间为：

$t_{无} = 45\text{min}$

②本班到达的有调中转车，其最短的接续时间为：

$t_{到} + t_{解} + t_{编} + t_{发} = 35 + 30 + 30(40) + 25 = 120(130)\text{min}$

③调车场集结上班结存的有调中转车及货物作业车，其最短的接续时间为：

$t_{编} + t_{发} = 30(40) + 25 = 55(65)\text{min}$

④到达场集结上班结存的待解车列中的有调中转车，其最短的接续时间为：

$t_{解} + t_{编} + t_{发} = 30 + 30(40) + 25 = 85(95)\text{min}$

⑤装卸地点集结上班结存的待取的货物作业车,其最短的接续时间为:

$t_{取} + t_{编} + t_{发} = 15 + 30(40) + 25 = 70(80)\text{min}$

⑥待装(卸)的作业车,其最短的接续时间为:

$t_{装} + t_{取} + t_{编} + t_{发} = 2.5\text{h} \times 60 + 15 + 30(40) + 25 = 220(230)\text{min} = 3.7(3.8)\text{h}$

$t_{卸} + t_{取} + t_{编} + t_{发} = 1.5\text{h} \times 60 + 15 + 30(40) + 25 = 160(170)\text{min} = 2.7(2.8)\text{h}$

⑦待送的作业车,其最短的接续时间为:

$t_{送} + t_{装} + t_{取} + t_{编} + t_{发} = 15 + 2.5\text{h} \times 60 + 15 + 30(40) + 25 = 235(245)\text{min} = 3.9(4.1)\text{h}$

$t_{送} + t_{卸} + t_{取} + t_{编} + t_{发} = 15 + 1.5\text{h} \times 60 + 15 + 30(40) + 25 = 175(185)\text{min} = 2.9(3.0)\text{h}$

⑧到达的作业车,卸后装双重作业,其最短的接续时间为:

$t_{到} + t_{解} + t_{送} + t_{卸} + t_{移} + t_{装} + t_{取} + t_{编} + t_{发}$

编制列车出发计划的过程,在很大程度上是推算车流和落实始发列车车流来源的过程。按照车辆接续时间要求,找出满足条件的车流来源,编制列车出发计划,尽量组织车流紧接续,缩短车辆在站停留时间。一般按运行图规定的接续运行线安排其出发时间。如遇列车早点或晚点到达时,应在保证完成技术作业的情况下,选定紧密衔接的适当列车运行线,安排出发时间。

现以乙站列车出发计划为例,说明如下。

①40101 次,摘挂列车,乙—丙间的车流,运行图定 19:15 出发。

可编入乙站 18:00 点结存乙—丙 30 车。乙站编组结存摘挂列车最短的接续时间为:$t_{编} + t_{发} = 40 + 25 = 65\text{min}$,该车流满足接续时间,可以纳入列车出发计划。

②30131 次,区段列车,丙及其以远的车流,运行图定 20:45 出发。

如用本班内陆续到达的有调中转车其最短的接续时间为:$t_{到} + t_{解} + t_{编} + t_{发} = 35 + 30 + 30 + 25 = 120\text{min}$,接续时间为 2h,运行图定该列车 20:45 出发,向前推 2h,那么,18:45 前到达本班内的有调中转车都可以编入。

如用待取的货物作业车其最短的接续时间为:$t_{取} + t_{编} + t_{发} = 15 + 30 + 25 = 70\text{min}$,接续时间为 70min,运行图定该列车 20:45 出发,向前推 70min,那么,19:35 前装好的货物作业车都可以编入。

据此推算出:30131 次列车的车流来源可为 18:00 结存丙及其以远 21 车,30051 次 18:20 到达丙及其以远 25 车,预计 18:30 装完的丙方向 10 车,合计 21 + 25 + 10 = 56 车,这些车流均能满足 30131 次列车的接续时间,可以编入。

③30052 次,区段列车,甲及其以远的车流,运行图定 22:25 出发。

根据预报知,30138 次列车 20:10 到达,内有甲及其以远的车流 45 车,采取解编结合,其最短的接续时间为:$t_{到} + t_{解编} + t_{发} = 35 + 50 + 25 = 110\text{min}$,接续时间为 110min。30052 次列车,运行图定 22:25 出发,30138 次列车 20:10 到达,两时间相差 135min,满足 30052 次 110min 接续时间的需要,而 18:00 结存车尚有甲及其以远的 21 车。因此,可确定 30052 次列车的车流为:甲及其以远,30138 次列车到达的 45 车 + 18:00 结存车的 21 车 = 66 车。

④无调中转车,仅办理无调中转列车技术作业,出发内容为原列内容不变。一般按运行图规定的接续运行线安排其出发时间。如遇到列车早点或晚点到达时,应在保证完成中转技术作业的情况下,选定紧密衔接的适当列车运行线,安排出发时间。

3. 卸车、排空及装车计划

车站在编制卸车、装车和排空车计划时,要按照"保证重点、照顾一般"、坚持"一卸、二排、三装车"的原则,必须确保完成路局调度中心下达的卸车、装车和排空车任务。

(1)卸车计划:本班内的计划卸空车数。根据车站 18:00(6:00)待卸车数和有效卸车数确定。

计划卸空车数为:18:00(6:00)待卸车数 + 有效卸车数。

有效卸车数是指本班内到达,本班内能卸空的车数。根据所卸车辆到达时分和到、解、送、卸作业时间标准,考虑货物品名、卸车能力及各种等待时间等因素确定。

假定乙站货物作业车从到达至卸空需 5h(考虑了货物品种、卸车能力及各种等待时间等因素),只有最晚 6:00 - 5:00 = 1:00 前到达车站的重车才能纳入卸车计划。

据此推算乙站本班的有效卸车数为:30051 次 18:20 到达 C10 车、30053 次 21:05 到达 C10 车,30140 次 0:20 到达 C10 车,共 30 车。

又已知乙站 18:00 结存待卸车:货场 C10 车,机务段 C20 车,共 30 车。

那么本班的计划卸空车数为:有效卸车数 30 + 18:00 结存待卸车 30 = 60 车。

但是对装有易卸、特别是大钩或整列易卸(如煤、砂等)的卸车,虽是在有效卸车时限之后到达,但通过重点组织,无效卸车也可变为有效卸车,也应尽量纳入卸车计划;而对装有难卸、卸车时间有限制(如夜间不能卸)及卸车能力受限制的卸车,即使到达时间在有效卸车的时限之内,而实际不能卸空者,则不应纳入卸车计划。因此,要据实际情况而定。

对卸车,除做出数量上的计划安排外,还应做出具体的组织安排。其主要内容包括:卸车地点、车种车数、到达车次、卸后空车的安排等。

(2)排空计划:一定要重点安排,切实保证。本班内排空车次、车种车数、空车来源的排空计划,是一项任务性计划,路局调度中心在班计划编制过程中下达,车站必须按指定的车次(方向)、车种车数,保质保量地完成。

例如,路局调度中心指定 30133 次排空,敞车 20 车。乙站具体安排用机务段 18:00 待卸敞车 20 车,预计 19:00 就能卸完的空敞车 20 辆作保证。

(3)装车计划:装车计划是以路局调度中心批准的次日装车计划为依据,结合排空后剩余空车情况,对装车地点、货物去向、车种车数、空车来源、挂运车次等做出具体安排,并坚持先重点,后一般的装车原则,保证全日装车计划的完成。

装车后的挂运计划,一般应按运输方案的规定或列车出发计划的需要安排装车进度和挂运。零星装车,应尽量组织同方向的货物同时装车,积零成组,集中挂运,扩大成组装车比重。

例如,乙站货场 18:00 待装丙方向棚车 10 辆,挂 30131 次;待装乙—甲间敞车 9 辆,挂 40114 次;18:00 待卸敞车 10 辆,卸后装丙方向,挂 30315 次;30051 次到达本站卸敞车 10 辆,卸后装丙方向,挂 30135 次,本班共安排装车 10 + 9 + 10 + 10 = 39 辆。

4. 推算中时、停时

车站班计划编完后,应推算本班可能完成的中时和停时。

推算步骤和方法如下:

(1)按中转车、货物作业车分别填记 18:00(6:00)结存车。

例如,乙站 18:00 结存中转车:甲及其以远 21 + 乙—甲间 38(列车到达计划栏内 18:00 结存乙—甲间 48 车,实际上有本站装乙—甲间 10 车) + 丙及其以远 21 + 乙—丙间 30 = 110

辆;18:00 结存货物作业车:18:00 结存乙—甲间 48 其中本站装 10 + 货场 C10 + 机务段 C20 + 空车 P10 + 空车 C9 = 59 辆。

（2）根据列车到达与出发计划,统计出每小时内到达与出发的中转车数和货物作业车数,填入推算表相关栏内。

例如,乙站 18:01 ~ 19:00 到达中转车:18:20 到达 30051 次丙及其以远 25 车、乙—丙间 21 车;18:58 到达 20110 次甲及其以远 56 车。合计 18:01 ~ 19:00 到达中转车:25 + 21 + 56 = 102 辆。

乙站 18:01 ~ 19:00 发出中转车:18:25 发出的 40112 次站存乙—甲 43 车,但其中有本站装乙—甲间 10 车,所以 43 – 10 = 33 车为本小时内发出中转车。

乙站 18:01 ~ 19:00 到达货物作业车:18:20 到达 30051 次本站卸车 C10 辆。乙站 18:01 ~ 19:00 出发货物作业车:18:25 发出 40112 次站存乙—甲间 43 辆,其中有本站装乙—甲间 10 车。依此类推,统计并填记其他小时相关栏内到发车数。

（3）计算每小时末结存车数及其停留车小时。计算公式如下：

本小时末结存车数 = 上小时末结存车数 + 本小时内到达车数 – 本小时内发出车数为便于推算,假定各小时末结存的所有货车均在本小时内停留了 1h,则：

本小时停留车小时 = 本小时末结存车数 × 1h （车·h）

例如,乙站 18:00 结存中转车 110 车,18:01 ~ 19:00 到达中转车 102 车,发出中转车 33 车,则 19:00 结存中转车数为 110 + 102 – 33 = 179 车。

18:01 ~ 19:00 中转车停留车小时为 179 × 1 = 179 车·h。

按照同样的方法,可将本班每小时末的中转车、货物作业车结存数与停留车小时计算出来,分别填入有关栏内。

（4）加总本班到达与出发的中转车、货物作业车数,将结存栏加总（不包括 18:00 结存车数）即得本班总停留车小时。

例如,乙站 18:01 ~ 6:00 第一班计划到达中转车 831 车、出发中转车 801 车,总停留车 1801 车·h;到达作业车共计 60 车、出发货物作业车共计 69 车,总停留为 672 车·h。

另外,本班货场共装 39 车（丙方向 30 车 + 乙—甲间 C9）;卸 60 车（货场 C40 车 + 机务段 C20 车）,装卸车作业次数为：装 39 + 卸 60 = 99 车。

（5）计算中时、停时：

$$中时 = \frac{中转车总停留车小时}{(到达中转车数 + 发出中转车数) \div 2} = \frac{1\ 801}{(831 + 801) \div 2} = 2.2h$$

$$停时 = \frac{货物作业车总停留车小时}{装卸作业次数} = \frac{672}{99} = 6.8h$$

如果推算出的中时、停时完不成车站规定的指标时,应进一步采取相应措施,调整出发车流紧接续等,力争完成班工作总任务规定的各项指标。

5. 班工作总任务和重点指示

车站班计划编制完毕后,对其整个班内应完成的主要任务进行汇总,以便醒目地表示出本班的工作量。主要包括：到达列数、出发列数、解体列数（本班到达的解体列数）、编组列数（本班发出的始发编组列数）、装车数、卸车数、排空车数、中时、停时和办理车数（到达车数 + 出发车数）等。

将完成班计划任务的有关重点指示,填入"重点指示"栏内,以便值班人员重点掌握。重

点指示的主要内容包括:

(1) 上级领导和调度中心的命令、指示和文电。

(2) 完成班计划的关键问题和安全注意事项,如施工封锁、装卸或挂运超限货物、车流接续等。

(3) 重点物资的运输要求。

(4) 其他指示和要求。

三、班计划的审批、下达与执行

(一)站长审批

班计划编完后,由站长(副站长)负责审批,审批的重点包括:

(1) 各方向到、发列车数,全站和各场货车出入总数、解编任务及主要装卸地点装卸任务与能力是否适应。

(2) 推算的中、停时指标能否完成月计划,发现不能完成时,要向路局汇报,采取措施完成任务,连续3d完不成时,需进行专题分析,查找原因,制订措施。

(3) 各方向各阶段的流线结合和车流接续情况,是否有压流、欠轴等问题。

(4) 军运、特种车辆及列车的到、发、装卸、编解、零星甩挂的安排是否符合规章制度和命令指系。

(5) 保证安全正点的注意事项。

(6) 施工计划与措施是否落实。

(二)班计划下达与执行

为保证更好地完成班计划任务,班计划编完并批准后,除报路局调度中心外,在班计划执行前,必须做好班计划的下达工作。

(1) 班计划编完后,要求值班站长组织车站调度员、车站值班员按班计划落实第一阶段(18:01~21:00 或 6:01~9:00)的接发、解编和取送各项任务,按规定打好交班基础,为接班人员更好地工作创造良好条件。

(2) 接班的调度人员应提前到班(一般要求 19:00 或 7:00),了解和抄录本班班计划的有关内容。接班的值班站长召集班计划会议,听取班计划编制人传达事项,集中研究和分析班计划的任务和特点,便于各调度人员统一行动。实行分场管理的车站,应用电话传达的方法,将班计划事先下达到各车场,以供各调度人员了解和抄录。

(3) 接班的值班站长和车站调度员在职工点名会上,向全体接班人员分别传达、布置班计划任务和第一个阶段计划,并提出组织落实计划的具体措施,也可在点名室内设置班计划揭示牌,指定专人负责将班计划重点内容摘录揭示,提前公布。各生产组的班组长应根据计划任务,组织本组人员开好班前预想会,具体制订完成计划任务的有关措施。

(4) 接班调度人员上岗后,应分别与路局各工种调度员、机务、列检、车务等有关部门核对班计划的内容,互通情况,了解进度,以便更好地保证班计划的完成。

 模拟练习

请根据表 5-1 中乙站路网位置,确定出乙站组织 20112 次、30132 次、40104 次、20115 次、30137 次、40109 次出发列车的车流去向。

如 18:00 结存中转车数为 105 车、货物作业车数为 50 车,其他资料不变,试推算班计划中时、停时。

巩固提高

1. 车站作业计划包括哪几种？它们之间有什么关系？
2. 车站班计划的作用是什么？包括哪些内容？编制班计划时需要收集哪些资料？
3. 编制列车出发计划时，车流来源主要有哪三个方面？
4. 确定列车编成辆数的依据是什么？
5. 列车运行图规定一区段列车牵引定数为 4 000t、列车计长为 72.0，货车平均换长为 1.2，每辆重车平均质量为 70t，试概算列车的编组辆数。
6. 何谓车辆接续时间？其作用是什么？
7. 有调中转车的接续时间如何确定？试举例说明。
8. 到达的双重货物作业车其最短的接续时间如何确定？试举例说明。

任务二　编制阶段计划

任务描述

阶段计划是车站班计划分阶段的具体安排，是完成班计划的基本保证。由于编制班计划的有些资料是 18:00(6:00)前预计的，而本班内陆续到达的列车，其编组内容、到达时刻以及货物作业车装卸进度、调车作业进度等都有可能发生变化，因此，车站应在执行班计划过程中，根据当时的实际情况，具体安排各阶段工作，并依据变化情况及时采取调整措施，确保完成班计划的任务。

一般情况下，一个班 12h 分为 3～4 个阶段，一个阶段为 3～4h。

相关理论知识

一、阶段计划的内容

(1)到达列车的车次、时分、编组内容、占用股道和解体起止时分。
(2)出发列车的车次、时分、编组内容及车流来源、占用股道和编组起止时分。
(3)各车辆作业地点(包括货场、专用线、段管线)取送车辆的时间、车数及挂运车次等。
(4)无调中转列车、部分改编中转列车的到发时分、占用股道、甩挂车数及作业时间。
(5)调车机车解编、取送作业顺序、起止时分，以及安排调机整备、牵出线和驼峰使用。

从以上内容可以看出，阶段计划是车站调度员根据最近 3～4h 列车到发、车列解编和车辆取送等情况，全面合理地安排调用机车和到发线运用，充分发挥驼峰、牵出线等技术设备的效能，组织实现班计划的具体安排。

二、车站技术作业图表

(一)车站技术作业图表的作用

车站技术作业图表是车站调度员用以编制阶段计划和进行调度指挥的工具。由于它能全面记录车站技术设备运用和作业进度的实际情况，因此，它又是车站工作分析的原始资料。车站调度员应按规定正确、及时、认真地填记。

(二)车站技术作业图表的格式

由于各车站主要设备和作业情况不同,车站技术作业图表的格式也有所区别,但其主要格式形式,一般如表 5-2 所示。

(1)列车到发栏:填记列车到发车次、时刻。

(2)列车编组内容栏:填记到达列车的编组内容。

(3)到发场栏:填记列车占用到发线顺序和起止时分。

(4)驼峰或牵出线栏:填记调车作业占用驼峰或牵出线的顺序和起止时分。

(5)调车线栏:填记去向别重车、车种别空车集结情况,以及到达本站卸车的待送车情况。

(6)装卸地点栏:填记取送作业时间及装卸地点车流变化。

(7)调车机车动态栏:填记每台调车机车作业、整备等其他实际工作情况。

(三)车站技术作业图表的填记方法

1. 填记上班结存车数

根据"过表"的到发场、调车场、装卸地点上班结存车数及车站调度员或调车区长掌握的现在车数、实际存放地点将结存车数填写在相应的栏中。

例如,乙站技术作业图表5-2中18:00结存车数及存放地点填写。

(1)到发场:6道结存乙—甲间43车(其中本站作业车10车)。

(2)调车场:8道结存甲及其以远21车,9道结存乙—甲间5车,10道结存丙及其以远21车,11道结存已经编组好的乙—丙间30车,13道本站卸车10车。

(3)货场:结存19车,其中待装丙10车、乙—甲间9车。

(4)机务段:结存待卸C20车。

2. 填记到达解体列车

(1)根据各次列车到达时分,按照先后顺序,在列车到发栏内画上到达列车的运行线,并在运行线上方注明车次、到达时分。

(2)从列车到达时刻起,用垂直线引入计划占用的到发场栏内的到发线内。在到发场栏列车占用的到发线内,填记列车占用到发线起止时分、列车车次。

(3)根据列车确报,在列车编组内容栏内,垂直线右侧填记列车编组内容。要求填写时,重车填"去向/车数"、空车填"车种/车数"、无调中转车外加方框用以区别。例如:丙/25表示丙方向重车25辆、P/25表示空棚车25辆。

(4)从计划解体列车时起,用垂直线由到发场栏内的到发线内引入驼峰或牵出线栏内,并填记解体的起止时分和列车车次。

(5)从解体完了时刻起,再用垂直线由驼峰或牵出线栏内引入调车场栏内。按列车的编组内容,在调车场栏内垂直引线右侧按调车场线路的固定使用原则,分别填记解体后的累计车数,即原来调车线路内的车数+现列车刚解体进来的车数。

3. 填记始发编组列车

(1)根据班计划制订的列车出发计划及运行图规定的发车时刻,当某去向的车流在调车场内线路上集结够一个车列的编组辆数时,将该去向的车数用圆圈圈上,圆圈右下角注明剩余车数。

(2)用垂直线由调车场内的调车线引入牵出线或驼峰栏内,再在牵出线或驼峰栏内标明编组列车作业的起止时分、列车车次。

(3)从编组完了时刻起,由驼峰或牵出线栏内,再用垂直线引入到发场栏到发线内,在到发场栏列车占用的到发线内,填记列车占用到发线起止时分、列车车次。

(4)按运行图规定的列车出发时刻,再由到发场栏到发线内垂直引入列车到发栏内,画上出发运行线,并在运行线上方注明车次及列车出发时分。

4. 填记无调中转列车

(1)根据列车到达运行线,在到达时分处用垂线引入计划占用的到发场到发线内,记明车次、占用到发线起止时分。

(2)根据列车运行图定发车时分,再由到发场栏到发线内垂直引入列车到发栏内,画上出发运行线,并在运行线上方注明车次及出发时分。

5. 填记取送车

(1)送车时,由送车开始时起,将待送车数用圆圈圈上,剩余车数圆圈右下角注明,从调车场调车线内用垂直线引入到计划装卸地点栏内。

(2)取车时,由取车完了时起,将待取车数用圆圈圈上,剩余车数圆圈右下角注明,从装卸地点栏内用垂直线引入调车场相应股道内,并在垂直引线右侧填记各股道变化后的车数。

6. 调车机车动态填记

填记每台调车机车作业和非生产时间的分布情况。

记载符号规定为:编组列车"＋",解体列车"－",交接班及整备"J",甩挂"±",取车"Q",送车"S",待避"B",吃饭"C",等工作"DG",等装卸"DX",等技检"DJ",入库整备"ZB"。

(四)技术作业图表填画线条

填画技术作业图表时,线条颜色规定如下:

(1)计划线:均为黑铅笔线。

(2)实际线:旅客列车、始发编组货物列车为红色线;其他货物列车为蓝色线。

(3)其他线:调机作业为蓝色直线,交接班、入库整备、吃饭为蓝色曲线;各种等待、待避等非生产时间,为红色直线。

⚠ 讨论:阶段计划与班计划有何不同？两者之间有何关系？

三、阶段计划的编制

(一)编制资料

(1)班计划规定的本阶段列车到发、解编及车辆取送任务。

(2)现车情况:调车场各股道存车情况,待解车列的编组内容、到达解体列车确报,各货物作业地点待取车数(重车按去向,空车按车种)。

(3)阶段开始时到发线占用及机车交路情况。

(4)调车机车作业进度,内燃调车还要考虑燃油储备情况。

(5)机车交路及整备计划。

(6)车辆扣修计划、站内施工计划等。

(7)车辆转场计划。

(二)编制步骤

(1)填记阶段开始时到发场、调车场、货场、专用线等股道存车情况。

(2)填记列车到发情况。根据班计划中列车到达、出发计划,按先后顺序,用黑铅笔在列车到发栏填画运行线、列车车次、到发时分;在列车编组栏内填记编组内容,在到发场栏内填画列车占用到发线顺序及起止时分。

(3)根据编组车列的需要,合理组织车流,安排调车机车解编、取送作业顺序及起止时分。

(4)按填画技术作业图表的规定,随时推算并填记调车场、装卸地点等处车流变化情况。

(三)编制方法

1. 确定出发列车的车流来源

正常情况下,阶段计划应根据班计划的安排来确定各次出发列车的车流来源。但是,由于班计划的车流资料是预先推算的,列车实际到达的时间和编组内容、车辆实际装卸完了的时间和车数都有可能发生变化。因此,编制阶段计划与编制班计划不同,不能只按车流接续时间简单地推算车流,而应精确计算,全面考虑列车到发、解编和车辆装卸、取送作业的实际情况,从车列编组开始,到实际进入调车场参加集结的车流中,逐列落实出发列车的车流来源。

对于有条件组织"坐编"作业的车站,应首先选择到达解体列车中符合"坐编"的车流,作为出发列车的车流来源,不足部分再用调车场内结存车流补充。

如表5-1所示,20:10到达的30138次列车中,有甲及其以远的车流45车且均编挂在一起,可用它"坐编"30052次,从而减少解、编调车作业时间,大大提高了调车效率。

2. 保证车流与运行线紧密结合

编制阶段计划的中心问题是组流上线(车流与运行线紧密结合)。组织车流首先遇到的问题就是车流与运行线的矛盾。如车流不足,出发运行线没有保证;车流过大,运行线不够用,则将造成车流积压。为此,应采取各种调整措施,使车流与运行线紧密结合。

(1)当车流不足时,可选用以下调整措施:

①调整解体顺序,提前解体挂有编组急需车流的车列,以满足编开列车的需要。

②组织接续车流快速作业。当车流接续时间小于车站技术作业过程的时间标准时,一方面对站存车流进行预编、预检;另一方面对到达的接续车流组织快检、快解作业,实现车流紧接续。

③组织本站货物作业车流补轴。根据编组列车的需要,有计划地组织本站货物作业车的取送、装卸作业,优先装卸,取送编组需要的车辆,以保证编组列车满轴,正点出发。

④请求铁路局集团有限公司调度中心调整列车到达顺序,或利用小运转列车将本站编组急需的车流提前送到,以满足编开列车的需要。如该站位于列车运行的前方站时,可建议路局调度中心准许列车在本站不满轴早点开出,在该站进行补轴。

(2)当车流过大,造成积压时,可建议路局调度中心组织超轴列车,利用单机挂车或利用区段列车附挂中间站车流。

3. 编制调车机车运用计划

合理运用调车机车,全面完成解编和取送任务,是阶段计划的关键内容,是衡量车站作业计划质量与指挥水平的重要标志。调车机车运用计划虽按每台调车机车分别编制,但应尽可能使各台调车机车的作业互相配合,互不干扰。

(1)合理分配调车机车工作任务,均衡作业负担。具有数台调车机车的车站,每台调车机车的工作任务应有明确规定。例如驼峰编组站,一般安排驼峰机车负责解体,峰尾牵出线调车机车负责编组,货场、专用线调车机车负责取送作业。

(2)合理安排调车机车作业顺序,保证编组列车需要。例如,安排驼峰调车机车解体作业顺序时,应优先解体急于腾空到发线或用于编组列车急需车流的车列;安排牵出线调机编组顺序时,应根据列车出发时刻和车流集结情况,优先编组最近出发的车列。

(3)组织调车机车协同动作,减少非生产等待时间。例如,编组一个列车所需车流,既有待解车列中的中转车,又有货场装卸完了的本站货物作业车时,应安排一台调车机车负责解体,另一台调车机车负责取车,两台调车机车互相配合,协同动作,减少待解、待取等非生产时间,保证编组列车正点出发。

在纵列式驼峰编组站,应妥善安排驼峰机车和峰尾牵出线机车配合作业。例如,某一去向车流集结够一个车列,而且出发场又有空闲线路时,应及时安排峰尾机车进行编组作业,以便及时腾空调车线,使驼峰机车能正常溜放该去向的车流,无须下峰整场或活用其他线路。按站顺编组或到站成组编组摘挂列车的作业时间长,可利用调车机车空闲时间安排预编车组。

(4) 合理安排取送作业。对于作业量大而稳定的装卸车地点,应实行定时、定量取送制度;对于货流固定的成组车流,应组织成组装车,固定车次挂运;其他零星车流,则应根据调车机车能力、送(取)车数及其用途,确定取送顺序、地点、车数和起止时分。一般做法是:先取编组急需的车流,先送能装卸且装卸以后能用的车流,并尽量做到送车与取车结合,减少取送次数和单机走行时间。

4. 合理制订到发场(线)运用计划

制订列车到发场(线)运用计划时,车站调度员应根据到发场分工、到发线固定使用办法,与车站值班员共同商定,并由车站值班员负责掌握。确定本阶段列车占用到发场(线)股道、顺序和起止时分,应重点考虑以下两个方面:

(1) 紧凑使用到发线。当列车密集到发,到发线使用紧张时,应组织有关人员加速列车技术作业,大力压缩技术作业时间;需分部解体车列的车站,应组织两端调车机车同时解体一个车列,尽快腾空到发线;对于编组辆数较少的小运转列车或单机、单机挂车,可合用一条到发线;无客运列车到发或通过时,暂用客运列车到发线或正线接发货物列车。

(2) 尽量使作业方便,减少列车到发与调车作业的干扰。如图 5-1 所示,旅客列车应安排在靠近站台、站舍的 I 道到发,便于旅客上下车、进出站;无调中转列车安排在 3、4 道;改编列车安排在 6、7 道,可使无调中转列车到发与车列转线、机车出入段平行作业,互不干扰。

图 5-1 乙站示意图

必须指出,到发线运用计划与调车机车运用计划的关系十分密切,两者之间的能力应当互相调剂使用。例如,当到发线能力不紧张而调车场内存车较多时,可组织车列提前编组或推迟解体时间,以减少调车场内停留车数,有利于解体作业顺利进行;反之,当到发线能力紧张时,应加速车列解体和适当推迟车列编组转线时间(但要保证列车正点出发),保证有空闲线路不间断地接发列车。

⚠ 讨论:完成某一阶段计划,需要哪些资料?考虑哪些问题才能做好计划?

【案例 5-1】 编制乙站 18:01~1:00 的阶段计划。

已知资料：
（1）乙站 2013 年 6 月 16 日第一班班计划，如表 5-1 所示。
（2）乙站平面示意图及调车场线路固定用途，如图 5-1、表 5-2 所示。
（3）乙站《站细》规定的各项技术作业时间标准见班计划编制所述。
（4）乙站 18:01~1:00 到达列车确报及 18:00 结存车，如表 5-2 所示。
（5）乙站设有一台调车机车，固定在第 I 牵出线上作业。

解：（1）将乙站 18:00 结存车和列车到发计划按规定填入表 5-2 相关栏内。
（2）逐列落实始发编组列车的车流来源。

① 40112 次，乙—甲间车流，运行图定 18:25 出发。

根据上班已知资料，乙站到发场 6 股道结存待发乙—甲间 43 车，可用车流，完全可以保证正点发车。

② 40101 次，乙—丙间车流，运行图定 19:15 出发。

根据上班已知资料，可以用乙站调车场 11 股道结存乙—丙间 30 车，18:30 可编完，完全可以保证正点发车。

③ 30131 次，丙及其以远车流，运行图定 20:45 出发。

第一部分车流：18:00 调车场 10 股道结存丙及以远 21 车。

第二部分车流：18:00 货场结存待装丙及以远 10 车，预计 18:30 可装完，19:00 即可取回。

第三部分车流：根据列车到达确报，30051 次列车，18:20 到达乙站。

19:00 开始解体，19:30 解体完毕，30051 次列车中有丙及以远 25 车，完全可用车流。

30131 次出发列车车流共计：第一部分车流 21 车 + 第二部分车流 10 车 + 第三部分车流 25 车 = 56 车，时间和轴数均可满足 30131 次列车的车流需要，完全可以保证正点发车。

④ 30052 次，甲及其以远车流，运行图定 22:25 出发。

第一部分车流：18:00 调车场 8 股道结存甲及以远 21 车。

第二部分车流：根据列车到达确报，30138 次列车，20:10 到达乙站。20:50 开始解体，30138 次列车中有甲及以远 45 车。

30052 次出发列车车流共计：第一部分车流 21 车 + 第二部分车流 45 车 = 66 车，解编结合，时间和轴数均能满足 30052 次列车的车流需要，完全可以保证正点发车。

⑤ 30133 次，丙及其以远车流，运行图定 0:25 出发。

第一部分车流：机务段 18:00 结存待卸的 C20 车，路局调度中心指定向丙方向排空，卸后排。

第二部分车流：根据列车到达确报，30053 次列车，21:05 到达乙站，21:40 开始解体，22:10 分解体完毕，30053 列车中有丙及其以远 35 车，完全可用车流。

30133 次出发列车车流共计：第一部分车流 20 车 + 第二部分车流 35 车 = 55 车，接续时间有保证，车流有保证，完全可以保证正点发车。

⑥ 40103 次，乙—丙间车流，运行图定 1:15 出发。

第一部分车流：19:30 解体完毕的 30051 次中乙—丙间 21 车。

第二部分车流：22:10 解体完毕的 30053 次中乙—丙间 10 车。

40103 次出发列车车流共计：第一部分车流 21 车 + 第二部分车流 10 车 = 31 车，接续时间有保证，车流有保证，完全可以保证正点发车。

(3)安排到发线的运用。

根据乙站到发线固定使用原则,减少接发列车与调车作业、机车出入段作业的交叉干扰准则,考虑各种列车占用到发线的作业时间标准,安排如下:

①20110 次、20109 次、20111 次、20112 次无调中转列车在 3、4 道接发。

②30051 次解体列车占用 4 道。

③40112 次、30131 次始发编组列车及解体列车 30053 次占用 6 道。

④40101 次始发编组列车、30138 次解编结合"坐编"30052 次占用 7 道。

(4)安排调车机车运用。

根据编组列车的需要,安排调车机车解编、取送顺序如下:

①18:00~18:30,编组 40101 次。

②18:30~19:00,向货场送 10 车,取回丙其以远 10 车,乙—甲间 9 车。

③19:00~19:30,解体 30051 次。

④19:30~20:00,编组 30131 次。

⑤20:00~20:30,调机入段整备。

⑥20:30~20:50,调机入段整备后,取回机务段卸空 C20 辆。

⑦20:50~21:40,解体 30138 次,并在到发场 7 道"坐编"30052 次。

⑧21:40~22:10,解体 30053 次。

⑨22:10~22:40,向货场送 20 车。

(四)阶段工作重点

1. 第一阶段(18:01~21:00 或 6:01~9:00)

此阶段主要是执行上一班的跨班计划,一般以上一班安排的跨班计划为基础,接班前在值班站长的主持下,由接班车站调度员进行编制。这一阶段,由于各工种人员需要换班,特别是调车机车需要停止作业,这就造成了作业中断,容易造成到达列车待解时间延长,影响到发线使用效率;列车解编及货物作业车取送延迟可能造成出发列车待编、晚点或停运。因此,这一阶段的工作重点是安排好调车机车的使用计划,消灭和减少因交接班作业中断所造成的影响。

2. 第二阶段(21:01~0:00 或 9:01~12:00)

此阶段调车机车需要整备,各工种人员需要吃饭。因此,重点工作是抓好机车整备和工作上的调整。在有数台调车机车作业的车站上,整备时间最好交错进行。在各车场主体机车进行整备时,最好安排其他机车顶替作业,以减少影响。各场间的任务分配应注意同机车的整备工作相配合,在工作安排上消除不安全因素。

3. 第三阶段(0:01~6:00 或 12:01~18:00)

这一阶段是计划执行的结算阶段。6:00 是夜班工作的结算时间;18:00 是全日工作的结算时间。在这一阶段要详细检查本班或全日工作任务的完成情况,采取措施保证各项任务的全面完成。

4. 第四阶段

此阶段为编制跨班计划阶段。在这一阶段要按规定的交班制度清理站场,因作业需要活用的线路,在下班前要按规定的使用办法恢复固定使用;应解、应编、应取、应送的车辆都要按规定分别完成,所有调车机车应于交接班前回到固定作业区域。同时要准备好有关的交班资料,以便使接班人员很快掌握情况,为下一班工作打好基础。

四、阶段计划的布置与下达

阶段计划编制完成后,由车站调度员和车站值班员于阶段计划开始前半小时分别向有关人员布置和下达。

(一)向调车区长或驼峰值班员下达

(1)到发列车车次、时分、占用股道先后顺序及起止时分。
(2)解体列车顺序、起止时分。
(3)编组列车顺序、起止时分、编组内容及车流来源。
(4)装卸、扣修、修竣、加冰、消毒、倒装、客车底等车辆的取送时间、地点、辆数。
(5)调车机整备计划、驼峰及牵出线作业安排。

(二)向货运调度员下达

(1)编挂本站作业车的车次、时分、货物品名、去向、车种、车数。
(2)到达本站卸车的重车数、卸车地点、货物品名、收货人。
(3)各货场、专用线的作业车取送时间、辆数、装卸要求、挂运车次。

在一些装卸工作量较大、由货运调度员直接负责指挥调车机车组织取送作业的车站,上述内容应由货运调度员向有关作业地点的货运值班员(货运员)下达。

(三)向其他人员下达

车站值班员向列检所值班员、机务段值班员、列车段派班员传达和核对计划、向车场助理值班员、场(区)信号长、扳道长等有关人员下达到发列车车次、时分、占线顺序和重点要求。

车站值班员向客运值班主任(或客运值班员)和客站列检值班员传达旅客列车晚点、变更进路和客车摘挂计划。

车站调度员和车站值班员在向有关人员下达阶段计划的同时,应将上级有关命令、指示和重点要求一并传达。

 模拟练习

根据乙站班计划表5-1资料,在乙站技术作业图表5-2中,用铅笔继续填画解体30140次列车,始发编组30133次、40103次列车,及解体完30140次列车后去货场送10车,并取回装往丙及其以远20车取送作业,且结算02:00调车场各股道车数。

巩固提高

1.车站技术作业图表有何作用?包括哪些组成部分?填记时线条颜色有何规定?
2.编制阶段计划组织车流时,遇到车流不足或车流过大时,车站应考虑采取哪些措施?
3.编制阶段计划时,在制订到发线合理运用时,应重点考虑的问题是什么?
4.编制阶段计划时,到发线运用计划与调车机车运用计划的关系十分密切,两者之间的能力如何才能做到较大提高?

任务三 编制调车作业计划

任务描述

车站班计划规定了一个班的总任务;阶段计划规定了每台调车机车解体、编组、取送等各项作业顺序和起止时间;调车作业计划是实现每台调车机车的具体行动计划。调车作业计划由调车领导人(车站调度员、调车区长或车站值班员)负责编制,以调车作业通知单的形式下达给调车指挥人及有关调车人员执行。

完成本任务需要明确调车区现车掌握及货票排顺;分部解体时开口位置的选择原则;清楚编制调车作业计划的要求和依据,能够做到准确、及时、完整、最优地编制解体、编组、取送调车作业计划。

 相关理论知识

一、编制调车作业计划的要求和依据

(一)编制调车作业计划的要求

(1)符合列车编组计划、列车运行图和《技规》的有关规定。

(2)合理运用技术设备和先进工作方法,最大限度地实行解体照顾编组,解体照顾送车,使解、编、取、送密切配合,做到钩数少、行程短、占用线路少、作业方便、调车效率高。

(3)做到及时、准确、完整编制调车作业计划。"及时",就是及时编制和下达计划;"准确",就是保证计划本身无漏洞、无差错,尽量不变或少变计划;"完整",就是要求调车作业通知单字迹清楚,项目齐全。

(二)编制调车作业计划的依据

(1)阶段计划规定的各项调车作业的顺序和起止时分。

(2)到达列车确报,包括车种、车号、品名、载质量、到站、收货人和特殊标记等。

(3)调车场、货场线路固定使用、容车数和停留车的情况。

(4)调车区现在车及其分布情况。

二、调车作业通知单的填写

调车作业通知单应按铁路规定格式逐项填记齐全,记事栏内需要标注的各种符号按《行规》及《站细》的规定填记。

(一)调车作业通知单的一般格式(表5-3)

调车作业通知单　　　　　　　　　　　　　　表5-3

	月	日	第	号	编组(解体)	次 第	调车机
计划起讫时分:	自		至				
实际起讫时分:	自		至				

顺序	场别股道	挂车数	摘数车	作业方法	记事
1					
2					
3					
⋮					

(二)计算机编制调车作业计划时各种符号的规定

(1)场别:用罗马数字表示。

(2)股道号:用阿拉伯数字表示。

(3)禁止溜放:禁。

(4)禁止过峰:㊫。

(5)限速连挂、窜动货物:×。

(6)空车:以该车种代号表示,如,空敞车—C;空棚车—P。

(7)禽、畜、蜜蜂:活。

(8)鱼苗:鱼。

(9)超限:超。

(10)跨装:跨。

(11)凹形平车:凹。

(12)机械冷藏车:Ⓑ。

(13)易燃及危险品:△～△。

(14)人员车:人。

(15)特种军用:△。

(16)大轮车:大。

(17)检修车:⊗。

解体车列时,应在记事栏注明前端第1辆车号;摘挂5辆及其以上车辆时,应注明末位车辆的车号(中间站除外)。

⚠ 讨论:完成阶段计划需要对哪些列车进行何种调车作业?

三、调车区现车的掌握

我国铁路调车区现车的掌握,最早车站是人工利用毛玻璃板和货票排顺的方法。现在车站大多采用计算机掌握调车区现车,而计算机掌握调车区现车是以预先编好的程序,模拟人工利用毛玻璃和货票排顺的方法实现。因此,清楚了人工利用毛玻璃和货票排顺的方法,就理解了计算机掌握调车区现车的原理。

这里仅介绍利用毛玻璃板和货票排顺掌握现车的方法。

(一)利用毛玻璃板掌握现车

在毛玻璃板上画出与车场股道相同的格数,根据担当解体任务的机车所在方向,统一规定上下端代表的方向。例如,调车场两端为南北方向,担当解体任务的机车在南端,可规定上端为北,下端为南。此时,毛玻璃板上现车自上而下的顺序,就是调车场现车从北到南的顺序。每次交接班时,调车区长和车号长应根据调车区各股道实际存车的车种、车号及其排列顺序与毛玻璃板上记载的现车进行核对,确认无误后,再按调车作业通知单随时修改毛玻璃板,确保毛玻璃板上记载的现车与调车区各股道实际现车完全一致。

解体车列时,每批作业完了后,根据核对过的列车编组顺序表和调车作业通知单,按车组进入股道的方向和先后顺序,将车种、车号、品名、到站(或去向号)、特殊标记等逐一登记在毛玻璃板上。为简化记录工作,对相同到站(去向)、辆数较多的车组,可填记首尾两辆车的车号,并标明该车组的车数。

编组列车或送车时,根据调车作业通知单,将各股道实际已挂走或送出的车辆,及时在毛玻璃板上抹消,将取回的车辆也及时登记在毛玻璃板上。

调车作业中因故变更计划是,应根据变更通知,及时更正,确保玻璃板上记载的现车与各股道内现车实际排顺完全一致。

掌握现车的记载格式,见表5-4。

乙站现车记载示例　　　　　　　　　　　　　　　　表5-4

调车线 到发线	8	9	10	11	12	13	货场
3　空	P3014616　糖 C4537238　）甲 ⋮　　　及 C4537237　其 　　　　　　以 　　　　　　远 　　　　　　21	C4051716N　砖 C4191285 N　砖 P3037158M　米 P3046236N　糖		C4537142　） ⋮　　　 E_5 C4537202　砖 C4537163　） ⋮　　　 A_6 C4537067　煤		C4537718　）货 ⋮　　　 煤2 C4537208　10	货1丙P4 货2丙P6 货3甲C9
4　空							
6　40112 乙—甲 /43						机务段	
7　空				P3037158M　米 P3046236N　糖 P3046771B △关 C4191285 N　砖 C4537878　） ⋮　　　 B_4△ C4537688　草		机1 C5煤 机2 C5煤 机3 C8煤	

注:表内股道固定使用见表5-5。

(二) 货票排顺

货票存放架分为若干格,分别存放调车区各股道现车的票据。为便于货票的取放,其上下端代表方向,一般与毛玻璃规定的方向相反。根据调车作业通知单和各股道现车的增减、排列顺序的调整,及时调整存放架各格内的票据。确保架内各格存放的票据与毛玻璃板、调车区各股道内实际现车车数及其排列顺序完全一致。由于空车无货票,可在纸条上写明车种,再放于货票存放架相应格内,以免遗漏。

四、调车作业计划的编制

(一) 解体调车作业计划编制

车列的解体调车,一般是通过驼峰或牵出线,将车列按各车辆(组)的去向(重车)或车种(空车)分解到调车场固定使用的股道内,为编组作业和取送车作业创造有利条件。

下面以乙站为例讲述解体调车作业计划的编制方法。

已知乙站的路网位置(图5-2)、线路固定使用情况(表5-5)。

图5-2　乙站的路网位置

| 乙3(货2) | 丙10 | A5 | 丙5 | A5 | 丙3 | 乙7(货2) | 丙7 | D2 △ | E4 | B5 |

1. 整列解体

纵列式车站(场)利用驼峰解体车列时,一般采用一次整列推峰解体的方法,调车作业计划基本上是按照调车场固定线路分解。按调车场线路固定使用分解车列(俗称对号入座),是编制解体调车作业计划最基本的方法。例如,乙站调车场线路固定使用如表5-5所示,到达解体列车30051次接入到发场7道。其确报内容为:

按线路固定使用,整列解体30051次的调车作业计划,见表5-6。

乙站线路固定使用情况 表5-5

线 路 名 称	线路固定使用	线 路 名 称	线路固定使用
8	甲及其以远	12	特种车
9	乙—甲间	13	本站卸车
10	丙及其以远、空车	14	站修线
11	乙—丙间		

调车作业通知单 表5-6

6月16日		第1号解体30051次		第1调车机	
计划起讫时分：	自19:00 至19:30				
实际起讫时分：	自　　　至				
顺序	场别股道	挂车数	摘数车	作业方法	记事
1	7	56			全部
2	13		3		
3	10		10		4418967
4	11		5		3041849
5	10		5		4129062
6	11		5		3109573
7	10		3		
8	13		7		4032372
9	10		7		4207410
10	11		11	推送	禁溜
11					
12					

调车长：张三　　　　　　　填表人：李四

由于计算机在铁路运输生产中的广泛应用，驼峰头部整列解体调车作业计划单按调车场线路固定使用分解车列（俗称对号入座）的原则，利用计算机编程可以自动生成。各技术站调车场的线路使用基本上是固定的，根据到达列车的编组顺序表，将待解车列依据到站去向不同，通过计算机程序设计分解到调车场不同线路内，是很容易实现的。那么驼峰头部计划人员，只要根据到达场外勤车号员核对到达车站与预报无误后，操作键盘，车列解体的调车作业计划便自动生成了。

2. 分部解体

在横列式车站，由于受牵出线长度的限制或调车机车牵引力限制，为了缩短牵出车列的长度和减轻牵引质量，多采用分部解体的方法。分部解体"开口"位置的选择，一般应遵循以下原则：

（1）车列内有禁溜车时，应在禁溜车之后开口（远离调机端为前，接近调机为后，以下同）。例如，待解车列编组顺序为：

↓

| A7 | B5 | D9 | B2 | F1 △ | E7 | A9 | B2 | D7 | B6 | 调机 |

应在F1△之后开口，使其成为分部后的最后一组，以便溜放完其他车组后，再将禁溜车推送至固定线路内，避免带着长大车组推送禁溜车。

车列内遇有非工作机车、轨道起重机等不宜带着进行调车作业的车辆时,应选择在它们之前开口,以便第一钩就将其摘下,使以后的溜放作业顺利进行。

(2)车列内有长大车组时,应在大车组之前开口。例如,待解车列编组顺序为:

| A6 | B5 | D2 | B4 | D6 | B4 | ↓A15 | D2 | B1 | E4 | C2 | B2 | 调机 |

应在A15之前开口,使该车组成为分部后的第一车组,以便第一钩将其溜出,迅速减轻调车车辆的重量,利于以后车组的溜放。

(3)当待解车列内有"坐编"车组时,应在"坐编"车组之后开口。

例如,乙站6月16日第一班计划安排30138次坐编30052次,根据列车确报30138次编组顺序为:

| ↓甲45 | 04 | N2 | P5 | 调机 |

应在"坐编"车组甲45之后开口,利于该车组留在到发线上坐编,其余车组一次牵出分解。

(4)当调车场某股道已"满线",或有"堵门车"时,应避免开口后的第一组为进入该线的车组,以免调机带着其他车组到该线顶送车辆。如不可避免时,应暂时溜入其他活用线路。

3. 解体照顾编组

横列式车站广泛采用解体照顾编组、编解结合的方法,即在解体车列的同时就进行另一列车的部分编组工作。

例如:乙站阶段计划规定,20:50~21:40解体到发线7道的30138次,编组30052次,采用解编结合的方法。根据30138次列车确报的编组顺序(见开口位置)看出,该车列前部有甲45,可以留在到发线7道上"坐编"30052次,以减少调车钩数,节省调车作业时间,调车场8道结存甲及其以远11车,也可用来编组30052次。其调车作业计划,如表5-7所示。

调车作业通知单　　　　　　　　　　　　　　　　表5-7

6月16日	第2号	解体30138次编组30052次		第1调车机
计划起讫时分:	自20:50至21:40			
实际起讫时分:	自　　　至			
顺序	场　别	股　道	挂车数	摘数车	作业方法	记事

顺序	场别	股道	挂车数	摘数车	作业方法	记事
1		7	11			4153258
2		9		11		
3		8	11			4418288
4		7		11	推送	+30052次 22:25开

调车长:张三　　　　　　　　　　　　填表人:李四

4. 解体照顾送车

解体照顾送车,即在解体车列的同时,为送车创造便利条件。例如:乙站阶段计划规定,21:40~22:40解体到发线6道的30053次列车后去货场取送车。

已知,乙站13道停留待送货2道10车(30051次到达的),货场停留待取丙站10车。其存车情况,如图5-3所示。

图 5-3 乙站货场存车情况

30053 次列车到达确报为:

乙₁(货2)	丙₅	D₃	乙₃(货3)	F₄	丙₈	A₁△关	乙₂(货2)	丙₇	F₂	丙₈	乙₃(货2)	丙₇	乙₁(货2)	调机

要求分部解体30053次后,将30051次和30053次到达乙站的20车送货场2道17车、送货场3道3车,并将货场装往丙站的10车取回10道。为此,应从乙2(货2)后开口,以便利用机前集结,实现对口连挂,减少钩数。同时,在解体第二批车列时,为了减少重复作业,照顾送车,应将乙3(货)活用线路,分解到9道。调车作业计划,如表5-8所示。

调车作业通知单　　　　　　　　　　　　　　　　　　　表5-8

6月16日　　　　　第3号解体30053次　　　　第1调车机

计划起讫时分:　自 21:40 至 22:40

实际起讫时分:　自　　　 至

顺序	场别	股道	挂车数	摘数车	作业方法	记事
1		6	28			3001328
2		10	7			4418967
3		11	2			
4		10	8			3041849
5		13	3			
6		10	7			剩1
7		6	27			全部
8		13	1			
9		10	5			4207418
10		11	3			
11		9	3			活用线路
12		11	4			
13		10	8			4228418
14		11	1		推送	禁溜
15		13	14			全部
16		9	3			
17		货3	3			对货位
18		货2	6			全部
19		货1	6			4526878
20		货2	17			全对货位
21		货1	10			全部
22		10	10			全部

调车长:张某　　　　　　　　　　　　填表人:王某

(二)编组调车作业计划编制

编组调车作业计划的编制,按列车的编组要求,基本上可以分为技术站列车(除摘挂列车外)的编组和技术站摘挂列车的编组两种。

1. 技术站列车(除摘挂列车外)编组计划的编制方法

在技术站由于解体时广泛采用了解体照顾编组的作业方法,按调车场固定线路分解车辆的作业方法,一般只在一条线上或几条线上连挂车辆和车列转线两项作业,如果直接在编发线发车,则仅有连挂车辆一项作业。因此,在技术站编组列车计划除摘挂列车外,其他列车的编组计划比较简单。

2. 技术站摘挂列车编组计划的编制方法

在技术站编组摘挂列车是一项比较复杂的工作,为了便于摘挂列车在中间站的摘挂作业,一般要求将同一到站的车辆编挂在一起,并且按到站成组或站顺编组。然而,大部分技术站对摘挂列车的车流,只固定一股道用于集结一个方向的摘挂车流,导致该股道的摘挂车流为无序的随机分布,如何将这些随机分布的无序车流变成到站成组或按站顺的有序排列,是编组摘挂列车时重点考虑的问题。这就需要将待编车列重复分解,然后按到站成组或站顺的要求收编成车列,不仅调车钩数多,而且使用线路也多,调车作业甚为复杂。

为了解决这一难题,我国广大铁路职工在长期的生产实践中,总结了许多省钩省线的先进方法,主要有"车组编号及合并使用线路法""表格移动调车法""看图调车法"等。这里根据"车组编号及合并使用线路法"的基本原理,利用调车表介绍按站顺编组摘挂列车调车作业计划的编制方法。

在待编车列中,各个车组相互间的排列顺序,不外乎有下列4种形式:

一是接连顺序,如 AABBCC;二是不接连顺序,如 AACCF;三是接连反顺序,如 CCBBAA;四是不接连反顺序,如 CCAA。

按站顺编组摘挂列车,实质上就是使车组的排列顺序全部转化为接连顺序。如待编车列为 EACDBACED,经过调车作业,改变车组排列顺序,最后编组成 AABCCDDEE,实现按站顺编组摘挂列车的要求。

编制按站顺编组摘挂列车调车作业计划的基本步骤和方法如下:

(1)车组编号:在编制摘挂列车的调车作业计划时,为了方便,一般将待编车列中的车组到站 A、B、C、D、E…按站顺编号改写为 1、2、3、4、5…,第一到站的车组"A"称为"首组",编号为"1"号,依次顺推。

例如,待编车列其排列顺序为 $G_3 F_4 H_3 E_4 A_2 B_1 E_3 C_2 A_3 D_2 G_1 F_2$,其编号后的排列顺序变为:$7_3\ 6_4\ 8_3\ 5_4\ 1_2\ 2_1\ 5_3\ 3_2\ 1_3\ 4_2\ 7_1\ 6_2$(1 为第一到站,8 为最后到站,车组 7_3 中的 7 表示到站,角码 3 表示车数)。

(2)待编车列排顺:

① 将待编车列填写在调车表 5-9 中。

调车表 表5-9

待编车列 下落列	7_3	6_4	8_3	5_4	1_2	2_1	5_3	3_2	1_3	4_2	7_1	6_2
一					1_2				1_3			
二						2_1		3_2		4_2		
三				5_4			5_3					6_2
四		6_4									7_1	
五	7_3		8_3									

②由待编车列左端向右端,从首组开始,依次循环下落。每循环一次,下落一"列"。

③在一次循环中,同一到站的车组下落完毕后,方可下落次一车组;否则,另起一列,继续下落同一到站的车组。

以上排顺结果表明,八个到站的车组,下落为五列,分解待编车列时,需要五条线路。(需要借用四条线路)。

(3)调整可移车组。车组下落完毕后,有的车组既可落在这一列,又可下落到另一列,均不影响站顺,对于这样的车组,称为"可移车组"。例如表5-10中的"1_2"车组,既可下落到第一列,又可下落到第二列,均不影响站顺。调整可移车组的原则是有利省钩则调,无利则不调。如将1_2车组调整到第二列,不会拆散原待编车列中的接连顺序,但可节省一个溜放钩,则调整有利。调整可移车组后的情况,如表5-10所示。

调 车 表　　　　　　　　　　表5-10

下落列＼待编车列	7_3	6_4	8_3	5_4	1_2	2_1	5_3	3_2	1_3	4_2	7_1	6_2
一									1_3			
二					1_2	2_1		3_2		4_2		
三				5_4			5_3					6_2
四		6_4									7_1	
五	7_3		8_3									

(4)合并使用线路。合并使用线路,是将两列或两列以上的数个下落列暂时合并在一起,称为暂合列,共同占用一股道,以减少占用挂车钩。但是,合并使用线路后,需要对暂合列进行重复分解,从而增加了溜放钩。

研究表明,并非任意一种合并使用线路的方式都可以节省挂车钩。合并使用线路的原则是:单独占用一股道的下落列不能为相邻列和最大列,按上述原则合并使用线路后,方可减少挂车钩。

现将下落4~6列合并使用线路的较优方案列于表5-11内。

合并使用线路的较优方案　　　　　　表5-11

下落列数	使用最少股道数	合并方案	附　注
四	三	二、四	一、三各单独占用一股道
五	三	五∨四、二	一、三各单独占用一股道
五	三	三∨五、二	一、四各单独占用一股道
五	三	一∨三、五	二、四各单独占用一股道
六	三	五∨四、二 六、三	一单独占用一股道
六	三	六、三∨五、二 四	一、四各单独占用一股道

注:"∨"表示重新分解暂合列时,将"∨"后面的车组向有关股道对口分解。

从表5-11中可以看出,下落的列数不同,合并使用线路的方案也不同。最有利的合并方案应该是:暂合列内车组交错少,能增加邻组,利用尾组,减少调车钩数。

当下落为四列时,合并方案只有一种,即一、三列的车组各单独占用一股道;二、四列的车组合并共同占用一股道。重新分解时,向一、三列占用的线路上对口分解,如表 5-12 所示。

调 车 表　　　　　　　　表 5-12

待编车列 下落列	4_2	3_4	5_1	1_4	2_1	4_5	1_3	3_2	5_3	股道
一				1_4			1_3			8
(二)					②$_1$			③$_2$		
三		3_4				4_5				9
四	4_2		5_1		[2_1]			[3_2]	5_3	10

注:②$_1$、③$_2$ 表示被合并走的车组;[2_1]、[3_2] 表示合并来的车组。

当下落为五列时,合并使用线路的较优方案有三种,见表 5-13。

调 车 表　　　　　　　　表 5-13

待编车列 下落列	7_3	6_4	8_3	5_4	1_2	2_1	5_3	3_2	1_3	4_2	7_1	6_2	股道
一									1_3				9
(二)					①	②$_1$		③$_2$		④$_2$			
三				5_4			5_3					6_2	10
(四)		⑥$_4$									⑦$_1$		
五	7_3	[6_4]	8_3		[1_2]	[2_1]		[3_2]		[4_2]	[7_1]		11

① 一、三列的车组各单独占用一条线路,五、四、二列的车组暂时合并占用一条线路。重新分解时,第五列的车组仍占用原来的线路,二、四列的车组分别向一、三列对口分解。

② 一、四列的车组各单独占用一条线路,三、五、二列的车组暂时合并占用一条线路。重新分解时,第三列的车组仍占用原来的线路,五、二列的车组分别向一、四列对口分解。

③ 二、四列的车组各单独占用一条线路,一、三、五列的车组暂时合并占用一条线路。重新分解时,第一列的车组仍占用原来的线路,三、五列的车组分别向二、四列对口分解。

例如,表 5-10 下落五列需占用五条线路,如采用第一种合并方式时,合并后只需使用三条线路,如表 5-13 所示。

(5)安排线路使用。假定待编车列在某调车场 11 道,为使待编车列最左端的三个车组 7_3 6_4 8_3 留在原线坐编,达到省钩、省线的目的,安排第五、四、二暂合列的车组占用 11 道,第一、三列的车组分别借用 9、10 道。

(6)填写调车作业通知单。

①分解待编车列：

顺序	股道	摘挂车数
1	11	+20（$7_3 6_4 8_3$坐编）
2	10	−4
3	11	−3
4	10	−3
5	11	−2
6	9	−3
7	11	−3
8	10	−2

②分解暂合列：

顺序	股道	摘挂车数
1	11	+15（7_3坐编）
2	10	−4
3	11	−3
4	9	−7
5	10	−1

③按站顺收编转线：

顺序	股道	摘挂车数
1	11	+6
2	10	+14
3	9	+10

转到发线发车

必须指出，上面所举之例是假定调车机车在右端作业，编成列车向左端出发为前提条件的。如调车机车在左端作业，编成的列车向右端出发，则下落列和收编的顺序须作相应的改变。不同情况下车组排顺下落的方法见表5-14，其他步骤均与例题相同。

不同情况下车组排顺下落的方法 表5-14

调机所在端	列车出发方向	车组下落方法
右	左	从左至右下落，先落首组
右	右	从左至右下落，先落尾组
左	右	从右至左下落，先落首组
左	左	从右至左下落，先落尾组

从表5-14可以看出车组排顺下落的规律,即车组排顺下落时都是向着调机所在端下落。调机所在端与列车出发方向相反时,先落首组;反之,则先落尾组。

在实际工作中,待编车列的排顺情况复杂多变,如待编车列中有禁溜车、需要隔离的车等情况,则不能完全照搬上述方法,应据实际情况,做出相应合理的计划。这需要经常练习,才能掌握编制调车作业计划的技巧,编出高质量的摘挂列车调车作业计划。

(三)取送调车作业计划编制

取送调车作业计划也是以调车作业通知单的形式下达。在编制计划时,应注意各专用线或货场在走行线上道岔的衔接方向,专用线或货场内有无转头设备,送车时机车的连挂位置(牵引、推进),从而确定送车前选编车组时调车机车在调车场哪一端作业比较方便。

图5-4 乙站货场存车情况

例如,乙站阶段计划规定:18:30~19:00 从调车场13道挂10车送货1道,从货1、货2道取回装往丙站的10车,用于编组30131次(20:42开),从货3道取回装往乙—甲间的9车待编。乙站货场存车情况如图5-4所示;调车作业通知单见表5-15。

调车作业通知单　　　　　　　　　　　　　　表5-15

6月16日		第5号		货场取送		第1调车机	
计划起讫时分:		自18:30~19:00					
实际起讫时分:		自		至			
顺序	场别	股道	挂车数	摘数车	作业方法	记事	
1		13	10			全部	
2		货1	4				
3		货2		4			
4		货1		10		对货位	
5		货2	10			全部	
6		货3	9			全部	
7		9		9		4032372	
8		10	10			全部	

调车长:李某　　　　　　　　　　　　填表人:张某

 巩固提高

(1)乙站阶段计划规定19:30~20:00整列解体30057次列车,调车机车右端作业。

要求:编制解体30057次列车的解体调车作业计划。

已知:①30057次列车到发线6股道停车,其确报如下:

乙$_4$	A$_5$	丙$_8$	A$_3$	丙$_4$	乙$_6$	丙$_8$	D$_4$	B$_5$	E$_2$

②乙站的路网位置和线路的固定使用,见图5-2和表5-5。

(2)解体列车时在什么情况下需要分部解体?分部解体列车的开口原则是什么?并叙述为什么?

(3)乙站阶段计划规定20:10~21:10解体停于到发线7股道的30134次,编组30056

190

次,调机在右端作业,采用解编结合的方法。

要求:编制解体 30134 次列车后,编组 30056 次列车,编组辆数为 56 辆,于到发线 7 股发车的调车作业计划。

已知:①30134 次列车的确报如下:

| 甲 25 | N5 | P4 | 甲 8 | M3 | 甲 6 | N3 | 甲 10 |

②调车场于 20:10 前已集结了甲及其以远 10 车。

③乙站路网位置和线路的固定使用,见图 5-3 和表 5-5。

(4)乙站阶段计划规定 22:10~23:20 解体 30057 次列车后取送货场作业车,调车机车右端作业。

已知:①30057 次列车于到发线 7 股道,其确报如下:

| 丙$_5$ | 乙$_3$(货$_2$) | F$_2$ | 乙$_4$(货$_3$) | D$_5$ | 乙$_4$(货$_2$) | F$_6$ | 丙$_7$ | 乙$_3$(货$_2$) | 丙$_5$ | 乙$_3$(货$_2$) |

②乙站路网位置和线路的固定使用及货场线路分布,见图 5-2、表 5-5 和图 5-4。

③乙站 13 道停有待送货 2 道 12 车,货 1 道停留待取甲站的 8 车。

要求:编制分部解体 30057 次后组织货场取送的调车作业计划。

(5)已知调车场 11 股道停有待编车列顺序为 7$_3$ 6$_4$ 8$_3$ 5$_4$ 1$_2$ 2$_1$ 5$_3$ 3$_2$ 1$_3$ 4$_2$ 7$_1$ 6$_2$。

要求:按站顺编制待编车列的调车作业计划。

编组待编车列时,调车场可提供的股道号为:9 股、10 股、11 股,线路合并按三∨五、二方式,调车机车在右端作业,编成列车向左端出发。

(6)乙站阶段计划规定 18:40~19:10 从调车场 13 道挂 12 车送货 2 道,从货 1、货 2 道取回装往甲站的 15 车,从货 3 道取回装往乙—丙间的 13 车待编。

要求:编制该条件下的取送调车作业计划。

乙站调车场线路的固定使用情况,见表 5-5。

乙站货场存车情况,如图 5-5 所示。

图 5-5 乙站货场存车情况

项目六　车站工作统计

★ **知识重点**
1. 现在车的概念、分类、统计；
2. 装车数、卸车数、装卸次数的概念、统计；
3. 货车停留时间概念、分类、统计方法等。

★ **项目任务**
1. 熟练统计18:00现在车数；
2. 熟练统计装卸车数、装卸作业次数；
3. 统计不同车站的货车停留时间。

任务一　现在车统计

 任务描述

假使你是某车站一位统计人员，每日18:00要如实反映本站当时的货车现有数及其运用和分布情况，还要能编制统计报表并分析。根据报表，要考核车站运用车数是否超过规定的标准，还要逐级上报，供各级调度部门作为编制运输工作计划和调整运用车保有量的资料，提高货车运用效率。

 相关理论知识

现在车统计是反映车站、铁路局集团有限公司管内以及合资、地方铁路内每日18:00货车现有数及运用情况，作为日常调度指挥、编制运输工作计划、调整运力配置以及经营管理的依据。现在车统计报表包括现在车报表（中国国家铁路集团有限公司运报-2、企运报-2、综运报-2）和18:00现在重车去向报表（综运报-3）。

现在车是指货车在车站、分局、路局、全路的现有分布数。现在车统计是反映车站每日18:00当时的货车现有数及其运用和分布情况。据此，不仅可以考核车站运用车数是否超过规定的标准，而且逐级上报后，还可以供各级调度部门作为编制运输工作计划和调整运用车保有量的资料，更合理地调配车辆，提高货车运用效率。

一、现在车分类

现在车分类，如图6-1所示。

（一）运用车

运用车是指参加铁路营业运输的中国国家铁路集团有限公司所属铁路货车、企业自备货车、外国铁路货车、内用货车、企业租用、军方特殊用途重车。

运用车分为重车和空车。

1. 重车

（1）实际装有货物并具有货票的货车。

图6-1　现在车分类示意图

(2)卸车作业未完的货车。

(3)倒装作业未卸完的货车。

(4)运用"特殊货车及运送用具回送清单"手续装载整车回送铁路货车用具(中国国家铁路集团有限公司所属篷布、空集装箱及军用备品等)的货车。

(5)填制货票的游车。

2.空车

(1)实际空闲的货车。

(2)装车作业未完的货车。

(3)倒装作业未装完的货车。

(4)运用状态下的机械冷藏车的工作车。

(二)非运用车

非运用车是指不参加铁路营业运输的中国国家铁路集团有限公司所属货车(包括租出空车)、企业自备内用检修车和在专用线、专用铁路内已获得"过轨运输许可证"的企业自备货车、在站装卸作业企业自备空车、在本企业内的内用空车、军方特殊用途空车以及中国国家铁路集团有限公司所属特种用途车。

1.备用车

为了保证完成临时紧急任务的需要所储备技术状态良好的中国国家铁路集团有限公司所属空货车。备用货车分为特殊备用车、军用备用车、专用货车(包括罐车、冷藏车、集装箱车、矿石车、长大货物车、毒品专用车、家畜车、散装水泥车、散装粮食车、小汽车运输专用车、涂有"专用车"字样的一般货车)备用车和国境、港口站备用车。

2.检修车

为中国国家铁路集团有限公司所属货车(包括企业租用车)定检到期而扣下修理、摘车临修、事故破损、等待报废和回送检修的货车。在营业线内的外国货车、企业自备车在运行过程中临时发生故障而摘车临修时,按检修车统计。但由企业向铁路车辆工厂(段)回送检修的企业自备车除外。检修车的转变,根据"车辆检修通知单"和"车辆修竣通知单"决定。

3.代客货车

根据中国国家铁路集团有限公司命令,用以运送人员、行李及包裹的货车。但代客货车装载货物并填制货票时,自转入代客时起按运用车统计。

4.路用车

路用车是指经中国国家铁路集团有限公司批准,作为铁路各单位运送非营业运输的物资或用于特殊用途的货车,如救援列车、供缺水地区机车和职工用水的水罐车、机务段运灰车及运煤车等。防洪备料车在重车储备停留状态,按路用车统计,其他状态按运用车统计。

5.洗罐车

洗罐车为进行洗罐的良好罐车。如果为了检修而洗罐时,则应按检修车统计。

6.整备罐车

整列(成组)固定编组石油直达罐车在到达整备站时,按运用车统计。送入配属段整备线进行技术整备时,由车站签字时起,6h内按整备罐车统计;超过6h,车辆部门填发"车辆检修通知单",按检修车统计。

7.租出空车

(1)企业租用的中国国家铁路集团有限公司所属货车空车。

(2)新造及国外购置的货车在交付使用前的试运转空车。

(3)部队使用货车训练。

①使用停留车辆训练,按轴、按日核收使用费时,由交付使用至使用完了交回时止,按租出空车统计。

②在训练期间随同列车挂运核收80%运费时,自列车出发时起至到达时止,对装运物资的货车按运用车统计,运送人员的棚车按"代客车"统计。

③用铁路机车单独挂运核收机车使用费时,按租出空车统计。

(4)租出车及退租车由车站与使用单位在"运用车转变记录(运统6)"(表6-1)上签字时起转入租出车或转回运用车。

8. 在企业内的企业自备货车

在本企业专用线、专用铁道内的已批准过轨的企业自备货车。

9. 军方特殊用途空车

军方用于军事运输等特殊用途的空货车(车体基本记号标明为客车的除外)。

⚠ 讨论:所有货车都是现在车吗?什么时间统计现在车数最好?其目的是什么?

(三)运用车和非运用车转变时刻的确定

1. 备用车的备用和解除时间

根据中国国家铁路集团有限公司、铁路局集团有限公司当日调度命令批准,经备用基地检车员检查后,由车站调度员或值班员填写运用车转变记录(运统6)并签字的时分起算,见表6-1。

运用车转变记录　　　　　　　　　　　　　　　　表6-1

由_____车转入_____车　　中国国家铁路集团有限公司令第_____号局令第_____号

(运统6)

车种	车号	车种	车号	记事

车站签字_____使用单位签字_____车辆段签字_____

签字时分_____月_____日_____时_____分

运用车转变记录是车站用以登记租用、中国国家铁路集团有限公司所备用、代客、路用、试验等货车分类的转变情况,作为填记"非运用车登记簿(运统7)"(表6-2)以及"货车出入登记簿(运统4)"的资料(表6-3)。

非运用车登记簿　　　　　　　　　　　　　　　　表6-2

(运统7)

车种	车号	使用单位	类别	入					出					记事
				到达车次	月	日	时:分	命令号码	转入时分	命令号码	转出时分	发出车次	月	日	时:分	
1	2	3	4	5	6	7	8	9	10	11	12	13	14	15

货车转入备用时分不得早于:

(1)车站收到调度命令的时分。

(2)作业车卸车完了的时分。

(3)到达空车为列车到达技检完了的时分。

货车出入登记簿（运统 4） 表 6-3a)

乙站　3 月 18 日

方向	车次	到发时分	标准换算小时	合计		其中						运用重车																	运用空车															非运用车									专业运输公司租用车		记事
				车数	换算小时	作业车		无调中转		有调中转		非运用		计	棚车	敞车	普通平车	两用平车	轻油罐车	其他罐车	集装箱车	冷藏车	矿石货物车	长大货物车	毒品车	家畜车	散装水泥车	散装粮食车	特种车	其他	计	棚车	敞车	普通平车	两用平车	轻油罐车	其他罐车	集装箱车	冷藏车	矿石货物车	长大货物车	毒品车	家畜车	散装水泥车	散装粮食车	特种车	其他	集装箱公司	特种货租公司	特种货租集团	快运公司	
						车数	换算小时	车数	换算小时	车数	换算小时	车数	换算小时																																							
1	2	3	4	5	6	7	8	9	10	11	12	13	14	15	16	17	18	19	20	21	22	23	24	25	26	27	28	29	30	31	32	33	34	35	36	37	38	39	40	41	42	43	44	45	46	47	48	49	50	69	70	71	72	73
甲	3051	18:20	0.7	56	39.2	10	7.0			46	32.2			56	21	35																																						
丙	2110	18:58	0	56	0			56	0					56	20	30	6																																				
丙	3138	20:10	0.8	56	44.8					56	44.8			56	31	25																																					
丙	2109	20:35	0.4	56	22.4			56	22.4					56		26	6	30																																			
甲	3053	21:05	0.9	55	49.5	10	9.0			45	40.5			55	10	39	6																																				
丙	2111	22:00	0	56	0			56	0					56	21	20		15																																			
丙	2112	22:10	0.8	56	44.8					56	44.8			56	16	40																																					
丙	3140	0:20	0.7	55	38.5	10	7.0			45	31.5			55	24	26	5																																				
丙	2114	1:10	0.8	56	44.8					56	44.8			56	21	35																																					
丙	3055	1:15	0.8	55	44.0	10	8.0			45	36.0			55	6	49		10																																		
甲	2113	1:40	0.3	56	16.8			56	16.8					56	16	30	10																																				
丙	3142	2:10	0.8	56	44.8					56	44.8			56	15	31	5																																				
丙	3057	3:30	0.5	55	27.5					55	27.5			55	20	30	5																																				
甲	2115	4:00	0	56	0			56	0					56	20	30	6																																				
丙	3144	4:30	0.5	55	27.5	10	10.0			35	17.5			55	10	35	6																																				
甲	2116	5:05	0.9	56	50.4			56	50.4					56	10	40	6																																				
甲	4111	6:01	1.0	32	32.0	8	8.0			24	24.0			32	8	20	4																																				
甲	2117	6:35	0.4	56	22.4			56	22.4					56	26	30																																					
甲	4102	8:25	0.6	36	21.6	6	3.6			30	18.0			36	6	30																																					
甲	2119	11:30	0.5	55	27.5			55	27.5					55	9	40	6																																				
甲	3059	12:05	0.9	56	50.4	11	9.9			45	40.5			56	21	35		20																				56															
甲	3146	14:00	0	55	0	5	0			50	0			55	9	26	55																																				
丙	2118	14:55	0.1	55	5.5			55	5.5					55	6	30	6																																				
甲	4113	15:00	0	36	0			36	0					36																																							
丙	2120	16:45	0.3	56	16.8			56	16.8					56	7			75																																			
丙	4104	17:20	0.7	37	25.9	4	5.6			29	20.3			37		30																																					
				1 365	697.1	98	68.1	597	251.4	670	377.6			1 309	363	817	54															56			56																		

195

表 6-3b)

货车出入登记簿（运统 4）

乙站　　3月18日

方向	车次	到发时分	标准换算小时	合计		其中						出																																															记事
				车数	换算小时	作业车		无调中转		有调中转		非运用换算车数	计	棚车	敞车	普通平车	两用平车	轻油罐车	粘油罐车	其他罐车	冷藏车	集装箱车	矿石货物车	长大货物车	毒品备车	家畜车	散装水泥车	散装粮食车	特种车	其他	运用重车 计 棚 敞 普 两 轻 粘 其 冷 集 矿 长 毒 家 散水 散粮 特 其	...	运用空车 ...	...	...	...	...	...	...	...	...	...	...	...	...	...	...	...	非运用车 ...	...	...	...	...	...	...	...	...	...	专业运输公司租用车 集装箱公司 特货公司集 快运公司		
1	2	3	4	5	6	7	8	9	10	11	12	13	14	15	16	17	18	19	20	21	22	23	24	25	26	27	28	29	30	31	32	33	34	35	36	37	38	39	40	41	42	43	44	45	46	47	48	49	50	51	52	53	54	55	56	57	58	59	60	61	62	63	64	65	66	67	68	69	70	71	72	73
甲	4112	18:25	0.6	43	25.8	10	6.0			33	19.8		43	10	28	5																																																					
丙	4101	19:15	0.8	30	24.0					30	24.0		30	4	26																																																					
甲	2110	19:48	0.2	56	11.2			56	11.2				56	20	30	6																																																					
丙	3131	20:45	0.3	56	16.8	10	3.0			46	13.8		56	20	30	6																																																					
丙	2109	21:25	0.6	56	33.6			56	33.6				56	25	26																																																					
丙	3052	22:25	0.6	56	33.6					56	33.6		56	21	31		30															20	20																																			
甲	2111	22:45	0.3	56	16.8			56	16.8				56	16	20	6	15																																																		
甲	2112	23:00	0	56	0			56	0				56	15	35	6																																																		
丙	3133	0:25	0.6	55	33.0	20	12.0			35	21.0		35	10	25		10																																																
甲	4103	1:15	0.8	31	24.8					31	24.8		31	21	35																																																		
甲	2114	2:00	0	56	0			56	0				56	15	30	5																																																		
丙	4114	2:25	0.6	40	33.6	9	4.5			31	15.5		40	8	27	5																																																	
丙	3054	4:40	0.3	56	16.8			56	16.8				56	20	30	6																																																		
甲	2115	4:45	0.6	56	33.6	20	12.0			35	21.0		35	10	20	6																																																		
甲	3135	5:25	0.2	56	11.2			56	11.2				55	16	40	10																																																		
甲	2116	5:50	0.5	56	28.0			56	28.0				56	10	36	5																																																		
甲	2117	7:30	0.4	56	22.4	12	4.8			44	17.6		56	28	27		20																																																
甲	3056	9:37	0.9	55	49.5	8	7.2			47	42.3		55	12	39	5																																																		
丙	3137	11:05	0.8	56	44.8					56	44.8		56	15	20	5													56			56							56																													
丙	3058	12:10	0.3	56	16.5			55	16.5				55	18	33	5																																																		
甲	2119	12:45	0	56	0	10	0	46	0				55		55																																																			
丙	3139	15:00	0.3	55	16.5			55	16.5				55	16	40	5													76	20		20																																				
甲	2118	15:40	0.5	56	28.0			56	28.0				56		55		75																																																	
丙	3060	16:30	0.5	56	28.0			56	28.0																																																									
甲	2120	17:30	0.5	56	28.0			56	28.0																																																									
				1 371	584.7	99	49.5	670	212.2	602	323		1 295	351	815	54																56		20		56																																

备用货车解除时分不得迟于：
(1)排空时规定列车开始技检的时分。
(2)装车时调入装车地点的时分。

2. 检修车的起止时分

在有检车人员的车站，由车站在车辆部门送交的"车辆检修通知单(车统23)"(附表2)上签字时分起算；也可以由站段双方根据具体情况协议规定间隔时间，自列车技术检查完了时起至将车辆检修通知单交到车站时止，在规定间隔内送到车站按实际交到时分起算，在规定间隔时间后送到时，按规定间隔时间起算；对扣修的重车需要卸车修理时，应在车辆检修通知单中注明，按卸车完了通知车辆部门的时分起算。

在无检车人员的车站，对临时发生故障的车辆不能挂入列车运行时，不论重空车均由车站值班员通知管辖车辆段或列检人员，由通知时起，站段双方均计算检修车。车站应做通话记录，记明双方姓名、时间、车种、车号、车辆故障原因，记在当日行车日志空白栏内作为依据。车辆部门接到通知后应立即前往检查，并补发车辆检修通知单，经鉴定不需要修理或重车需要卸空后修理，应填发车辆修竣通知单予以撤销；需要修理的重车(不论在自站或送往他站修理)均自卸空后，由车站通知(做出电话记录)车辆部门时起，填发车辆检修通知单转为检修车。

根据"检修车回送单(车统26)"回送检修货车，见附表4。在车辆段管界内，自车辆接入时起计算检修车，交出时撤销检修车。没有运输过轨协议的企业自备车出厂、送检和回送时，由车辆接入车站时在企运报—2第5栏转入现在车，交出时在第9栏转出，期间按企业自备检修车统计。

修竣的货车由车站在"检修车辆竣工验收移交记录(车统36)"(附表5)上签字时起转入运用车。

铁路车辆工厂修竣的货车，如规定以工厂自备机车取送时，由车辆送到规定交接地点，车站在"检修车辆竣工验收移交记录(车统36)"上签字时转入运用车。

3. "代客"货车的转变时刻

车站接到命令后，由车站和检车人员在"运用车转变记录(运统6)"(表6-1)上签字时起转入"代客"，使用完了(指卸空，包括备品)时，填制"运用车转变记录(运统6)"转回运用车。代客空车根据调度命令以客运车次回送时，按代客统计；以货运车次回送时，按挂运凭证(回送清单、调度命令等)实际统计，无挂运凭证按运用车统计。

"代客货车"装载货物填制货票时，自代客或回送到达时起按运用车统计。

行包专列上编挂的行包专用货车，不论重车、空车，均按代客货车统计。

4. 路用车的转变时刻

自使用单位收到车辆并在"运用车转变记录(运统6)"上签字时起，至使用完了交回车辆并填制"运用车转变记录(运统6)"转回运用车时止按路用车统计。

5. 洗罐车的转变时刻

由洗罐站填制"车辆装备单(车统24)"(附表3)送交车站签字时起计算为洗罐车；洗刷完了，由车站人员在"罐车洗刷交接记录单(车统89)"(附表6)上签字时起转回运用车；企业自备车洗罐时，洗罐站一律填发企业自备车装备单统计为洗罐车，洗刷完了，填发企业自备车洗刷交接记录单转回运用车。为进行检修而洗罐时，应列入检修车内。

由企业自行洗罐不能执行上述办法时，由铁路局集团有限公司规定平均洗罐时间(最长不能超过4h)，自货车送入洗罐交接地点至规定时间止按洗罐车统计。

6. 整备罐车的转变时刻

进行技术整备的整列固定编组石油直达罐车,在到达整备站时,按运用车统计;送入配属段整备线进行技术整备时,根据车辆部门填发的"车辆装备单(车统24)"送交车站签字时起6h内按整备罐车统计,超过6h车辆部门应填发"车辆检修通知单(车统23)"(附表2)按检修车统计。整备完了由车站在"检修车辆竣工验收移交记录(车统36)"上签字时起转回运用车。

7. 出租车及退租车的转变时刻

由车站与使用单位在"运用车转变记录(运统6)"上签字时起转入企业租用车或转回运用车。

8. 企业自备车运用与非运用转变时分的确定

对出入本企业专用线、专用铁道的企业自备车,以将车辆送到交接地点时分为准;对没有企业(租用)专用线、专用铁道的企业自备车回到过轨站,以装卸作业完了时分为准。

二、现在车掌握

为确保货车现有数统计的准确性,必须做好以下工作。

(一)车站

(1)车号员对到发列车必须严格执行"列车编组顺序表(运统1)"(表6-4)、货运票据与现车核对制度。安装有车号自动识别系统的车站还应与AEI识别车辆进行核对。对车数、车种、车号、重或空、非运用种别、车辆使用属性等逐项核对,发现错误及时订正。

列车编组顺序表　　　　　　　表6-4
(运统1)

_____站编组_____站终到　经由站_____　____年____月____日____时____分_____次列车
自首尾(不用字抹销)　　　　　　制表者:　　　　　检查者:

顺序	车种	罐车油种	车号	自身质量	换长	载质量	到站	货物名称	发站	篷布	收货人或卸线、票据号	车辆使用属性	记事

自编组站出发及在途中站摘挂后列车编组													
站名	客车		货车						其他	合计	自身质量	载质量	总质量	换长	铁路篷布合计
	合计	其中行李车	重车	其中租用车	空车	非运用车	其中 ||						
							代客	其中P$_{65}$							
**—合计															
—企															
—部															
—集															
—特															
—行															

到达时间____月____日____时____分　　交接时间____时____分　　车长(司机)签章

(2)统计人员应与站调、值班员、车辆段调度或列检值班员等有关人员建立相互核对现在车和检修车制度,并定时与铁路局集团有限公司统计人员逐列核对货车出入数,达到实际数与推定数一致。

(3)各编组站、区段站及较大厂、矿站必须建立"集中掌握、分场管理"或"到、发列车编组顺序表对号销"以及其他有效方法掌握现在车。

(4)对新购货车,车站、车辆段与工厂必须建立交接核对制度。

(5)对企业自备货车的掌握要严格按照"过轨运输许可证"核准的有效期限,建立企业自备车过轨台账,准确地加入或退出。对收回"过轨运输许可证"的车辆由过轨站和存放站根据中国国家铁路集团有限公司电报核实现车后及时退出。

(6)对内用货车,接轨或交接车站与企业必须建立定期核对、内用货车与一次性过轨货车转换核对制度。

(二)铁路局集团有限公司

(1)要认真掌握中国国家铁路集团有限公司所属货车与企业自备货车、内用货车,新购货车及报废车,出租车及退租车等。

(2)要认真执行"货车动态表(运统11)"掌握货车数的方法,见表6-5。

货车动态表　　表6-5

三、现在车统计

货车出入数是平衡货车现有数和统计现在车及计算货车停留时间的依据。

(一)货车出入的有关规定

1. 随同列车(包括单机、轨道车,下同)出入的货车

(1)铁路局集团有限公司、分局统计由邻局(分局)、国外、新线及地方铁路经分界站接入以及向其交出的货车。

(2)技术站统计列车运行图规定在该站进行列车编解或有中转技术作业列车上的货车。

如列车运行图规定在该站有中转技术作业的列车临时通过时,仍计算货车出入(但列车在枢纽地区临时变更发、到站所经过的技术站不计算货车出入);在运行图未规定有中转技

术作业的列车,虽规定有停站时或临时停车均不计算货车出入。

一站多场的车站,18:00 运输统计报告,仍按一个车站统计上报。对场与场间,因货车转场或取送作业开行的列车,均不计算货车出入。

(3)中间站统计实际摘挂的货车以及始发、终到和保留列车上的货车。

中间站利用列车停站时间,进行不摘车装卸作业的货车,不论是否摘挂,均统计货车出入。

中间站始发、终到的列车不包括在中间站临时更换机车或变更车次继续运行的列车。

保留列车系指未到达运行区段终止站,亦未到达整列货车装卸作业站,而在中间站保留并摘走机车的列车(因自然灾害、事故等机车不能摘走根据调度命令视同机车摘走)。

(4)随同列车出入的货车出入时刻(包括分界站货车出入时刻),应以列车到发时刻为准。但对国境站、新线及地方铁路分界站可按协议中的规定确定。

2. 不随同列车出入的货车

(1)新造货车及由国外购进的货车,由车站在"新造车辆竣工验收移交记录(车统13)"上签字时起加入,见附表1。

(2)报废车。

(3)根据中国国家铁路集团有限公司命令拨交其他部门或由其他部门拨交铁路的货车。

(二)货车出入登记簿

"货车出入登记簿(运统4)"(表6-3)是分界站、区段站及大量装卸站登记货车出入情况,作为编制"分界站货车出入报表(运报-1)"(附表7)、"现在车报表(运报-2)"(表6-8)以及"非号码制货车停留时间登记簿(运统9)"(表6-12)的资料,由车站根据到、发"列车编组顺序表(运统1)""列车运行日志(运统2、3)"(表6-6a、表6-6b)、"运用车转变记录(运统6)"等资料填写。其格式见表6-3。

运统4的填记方法如下:

(1)方向栏(1栏):按列车到发方向分别以出入时刻顺序填记。

(2)车次栏(2栏):根据"列车编组顺序表"(运统1)填记到发列车车次。对不随同列车出入的货车(如新造货车、企业自备车在车站移交时),填记出入的种别,如"新造车""企业自备车"等。

(3)到发时分(3栏):根据"列车运行日志"(运统2、3)填记。不随同列车出入的货车,按车站确定的时间填记其出入时刻。

(4)出入的货车(5~72栏):凡计算车站出入的货车,均填记在各有关栏内。

(5)各换算小时栏,按下列方法填记。

①标准换算小时(4栏):一小时结算制的车站,以本小时内出入的实际时分,按十进位小时填记。将货车出入车站的实际时分换算为十进位的小时数,有正算和逆算两种方法。目前,大部分站采用逆算法。本教材举例,也采用逆算法。

逆算十进位小时换算,是将货车自到达或发出时起至本小时末的分钟数换算成小时。

例如,3051次列车18:20到达乙站,用逆算十进位小时换算则为:

$$\frac{60-20}{60}=\frac{40}{60}=0.7\text{h}$$

在实际工作中,可直接查用换算表。逆算十进位小时换算,如表6-7所示。

列车运行日志

中间站行车日志

表 6-6a
(运统 2)

天气：_____ _____年___月___日

列车车次	接车股道	时:分				摘车辆数			电话记录号码				列车车次	发车股道	时:分				挂车辆数			列车编组		电话记录号码				车务机调车时分	列车停站超过规定时间的原因	记事
		同意邻站发车	邻站出发	本站到达		运用车		非运用车	占用区间凭证号码	承认闭塞	列车到达补机返回	取消闭塞	出站(跟踪)调车	出站(跟踪)调车完毕			邻站同意发车	本站出发		邻站到达	运用车		空车	非运用车	换长	总质量(t)	占用区间凭证号码	承认闭塞	列车到达补机返回	取消闭塞	出站(跟踪)调车	出站(跟踪)调车完毕			
				规定	实际	重车	空车											规定	实际	实际	重车														
1	2	3	4	5	6	7	8	9	10	11	12	13	14	15	16	17	18	19	20	21	22	23	24	25	26	27	28	29	30	31	32	33	34	35

值班时间 _____ 姓名 _____

车站值班员 _____

编组(区段)站行车日志

表 6-6b
(运统 3)

天气：_____ _____年___月___日

列车车次	到发线	时:分				机车型号	乘务员姓名		机车入库	列车编组			电话记录号码				记事	列车车次	出发线	时:分				机车型号	乘务员姓名		邻站到面	列车编组			列车出发晚点原因	电话记录号码				记事
		同意邻站发车	邻站出发	本站到达			司机	车长		车数	换长	总质量	承认闭塞	列车到达补机返回	取消闭塞	出站(跟踪)调车	出站(跟踪)调车完毕	占用区间凭证号码			邻站同意发车	机车出库	本站出发			司机	车长		车数	换长	总质量		承认闭塞	列车到达补机返回	取消闭塞	出站(跟踪)调车	出站(跟踪)调车完毕	占用区间凭证号码
				规定	实际																		规定	实际													
1	2	3	4	5	6	7	8	9	10	11	12	13	14	15	16	17	18	19	20	21	22	23	24	25	26	27	28	29	30	31	32	33	34	35	36	37	38	39	40	41

值班时间 _____ 姓名 _____

车站值班员 _____

逆算十进位小时换算表　　　　　　　　　　表6-7

实际分数	58~60	52~57	46~51	40~45	34~39	28~33	22~27	16~21	10~15	4~9	1~3
十进位小时	0	0.1	0.2	0.3	0.4	0.5	0.6	0.7	0.8	0.9	1

②换算车小时(6、8、10、12、14栏)：以标准换算小时4栏分别乘各栏(5、7、9、11、13栏)的车数，即得各栏换算车小时。

本日18:00终了时，将本日内出入的各项车数分别加总，并分出其中随同列车出入和不随同列车出入的合计数，作为填报"现车车报表"的依据。

表6-7是根据乙站3月17日18:01到3月18日18:00列车运行日志和到发列车编组顺序表填记的货车出入登记簿。从表6-7中可以看出，乙站3月18日随同列车到达的货车总数为1 365车，其中，货物作业车98车，有调中转车97车，无调中转车670车；发出货车总数为1 371车，其中，货物作业车99车，有调中转车602车，无调中转车670车。车种别的出入总数，详见表6-3，不再一一列举。

本教材举例均按1h结算制，还有按3h、6h等不同结算制的办法填记。

(三)现在车报表

"现在车报表(运报-2)"(表6-8)用于统计车站每日18:00当时，货车按运用别、重空别、车种别的现在车数，并上报铁路局集团有限公司。它是调整运用车保有量，计算货车运用统计指标及编制运输工作计划的重要依据。

编制现在车报表的原始资料除"货车出入登记簿"外，还有"运用车转变记录""非运用车登记簿""新造车辆竣工验收移交记录""车辆资产移交记录""车辆报废通知书"等有关资料。按日历顺序，于每日18:00填报一次，填记方法如下。

(1)昨日结存(1栏)：填记昨日第10栏的现在车合计数。其中，运用车与非运用车间的转变，需依据"运用车转变记录""非运用车转变记录"等。

(2)到达(2栏)：填记当日运统4中随同列车到达车站的货车总数，包括运用车和非运用车。例如乙站3月18日随同列车到达的货车总数为1 365车见表6-3a)，随同列车到达的非运用车数为0，故在3月18日的运报-2第2栏中应填记1 365车。

(3)新购货车(3栏)：填记当日出厂的新车，对于由国外购入的货车，另以分子填报。

(4)新许可加入(4栏)：按新合同填记加入的企业自备车数。

(5)其他(5、9栏)：填报当日其他部门拨交铁路(5栏)或铁路拨交其他部门(9栏)的货车数。

(6)发出(6栏)：填记当日运统4中随同列车发出的货车总数。例如，表6-8中3月18日乙站随同列车交出1 371车。

(7)现在车合计(10栏)：填记本日18:00当时现在货车合计数(包括运用车与非运用车数)。

当日现在车 = 昨日结存 + 本日到达和转入 − 本日发出和转出 　(车)

同理，按车种别的各栏18:00现在车数(13、14、15……)，亦等于昨日结存加上本日"入"减去本日"出"的车数。

(8)运用车合计(11栏)：填记本日18:00运用车数中重车与空车之和，即11栏 = 12栏 + 30栏。

现在车报表（运报-2）

表 6-8

表　名：运报-2（YB-2）
制表单位：中国国家铁路集团有限公司统计中心
批准机关：中国国家铁路集团有限公司
批准文号：铁统计[2008]113号
统一编号：0173

局名或月日	现在车							运用车合计	运用车																																				
	昨日结存	入		出			现在车合计		重车														空车										
		到达	新购货车	新许可加入	其他	发出	报废车	退出企业自备车		计	棚车	敞车	普通平车	两用平车	轻油罐车	粘油罐车	其他罐车	冷藏车	集装箱车	矿石车	长大货物车	毒品车	家畜车	散装水泥车	散装粮食车	特种车	其他	计	棚车	敞车	普通平车	两用平车	轻油罐车	粘油罐车	其他罐车	冷藏车	集装箱车	矿石车	长大货物车	毒品车	家畜车	散装水泥车	散装粮食车	特种车	其他
											P	C	N	NX	GQ	GN	GT	B	X	K	D	W	J	U	L	T		P	C	N	NX	GQ	GN	GT	B	X	K	D	W	J	U	L	T	
	1	2	3	4	5	6	7	8	9	10	11	12	13	14	15	16	17	18	19	20	21	22	23	24	25	26	27	28	29	30	31	32	33	34	35	36	37	38	39	40	41	42	43	44	45	46	47
3.17	155	1304				1298			181	169	150	16	121	5		8													19	10	9															
3.18	101	365				1371			175	163	139	19	107	5		8													24	19	5															

	备用车															非运用车										其中
非运用车合计	棚车	敞车	普通平车	两用平车	轻油罐车	粘油罐车	其他罐车	冷藏车	集装箱车	矿石车	长大货物车	毒品车	家畜车	散装水泥车	散装粮食车	特种车	其他	检修车	代客货车	行包专用车	路用车	洗罐车	整备罐车	租出空车	在企业内货车	军方特殊用途空车	昨日结存	入	出		现有总数	检修	企业自备车
																												到达	出厂	发出	报废			
	P	C	N	NX	GQ	GN	GT	B	X	K	D	W	J	U	L	T																	
48	49	50	51	52	53	54	55	56	57	58	59	60	61	62	63	64	65	66	67	68	69	70	71	72	73	74	75	76	77	78	79	80	81	82	83
12																			12									4		26			5	5	
12																			12									5		26			5	5	

编报单位：
（盖章）

编报人：　　　　单位领导：
　　　　　　　　　（盖章）

上报日期：　　年　月　日

【案例 6-1】

已知资料：

(1)乙站 3 月 18 日结存运用车 169 车(表 6-8)：重车 150(P_{16}、C_{121}、N_5、G_8)，其中，甲及其以远 21、甲—乙间 48、丙及其以远 21、乙—丙间 30、乙站待卸 30 车，空车 19(P_{10}、C_9)；非运用车 12(P_7、C_5)。

(2)乙站 3 月 18 日卸空车数为 100 车(P_{27}、C_{68}、N_5)、装车数为 75 车(P_{18}、C_{52}、N_5)。

要求：根据表 6-3 乙站货车出入登记簿中的资料，编制乙站 3 月 18 日 18：00 现在车报表。

解：(1)现在车合计(10 栏)＝昨日结存(1 栏)181＋本日到达(2 栏)1 365－本日发出
(6 栏)1 371＝175 车

(2)重车合计(12 栏)＝昨日结存 150＋本日到达 1309＋本日装车 75－本日发出(6 栏)
1295－本日卸车 100＝139 车

其中，棚车数为 16＋363＋18－351－27＝19 车

敞车数为 121＋817＋52－815－68＝107 车

普通平车数为 5＋54＋5－54－5＝5 车

轻油罐车数为 8＋75－75＝8 车

(3)空车合计(30 栏)＝昨日结存＋本日接＋本日卸－本日排－本日装
＝19＋56＋100－76－75＝24 车

其中，棚车数为 10＋0＋27－0－18＝19 车

敞车数为 9＋0＋69－20－52＝5 车

(4)非运用车合计(48 栏)＝昨日结存＋本日转入－本日转出＝12＋10－10＝12 车

四、18：00 现在重车去向报表

18：00 现在重车去向报表(运报-3)反映 18：00 当时管内重车及移交重车去向，作为铁路局集团有限公司组织卸车和掌握重车流向的依据。

1. 编制依据

(1)车站：根据 18：00 当时运用重车货票、列车编组顺序表或其他货运单据上记载的到站编制。

(2)铁路局集团有限公司：根据车站报送的"18：00 现在重车去向报表(运报-3)"及 18：00 在途列车确报编制。

2. 编制说明

(1)整车分卸按最终到站统计。

(2)对到达国外、合资、地方铁路的重车按所到达分界站(无分界站时为交接站)所属局统计。

(3)到达本局管内的重车经由邻局运送时，按到达邻局统计。

(4)重车到站不明时，按到达列车运行方向前方编组站径路统计。

(5)本表合计重车应与现在车报表(运报-2)重车数字一致。

(6)本表为日、旬、月、季、年报。

例如，乙站 18：00 现在车共 139 车(表 6-8)，假定移交重车 78 车，其中，移交甲局 21 车、移交丙局 25 车、移交丁局 18 车、移交戊局 8 车、移交庚局 5 车、移交辛局 1 车，本局管内卸

61 车,其中,本站待卸 28 车(P_8、C_{19}、N_2)、甲—乙间重车 15 车(P_4、C_9、N_2)。乙——丙间重车 18 车(P_3、C_{15})。

根据上述资料,编制乙站 3 月 18 日 18 点现在重车去向报表,如表 6-9 所示。

18:00 现在重车去向报表(运报-3) 表 6-9

表　　名:运报-3(YB-3)
制表单位:中国国家铁路集团有限公司统计中心
批准机关:中国国家铁路集团有限公司
批准文号:铁统计〔2008〕113 号
统一编号:0174

局名或月日	自局管内卸车					移交外局车数							移交车数	合计车数
	车数	其中				甲局	丙局	丁局	戊局	庚局	辛局	己局	壬局		
		棚车	敞车	平车	罐车										
3月18日	61	15	43	3		21	25	18	8	5	1			78	139

编报单位:　　　　　　　　　　单位领导:
(盖章)　　　编报人:　　　(盖章)　　　上报日期:　　年　　月　　日

巩固提高

1. 车站工作统计的意义和主要内容有哪些?统计报告日与日历日的起止时分有何不同?

2. 现在车如何分类?何谓运用车、非运用车?非运用车分为哪几种?哪些货车按重车统计?哪些货车按空车统计?货车出入是如何规定的?

3. 如何填记运报-2?举例说明 1、2、6、10、11 栏的填记方法。

任务二　装卸车统计

 任务描述

本学习任务需要你作为一名车站工作统计人员在熟练掌握装卸车数的基础上,能够分情况计算增加使用车和增加卸空车,同时掌握装卸作业次数的计算。

 相关理论知识

装卸车统计是反映铁路运输实际完成的货车装卸作业和货运量情况,据以考核经营业绩,为改善运输组织,改进货物运输工作提供统计信息和资料。

一、装车数的统计

凡在铁路货运营业站承运并填制货票,以运用车运送货物的装车,均统计为装车数。

1. 整车货物

(1)由营业站承运的装车。

(2)港口站的装车及不同轨距联轨站换装货物的装车。

205

(3)填制货票的游车。

(4)填制货票免费回送货主的货车用具和加固材料的整车装车。

(5)按80%核收运费的企业自备车、企业租用车和路用车的装车(按轴公里计费的除外)。

(6)填制货票核收运费的站内搬运的装车。

2. 整装零担车

在装车站装载的一站直达整零的装车或在装车站装载自站发送货物占全部货物质量一半及其以上的装车。

3. 集装箱货物

整车集装箱在装车站装载自站发送集装箱其换算箱数占全部换算箱数一半及其以上的装车。

各类型集装箱换算箱数根据《铁路货车统计规则》"集装箱技术参数表"(表6-10)的规定计算。

集装箱技术参数表　　　　　　　　　表6-10

集装箱类型	自身质量(t)	载质量(t)	换 算 箱 数
1t箱	0.2	0.8	0.1
6t箱	0.9	5.1	0.5
10t箱	1.6	8.4	1.0
20ft箱	2.4	21.6	2.0
40ft箱	3.7	26.8	4.0

4. 国家铁路运输企业、合资铁路、地方铁路装车数的计算

(1)国家铁路运输企业。在国家铁路运输企业车站自站的装车(包括在国家铁路运输企业分界站、接轨站制票运往合资、地方铁路的装车)统计为承运装车数。

由国家铁路控股合资铁路(以下简称非控股铁路)、地方铁路、国家接入并填制有货票的重车或换装货物的装车(不包括通过合资、地方铁路运输的重车及到达分界站或接轨站卸车的重车)统计为交接装车数。

(2)合资铁路。

①管内装车数(包括装往国家铁路分界站、接轨站卸车的装车)。

a. 部属铁路货车:使用部属铁路货车在本合资铁路管内自装自卸所产生的装车。

b. 企业自备货车:使用企业自备货车在本合资铁路管内自装自卸所产生的装车。

c. 内用货车:使用内用货车,并填制正式货票(国家铁路货票或地方税务部门监制的票据)在本合资铁路管内自装自卸所产生的装车。

②输出装车数。与全路办理一票直通货物运输的合资铁路自管内装往国家铁路或其他合资、地方铁路所产生的装车。

(3)地方铁路。

①管内装车数(包括装往国家铁路分界站或接轨站卸车的装车)。

a. 中国国家铁路集团有限公司所属铁路货车:使用中国国家铁路集团有限公司所属铁路货车在本地方铁路管内自装自卸所产生的装车。

b. 企业自备货车:使用企业自备货车在本地方铁路管内自装自卸所产生的装车。

c. 内用货车:使用内用货车,并填制正式货票(国家铁路货票或地方税务部门监制的票据)在本地方铁路管内自装自卸所产生的装车。

②输出装车数:与全路办理一票直通货物运输的地方铁路自管内装往国家铁路或其他合资、地方铁路所产生的装车。

③交接装车数:由国家铁路运输企业、合资铁路或其他地方铁路接入或通过并填制货票的重车统计为交接装车数。

二、卸车数的统计

凡填制货票以运用车运送,到达铁路货运营业站的卸车,均统计为卸车数。

1. 整车货物

(1)到达营业站货物的卸车。

(2)港口站的卸车及不同轨距联轨站换装货物的卸车。

(3)填制货票的游车。

(4)填制货票免费回送货主的货车用具和加固材料的整车卸车。

(5)按80%核收运费的企业自备车、企业租用车和路用车的卸车(按轴公里计费的除外)。

(6)填制货票核收运费的站内搬运的卸车。

凡到达铁路营业站的重车在本统计报告日内实际尚未卸完的,均应统计为待卸车数。

2. 整装零担车

在终到站到达的一站直达整零的卸车或在终到站到达自站货物质量一半及其以上的卸车。

3. 集装箱货物

整车集装箱在终到站到达自站集装箱其换算箱数占全部换算箱数一半及其以上的卸车。

4. 国家铁路运输企业、合资铁路、地方铁路装车数的计算

(1)国家铁路运输企业:在国家铁路运输企业营业站的卸车,包括由合资、地方铁路接入到达分界站(接轨站)的卸车。

(2)合资铁路。

①管内装车数(不包括管内装车到达国家铁路分界站或接轨站的卸车)。

a. 中国国家铁路集团有限公司所属铁路货车:使用中国国家铁路集团有限公司所属铁路货车在本合资铁路管内自装自卸所产生的卸车。

b. 企业自备货车:使用企业自备货车在本合资铁路管内自装自卸所产生的卸车。

c. 内用货车:使用内用货车并填制正式货票(国家铁路货票或地方税务部门监制的票据)在本合资铁路管内自装自卸所产生的装车。

②输入卸车数。由国家铁路运输企业或其他合资铁路、地方铁路与本合资铁路办理一票直通货物运输的重车到达本合资铁路管内的卸车。

(3)地方铁路。

①管内卸车(不包括管内装车到达国家铁路分界站或接轨站的卸车)。

a. 中国国家铁路集团有限公司所属铁路货车:使用中国国家铁路集团有限公司所属铁路货车在本地方铁路管内自装自卸所产生的卸车。

b. 企业自备货车:使用企业自备货车在本地方铁路管内自装自卸所产生的装车。

c. 内用货车:使用内用货车并填制正式货票(国家铁路货票或地方税务部门监制的票据)在本地方铁路管内自装自卸所产生的卸车。

②输入卸车数。由国家铁路运输企业或其他合资、地方铁路与本地方铁路办理一票直通货物运输的重车到达本地方铁路管内的卸车。

⚠ **讨论**：货物在车站会发生哪些活动？车上装有货物就是重车吗？

三、增加使用车和增加卸空车的计算

增加使用车、增加卸空车为车站因装卸中转零担货物、铁路货车用具，或货物倒装等而使用或卸空的车辆。除以下规定外，一律不得统计为增加使用车和增加卸空车。

1. 整装零担车

（1）在装车站装载中转货物超过全部货物质量一半的装车按增加使用车计算。

（2）在终到站到达中转货物超过全部货物质量一半的卸车按增加卸空车计算。

2. 集装箱车

（1）在装车站装载中转集装箱，其换算箱数超过全部换算箱数一半的装车按增加使用车计算。

（2）在终到站到达中转集装箱，其换算箱数超过全部换算箱数一半的卸车按增加卸空车计算。

3. 铁路货车用具

整车装运铁路货车用具（篷布、空集装箱及军用备品等）的装卸按增加使用或增加卸空车计算。

4. 倒装作业

运用重车在运送途中发生倒装作业（不包括装载整理）的计算：

（1）一车倒装两车时，计算增加使用车一辆；两车倒装一车时，计算增加卸空车一辆。

（2）当日卸车后不能当日装车时，当日计算增加卸空车一辆；再装车时，可再计算增加使用车一辆。

（3）当日一车倒装一车时，不计算增加使用车数和增加卸空车数。

四、装卸作业次数的计算

装卸作业次数为车站在一定时期内所完成的装车、卸车作业及其他货车作业的总次数。

（1）凡计算装卸车数的均计算作业次数。

（2）货物倒装车、整车装卸铁路货车用具和按增加使用及增加卸空车计算的整装零担车、整车集装箱，均按实际作业车数计算作业次数。整车货物倒装全部卸空后，又原车装运时，按两次作业计算。

（3）整车分卸的货车在运送途中站进行装卸时，按一次作业计算。

五、不计算装卸车数和作业次数的货车

（1）各种非运用车的装卸（按一般货运手续办理的装车应转为运用车）。

（2）变更到站的重车。

（3）不论是否摘下而进行货物装载整理的货车。

（4）在本企业专用线内或不经过铁路营业线的两个企业间搬运货物的装卸。

巩固提高

1. 什么是增加使用车和增加卸空车？

2. 在装卸车统计中，为什么要区分装车数和增加使用车数、卸车数和增加卸空车数？

3.装卸作业次数如何统计?

任务三　货车停留时间统计

任务描述

本学习任务需要你作为一名车站工作统计人员必须严格按《铁路货车统计规则》的规定,履行法律法规所赋予的职权,认真细致地工作,确保统计数字及时、准确、全面。

相关理论知识

货车停留时间是反映运用车在车站进行货物作业和中转作业停留时间完成情况,作为检查、分析和改善车站运输组织工作,提高货车使用效率的依据。货车在整个运输周转过程中,在车站停留的时间约占70%,缩短货车停留时间是提高货车运用效率的重要途径之一。

凡计算车站出入的运用车,由到达或加入时起至发出、转出或退出时止的全部停留时间(不包括其中转入非运用的停留时间)均应统计停留时间。但中间站利用列车停留时间进行装卸,装卸完了仍随原列车继续运行时,只计算作业次数不计算停留时间。

讨论:货车到达车站后会进行哪些作业?

一、货车停留时间分类及其计算

(一)分类

货车停留时间按作业性质,分为货物作业停留时间和中转作业停留时间两种。

(1)货物作业停留时间为运用车在站线(包括区间,下同)及专用线(包括路产专用线,下同)内进行装、卸、倒装作业所停留的时间。车站主要统计一次货物作业平均停留时间。有的车站还将货物作业车按下列过程统计停留时间。

①入线前停留时间是由货车到达车站时起至送到装卸地点时止的停留时间。双重作业货车由卸车完了时起至送到另一装车地点时止的时间,也按入线前停留时间统计。如在同一货位卸后又装,均统计为作业停留时间。

入线前停留时间的长短,取决于列车到达作业、解体作业和送车的效率。这一过程的工作,主要由车站运转部门负责组织进行。

②站线作业停留时间是由货车送到装卸地点时起至装卸作业完了时止的时间。

站线作业停留时间的长短,取决于车站组织装卸作业的效率。这一过程的工作,主要由车站货运部门、装卸部门负责组织进行。

③专用线作业停留时间是由货车送到装卸地点时起至装卸作业完了时止的时间。如规定以企业自备机车取送车辆时,以双方将货车送到规定地点的时分计算。

专用线作业停留时间的长短,取决于专用线内装卸作业的效率。这一过程的工作,主要由专用线装卸部门负责组织进行。

④出线后停留时间是由货车装卸作业完了时起至发出时止的时间。

出线后停留时间的长短取决于取车、集结、编组和出发等技术作业的效率。这也由车站运转部门负责组织进行。

（2）中转作业停留时间为货车在车站进行解体、改编、中转技术作业及其他中转作业（包括变更到站、装载整理、专为加冰及洗罐消毒的货车，按规定进行洗罐的罐车除外）所停留的时间。

车站主要统计中转车平均停留时间，其停留时间为无调中转车与有调中转车停留时间的加权平均值。

（二）计算公式

1. 一次货物作业平均停留时间（$t_{货}$）

$$t_{货} = \frac{\sum Nt_{货车}}{u_{装} + u_{卸}} \quad (h) \tag{6-1}$$

式中：$\sum Nt_{货车}$——本站货物作业车总停留车小时；

$u_{装}$、$u_{卸}$——分别为装、卸作业次数。

2. 中转车平均停留时间（$t_{中}$）

$$t_{中} = \frac{\sum Nt_{无调} + \sum Nt_{有调}}{\sum N_{无调} + \sum N_{有调}} \quad (h) \tag{6-2}$$

式中：$\sum Nt_{无调}$、$\sum Nt_{有调}$——分别为无调、有调中转车总停留车小时；

$\sum N_{无调}$、$\sum N_{有调}$——分别为无调、有调中转车总数。

用非号码制统计中转车平均停留时间时，参加当日停留的中转车数，采用当日到达与出发的中转车数之和的1/2。其计算式见式（6-3）：

$$t_{中} = \frac{\sum Nt_{有调} + \sum Nt_{无调}}{(N_{到}^{中} + N_{发}^{中})/2} \quad (h) \tag{6-3}$$

式中：$N_{到}^{中}$、$N_{发}^{中}$——分别为当日到达与发出的中转车数。

这一计算方法是以这样的假定为依据的：昨日到达、今日发出的中转车数平均分配于昨日和今日；今日到达、明日发出的中转车数平均分配于今日和明日。今日的中转车数见式（6-4）：

$$N_{中} = \frac{N_{昨到}^{今发}}{2} + N_{今发}^{今到} + \frac{N_{今到}^{明发}}{2} = \frac{(N_{昨到}^{今发} + N_{今发}^{今到}) + (N_{今发}^{今到} + N_{今到}^{明发})}{2} = \frac{N_{今发} + N_{今到}}{2} \tag{6-4}$$

由此可见，参加当日停留的中转车数等于今日到达与今日发出中转车数之和的一半，见式（6-5）。

$$N_{中} = \frac{N_{中发} + N_{中到}}{2} \quad (车) \tag{6-5}$$

二、货车停留时间统计方法

货车停留时间统计方法，可分为号码制货车停留时间统计和非号码制货车停留时间统计两种。

（一）号码制统计方法

号码制统计方法使用"号码制货车停留时间登记簿（运统8）"，见表6-11，逐车登记车种、车号、到达与发车的车次、时分；然后，结算当日发出的货车的停留车小时，加总后除以当日发出的车数或装卸作业次数，即可求得当日完成的中时和停时。

1. 依据资料

（1）根据运统1的列车车次、车种、车号，填记1、2、3、14栏。

表 6-11

号码制货车停留时间登记簿（运统 8）

货车		到达		调入站线		站线作业完了		调入专用线		专用线作业完了		发出			作业种类	中转车停留时间	作业车停留时间	货物作业过程别				转入月日 时分	转出月日 时分	停留时间	记事
车种	车号	车次	月日	时分	月日	时分	月日	时分	月日	时分	月日	时分	车次	月日	时分				入线前时间	作业时间 站线	作业时间 专用线	出线后时间				
1	2	3	4	5	6	7	8	9	10	11	12	13	14	15	16	17	18	19	20	21	22	23	24	25	26	27
5C	4014882	4101	3/8	12:59	3/8	14:10	3/8	15:10	3/8	18:00	3/8	21:00	4104	4/8	4:15	双		15.16	4.01	1.00	3.00	7.15				
5C	4033174	4101	3/8	12:59	3/8	17:00/14:10	3/8	21:00/16:00					4104	4/8	4:15	双		15.16	2.11	4.00/1.50		7.15				
5P	3011432	4102	3/8	16:38	3/8	17:50	3/8	19:50					4103	4/8	2:20	卸		9.42	1.12	2.00		6.30				
4N	5006892	4102	3/8	16:38	3/8	17:50	3/8	19:50					4103	4/8	2:20	装		9.42	1.12	2.00		6.30				
5C	4043587	4102	3/8	16:38									4104	4/8	4:15	有	4.57						3/8 16.38	3/8 23.18	6.40	站修
5C	4032663	4103	4/8	1:22	—	—	—	—	—	—	—	—	4103	4/8	2:20	卸		0	—	—						不摘车作业
4P	3023576	4103	4/8	1:22	4/8	2:12	4/8	3:42	4/8	4:52	4/8	8:42	4101	4/8	13:10	双		11.48	2.00	1.30	3.50	4.28				
5P	3014114	4104	4/8	3:40	4/8	4:30	4/8	7:10					4102	4/8	7:45	倒		4.05	0.50	2.40		0.35				倒装车
5C	4058637	4104	4/8	3:40									4102	4/8	7:45	有	4.05									
5P	3029891	4104	4/8	12:30	4/8	14:00	4/8	16:00					4104	4/8	7:45	有	4.05									
5C	4072113	4104	4/8	12:30	4/8	14:00	4/8	16:00																		
6C	4323219	4104	4/8	12:30	4/8	14:00	4/8	16:00																		
5P	3014176	4104	4/8	12:30	4/8	14:00	4/8	16:00																		
																	13.07	65.49	11.26	15.00	6.50	32.33				

（2）根据"行车日志"中的列车到发时刻，填记4、5、15、16栏。

（3）根据装卸车清单（货统2）及货车调送单（货统46）或专用线取送车辆记录中的货车调到及装卸完了时刻，填记6~13栏。

（4）根据"运用车转变记录（运统6）"及"非运用车登记簿（运统7）"的转变时刻，填记24~26栏。

2. 填记方法

（1）每日初将昨日未发出的货车用红笔移入当日最前部，然后再根据到发列车编组顺序表继续填记当日到发货车。

（2）货车的到、发和转变以及各种货物作业过程的起止时刻，均填记实际时分。

（3）在站线卸车调入专用线装车，或在专用线卸车后调入站线装车时，分别填记其各个作业过程的起止时分。

（4）在站线卸车后调入另一站线装车，或在专用线卸车后调入另一专用线装车时，在6~9栏或10~13栏内，另以分子填记第二次的起止时分。

（5）作业过程不全的货物作业车，需在6~13栏及20~23栏内画一横线（如不摘车装卸，企业、地方铁路分界站交接的货车等）。

（6）作业种类（17栏）按简称填记。装车"装"，卸车"卸"，双重作业"双"，货物倒装"倒"，无调中转"无"，有调中转"有"。

（7）货车发出后，根据17栏记载结算其停留时间。

① 货物作业车停留时间（19栏）和中转车停留时间（18栏）=（15、16栏）-（4、5栏）-（26栏）

② 入线前停留时间（20栏）= $\begin{pmatrix} 6、7栏 \\ 或 \\ 10、11栏 \end{pmatrix}$ -（4、5栏）

③ $\begin{matrix} 站线 \\ 专用线 \end{matrix}$ 作业时间 $\begin{matrix}（21栏）\\（22栏）\end{matrix}$ = $\begin{pmatrix} 8、9栏 \\ 12、13栏 \end{pmatrix}$ - $\begin{pmatrix} 6、7栏 \\ 10、11栏 \end{pmatrix}$

④ 出线后停留时间（23栏）=（15、16栏）- $\begin{pmatrix} 8、9栏 \\ 或 \\ 12、13栏 \end{pmatrix}$

⑤ 双重作业车按第6~13栏记载，将卸完至调入装车地点的时间加入20栏内。

（8）当日18:00终了时，将当日发出的货车（已填记14~16栏的）加总。

① 各项停留时间（18~23栏）加总后，小时以下满30min进为1h，30min以下舍去。

② 货物作业车在6~13栏及20~23栏划有横线的车数与停留时间，须单独加以结算。

③ 作业过程各停留时间改为小时后的合计与货物作业停留时间（19栏）尾数不等时，按19栏调整各作业过程时间。

④ 货物作业次数按17栏加总计算，并按本章第二节有关规定加以确定。

3. 优缺点及适用情况

号码制统计方法是按照每一辆货车的实际到发时刻登记的，统计的货车停留车小时比较准确。同时，运统8按货物作业车作业过程进行统计，能反映入线前、出线后和站线（专用线）作业停留时间延长或缩短的原因。但是，号码制统计方法仅结算当日发出车辆的停留车小时，未发出车辆的停留车小时不结算，不能准确反映当日工作的实绩；同时，逐车登记，逐栏结算，工作烦琐。

所以,号码制统计方法适用于货车出入较少的车站,以及使用非号码制货车停留时间登记簿的车站,用以统计货物作业车的作业过程及其停留时间,作为填报货车停留时间报表的资料。

【案例6-2】 某站8月4日填记的"号码制货车停留时间登记簿(运统8)"见表6-11。从表中可以看出,当日发出有调中转车3辆,其停留车小时(18栏)为13.07h;货物作业次数11次,作业停留共计66车·h。试计算当日完成的中时、停时和货物作业过程别的平均停留时间。

解:(1)有调中转车平均停留时间

$$t_{有调} = \frac{13}{3} = 4.3h$$

(2)一次货物作业平均停留时间

$$t_{货} = \frac{66}{11} = 6.0h$$

(3)货物作业过程别的平均停留时间

$$入线前平均停留时间 = \frac{11}{6} = 1.8h$$

$$站线作业平均停留时间 = \frac{15}{6} = 2.5h$$

$$专用线作业平均停留时间 = \frac{7}{2} = 3.5h$$

$$出线后平均停留时间 = \frac{33}{6} = 5.5h$$

(二)非号码制统计方法

非号码制与号码制统计方法不同,它不是按每辆货车的实际到发时分,逐车统计停留时间,而是按换算小时的方法,统计不同作业性质的所有货车在1h(一班或一日)内总停留车小时,分别除以参加停留的车数或装卸作业次数而求出当日完成的中时和停时,作为编制"货车停留时间报表"(运报-4)的依据。

利用非号码制统计货车停留时间时,先假设一小时(一班或一日)开始时结存的车辆和本小时(本班或本日)到达或转入的车辆全部停留至本小时(本班或本日)末,并按此统计其停留车小时,然后减去本小时(本班或本日)结束之时止未停留的车小时,即得各种作业性质的车辆在本小时(本班或本日)的停留车小时。

非号码制统计方法使用非号码制货车停留时间登记簿(运统9),其格式见表6-12。

1. 依据资料

(1)货车出入登记簿(运统4)中货车到发时分、车数及换算车小时。

(2)检修车登记簿(运统5)、非运用车登记簿(运统7)中货车转变时刻。

2. 填记方法

(1)凡计算出入车数的一切运用与非运用车,均需在本簿内登记。

(2)每日18:00开始,登记前,先将昨日各项结存车数移入本日"昨日结存"行各栏内。

(3)各到达和发出的车数、换算车小时栏,根据运统4结算每一小时随同列车和不随同列车出入的车数和换算车小时总数,填入本小时有关栏内。

(4)各转入和转出车数、换算车小时栏,根据运统5、运统7及装卸作业情况,结算每一小时由运用车转入非运用车,非运用车转回运用车,以及中转车转入作业车,作业车转入中转车的车数、换算车小时的总数,填入本小时栏内。

非号码制货车停留时间

3月18日　　　　（乙站）

项目 每小时合计	到达		发出		结存	停留车小时	其								结存	停留车小时	无调中			
							货物作业车										到达		发出	
							入				出									
							到达		转入		发出		转出							
	车数	换算车小时	车数	换算车小时			车数	换算车小时	车数	换算车小时	车数	换算车小时	车数	换算车小时			车数	换算车小时	车数	换算车小时
1	2	3	4	5	6	7	8	9	10	11	12	13	14	15	16	17	18	19	20	21
昨日结存	—	—	—	—	181		—				—				59	—	—		—	—
18:01~19:00	112	39.2	43	25.8	250	194.4	10	7.0			10	6.0			59	60.0	56	0	0	0
19:01~20:00	0	0	86	35.2	164	214.8									59	59.0			56	11.2
20:01~21:00	112	67.2	56	16.8	220	214.4					10	3.0			49	56.0	56	22.4		
21:01~22:00	111	49.5	56	33.6	275	235.9	10	9.0							59	58.0	56	0	56	33.6
22:01~23:00	56	44.8	168	50.4	163	269.4									59	59.0	56	44.8	112	16.8
23:01~24:00	0	0	0	0	163	163									59	59.0				
0:01~1:00	55	38.5	55	33.0	163	168.5	10	7.0			20	12.0			49	54.0				
1:01~2:00	167	105.6	87	24.8	243	243.8	10	8.0							59	57.0	112	61.6	56	0
2:01~3:00	56	44.8	96	53.6	203	234.2					9	4.5			50	54.5	56	33.6		
3:01~4:00	111	27.5	0	0	314	230.5									50	50.0	56	0		
4:01~5:00	55	27.5	112	33.6	257	307.9	20	10.0							70	60.0			56	16.8
5:01~6:00	56	50.4	111	44.2	202	263.2					20	12.0			50	58.0	56	50.4	56	11.2
6:01~7:00	88	54.4	0	0	290	256.4	8	8.0							58	58.0	56	22.4		
7:01~8:00	0	0	56	28.0	234	262.0									58	58.0			56	28.0
8:01~9:00	36	21.6	0	0	270	255.6	6	3.6							64	61.6				
9:01~10:00	0	0	56	22.4	214	247.6					12	4.8			52	59.2				
10:01~11:00	0	0	0	0	214	214.0									52	52.0				
11:01~12:00	55	27.5	55	49.5	214	192.0					8	7.2			44	44.8	55	27.5		
12:01~13:00	56	50.4	111	61.3	159	203.1	11	9.9							55	53.9			55	16.5
13:01~14:00	55	0	0	0	214	159.0	5								60	55.0				
14:01~15:00	91	5.5	56	0	249	219.5					10	0			50	60.0	55	5.5		
15:01~16:00	0	0	55	16.5	194	232.5									50	50.0			55	16.5
16:01~17:00	56	16.8	56	28.0	194	182.8									50	50.0	56	16.8		
17:01~18:00	37	25.9	56	28.0	175	191.9	8	5.6							58	55.6			56	28.0
合计	1 365	697.1	1 371	584.7	—	5 356.4	98	68.1			99	49.5			—	1 343	670	251	670	212.2

登记簿（运统9） 表6-12

中转车		有调中转车								非运用车								记事
		入				出				入				出				
		到达		转入		发出		转出		到达		转入		发出		转出		
结存	停留车小时	车数	换算车小时	车数	换算车小时	车数	换算车小时	车数	换算车小时	结存	停留车小时	车数	换算车小时	车数	换算车小时	车数	换算车小时	车数	换算车小时	结存	停留车小时	
22	23	24	25	26	27	28	29	30	31	32	33	34	35	36	37	38	39	40	41	42	43	44
0	—	—	—	—	—	—	—	110	—	—	—	—	—	—	—	12	—	
56	0	46	32.2			33	19.8			123	122.4							12	12.0	
0	44.8					30	24.0			93	99.0							12	12.0	
56	22.4	56	44.8			46	13.8			103	124.0							12	12.0	
56	22.4	45	40.5					4	2	144	141.5			4	2.0			16	14.0	
0	84.0					56	33.6			88	110.4							16	16.0	
0	0									88	88.0							16	16.0	
0	0	45	31.5			35	21.0			98	98.5							16	16.0	
56	61.6	45	36.0			31	24.8			112	109.2							16	16.0	
0	22.4	56	44.8			31	15.5			137	141.3							16	16.0	
56	0	55	27.5							192	164.5							16	16.0	
0	39.2	35	17.5			56	16.8			171	192.7							16	16.0	
0	39.2					35	21.0			136	150.0							16	16.0	
56	22.4	24	24.0	6	4.8					166	164.8					6	4.8	10	11.2	
0	28.0									166	166.0							10	10.0	
0	0	30	18.0							196	184.0							10	10.0	
0	0					44	17.6	6	3.6	146	174.8			6	3.6			16	13.6	
0	0									146	146							16	16.0	
55	27.5					47	42.3			99	103.7							16	16.0	
0	38.5	45	40.5			56	44.8			88	94.7							16	16.0	
0	0	50	0							138	88.0							16	16.0	
55	5.5	36	0			46	0			128	138.0							16	16.0	
0	38.5									128	128.0							16	16.0	
56	16.8			4	3.2	56	28.0			76	103.2					4	3.2	12	12.8	
0	28.0	29	20.3							105	96.3							12	12.0	
—	541.2	597	377.6	10	8.0	602	323	10	5.6	—	3129			10	5.6	10	8.0	—	343.6	

(5)转入、转出各栏按下列规定填记：

①由非运用车转回运用的货车，按转入非运用前的作业种别填记；但进行装车时，必须转入作业车。到达的非运用车、转出转入前后作业种别不同的非运用车，按转回运用的实际作业种别填记。

②由于转入、转出需要倒退时间订正时，为了简化手续，不作倒退时间涂改，可在记事栏内注明原因、车数及时间，在当日总结时，一次调整计算。同一小时内产生转入、转出时，也应在记事栏内注明原因。

3. 结算方法

(1)每小时末结存车数(6、16、22、32、42 栏)：

每小时末结存车数 = 上小时末结存车数 + 本小时入的车数 - 本小时出的车数

(2)每小时产生的停留车小时(7、17、23、33、43 栏)：

每小时产生的停留车小时 = 上小时末结存车数 ×1(h) + 本小时入的换算车小时 - 本小时出的换算车小时

例如，表 6-12 中 18:00 结存 181 车，18:01～19:00 到达 112 车，发出 43 车，按照上述方法即可结算 19:00 当时结存车数为 181 + 112 - 43 = 250 车；该小时产生的停留车小时为 181 × 1 + 39.2 - 25.8 = 194.4 车·h。

(3)日终结算方法。每日终了，将一日内各行数字加总，填记在合计行内，并与运统 4、运报-2 进行核对。其中，运统 9 的 2、4 栏合计车数应与运统 4 货车出入总数相一致，6、42 栏最后一行 18 点结存车数应与运报-2 第 10 栏 18 点现在车数、第 34 栏非运用车数相一致。

4. 优缺点及采用情况

非号码制统计方法较号码制统计方法手续简便，能反映车站当日货车运用效率。但因停留车小时和计算车数均有误差，计算结果不够精确，而且不能反映货物作业车各项作业过程及其停留时间，适用于货车出入数较多的车站。

【案例6-3】

已知资料：

(1)乙站 3 月 17 日 18:00 结存运用车 169 车，其中，货物作业车 59 车，有调中转车 110 车，见表 5-1。

(2)乙站 3 月 17 日 18:01 至 3 月 18 日 18:00 货车出入情况，见表 6-3。

(3)乙站 3 月 17 日 18 点结存检修车 12 车，21:30 扣修有调中转车 4 车，3 月 18 日 6:15 修竣有调中转车 6 车，9:25 扣修有调中转车 6 车，16:00 修竣有调中转车 4 车。

(4)乙站 3 月 18 日 18:00 卸 100 车，装 75 车。

要求：填记乙站非号码制货车停留时间登记簿并计算其中时、停时。

解：根据上述条件填记乙站 3 月 18 日非号码制货车停留时间登记簿，见表 6-12。当日完成的中、停时为：

$$t_{无调} = \frac{541}{\frac{670+670}{2}} = \frac{541}{670} = 0.8h$$

$$t_{有调} = \frac{3\ 129}{\frac{597+602}{2}} = \frac{3\ 129}{600} = 5.2h$$

$$t_{中} = \frac{541 + 3\,129}{670 + 600} = \frac{3\,670}{1\,270} = 2.9\text{h}$$

$$t_{货} = \frac{1\,343}{100 + 75} = \frac{1\,343}{175} = 7.7\text{h}$$

 讨论:运统8与运统9有何区别?能否结合使用?

(三)区间装卸车停留时间统计方法

在区间内正线进行货物装卸作业的货车,由办理货运手续站统计装卸车数和货物作业停留时间,非办理货运手续站的货车出入及其停留按中转车统计。在非营业站内的装卸视为区间装卸。

1. 按调车作业调入区间的装卸

凡随同货物列车(包括小运转列车,下同)以外的车次进入区间,或以货物列车进入区间,在两个营业站之间装卸后原方向返回时,均视为调车作业进入区间装卸。

(1)本站办理货运手续。

①货车由本站调入区间。

如图 6-2a)所示,以 7:00 货车到达本站时算起,装卸作业完了 10:00 返回到本站为装卸作业完了时刻。11:00 由办展发出时算出,统计 4h 货物作业停留时间。

如图 6-2b)所示,装卸作业完了调往邻站,以 10:00 到达邻站时本站算出,同时为装卸作业完了时刻,统计 3h 货物作业停留时间。邻站由 10:00~11:00 统计 1h 中转停留时间,并将 10:00 到达时间通知办理货运手续站。

图 6-2 货车由本站调入区间

②货车由邻站调入区间。

如图 6-3a)所示,由邻站 8:00 发出时本站算入,装卸作业完了 10:00 返回到邻站时本站算出,同时为装卸作业完了时刻,统计 2h 货物作业停留时间。邻站由 7:00~8:00、10:00~11:00 统计 2h 中转停留时间,两次中转车数,并将 8:00 调入区间的时间和 10:00 装卸作业完了时间通知办理货运手续站。

如图 6-3b)所示,货车与 8:00 由邻站调入区间本站算入,装卸作业完了 10:00 调到本站,以 10:00 为装卸作业完了时刻,11:00 由本站发出时算出,统计 3h 货物作业停留时间。邻站由 7:00~8:00 统计 1h 中转停留时间,并将 8:00 调入区间时间通知办理货运手续站。

图 6-3 货车由邻站调入区间

(2)邻站办理货运手续。

如图 6-4 所示,本站自 7:00 货车到达时算入,8:00 发出时算出,10:00 装卸作业完了调到本站时算入,11:00 发出时算出,统计2h货物作业停留时间,两次中转车数,并将8:00 调入区间时间和10:00 装卸作业完了时间通知办理货运手续站。

邻站(办理货运手续站)从 8:00～10:00 统计2h货物作业停留时间,10:00 为装卸作业完了时刻。

(3)在区间装卸作业完了以前的各站往返,均不计算货车出入。

图 6-4 邻站办理货运手续进入区间

2. 随同货物列车(包括小运转列车、下同)进入区间的装卸

(1)本站办理货运手续。

①货车由本站挂入列车发往区间,如图 6-5 所示,以 7:00 货车到达时算入,8:00 发往区间时算出,同时作为装卸作业完了时刻,统计1h货物作业停留时间。

②随列车挂来经过本站进入区间时,如图 6-6 所示,以 8:00 列车发出或通过时刻同时计算出入,并作为装卸作业完了时刻,只计算作业次数,不统计货物作业停留时间。

图 6-5 货车由本站挂入列车发往区间　　　图 6-6 随列车挂来经过本站进入区间

③货车由邻站随列车进入区间,如图 6-7a)所示,装卸作业完了列车经过本站继续运行时,以 9:00 列车到达或通过时刻同时计算出入,并作为装卸作业完了时刻,只计算作业次数,不统计货物作业停留时间。

如图 6-7b)所示,货车在本站摘下或列车到达本站终止,以 9:00 列车到达本站时算入,并作为装卸作业完了时刻,10:00 货车发出时算出,由本站统计1h货物作业停留时间。

图 6-7 货车由邻站随列车进入区间

④货车由邻站随列车进入区间,装卸作业未完,随列车经过本站进入下一区间继续装卸时。如图 6-8a)所示,以 8:00 列车通过(或本站发出)时刻同时计算出入,并作为装卸作业完了时刻,只计算作业次数,不统计货物作业停留时间。

如图 6-8b)所示,列车在本站折返原区间继续装卸时,以 8:00 列车到达时算入,9:00 列车发出时算出,并作为装卸作业完了时刻,统计1h货物作业停留时间。

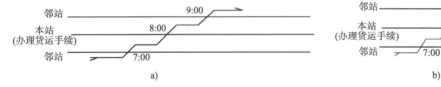

图 6-8 货车由邻站随列车进入区间

(2)邻站办理货运手续。

①货车由本站挂入列车发往区间,如图 6-9 所示,自 7:00 货车到达时算入,8:00 列车发

出时算出,本站统计1h中转停留时间。

②由邻站随列车进入区间,装卸作业完了列车到达本站终止或货车摘下时,如图6-10所示,以8:00列车到达本站时算入,9:00货车发出时算出,本站统计1h中转停留时间。

图6-9 本站挂入列车发往区间(邻站办理货运手续)　　图6-10 由邻站随列车进入区间(邻站办理货运手续)

③货车随列车挂来经过本站进入区间,或由邻站(办理货运手续)随列车进入区间,装卸作业完了,列车经过本站继续运行,如图6-11所示,列车在本站不论停留与否,均不统计中转车数和中转停留时间。

三、货车停留时间报表

图6-11 货车随列车挂来经过本站进入区间(邻站办理货运手续)

货车停留时间报表(表6-13)反映车站一次货物作业和中转车停留时间完成情况。对于装卸量较大的车站,为了分析货物作业车各个作业过程的车辆运用情况,还需反映其作业过程别的一车平均停留时间。

(2站)　　　　　　　　　　　货车停留时间报表(运报-4)　　　　　　　　　表6-13

局名或月日	一次货物作业停留时间			中转车停留时间								
				无调中转车			有调中转车			合计		
	作业次数	车辆小时	一次平均	车数	车辆小时	一车平均	车数	车辆小时	一车平均	车数	车辆小时	一车平均
	1	2	3	4	5	6	7	8	9	10	11	12
3月18日	175	1 343	7.7	670	541	0.8	600	3 129	5.2	1 270	3 670	2.9

局名或月日	装卸量较大的车站货物作业车作业过程											
	作业车数	车辆小时	一次平均	入线前停留时间			站线作业时间			专用线作业时间			出线后作业时间		
				车数	车辆小时	一车平均	车数	车辆小时	一车平均	车数	车辆小时	一车平均	车数	车辆小时	一车平均
	13	14	15	16	17	18	19	20	21	22	23	24	25	26	27
3月18日	99	1 252	12.6	99	352	3.6	79	357	4.5	20	80	4.0	99	463	4.7

1.依据资料

货车停留时间报表(运报-4)根据号码制货车停留时间登记簿(运统8)和非号码制货车停留时间登记簿(运统9)及装卸车报表(货报-1)进行编制。

2.编制方法与说明

(1)号码制与非号码制兼用的车站,本报表第2~12栏应根据非号码制编制;第13~27栏应根据号码制编制。采用非号码制的车站,第1栏作业次数根据装卸车报表(货报-1)第27栏的数字填记。

(2)中转车转为货物作业车或货物作业车转为中转车时,采用非号码制计算停留时间的车站,当日到达的,由到达时转入;当日以前到达的,则由当日18:01起转入。采用号码制的车站,按实际到达时分转入。

(3)作业过程各栏中车辆小时之和应等于第14栏。入线前、出线后的车数应与第13栏一致。站线、专用线作业车数之和,应不小于第13栏。对于作业过程不全的货车,不计算作业过程别的停留时间,仅在第13~15栏以分子表示(不包括在分母内)。

(4)货物作业车及其作业过程别的一车平均停留时间(15、18、24、27栏),以各该项的车数,除车辆小时求得。

(5)车辆小时以整数填记,满30min进为1h,不满30min舍去。平均停留时间保留小数点后一位,第二位四舍五入,采用非号码制计算各项车数出现0.5车时,进为1车。

【案例6-4】
已知资料:
(1)乙站采用非号码制统计方法得3月18日发出货物作业车99车,其中站线作业79车,专用线作业20车;总停留1 252车·h,其中入线前停留352车·h、站线作业357车·h、专用线作业80车·h、出线后停留463车·h。
(2)乙站3月18日非号码制货车停留时间登记簿统计结果,见表6-12。
(3)3月18日乙站卸100车,装75车。
要求:编制乙站3月18日货车停留时间报表(运报-4)。
解: 根据上述资料,编制乙站3月18日的货车停留时间报表,见表6-13。

 知识链接

常见的统计报表,见表6-14。

常见的统计报表　　　　　　　　　　　　　　　　表6-14

报表简称	报表全称	报表简称	报表全称
运统1	列车编组顺序表	运统8	号码制货车停留时间登记簿
运统2	中间站行车日志	运统9	非号码货车停留时间登记簿
运统3	编组站(区段站)行车日志	运报-1	分界站货车出入报表
运统4	货车出入登记簿	运报-2	现在车报表
运统5	检修车登记簿	运报-3	十八点现在重车去向报表
运统6	运用车转变记录	运报-4	货车停留时间报表
运统7	非运用车登记簿		

 巩固提高

1.货车停留时间按其作业性质不同分为哪几种?如何统计与计算?采用运统9统计货车停留时间时,为什么参加当日停留的中转车数等于当日到发中转车数之和的1/2?

2.采用号码制停留时间统计方法时,如何填记运统8表?当日18:00终了,如何计算当日发出的货车平均停留时间?号码制统计方法有何优缺点?适用于何种车站?

3.采用运统9统计货车停留时间时,如何填记到发、转出、转入各栏车数与换算车小时数?每小时如何结算?日终如何结算?有何优缺点?在什么情况下采用?

4.编制运报-4时,如何计算$t_{有调}$、$t_{无调}$、$t_{中}$、$t_{货}$?作业过程别一车平均停留时间如何统计?

项目七　车站通过能力与改编能力计算

★ 知识重点
1. 车站通过能力与改编能力基本概念及影响因素；
2. 咽喉道岔组的确定及通过能力计算；
3. 到发线通过能力计算；
4. 车站改编能力计算；
5. 提高车站通过能力的措施；
6. 车站工作日计划图的编制方法。

★ 项目任务
1. 确定车站通过能力；
2. 确定车站改编能力；
3. 车站日计划图的编制。

车站通过能力和改编能力是铁路通过能力的重要组成部分。为了适应运量的需求，协调车站各项设备之间的作业，查出车站设备和作业组织上的薄弱环节，科学合理地运用各项技术设备完成运输生产任务，必须查实和计算车站通过能力和改编能力。铁路通过能力包括铁路车站通过能力、区间通过能力及区段通过能力。本项目主要讨论技术站货物列车通过能力和改编能力。

任务一　车站能力认知

任务描述

本学习任务需要你作为一名车站值班员能够描述车站通过能力和车站改编能力的概念，描述影响车站通过能力的主要因素，能够区分占用车站设备的主要作业和固定作业，并能描述通过能力的计算方法。

相关理论知识

一、车站通过能力与改编能力定义

车站通过能力是指车站在现有设备条件下，采用先进合理的技术作业过程，于一昼夜内所能通过或接发各个方向的货物列车数和运行图规定的旅客列车数（客运站通过能力是旅客列车数和运行图规定的货物列车数）。它包括咽喉区通过能力和到发线通过能力两部分。

车站改编能力是指在合理使用技术设备条件下，车站的固定调车设备一昼夜被所能解体和编组各个方向的货物列车数或车数。

二、分析及计算车站通过能力的目的

(1)计算新建站场的通过能力，检查其是否满足设计年度运量的需要。

(2)查明车站通过能力的利用情况,根据运量增长的需要,有计划、有步骤地进行车站的改建与扩建。

(3)找出和消除设备和工作组织上的薄弱环节,充分挖掘设备的潜力,合理有效地运用技术设备。

(4)查明车站与区段以及车站各项设备之间的通过能力是否协调。

三、影响车站通过能力的主要因素

(1)车站现有设备情况,如站场类型和进路布置、到发线数量和有效长、调车设备类型和数量、信号联锁闭塞设备类型等。货运站还涉及货物线、装卸站台长度,货场、仓库的面积和货物装卸能力等。

(2)车站作业组织情况,如各种列车的技术作业过程,所采用的先进工作方法,各项作业占用设备的标准,各车场分工和线路固定用途等。

(3)车站办理各方向的列车种类和数量,计划行车量的分配方案等。

另外,能力的影响因素还应考虑空费系数。

四、占用车站设备的各种作业

上述各种因素对车站能力的影响,基本上可以集中表现在各项作业占用设备的次数和每次占用的时分两项数字上。这两项数字是计算车站能力的原始数据。为了计算车站能力,应将占用设备的全部作业划分为主要作业和固定作业两类。

1. 主要作业

主要作业内容包括各种列车(旅客列车和摘挂列车编组除外)的到达、解体、编组、出发和机车出入段等作业。这一类作业占用设备次数较多,随着行车量的变化其数量增减也较大。

2. 固定作业

固定作业是指与行车量增减无关的作业。计算车站(客运站除外)通过能力与改编能力时,以下各项作业按固定作业计算:

(1)旅客列车到、发、调移及其本务机车出入段作业。

(2)摘挂列车编组作业(一般仅限于列车运行图中规定的作业次数,随运量变化而有显著变化者除外)。

(3)向车辆段、机务段和货物装卸地点定时取送车辆的作业。

(4)调车组和机车乘务组交接班、吃饭及调车机车整备作业时间。

计算客运站通过能力时,运行图规定的货物列车到发及其本务机出入段等作业应按固定作业计算。

五、计算方法

计算车站通过能力的方法有分析计算法和图解计算法。分析计算法又叫公式计算法,它是根据分析确定的各项作业时间,用公式计算出通过的列车数,对各种列车的占用时间,它只能求出概略的平均值,但简便适用,节省时间,无论对新建车站还是既有车站都可采用。分析计算法又分为直接计算法和利用率计算法两种。图解计算法是用图表来解析及确定各项作业占用有关设备的程序和时间,从而求出车站的通过能力。

1. 直接计算法

直接计算法是根据每一列到发作业或改编作业占用某项技术设备的平均时间,利用公式直接算出该设备的能力。当某项技术设备担当的作业种类比较单一时,就采用直接计算法。例如某驼峰只担当解体作业,可采用直接计算法计算驼峰的解体能力。

2. 利用率计算法

利用率计算法是以列车、机车、车辆不间断地均衡占用技术设备为前提,并考虑设备占用有一定空费时间或妨碍时间。先求出该项设备能力的利用率,再用利用率求出车站能力。这是计算车站能力最常用的方法,它能反映出在完成规定的任务下,车站各项设备的利用程度,计算方法简便,但计算结果有一定的误差。

随着应用数学和计算机的发展,现在许多关于车站通过能力的计算多采用计算机模拟法,该方法以排队论为理论基础,以计算机模拟为基本手段,把列车到、解、编、发各项作业过程作为一个相互关联的排队系统,模拟、回归出计算车站通过能力有关参数,然后计算出既有车站的通过能力。

当车站通过能力利用率达到50%,改编能力利用率达到90%时,应按阶段或小时计算能力并作图解验算分析,采取加强能力的措施。图解计算分析的方法,见本项目任务六车站工作日计划图。

六、计算精度要求

(1) 能力利用率 K,保留小数点后两位,第三位四舍五入。

(2) 作业时间标准,保留小数点后一位,第二位四舍五入。

(3) 按方向别和列车种类别计算的能力值,以列数表示时,保留小数点后一位,第二位四舍五入;以辆数表示时,小数点后舍去不计。

巩固提高

一、选择题

1. 计算车站通过能力时,(　　)作业,不应记入固定作业。
   A. 摘挂列车解体　　B. 摘挂列车编组　　C. 旅客列车到达　　D. 旅客列车出发

2. 按方向别和列车种类别计算车站能力值,以辆数表示时,小数点后(　　)。
   A. 保留一位,第二位舍去　　　　B. 保留一位,第二位四舍五入
   C. 舍去　　　　　　　　　　　　D. 保留两位

3. 按方向别和列车种类别计算的车站通过能力,以列数表示时,小数点后(　　)。
   A. 保留一位,第二位四舍五入　　B. 保留一位,第二位舍去
   C. 保留两位,第三位四舍五入　　D. 保留两位,第三位舍去

4. 采用利用率计算车站能力时,(　　)作业按固定作业占用设备的时间。
   A. 摘挂列车解体　　　　　　　　B. 区段列车编组
   C. 旅客列车到发　　　　　　　　D. 货运机车出入段

5. 采用利用率计算车站能力时,(　　)作业按主要作业计算其占用时间。
   A. 摘挂列车编组　　B. 向货物线取送车　　C. 区段列车到发　　D. 客运机车出入段

6. 车站计算咽喉道岔通过能力的方法多采用(　　)。
   A. 图解法　　　　　B. 分析法　　　　　C. 利用率计算法　　D. 直接计算法

7. 车站改编能力利用率达到( )时,应按阶段或小时计算能力并进行图解分析,采取加强能力的措施。

  A.60%   B.70%   C.80%   D.90%

二、简答题

1. 什么是车站的通过能力与车站改编能力?查定和计算车站能力的目的是什么?
2. 计算车站通过能力和改编能力的方法有哪些?计算车站能力时,哪些属于固定作业?
3. 影响车站通过能力和改编能力的因素有哪些?

任务二 咽喉道岔组通过能力认知

任务描述

本学习任务需要你作为一名车站值班员能够描述车站咽喉道岔组的概念,了解占用咽喉道岔组时间的查定方法,能够描述咽喉道岔组的确定方法,能够描述道岔分组的原则,最终会计算咽喉道岔组通过能力。

相关理论知识

咽喉道岔组通过能力是指某方向接、发列车进路上最繁忙的道岔组一昼夜能够接、发该方向的货物列车数和运行图规定的旅客列车数。

咽喉通过能力为咽喉区各进路咽喉道岔组通过能力之和。计算咽喉通过能力,应该首先计算咽喉道岔组通过能力。

一、占用咽喉道岔组的时间标准

占用咽喉道岔组的时间按作业性质不同,可归纳为接车占用、发车占用和调车占用3种。

1. 接车占用咽喉道岔组的时间($t_{接车}$)

$$t_{接车} = t_{准} + t_{进} \quad (\text{min}) \tag{7-1}$$

式中:$t_{准}$——准备接车进路(包括开放信号)的时间,取值如表7-1所示;

  $t_{进}$——列车通过进站距离的时间,是自接车进路准备完毕时起至列车腾空该咽喉道岔组或该进路解锁时止的一段时间,min。

列车接、发准备进路时间   表7-1

顺序	作 业 名 称	时间(min)	
1	准备进路办理一个道岔的时间	非集中联锁	0.1~0.2
		集中联锁	0.1~0.2
2	集中联锁准备一个进路时间	0.1~0.15	
3	开放信号时间	色灯信号机	0.1
		臂板信号机	0.25

列车通过进站距离($L_{进}$)如图7-1所示。$t_{进}$可采用写实查定办法或按式(7-2)计算:

$$t_{进} = \frac{L_{进}}{v_{进}} \times 0.06 = \frac{l_{确} + l_{制} + l_{进} + 0.5\, l_{列}}{v_{进}} \times 0.06 \quad (\text{min}) \tag{7-2}$$

式中:$l_{确}$——司机确认预告信号的时间内,列车所走的距离,m;

$l_制$——列车制动距离,m;

$l_进$——进站信号机至车站中心线的距离,m;

$l_列$——列车长度,m;

$v_进$——列车进站平均速度,km/h;

0.06——km/h 换算为 m/min 的单位换算系数。

2. 发车占用咽喉道岔组的时间($t_发车$)

$$t_{发车} = t_准 + t_出 \tag{7-3}$$

式中:$t_出$——列车通过出站距离的时间,是自发车进路准备完毕后列车起动时起至列车尾部离开发车进路最外方道岔或该进路解锁时止的一段时间,min。

列车通过出站距离如图 7-2 所示,可采用写实查定方法或按式(7-4)计算:

$$t_出 = \frac{L_出}{v_出} \times 0.06 = \frac{l_出 + l_列}{v_出} \times 0.06 \quad (\text{min}) \tag{7-4}$$

式中:$l_出$——由出站信号机起至发车进路最外方道岔或咽喉道岔联锁区段轨道绝缘节止的距离,m;

$v_出$——列车出站平均速度,km/h。

图 7-1 列车进站走行距离示意图　　图 7-2 列车出站走行距离示意图

3. 调车占用咽喉道岔组的时间($t_调$)

调车作业包括机车出入段、车列牵出或转线、编组、解体或车辆取送等,各单项作业时间标准,多采用写实法确定。

采用写实法查定接、发车和调车作业占用咽喉道岔组的时间标准,一般分为写实、资料汇总和定标 3 个步骤。

(1)写实:一般连续 3 昼夜进行踩点,对每一列列车接发占用咽喉道岔组的时间进行统计。

(2)资料汇总:在写实完了后,应该对写实的数字进行分析,保留其中合理部分,剔除不合理部分,然后按不同作业项目(接车、发车、调车)分别汇总。接车和发车还应按车站衔接方向、客货列车分别汇总。

(3)定标:将连续 3 昼夜的写实表资料填入汇总表内,检查核对无误后,即可求出接车、发车和调车一次占用咽喉道岔组的平均时间。经过进一步分析研究,参考作业中经常出现的、符合安全操作要求的时分标准,通过群众讨论,最后确定平均占用的时间标准,这项工作称为定标。

一般采用最小占用时间和实际占用时间两者的平均值,作为列车占用咽喉道岔组的时间标准。

二、咽喉道岔组的确定

咽喉道岔组是指某方向某接发列车进路上作业最繁忙(作业占用时间最长)的一组道岔。为避免逐个道岔进行计算,减少计算工作量,可将咽喉区的许多道岔划分为若干个道岔组,通过计算比较,找出各方向各列车进路上的咽喉道岔组。咽喉道岔组的编号可采用道岔的编号方法(编号方法举例如图7-4所示)。在实际查标中也有采用1、2、3…道岔组的记号方法和把主要道岔号作为道岔组的号码来记,这样方便简单,便于区分。

道岔分组的基本原则是:

(1)不能被两条进路同时分别占用的道岔,应合并为一组。如图7-3a)所示,当其中任何一副道岔被占用时,其余道岔均无法同时开通其他进路,这些道岔应划为一组。

(2)可以被两条进路同时分别占用,以及辙叉尾部相对且分别布置在线路两侧的相邻道岔不能并为一组,如图7-3b)所示。

(3)渡线两端的道岔不能并为一组,如图7-3c)所示。

(4)交叉渡线必须单独划作一组,如图7-3d)所示。

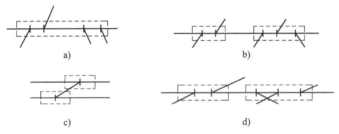

图7-3 道岔分组

现以乙站丙方向咽喉为例,说明咽喉道岔组确定的方法:

(1)《站细》规定到发线固定使用为:1、2道接发旅客列车,3、4道接发直通货物列车,5道为机车走行线,6、7道为接发区段,摘挂列车。

(2)行车量为8+12+9+2(旅客列车+直通货物列车+区段列车+摘挂列车)。

(3)各项作业占用丙方向咽喉道岔组的时间,如表7-2所示。

咽喉道岔组占用时间表　　　　　　　　　　表7-2

顺序	作　业	每次占用时间(min)	顺序	作　业	每次占用时间(min)
1	下行旅客列车出发	5	5	机车出入段	3
2	上行旅客列车到达	6	6	转线	6
3	下行直通、区段、摘挂列车出发	6	7	取送车	6
4	上行直通、区段、摘挂列车到达	7			

(4)其他:货场取送车一昼夜6次,调车机车出入段作业2次。

根据道岔分组的原则,可将该咽喉区的道岔分为四个道岔组,如图7-4所示。

图7-4 某站丙端咽喉示意图

咽喉区道岔分组后,应编制咽喉区道岔组占用时间计算表,见表7-3。

某站丙端咽喉道岔组占用时间计算表　　　　　　　　表7-3

顺序	作业进路名称	占用次数	每次占用时分	总占用时分	各道岔组占用时分			
					②	④	⑥	⑧
Ⅰ	Ⅱ	Ⅲ	Ⅳ	Ⅴ	Ⅵ			
1	下行旅客列车出发	8	5	(40)	(40)	(40)		
2	上行旅客列车到达	8	6	(48)	(48)	(48)		
3	下行直通列车出发	12	6	72	72	|72|		72
4	上行直通列车到达	12	7	84	84	|84|		84
5	下行区段列车出发	9	6	54	54		54	
6	上行区段列车到达	9	7	63	63		63	
7	下行摘挂列车出发	2	6	12	12		12	
8	上行摘挂列车到达	2	7	14	14		14	
9	下行旅客列车机车出入段	16	3	(48)		(48)		(48)
10	下行直通列车机车出入段	24	3	72				72
11	下行区段列车机车出入段	18	3	54			54	54
12	下行摘挂列车机车出入段	4	3	12			12	12
13	解体区段列车转线	18	6	108			108	
14	解体摘挂列车转线			24			24	
15	货物取送车	12	6	(72)	(72)		(72)	
16	调车机车出入段	4	3	(12)			(12)	(12)
合计	道岔组被占用总时分 $T_总$(min)				459	292	425	354
	其中	固定作业时间 $\sum t_{固}$(min)			160	136	(84)	(60)
		妨碍作业时间 $\sum t_{妨}$(min)			|156|			

注:妨碍时间是指由于列车、调车车列和机车占用与咽喉道岔组有关进路上的其他道岔而停止使用该咽喉道岔组的时间。妨碍时间分为直接妨碍时间和间接妨碍时间。直接妨碍时间按占用时间处理在表中用(√)注明;间接妨碍时间已在空费系数中考虑。

表7-3第Ⅴ、Ⅵ栏内的数字表示固定作业时间,"|72|"内的数字表示妨碍作业时分。由于固定作业而产生的妨碍时间,计入固定作业时间内。

从表7-3可以看出,第②号道岔组(包括4、6、14号道岔)被占用的总时间最长,其利用率也最高。因此,确定②号道岔组为乙站的咽喉道岔组。

⚠ **讨论**:车站咽喉区的所有道岔是不是都是咽喉道岔?咽喉道岔和其他道岔有何区别?

三、咽喉道岔组通过能力计算

计算咽喉道岔组通过能力一般采用利用率计算法。其步骤与方法如下。

1.计算一昼夜全部作业占用咽喉道岔组的总时间($T_总$)

各项作业占用咽喉道岔组的总时间($T_总$),可从表7-3中查得或按式(7-5)计算。

$$T_总 = n_接 t_{接车} + n_发 t_{发车} + n_机 t_机 + \sum t_调 + \sum t_妨 + \sum t_固 \quad (\text{min}) \tag{7-5}$$

式中:$n_接$、$n_发$——接入、发出占用咽喉道岔组的货物列车数;

$n_机$、$t_机$——占用咽喉道岔组的单机数及每次占用时间(包括在$\sum t_固$中的除外),min;

$\sum t_调$——调车作业占用咽喉道岔组的总时分(包括在$\sum t_固$中的除外),min;

$\sum t_妨$——由于列车、调车和机车占用和咽喉道岔组有关进路上的道岔,而需要停止使用该咽喉道岔组的总时间,min;

$\sum t_固$——固定作业占用咽喉道岔组的总时间,min。

2. 计算咽喉道岔组通过能力利用率(K)

咽喉道岔组通过能力利用率应按方向、接车与发车进路分别计算。i方向、j接车或发车进路咽喉岔组利用率K_{ij}为:

$$K_{ij} = \frac{T_总 - \sum t_固}{(1\,440 - \sum t_固)(1 - r_空)} \quad (7\text{-}6)$$

式中:$r_空$——咽喉道岔组空费系数,其值取$0.15 \sim 0.20$。

3. 计算咽喉道组通过能力

咽喉道岔组通过能力,应按方向、接车与发车进路分别计算。各进路咽喉道岔组通过能力之和,即为该方向咽喉通过能力。i方向、j接车与发车进路咽喉道岔组通过能力计算公式为:

$$N_{接}^{ij} = \frac{n_{接}^{ij}}{K_{ij}} \quad (\text{列}) \quad (7\text{-}7)$$

$$N_{发}^{ij} = \frac{n_{发}^{ij}}{K_{ij}} \quad (\text{列}) \quad (7\text{-}8)$$

式中:$n_{接}^{ij}$、$n_{发}^{ij}$——方向、进路上接入、发出的货物列车数。

【案例 7-1】 以图7-4乙站丙方向咽喉区为例,按表7-3资料及计算结果,$r_空 = 0.20$,试计算该方向咽喉道岔组通过能力。

解:(1)计算丙方向咽喉道岔组通过能力利用率

$$K_丙 = \frac{T_总 - \sum t_固}{(1\,440 - \sum t_固)(1 - r_空)} = \frac{459 - 160}{(1\,440 - 160)(1 - 0.20)} = 0.29$$

(2)计算丙方向咽喉道岔组通过能力

丙方向一昼夜所能接、发的货物列车数为:

$$N_接^丙 = \frac{n_接^丙}{K_丙} = \frac{12 + (9 + 2)}{0.29} = 41.4 + 37.9 = 79.3 \text{ 列}$$

$$N_发^丙 = \frac{n_发^丙}{K_丙} = \frac{12 + (9 + 2)}{0.29} = 41.4 + 37.9 = 79.3 \text{ 列}$$

上述接发车能力中,无调中转列车41.4列,改编列车37.9列。

巩固提高

一、选择题

1. 车站通过能力,包括( )通过能力和到发线通过能力。

　　A. 区间　　　　　B. 道岔　　　　　C. 道岔组　　　　　D. 咽喉

2. 咽喉道岔分组时,两条平行进路上的道岔( )。

　　A. 应划为一组　　B. 不应划为一组　　C. 应单独划为一组　　D. 应合并为一组

3.货物列车到发线通过能力一般采用( )。
  A.直接计算法　　　B.利用率计算法　　　C.图解法　　　D.分析比较法
4.货物列车技术作业过程是指各种列车在车站到发线上所进行的技术( )及其时间标准。
  A.作业内容　　　B.作业方法　　　C.作业要求　　　D.作业程序
5.计算车站能力时,( )按固定作业计算时间。
  A.摘挂列车机车出入段　　　　　　B.摘挂列车解体
  C.调机整备　　　　　　　　　　　D.摘挂列车到发
6.计算车站能力时,各项作业时间标准,小数点后( )。
  A.保留一位,第二位舍去　　　　　B.保留一位,第二位四舍五入
  C.舍去　　　　　　　　　　　　　D.保留两位

二、简答题

1.什么叫咽喉道岔组？道岔分组的原则有哪些？
2.对乙站甲端咽喉区的道岔进行分组。
3.如何计算车站咽喉道岔组的通过能力？

任务三　到发线通过能力认知

任务描述

本学习任务需要你作为一名车站值班员能够描述车站到发线通过能力的概念,了解占用到发线时间标准的查定方法,能够描述咽喉道岔组的确定方法,能够描述到发线通过能力的计算方法。

相关理论知识

到发线通过能力是指到达场、出发场、直通场或到发场中,办理列车到发作业的线路,于一昼夜所能够接、发各方向的货物(旅客)列车数和运行图规定的旅客(货物)列车数。

到发线通过能力,包括货物列车到发线和旅客列车到发线通过能力。技术站、货运站主要计算货物列车到发线通过能力;客运站主要计算旅客列车到发线通过能力。

⚠ **讨论**:车站有哪些线路？哪些线路办理旅客列车？哪些线路办理货物列车？线路使用对通过能力有何影响？

一、货物列车占用到发线时间标准

1.无调中转列车占用到发线时间标准($t_{中占}$)

$$t_{中占} = t_{接车} + t_{停} + t_{出} \quad (\text{min}) \tag{7-9}$$

式中:$t_{停}$——无调中转列车在到发线上停留时间(图定或查定),自列车到达停妥时起,至列车出发起动时止,min;

$t_{出}$——列车出发占用到发线的时间,自列车起动时起至腾空该到发线时止,min。

无调中转列车占用到发线时间,可以设计成表7-4进行计算。

无调中转列车占用到发线时间　　　　　　　　　　　　　　表 7-4

车场	方向	列车种类	列车进路占用时间(min)		停站时间(min)		列车出站占用时间(min)	总计(min)	
			准备进路	通过进站距离	计	图定	查定		图定	查定

2. 部分改编中转列车占用到发线时间标准（$t_{部占}$）

$$t_{部占} = t_{接车} + t'_{停} + t_{出} \quad (\text{min}) \tag{7-10}$$

式中：$t'_{停}$——部分中转列车在到发线上停留时间，自列车到达停妥时起，至列车出发起动时止，min。

3. 解体列车占用到发线时间标准（$t_{解占}$）

$$t_{解占} = t_{接车} + t''_{停} + t_{转} \quad (\text{min}) \tag{7-11}$$

式中：$t''_{停}$——解体列车在到发线上停留时间，自列车到达停妥时起，至列车转线或推峰起动时止的一段时间，min；

$t_{转}$——解体列车转线或推峰占用到发线时间，自车列转线或推峰起动时起，至腾空该到发线时止的一段时间，min。

4. 始发列车占用到发线时间标准（$t_{编占}$）

$$t_{编占} = t'_{转} + t'''_{停} + t_{出} \quad (\text{min}) \tag{7-12}$$

式中：$t'_{转}$——编组转线占用到发线时间，自准备转线调车进路时起，至整个车列转入发车线警冲标内方停妥时止的一段时间，min；

$t'''_{停}$——始发列车在到发线上停留时间，自车列转入到发线停妥时起，至列车出发起动时止的一段时间，min。

二、货物列车到发线通过能力计算

计算货物列车到发线通过能力一般采用利用率计算法。其计算步骤与方法如下：

1. 计算一昼夜全部作业占用到发线的总时间（$T_{总}$）

$$T_{总} = n_{中}t_{中占} + n_{部}t_{部占} + n_{解}t_{解占} + n_{编}t_{编占} + n_{机}t_{机占} + \sum t_{固} + \sum t_{其他} \quad (\text{min}) \tag{7-13}$$

式中：$n_{中}、n_{部}、n_{解}、n_{编}、n_{机}$——占用到发线的无调、部分改编、解体、始发列车数及单机数；

$t_{机占}$——固定接发单机占用到发线的时间，min；

$\sum t_{固}$——固定作业占用到发线的时间，min；

$\sum t_{其他}$——其他作业占用到发线的时间，包括机车走行线能力不足或未设走行线时机车出入段占用、合理的坐编占用时间等，min。

2. 计算货物列车到发线通过能力利用率（K）

$$K = \frac{T_{总} - \sum t_{固}}{(1440 m_{到发} - \sum t_{固})(1 - r_{空})} \tag{7-14}$$

式中：$m_{到发}$——扣除机车走行线后可用于接发货物列车的线路数；

$r_{空}$——到发线空费系数，其值取 0.15~0.20。

3. 计算货物列车到发线通过能力

货物列车到发线通过能力应按方向别计算接车和发车能力。到发场接、i 发方向货物列车到发线通过能力为：

$$N^i_{接} = \frac{n^i_{接}}{K} \quad (\text{列}) \tag{7-15}$$

$$N_{发}^i = \frac{n_{发}^i}{K} \quad (列) \tag{7-16}$$

式中：$n_{接}^i$、$n_{发}^i$——列入计算中 i 方向接入、发出的货物列车数。

【案例 7-2】 仍以乙站为例，到发场线路固定使用和行车量通过能力计算举例相同（《站细》规定到发线固定使用为：1、2 道接发旅客列车，3、4 道接发直通货物列车，5 道为机车走行线，6、7 为道接发区段、摘挂列车，行车量见表 7-5）。各项作业占用到发线的时间标准见表 7-5，$r_{空}=0.15$。试计算乙站丙方向货物列车到发级通过能力。

各项作业占用到发线时间标准（单位：min）　　　　表 7-5

时间标准 列车种类	$t_{接车}$	$t_{停}$	$t_{出发}$	$t_{转}$	$t_{合计}$
无调中转列车	7	45	5		57
解体列车	7	40		6	53
始发列车		30	5	6	41
旅客列车	6	12	5		23

解：采用利用率计算法。

（1）计算一昼夜占用到发线的总时间

$$T_{总} = n_{中}t_{中占} + n_{部}t_{部占} + n_{解}t_{解占} + n_{编}t_{编占} + n_{机}t_{机占} + \sum t_{固} + \sum t_{其他}$$
$$= 12 \times 2 \times 57 + 0 + 22 \times 53 + (9+2) \times 2 \times 41 + 0 + 0 + 0$$
$$= 3\ 436\ \text{min}$$

（2）计算货物列车到发线通过能力利用率

$$K = \frac{T_{总} - \sum t_{固}}{(1\ 440\ m_{到发} - \sum t_{固})(1-r_{空})} = \frac{3\ 436 - 0}{(1\ 440 \times 4 - 0)(1-0.15)} = 0.70$$

（3）计算货物列车到时发线通过能力

乙站一昼夜接、发丙方向货物列车到发线通过能力：

$$N_{接}^{丙} = \frac{n_{接}^{丙}}{K} = \frac{12+(9+2)}{0.70} = 17.1 + 15.7 = 32.8\ 列$$

$$N_{发}^{丙} = \frac{n_{发}^{丙}}{K} = \frac{12+(9+2)}{0.70} = 17.1 + 15.7 = 32.8\ 列$$

上述接发车能力中，无调中转列车 17.1 列，改编列车 15.7 列。

三、编发线发车能力

在调车场内划出一部分调车线，与正线接通，兼作发车线，称为编发线。在编发线上集结某一到达站车流满轴时，连挂成列，挂上列尾装置，在完成列车出发作业后，即可在编发线上直接发车。它减少了车列编成后的转场作业，缩短了编组时间，提高了峰尾编组能力。

编发线发车能力的确定方法有两种：一种是通过车站作业规律和完成实绩分析确定；二是采用直接计算法计算确定。

编发线发车能力（$N_{编发}$）计算公式为：

$$N_{编发} = \frac{(1\ 440\ m_{编发} - \sum t_{固})(1-r_{空})}{t_{编发}} \quad (列) \tag{7-17}$$

$$t_{编发} = t_{预占} + t_{分解} + t_{集占} + t_{待编} + t_{编} + t_{出} + t_{待发} + t_{发} + t_{其他} \quad (\text{min}) \tag{7-18}$$

式中：$m_{编发}$——编发线数；

$t_{编发}$——一列列车平均占用编发线的时间；

$t_{预占}$——开始向编发线解体前，预先办理进路的时间，如自允许推峰时起至车列推到峰顶时止的时间，min；

$t_{分解}$——解体一个车列的时间，min；

$t_{集占}$——集结一个车列占用编发线的时间，min；

$t_{待编}$——集结终了后的等待编组时间，min；

$t_{编}$——车列的编组时间，min；

$t_{出}$——列车出发技术作业占用时间，min；

$t_{待发}$——列车待发时间，即自出发作业终了至发车时止的时间；

$t_{发}$——发车时占用编发线的时间，自列车起动时起，至列车腾空该股道时止，min；

$t_{其他}$——摊到每列占用编发线的其他时间，min；

$r_{空}$——编发线的空费系数，其值取 0.15~0.20。

四、旅客列车到发线通过能力

旅客列车到发线能过能力一般采用直接计算法，现简单介绍如下。

1. 计算旅客列车占用到发线的时间（$t_{占均}$）

$$t_{占均} = \alpha_{通}t_{占通} + \alpha_{折}t_{占折} + \alpha_{始}t_{占始} + \alpha_{终}t_{终} \quad (\text{min}) \tag{7-19}$$

式中：$\alpha_{通}$、$\alpha_{折}$、$\alpha_{始}$、$\alpha_{终}$——通过、立折、始发、终到旅客列车所占列车总数的比例；

$t_{占通}$、$t_{占折}$、$t_{占始}$、$t_{终}$——通过、立折、始发、终到旅客列车占用到发线时间，min。

2. 计算旅客列车到发线通过能力（$N_{客}$）

$$N_{客} = \frac{M_{客}(1\,440 - t_{停})(1 - r_{空})}{t_{占均}} \quad (\text{列}) \tag{7-20}$$

式中：$M_{客}$——扣除货物列车通过线、专用机车走行线，用于接发旅客列车的到发线数；

$t_{停}$——车站一昼夜内停止接发旅客列车的时间，min；

$r_{空}$——旅客列车到发线空费系数，可采用 0.25~0.35（$\alpha_{通}$不大于 10%，取 0.25，每增加 10%，$r_{空}$增加 0.01）或用图解法求得；

$t_{占均}$——平均一列旅客列车占用到发线的时间，min。

巩固提高

一、选择题

1. 计算车站通过能力时，区段站多采用（　　）。
   A. 直接计算法　　B. 图解法　　C. 查表法　　D. 利用率计算法

2. 计算货物列车到发线通过能力利用率 K 时，被除数是（　　）。
   A. $T_{总}$　　B. $T_{总} - \sum t_{妨}$　　C. $T_{总} - \sum t_{占}$　　D. $T_{总} - \sum t_{固}$

3. 计算咽喉道岔组通过能力，一般采用（　　）。
   A. 图解法　　B. 写实法　　C. 利用率计算法　　D. 直接计算法

4. 计算咽喉通过能力，进行道岔分组时，辙叉尾部相对且分布在线路两侧的相邻道岔（　　）。
   A. 不能并为一组　　B. 应并为一组　　C. 应单独划为一组　　D. 任意划组

5.计算咽喉通过能力进行道岔分组时,不应以其他道岔组合并的道岔(　　)。
   A.不能并为一组　　B.应并为一组　　C.应单独划为一组　　D.任意划组
6.接车作业占用咽喉道岔的时间,包括准备接车进路时间和到达列车通过(　　)所需时间。
   A.咽喉道岔　　B.咽喉道岔组　　C.进站距离　　D.接车进路
7.利用率计算车站能力时,(　　)作业按固定作业占用设备的时间计算。
   A.摘挂列车解体　　B.摘挂列车编组　　C.货物列车到发　　D.区段列车解编
8.利用率计算法计算车站能力的利用率K时,小数点后(　　)。
   A.舍去　　B.保留一位　　C.保留两位　　D.四舍五入
9.列车技术作业时间的长短,主要受(　　)作业限制。
   A.车号员核对现车　　　　B.列尾作业员技术作业
   C.车辆技术检修　　　　D.货运检查与整理
10.到发线通过能力的计算单位表示为(　　)。
    A.列/年　　B.对/年　　C.对/天　　D.列/天
11.某咽喉道岔组一昼夜全部作业占用总时分为980min,其中,固定作业占用180min,空费系数取0.2,其通过能力利用率为(　　)。
    A.0.78　　B.0.79　　C.0.80　　D.0.81
12.某站有货物列车到发线4条,一昼夜占用到发线总时分为3 900min,固定作业占用100min,空费系数取0.2,到发线通过能力利用率是(　　)。
    A.0.83　　B.0.84　　C.0.86　　D.0.88
13.区段站计算货物列车到发线通过能力时,一般采用(　　)。
    A.直接计算法　　B.利用率计算法　　C.图解法　　D.分析计算法
14.咽喉道岔通过能力的计算单位表示为(　　)。
    A.列/年　　B.对/年　　C.对/天　　D.列/天

二、简答题
1.什么叫空费系数?如何计算?
2.什么叫编发线发车能力?如何计算?

任务四　车站改编能力认知

任务描述

本学习任务需要你作为一名车站调度员能够描述车站改编能力的概念,能够描述驼峰解体能力、牵出线解体能力、调车场尾部编组能力的计算方法。

相关理论知识

车站改编能力应按驼峰或牵出线分别计算。当驼峰或牵出线担当的调车作业比较单一时,多采用直接计算法;反之,多采用利用率计算法。

一、驼峰解体能力

驼峰在现有技术设备、作业组织方法及调车机车数量条件下,一昼夜能够解体的货物列车数或车数,称为驼峰解体能力。

驼峰解体能力,主要担当解体作业的驼峰。其解体能力可根据不同的作业方案,采用直接计算法进行计算。

1. 使用一台调车机车实行单推单溜的解体能力($N_{1解}$)

$$N_{1解} = \frac{(1\,440 - \sum t_{1固})(1-\alpha_空)}{t_{解占}^{单单}} \quad (列) \tag{7-21}$$

$$B_{1解} = N_{1解} m_{解} \quad (列) \tag{7-22}$$

$$\sum t_{1固} = \sum t_{交接} + \sum t_{吃饭} + \sum t_{整备} + \sum t_{客妨} + \sum t_{取送}^{占} \quad (min) \tag{7-23}$$

$$t_{解占}^{单单} = t_{空程} + t_{推} + t_{分解} + t_{妨碍} + t_{整场} \tag{7-24}$$

以上式中:$\sum t_{1固}$——一台调车机车单推单溜固定作业时间;

$\sum t_{交接}$、$\sum t_{吃饭}$——调车组和乘务组一昼夜的交接班、吃饭时间,min;

$\sum t_{整备}$——一台调车机一昼夜的整备时间,min;

$\sum t_{客妨}$——一昼夜旅客列车横切峰前咽喉妨碍驼峰解体的时间,min;

$\sum t_{取送}^{占}$——列入固定作业的取送等调车作业占用或中断驼峰使用的时间,min;

$t_{解占}^{单单}$——采用单推单溜作业方案时解体一个车列平均占用驼峰的时间;

$t_{空程}$——调车机车自驼峰或从作业点起动时至连挂解体车列时止的时间,min;

$t_{推}$——推峰时间,纵列式车场是指调车机车自到达场推送车列起动时起,至将车列的第一辆车推至峰顶驼峰信号机处止的时间(也可分为预推和续推两项时间);横列式车场是指调车机车由牵出线推动解体车列时起至将车列的第一辆车推至驼峰峰顶时止的时间,min;

$t_{分解}$——分解时间,自车列的第一辆车进入驼峰信号机内方时起,至最后一钩车溜出后调车机车停轮时止的时间,min;

$t_{妨碍}$——妨碍时间,由于敌对进路交叉干扰妨碍驼峰调车机分解车列的时间,min;

$t_{整场}$——整块时间,调车机车自峰顶起动下峰整场时起至返回峰顶或开始下项作业时止占用驼峰或使驼峰中断作业所需的时间,不影响驼峰作业的整场时间,不予计算,min;

$\alpha_空$——驼峰空费系数,一般可采用 0.03~0.05;

$m_{解}$——解体车列的平均编成辆数。

2. 使用两台机车实行双推单溜的解体能力($N_{2解}$)

$$N_{2解} = \left[\frac{(1\,440 - \sum t_{2固})}{t_{解占}^{双单}} + \frac{2\sum t_{整备} + \sum t_{取送}^{未占}}{t_{解占}^{单单}}\right](1-\alpha_空) \quad (列) \tag{7-25}$$

$$B_{2解} = N_{2解} m_{解} \quad (辆) \tag{7-26}$$

$$\sum t_{2固} = \sum t_{交接} + \sum t_{吃饭} + 2\sum t_{整备} + \sum t_{客妨} + \sum t_{取送}^{占} + \sum t_{取送}^{未占} \quad (min) \tag{7-27}$$

$$t_{解占}^{双单} = t_{分解} + t_{禁溜} + t_{妨碍} + t_{整场} + t_{间隔} \tag{7-28}$$

式中:$\sum t_{2固}$——两台调车机车双推单溜固定作业时间;

$\sum t_{取送}^{未占}$——驼峰调车机车应担当的取送调车作业中未占用或未中断使用驼峰的时间,min;

$t_{解占}^{双单}$——采用双推单溜的作业方案时解体一个车列平均占用驼峰的时间;

$t_{禁溜}$——解、送禁溜车时间,解禁溜车时间,自调车机车停止溜放车组时起至将禁溜车送往禁溜线或迂回线返回峰顶时止的时间,min;送禁溜车的时间,自调车机车从峰顶起动时起至将禁溜车送往峰下线路并返回峰顶或开始下一批作业时止的时间,当一台调车机车解、送禁溜车而另一台调车机车仍可在峰顶分解车列时,则只计算实际占用驼峰的时间,min;

$t_{间隔}$——驼峰间隔时间,自第一车列在峰顶解体完毕调车机车停轮时起,至第二车列开始分解时止的最小技术间隔时间,min。

3. 使用三台及以上调机实行双推单溜的解体能力($N_{3解}$)

$$N_{3解} = \frac{(1\,440 - \sum t_{3固})(1 - \alpha_{空})}{t_{解占}^{双单}} \quad (列) \tag{7-29}$$

$$B_{3解} = N_{3解} m_{解} \quad (辆) \tag{7-30}$$

$$\sum t_{3固} = \sum t_{交接} + \sum t_{吃饭} + \sum t_{客妨} + \sum t_{取送}^{占} \quad (min) \tag{7-31}$$

式中:$\sum t_{3固}$——两台调车机车双推单溜固定作业时间。

4. 高峰小时驼峰解体能力

$$N_{小时}^{高峰} = \frac{60}{t_{分解} + t_{禁溜} + t_{间隔} + t_{妨}^{反}} \quad (列) \tag{7-32}$$

式中:$t_{妨}^{反}$——每列摊到的反接妨碍时间,min。

以辆数为单位的高峰小时解体能力为:

$$B_{小时}^{高峰} = N_{小时}^{高峰} m_{解} \quad (辆) \tag{7-33}$$

二、调车场尾部编组能力

调车场尾部牵出线在现有技术设备、作业组织方法及调车机车数量条件下,一昼夜能够编组的货物列车数或车数,称为峰尾编组能力。

调车场尾部牵出线的编组能力,可采用直接计算法或利用率计算法计算。下面分两种方法计行介绍。

1. 直接计算法

$$N_{编} = \frac{(1\,440 M_{机} - \sum t_{固})(1 - \alpha_{妨})}{t_{编占}} + N_{摘} \quad (列) \tag{7-34}$$

$$B_{编} = N_{编} m_{编} \quad (辆) \tag{7-35}$$

$$\sum t_{固} = \sum t_{交接} + \sum t_{吃饭} + \sum t_{整备} + \sum t_{取送} + \sum t_{摘挂} \quad (min) \tag{7-36}$$

式中:$M_{机}$——调车场尾部编组调车机车台数;

$\sum t_{固}$——尾部调车机车一昼夜固定作业时间;

$\sum t_{取送}$——一昼夜担当取送调车作业的总时间;

$\sum t_{摘挂}$——一昼夜编组摘挂列车的总时间;

$\alpha_{妨}$——调车机的妨碍系数,2台调机时取 0.06~0.08,3 台机车时取 0.08~0.12;

$t_{编占}$——编组一个车列(摘挂列车除外)平均占用的时间,min;

$N_{摘}$——一昼夜编组的摘挂列车数;

$B_{编}$——编组车列的平均编成辆数。

2. 利用率计算法

$$N_{编} = \frac{n_{编}}{K} + N_{摘} \quad (列) \tag{7-37}$$

$$B_{编} = N_{编} m_{编} \quad （辆） \tag{7-38}$$

$$K = \frac{T_{总} - \sum t_{固}}{(1\,440 M_{机} - \sum t_{固})(1 - r_{妨})} \tag{7-39}$$

式中：$n_{编}$——列入计算的每昼夜编组货物列车数（不包括摘挂列车）及交换车总列数；

$\quad\quad K$——峰尾牵出线编组能力利用率；

$\quad\quad T_{总}$——一昼夜峰尾牵出线的总作业时间（不含妨碍时间），min。

三、牵出线改编能力

既担当解体又担当编组作业的牵出线的改编能力，可采用利用率计算法。其计算步骤和方法如下：

1. 计算一昼夜占用牵出线的总时间（$T_{总}$）

$$T_{总} = n_{解} t_{解} + n_{编} t_{编} + n_{调} t_{调} + \sum t_{整场} + \sum t_{固} \quad （min） \tag{7-40}$$

式中：$n_{解}$、$n_{编}$——牵出线解体、编组（摘挂列车除外）的列车数，部公改编中转列车按其作业时间折合列数计算；

$\quad\quad t_{解}$、$t_{编}$——解体、编组（摘挂列车除外）一个车列的作业时间；

$\quad\quad n_{调}$、$t_{调}$——除解体、编组作业以外占用牵出线的其他调车作业次数及平均每次作业时间。

2. 计算牵出线改编能力利用率（K）

$$K = \frac{T_{总} - \sum t_{固}}{(1\,440 M_{机} - \sum t_{固})(1 - \alpha_{妨})} \tag{7-41}$$

3. 计算牵出线改编能力

$$N_{解} = \frac{n_{解}}{K} \quad （列） \tag{7-42}$$

$$B_{解} = N_{解} m_{解} \quad （辆） \tag{7-43}$$

$$N_{编} = \frac{n_{编}}{K} + N_{摘} \quad （列） \tag{7-44}$$

$$B_{编} = N_{编} m_{编} \quad （辆） \tag{7-45}$$

既担当解体、又担当编组作业的驼峰的改编能力的计算方法也如此。两个以上的调车设备（驼峰或牵出线）合解、合编车列的能力，以各个调车设备上进行该项作业的钩数（或辆数）按比例折合列数计算；部分改编列车按其作业时间折合列数计算。

⚠ 讨论：在车站有哪些设备对解体、编组有影响？关系如何？

四、改编能力的确定

（1）纵列式编组站（包括三级式和二级式），驼峰担当解体、尾部牵出线担当编组作业时的改编能力，按经过合理调整峰上、峰尾作业负担后的驼峰解体能力、尾部编组能力二者中较小者的 2 倍计算。

（2）横列式技术站或两端的简易驼峰和牵出线既编又解时的改编能力，按两端解体、编组能力之和计算。

（3）具有两套解编系统的双向编组站应分别按上、下行系统确定其改编能力，全站的改编能力按两系统改编能力之和计算。

(4)担当重复解体转场车的驼峰,应按含转场车和不含转场车分别表示其解体能力。

【案例 7-3】 如图 7-3 所示,乙站丙端设有简易驼峰,配备调机一台,主要担当解体和货场取送作业;甲端设平面牵出线,配备调机一台,主要担当编组和专用线、机务段取送作业。已知一昼夜各项作业次数及每次占用简易驼峰、牵出线的时间分别见表7-6、表7-7。试分别采用直接计算法和利用率计算法计算乙站的改编能力。

简易驼峰占用时间计算表 表7-6

作业项目	作业次数	每次占用时分	总占用时分(min)		每列平均辆数
			总时分	其中固定作业	
解体区段列车	18	40	720		45
解体摘挂列车	4	40	160		40
货场取送车	6	30	180	180	
站修线取送	2	15	30	30	
调车场整理	4	10	40		
整备、交接班	2	40	80	80	
吃饭	2	30	60	60	
合计			$T_{总}=1\,270$	$\sum t_{固}=350$	

牵出线占用时间计算表 表7-7

作业项目	作业次数	每次占用时分	总占用时分(min)		每列平均辆数
			总时分	其中固定作业	
编组区段列车	18	35	630		45
编组摘挂列车	4	35	140		40
专用线取送	6	30	180	180	
机务段取送	2	30	60	60	
其他调车	4	15	60		
整备、交接班	2	40	80	80	
吃饭	2	30	60	60	
合计			$T_{总}=12\,710$	$\sum t_{固}=520$	

解: 分别求出简易驼峰解体能力和牵出线编组能力,然后加总即得乙站改编能力。

(1)直接计算法。

①计算简易驼峰解体能力:

$$t_{解占} = \frac{18 \times 40 + 4 \times 40 + 4 \times 10}{22} = 42 \text{min}$$

$$m_{解} = \frac{18 \times 45 + 4 \times 40}{22} = 44 \text{ 辆}$$

$$N_{解} = \frac{(1\,440 M_{机} - \sum t_{固})(1 - \alpha_{空})}{t_{解占}} = \frac{(1\,440 \times 1 - 350)(1 - 0.05)}{42} = 24.7 \text{ 列}$$

$$B_{解} = N_{解} m_{解} = 24.7 \times 44 = 1\,086 \text{ 辆}$$

②计算牵出线编组能力:

$$t_{解占} = \frac{18 \times 35 + 4 \times 15}{18} = 38 \text{min}$$

$$m_{解} = \frac{18 \times 45 + 4 \times 40}{22} = 44 \text{ 辆}$$

$$N_{解} = \frac{(1\,440\,M_{机} - \sum t_{固})(1 - \alpha_{妨})}{t_{解占}} + N_{摘} = \frac{(1\,440 \times 1 - 520)(1 - 0.05)}{42} + 4 = 27.0 \text{ 列}$$

$$B_{解} = N_{解} m_{解} = 27.0 \times 44 = 1\,188 \text{ 辆}$$

③计算乙站改编能力：

$$N_{改} = N_{解} + N_{编} = 24.7 + 27.0 = 51.7 \text{ 列}$$

$$B_{改} = B_{解} + B_{编} = 1\,086 + 1\,188 = 2\,274 \text{ 辆}$$

(2)利用率计算法。

①计算简易驼峰解体能力：

$$K = \frac{T_{总} - \sum t_{固}}{(1\,440\,M_{机} - \sum t_{固})(1 - \alpha_{空})} = \frac{1\,270 - 350}{(1\,440 \times 1 - 350)(1 - 0.05)} = 0.89$$

$$N_{解} = \frac{n_{解}}{K} = \frac{18 + 4}{0.89} = 24.7 \text{ 列}$$

$$B_{解} = N_{解} m_{解} = 24.7 \times 44 = 1\,086 \text{ 辆}$$

②计算牵出线编组能力：

$$K = \frac{T_{总} - \sum t_{固}}{(1\,440\,M_{机} - \sum t_{固})(1 - \alpha_{妨})} = \frac{1\,210 - 520}{(1\,440 \times 1 - 520)(1 - 0.05)} = 0.79$$

$$N_{编} = \frac{n_{编}}{K} + N_{摘} = \frac{18}{0.79} + 4 = 26.8 \text{ 列}$$

$$B_{编} = N_{编} m_{编} = 26.8 \times 44 = 1\,179 \text{ 辆}$$

③计算乙站改编能力：

$$N_{改} = N_{解} + N_{编} = 24.7 + 26.8 = 51.5 \text{ 列}$$

$$B_{改} = B_{解} + B_{编} = 1\,086 + 1\,179 = 2\,265 \text{ 辆}$$

巩固提高

一、选择题

1.计算车站通过能力时,(　　)作业时间不按固定作业计算。

　　A.临客列车到发　　　　　　　　B.旅客列车到发

　　C.旅客列车调移　　　　　　　　D.旅客列车机车出入段

2.计算车站通过能力时,(　　)作业应按固定作业计算。

　　A.摘挂列车编组　　B.摘挂列车解体　　C.临客到发　　D.临客调移

3.计算车站通过能力时,(　　)作业应按固定作业计算。

　　A.旅客列车调移　　B.摘挂列车解体　　C.摘挂列车甩挂　　D.临客到发

4.计算车站通过能力时,(　　)作业应按固定作业计算。

　　A.临客到发　　　　　　　　　　B.临客调移

　　C.临客本务机车出入段　　　　　D.调机整备

5.计算车站通过能力时,(　　)作业时间应按固定作业计算。

　　A.临客机车出入段　　B.临客调移　　C.调车组交接班　　D.临客到发

6.计算车站通过能力时,(　　)作业时间应按固定作业计算。

　　A.旅客列车到发　　B.摘挂列车到发　　C.临客到发　　D.军用列车到发

7.计算车站通过能力时,(　　)作业时间应按固定作业时间计算。
   A.临客列车到发　　B.摘挂列车到发　　C.旅客列车调移　　D.临客列车调移

二、简答题

1.如何确定车站改编能力?
2.什么叫双推单溜?什么叫单推单溜?

任务五　提高车站通过能力的措施

任务描述

本学习任务需要你作为一名车站值班员能够描述提高车站通过能力的措施和方法。

相关理论知识

一、车站能力汇总

车站能力是指在现行作业组织方法及调机配备情况下,各车场、驼峰或牵出线及整个车站所具有的通过能力和改编能力。

1.车站通过能力汇总

汇总车站通过能力的目的,在于查明车站咽喉、到发线接发各方向各种列车的能力。车站咽喉区各进路咽喉道岔组通过能力汇总后,列入该方向通过能力。一个方向的列车接入车站的几个车场或从几个车场出发时,各车场该方向到发线通过能力加总后,列入全站该方向到发线通过能力。各方向咽喉、到发线通过能力加总后列入全站的咽喉、到发线通过能力。

例如,根据上述【案例7-1】、【案例7-2】计算结果,乙站通过能力汇总见表7-8。

乙站通过能力汇总表　　表7-8

方向	接车或发车	号码	咽喉通过能力(列)				到发线通过能力(列)				限制能力(列)				受何限制
			客	货			客	货			客	货			
				有调	无调	计		有调	无调	计		有调	无调	计	
丙	接	②	8	37.9	41.4	79.3	8	15.7	17.1	32.8	8	15.7	17.1	32.8	到发线
	发	②	8	37.9	41.4	79.3	8	15.7	17.1	32.8	8	15.7	17.1	32.8	
甲	接	①③	8	30.6	33.3	63.9	8	15.7	17.1	32.8	8	15.7	17.1	32.8	
	发	①③	8	30.6	33.3	63.9	8	15.7	17.1	32.8	8	15.7	17.1	32.8	
全站	接		16	68.5	74.7	143.2	16	31.4	34.2	65.6	16	31.4	34.2	65.6	
	发		16	68.5	74.7	143.2	16	31.4	34.2	65.6	16	31.4	34.2	65.6	

注:甲方向咽喉通过能力为假定数字。

2.车站改编能力汇总

汇总车站改编能力的目的,在于查明该站调车设备解体和编组各方向列车的能力。当一个方向的列车由两个及其以上的调车设备进行解体或编组时,该方向的改编能力应等于各调车设备该方向的改编能力之和。驼峰、牵出线的改编能力,按任务四所述确定后,汇总列入全站改编能力。

例如,根据上述【案例7-3】计算结果,乙站改编能力汇总见表7-9。

乙站改编能力汇总表　　　　　　　表7-9

驼峰或牵出线名称	解体能力		编组能力		改编能力		调机类型及台数
	列	辆	列	辆	列	辆	
简易驼峰	24.7	1 086	—	—	24.7	1 086	DF_5型1台
牵出线	—	—	26.8	1 179	26.8	1 179	DF_5型1台
全站合计	24.7	1 086	26.8	1 179	51.5	2 265	DF_5型2台

注:表中数字采用利用率计算法的结果。

二、提高车站能力的措施

车站查定出来的过程能力,只说明了车站在一个时期内的作业能力和设备利用程度,在贯彻和执行的过程中,随着生产的发展,运能和运量之间又会出现新的矛盾,这就出现了扩能的问题。其解决办法:一是改进技术组织措施;二是改建、扩建车站技术设备。

1. 提高车站能力的技术组织措施

根据车站通过能力和改编能力的计算公式,对影响车站能力的各种因素进行分析。其主要组织措施如下:

(1)调整车站技术设备使用方案,均衡设备作业负担。通过调整车场分工和到发线使用方案,重新分配驼峰、牵出线工作,调整调机分工及其作业区域,调整咽喉道岔的作业负担,使各项技术设备的作业负担均衡并减少敌进路的干扰,从而提高和协调车站咽喉通过能力、到发线通过能力和驼峰、牵出线的改编能力。

例如,根据上述车站通过能力汇总,乙站丙方向咽喉通过能力为接、发793列,到发线通过能力为接、发各328列。丙方向的通过能力受到发线通过能力的限制,但通过对到发线现行使用办法分析得知,原定1、2道只接发旅客列车,一昼夜接发旅客列车占用到发线的时间为 $23 \times 16 = 368$ min,尚有 $1\,440 \times 2 - 368 = 2\,512$ min 的潜力。若1、2道也兼接发货物列车,则:

$T_总 = 3\,436 + 368 = 3\,804$ min

$\sum t_固 = 368$ min

$$K = \frac{T_总 - \sum t_固}{(1\,440\, m_{到发} - \sum t_固)(1 - r_空)} = \frac{3\,804 - 368}{(1\,440 \times 6 - 368)(1 - 0.15)} = 0.49$$

$$N_接^丙 = \frac{n_接^丙}{K} = \frac{12 + (9 + 2)}{0.49} = 24.5 + 22.4 = 46.9\,列$$

$$N_发^丙 = \frac{n_发^丙}{K} = \frac{12 + (9 + 2)}{0.49} = 24.5 + 22.4 = 46.9\,列$$

可见,能力与行车量的分配(技术设备使用方案)关系很大,通过调整以后,该方向车站通过能力接车与发车各提高了141列。但必须注意,在到发线通过能力重新调整计算后,应根据新的分配方案,对咽喉道岔组的作业占用时分进行验算,检查咽喉通过能力有无变化。

同理,当某咽喉道岔组限制了车站通过能力时,也可以通过充分利用平行进路来调整原来的接车、发车和调车进路,以减轻该咽喉道岔组的作业负担,提高车站通过能力。

当驼峰或牵出线的改编能力紧张,或遇车流增大时,可以有计划地调整驼峰、牵出线的作业负担,根据技术设备条件,活用固定线路,合理固定调车作业区域,充分发挥调车设备的效能，提高其改编能力。

(2)压缩各项作业占用技术设备的时间。采用先进的工作方法，改进各种列车的技术作业过程和调车方法，采取解体照顾编组、解体照顾送车、取车照顾编组、解编结合等方法，利用车辆集结过程预编、预检车组等，实现流水作业和最大限度地平行作业，在压缩单项作业时间的同时，减少或者消除等待和妨碍作业的时间。

(3)改进运输组织工作。加强车站日常计划与调度指挥，改进列车预确报办法及现在车掌握办法，根据列车编组内容和到发时间，有预见、有计划地组织车流和装卸作业；改善车流组织方法，结合车流到发规律，大力组织挂线装车，组织成组装车和直达列车，扩大技术站无调中转列车的比重；改善劳动组织，加强联劳协作，使各部门、各工种之间作业紧密配合，以提高工作效率，大力压缩各种非生产等待时间；合理组织调车机工作，充分发挥调车机效率，减少整备次数，缩短整备时间，合理安排机车交接班，尽量做到不停轮。必要时更换调车机车类型或增加辅助调车机车。合理组织调车机工作，充分发挥调车机效率，减少固定作业占用时间。

(4)对车站现有设备进行小量技术改造。在工程量和投资不大的情况下，可在咽喉区增铺或改铺道岔，移设信号机，增加咽喉平行进路，延长牵出线等，以加强车站通过能力和改编能力。

2．提高车站能力的改建措施

(1)改造车站咽喉。改进车站咽喉布置，增设联络线，增加平行进路。在必要和可能时，采用立体交叉，以疏解列车进路，使各方向客货列车接发、机车出入段、解编和取送调车等能够最大限度地平行作业。

(2)改建或扩建枢纽站和站场线路。改进车站布置，增加或延长到发线、调车线，分别设置货物列车到达场、出发场，或在办理直通货物列车较多的车站增设直通车场，增设联络线，采用立体交叉，以疏解列车进路，减少相互干扰。

(3)改造现有固定调车设备。改造牵出线、驼峰设备的平纵断面，增设预推线、禁溜线和尾部牵出线，抬高驼峰高度，采用先进的峰下制动设备，如采用减速器、加减速顶调速设备等。

(4)改建车站，采用各种新技术，装设先进的信、联、闭设备。

(5)修建机械化、自动化驼峰，实现编组站作业自动化，全面提高车站改编能力。

巩固提高

一、判断题（对的打"√"，错的打"×"）

1．车站到发线通过能力与咽喉通过能力不一致时，取其中最大值作为车站的最终通过能力。　　　　　　　　　　　　　　　　　　　　　　　　　　　　（　　）
2．车站通过能力包括咽喉道岔通过能力和到发线通过能力两部分。　　（　　）
3．车站咽喉通过能力为咽喉区各进路咽喉道岔组通过能力之和。　　　（　　）
4．计算车站通过能力的方法有利用率计算法和直接计算法两种。　　　（　　）
5．计算车站通过能力和改编能力时，摘挂列车编组、解体作业，均按固定作业计算。
　　　　　　　　　　　　　　　　　　　　　　　　　　　　　　　　　（　　）
6．计算车站通过能力时，各咽喉道岔通过能力之和等于全站的通过能力。（　　）
7．计算车站通过能力时，向货场定时取送车辆的作业时间，按固定作业时间计算。
　　　　　　　　　　　　　　　　　　　　　　　　　　　　　　　　　（　　）

二、简答题

1. 简述车站提高车站能力的技术措施。
2. 简述车站提高车站能力的组织措施。

任务六　车站工作日计划图

任务描述

本学习任务需要你作为一名车站值班员能够描述车站工作日计划图的内容,能够绘制车站工作日计划图,能够对车站工作日计划图的指标进行计算。

相关理论知识

一、车站工作日计划图的内容和作用

车站工作日计划图是车站对各种列车和车辆进行全部技术作业过程及各项技术设备运用情况的详细图解。图7-5为乙站工作日计划图。

车站工作日计划图的内容包括:
(1)列车到达和出发的车次、时刻和编组内容。
(2)列车占用到发线情况。
(3)货车在调车场的集结情况。
(4)列车、解体编组及其他作业占用驼峰和牵出线的情况。
(5)调车机车工作情况。
(6)本站货物作业车在装卸地点停留及取送作业情况。
(7)列车到发和调车作业占用咽喉道岔组的情况等。

编制车站工作日计划图的主要作用有:检查车站各项技术作业过程之间、车站作业与列车运行图之间是否协调,车站技术设备运用及作业组织是否合理;查明车站最繁忙阶段与最薄弱的环节,以便针对发现的问题,提出解决办法;确定货车在站停留时间标准、调机台数及车站运用车标准数。

为保证车站各项作业过程及其与运行图之间的协调配合,每当列车编组计划、列车运行图、车站技术设备和技术作业过程发生变更时,应重新编制车站工作日计划图。

二、车站工作日计划图的编制方法

车站工作日计划图应根据列车编组计划规定的列车编组内容,列车运行图规定的列车到发时间、质量、长度,车站技术设备运用方案规定的到发线、调车线固定使用,调车机车分工和技术作业过程规定的作业时间标准等资料进行编制。

现仍以乙站为例,简要说明编制车站日计划图的步骤和方法:

1. 设计有关图表

根据车站技术设备及其固定使用方案,设计车站工作日计划图表,如图7-5所示。

2. 确定日均车流量并将其分配给各次列车

根据车站到发车流及其特征,确定具有代表性的日均车流量;结合车流到达规律及列车

编组计划,将日均车流分配给各次列车。

图 7-5 乙站工作日计划图

例如,根据车流汇总表确定的行车量,乙站解体区段列车 18 列、摘挂列车 4 列,按照列车编组计划的规定,将表 7-10 的车数按编组内容(去向、量数)所占的百分比分配给各次到达解体列车,见表 7-11。

乙站车流汇总表　　　　　　　　　　　　　　　　　　　　　　　　　表 7-10

由＼往		甲方向			丙方向			到达本站	合计
		甲—乙间	甲及其以远	计	乙—丙间	甲及其以远	计		
甲方向	无调车	—	—	—	—	540	540	—	540
	有调车	—	—	—	60	$\frac{360}{25}$	$\frac{420}{25}$	$\frac{25}{10}$	$\frac{445}{35}$
	计	—	—	—	60	$\frac{900}{25}$	$\frac{960}{25}$	$\frac{25}{10}$	$\frac{985}{35}$
丙方向	无调车	—	540	540	—	—	—	—	540
	有调车	65	360	425	—	—	—	60	485
	计	65	900	965	—	—	—	60	1 025
本站发出		15	20	35	5	$\frac{20}{35}$	$\frac{25}{35}$		$\frac{60}{35}$
合计		80	920	1 000	65	$\frac{920}{60}$	$\frac{985}{60}$	$\frac{85}{10}$	—

注:分子表示重车,分母表示空车。

乙站到达解体列车编组内容(摘录)　　　　　　　　　　　　　　　　表 7-11

方向	车次	辆数	到达时刻	编组内容				
				甲	乙—甲	丙	乙—丙	乙
甲方向	31007	45	19:50	—	—	29	10	6
	31009	45	21:40	—	—	20	15	10
	⋮	⋮	⋮	⋮	⋮	⋮	⋮	⋮
	计	$\frac{445}{35}$	—	—	—	360	60	$\frac{25}{10}$
丙方向	32008	45	18:15	32	5	—	—	8
	41002	37	22:30	20	8	—	—	9
	⋮	⋮	⋮	⋮	⋮	⋮	⋮	⋮
	计	485	—	360	65	—	—	60
全站全天合计		$\frac{930}{35}$	—	360	65	$\frac{360}{25}$	60	$\frac{85}{10}$

3. 确定日初结存车数

确定日初结存车数的过程,实质是按去向逐列落实编组列车车流来源的过程。例如,列车运行图规定 19:10 分始发甲方向 31002 次区段列车,编组内容为甲及其以远 45 辆。乙站《站细》规定的各项技术作业时间标准为:到达作业 40min,解体作业 40min,编组作业 35min,出发作业 30min,取送作业 30min,线路固定使用如图 7-5 所示。据此可以推定列车最晚应于 18:05 分开始编组。因此,可以初步确定调车场 8 道应有日初结存车数 45 辆,用于编组 31002 次列车。然后再推定 21:55 始发甲方向 31004 次的车流来源,从表 7-11 看出,丙方向 18:15 到达 32008 次列车编组内容有甲方向 32 辆,按上述时间推断可用于编组 31004 次,不足 13 辆可以假定为本站货场、专用线装车产生的甲方向车流,合计凑够 45 辆。依次类推,直到各方向始发编组列车均有车流来源并且日末结存车数与日初结存车数相等为止。

4. 绘制车站工作日计划图

（1）根据列车运行图规定的各次列车到发时刻，绘制邻接区间运行线。

（2）根据到发线固定使用和列车走行进路，绘制各次列车占用咽喉道岔及到发线的顺序和起止时分。

（3）绘制机车出入段占用咽喉道岔和机车走行结线的情况。

（4）根据编组列车的需要，合理安排调车机车的解体、编组、取送作业，并按规定符号绘制调车作业和调机占用各项设备的起止时分。

（5）随时填记调车场、货场作业地点的车流变化情况（包括车数、重空状态等）。

车站工作日计划图绘制完了后，应认真检查、分析、比较，并计算主要指标；必要时应进行调整，力求各项设备运用合理，各项指标符合规定。

三、车站工作日计划图主要指标计算

车站工作日计划图的指标计算主要有：中转车平均停留时间、货物作业车平均停留时间、车站运用车标准数和调车机车需要台数等。

（一）中转车平均停留时间

1. 无调中转车平均停留时间

$$t_{无} = \frac{\sum Nt_{无}}{\sum N_{无}} \quad (\text{h}) \tag{7-46}$$

式中，无调中转车数 $\sum N_{无}$ 可从车站车流汇总表（表7-10）中查得，无调中转车总停留车小时 $\sum Nt_{无}$ 可从车站工作日计划图中逐列查算后加总求得。例如，根据表7-10和图7-5，乙站无调中转车平均停留时间计算见表7-12。

乙站无调中转车平均停留时间计算表　　　　表7-12

车　　次	编组辆数	停留时间(min)	停留车分(车·min)
20112	45	20	900
20111	45	25	1 125
20113	45	50	2 250
20114	45	45	2 025
⋮	⋮	⋮	⋮
全天合计	1 080	—	47 960
一车平均停留时间	$t_{无调} = \dfrac{47\ 960}{60 \times 1\ 080} = 0.74 \approx 0.7\text{h}$		

2. 有调中转车平均停留时间

有调中转车平均停留时间 $t_{有}$，可按上述方法分别求得到达、解体、集结、编组、出发5项作业平均停留时间（包括待解、待编、待发时间），然后加总求得。

例如，根据表7-10和图7-5，乙站到达、解体、集结、编组、出发作业平均停留时间计算分别见表7-13、表7-14、表7-15。

根据上述计算结果，乙站有调中转车平均停留时间为：

$$t_{有} = t_{到} + t_{解} + t_{集} + t_{编} + t_{发} = 0.71 + 0.67 + 1.10 + 0.60 + 0.62 = 3.7\text{h}$$

必须指出，按上述方法求得的各项技术作业消耗的总停留车小时数和参加停留的车数，包括有调中转车和货物作业车两种。因此，求得的5项作业平均停留时间，同样适用于求算

货物作业车平均停留时间。

乙站到达、解体作业平均时间计算表　　　　　　　　　　　　　　　表7-13

车　　次	编组辆数	到达作业		解体作业	
		作业时分(min)	车·min	作业时分(min)	车·min
32008	45	40	1 800	40	1 800
31007	45	50	2 250	40	1 800
31009	45	40	1 800	40	1 800
41002	37	40	1 480	40	1 480
⋮	⋮	⋮	⋮	⋮	⋮
全天合计	965	—	41 150	—	38 700
一车平均停留时间		$t_{到} = \dfrac{41\,150}{60 \times 965} = 0.71\text{h}$		$t_{解} = \dfrac{438\,700}{60 \times 965} = 0.67\text{h}$	

乙站编组、出发作业平均时间计算表　　　　　　　　　　　　　　　表7-14

车　　次	编组辆数	到达作业		解体作业	
		作业时分(min)	车·min	作业时分(min)	车·min
31002	45	35	1 575	30	1 350
32001	45	35	1 575	50	2 250
31004	45	35	1 575	30	1 350
32003	45	35	1 575	30	1 350
⋮	⋮	⋮	⋮	⋮	⋮
全天合计	965	—	34 750	—	35 900
一车平均停留时间		$t_{编} = \dfrac{34\,750}{60 \times 965} = 0.60\text{h}$		$t_{发} = \dfrac{35\,900}{60 \times 965} = 0.62\text{h}$	

乙站平均集结时间计算表　　　　　　　　　　　　　　　　　　　　表7-15

股　　道	集结时间(车·min)	参加集结车数
8	45×5+13×55+45×75+20×10+⋯=25 120	45+13+32+20+⋯=380
9	10×95+15×255+23×10+⋯=6 150	10+5+8+⋯=80
10	25×70+45×15+29×40+34×10+45×25+⋯=26 740	25+20+29+5+⋯=44
11	5×200+15×100+30×60+⋯=5 560	5+10+15+⋯=65
全天合计	25 120+6 150+26 740+5 560=63 570	380+80+440+65=965
一车平均停留时间	$t_{集} = \dfrac{63\,570}{60 \times 965} = 1.10\text{h}$	

3. 中转车平均停留时间

按上述方法求得 $t_无$、$t_有$ 后,即可按式(7-47)求算中转车平均停留时间:

$$t_{中} = \frac{t_无 N_无 + t_有 N_有}{N_无 + N_有} \quad (\text{h}) \tag{7-47}$$

如本例中,乙站中转车平均停留时间为:

$$t_{中} = \frac{0.74 \times 1\,080 + 3.70 \times 870}{1\,080 + 870} = 2.1\text{h}$$

(二)货物作业车平均停留时间

在求得上述五项作业平均停留时间的基础上,再用同样的方法从日计划图中查算货物作业车在调车场内待送、在装卸地点进行装卸作业(包括待取)和取送作业等平均停留时间;然后,分别按式(7-48)、式(7-49)求得一车平均停留时间和一次货物作业车平均停留时间。

$$t_{货车} = t_{到} + t_{解} + t_{待送} + t_{送} + t_{装卸} + t_{取} + t_{集} + t_{编} + t_{发} \quad (h) \tag{7-48}$$

$$t_{货} = \frac{t_{货车} N_{货车}}{u_{装} + u_{卸}} \quad (h) \tag{7-49}$$

(三)车站运用车标准数

车站运用车标准数(保有量),是指车站为完成规定的运输任务应经常保有的运用车数。它是根据各种货车的计划车流量和停留时间标准确定的,即:

$$N_{保} = \frac{N_{无} t_{无} + N_{有} t_{有} + N_{货车} t_{货车}}{24} = N_{保}^{无} + N_{保}^{有} + N_{保}^{货车} \quad (车) \tag{7-50}$$

式中: $N_{保}$——车站运用车标准数;

$N_{保}^{无}$、$N_{保}^{有}$、$N_{保}^{货车}$——无调中转车、有调中转车及本站货物作业车标准数。

(四)调车机车需要台数

调车机车需要台数一般采用分析计算法进行概略计算,并在编制车站工作日计划图时加以验证确定。

利用分析计算法计算调车机车台数时,根据驼峰、牵出线及其他调车区完成规定的调车作业一昼夜所消耗的总时间,按下式计算:

$$M_{调} = \frac{\sum T_{调}}{1\,440 - t_{整}} \quad (台) \tag{7-51}$$

式中:$M_{调}$——调车机车需要台数;

$\sum T_{调}$——一昼夜内调车工作消耗的总时间,min;

$t_{整}$——机车整备作业时间,min。

为了考核调车机车运用效率,一般采用调车工作系数($K_{调}$)来衡量。调车工作系数是调车机车每工作一小时平均改编的车数。其值可按下式计算:

$$K_{调} = \frac{60 \sum N_{改编}}{\sum T_{调}} \quad (车/h) \tag{7-52}$$

式中:$\sum N_{改编}$——一昼夜内改编的车辆总数,车。

巩固提高

一、判断题(对的打"√",错的打"×")

1. 计算车站通过能力时,摘挂列车编组作业时间,应列入固定作业时间。　　　　(　　)
2. 计算车站通过能力时,摘挂列车到发作业时间,按固定作业时间计算。　　　　(　　)
3. 计算区段站车通过能力与改编能力时,旅客列车占用时分应列为固定作业占用时间。

(　　)

4. 咽喉道岔组是指某方向某接发列车进路上作业最繁忙(作业占用时间最长)的一组道岔。　　　　　　　　　　　　　　　　　　　　　　　　　　　　　　　(　　)
5. 咽喉道岔通过能力应按每一方向所能接发的最大货物列车数分别计算。(　　)

二、简答题

1. 如何计算车站到发线通过能力和编发线的发车能力?
2. 如何计算驼峰解体能力、牵出线编组能力和车站改编能力?
3. 提高车站通过能力和改编能力的措施有哪些?
4. 车站工作日计划图的主要指标有哪些?如何计算?

项目八　行车工作计划编制

★ **知识重点**
1. 掌握编组计划的内容；
2. 理解编组计划的程序；
3. 掌握装车地直达列车定义与分类；
4. 理解装车地直达列车的组织条件；
5. 了解编制装车地直达列车编制计划的方法；
6. 了解技术站间计划车流的组成；
7. 掌握货车无改编通过技术站的节省时间；
8. 理解技术站开行直达（直通）列车基本条件；
9. 掌握选择技术站直达（直通）列车的最优方案的方法；
10. 掌握技术计划的任务和内容；
11. 掌握使用车计划、卸空车计划及工作量的计算方法；
12. 掌握空车调整计划的编制方法；
13. 掌握分界站货车出入计划及分界站、区段列车数计划的计算方法；
14. 掌握货车运用质量指标计划的计算方法；
15. 掌握运用车保有量计划的计算方法；
16. 掌握机车运用计划的计算方法。

★ **项目任务**
1. 能读懂编组计划；
2. 会编制装车地直达列车编制计划；
3. 会计算货车无改编通过技术站的节省时间；
4. 能确定技术站间计划车流；
5. 能计算技术计划的各项指标。

任务一　列车编组计划认知

 任务描述

列车编组计划是铁路运输组织工作的综合计划。本学习任务需要车站调度员、列车调度员运用编组计划表了解列车的发站、到站、编组内容、列车种类、车次等，了解列车编组计划的任务、作用及编制程序，掌握列车编组计划的编制内容。

 相关理论知识

铁路运输通过列车形式实现货物的"位移"，分散于全路各站的重空车流，经过车流组织工作，有计划地纳入各种列车之中，实现了车流向列车流的转变。车流组织的结果最后以表格的形式汇编成册,作为铁路运输工作的一个十分重要的技术文件,这就是货物列车编组计划,简称列车编组计划或编组计划。

一、列车编组计划的作用

列车编组计划在铁路运输组织工作中具有十分重要的作用,这主要体现在以下4个方面。

(1)将路网上复杂的车流按照运输性质及距离远近,分别组织到不同种类的列车中去,因而它是全路一定时期车流组织的基础性计划,起着梳理车流、规范列车流的作用。

(2)规定了各种列车的发站、到站、编组内容及车流编挂方式,确定了各站的办理车数和改编车数,即各站的到、发、解、编作业任务和相应的设备运用办法,因而它是全路车站作业分工的统一战略部署。

(3)列车编组计划是货运计划与列车运行图之间的重要联系环节,它所规定的列车发、到站,列车数量、列车种类及定期运行的列车等是编制列车运行图的基础性资料。

(4)列车编组计划是路内外联系的重要纽带,它所规定的特快货物班列、装车地直达列车、空车直达列车、快运货物列车等把产、供、运、销各部门联成一体,有利于促进国民经济的发展。

二、列车编组计划的任务

将货流组织成车流,将车流组织成列车流,并尽快加速货物运输是编组计划的任务。其主要体现在以下几个方面。

(1)在装车站最大限度地组织直达运输和成组装车,减少技术站的改编作业量。
(2)减少车流在途中技术站的改编作业次数,加速货物送达和机车车辆周转。
(3)合理分配各技术站的解编任务,是各站承担的改编作业量与其作业能力相适应。
(4)合理组织区段管内和枢纽地区的车流,加速管内车流的输送。

三、列车编组计划的主要内容

列车编组计划的主要内容,如表8-1所示。

某铁路局集团公司××年列车编组计划(摘录) 表8-1

发 站	到 站	编 组 内 容	列车种类	定期车次	附 注
防城港	弄弄坪	弄弄坪站卸	始发直达	85078	
昆明东 读书铺	宝鸡东	宝鸡及其以远	始发直达	85082	
六盘水	柳州南	(1)鹧鸪江或良江卸,基本组3 500t; (2)怀化南及其以远补轴	始发直达	83202	特定径路,经大龙、牙屯堡口运输
天回镇	昆明东	(1)广通及其以远; (2)昆明东及其以远	石油直达	84013	
柳州南	六盘水南	空敞车	空车直达	10881 (86073)	两用线,特定径路,经大龙、牙屯堡口运输

续上表

发　站	到　站	编组内容	列车种类	定期车次	附　注
重庆西	襄樊北	襄樊北及其以远和空车不分组	远程直达	10402～10404	
成都东	新丰镇	新丰镇及其以远	技术直达	10372～10384	
成都东	宝鸡东	宝鸡及其以远	直通	21052～21060	
贵阳南	南宫山	(1)南宫山及其以远； (2)赶水及其以远(含重庆南、大渡口)	区段	30082～30086	
成都东	广元南	(1)天回镇至皂角铺间到站成组(机次)； (2)绵阳及其以远	摘挂	41002～41006	
成都东	青白江	龙潭寺、大湾镇、青白江卸及调度指定的成绵段小站车	小运站		经北环线运输
重庆西	重庆南	(1)小南海至大渡口间一个站； (2)重庆南、重庆卸	枢纽小运转		二组顺序

表8-1是某铁路局集团有限公司某年列车编组计划的部分选录。从表中可以看出，列车编组计划具体回答了下列问题：

(1)在哪些车站编组列车。
(2)编组到达哪些车站的列车。
(3)编组什么种类的列车。
(4)列车中编挂什么去向的车流。
(5)车流编入列车的方式是怎样的——混编或分组；按到站成组或按站顺编组。
(6)给各种列车规定哪些车次。

上述问题也就是车流组织过程中所要解决的问题。所以说，列车编组计划是车流组织的具体体现。

四、编制资料

编制列车编组计划所需资料主要有：

1.车流资料
列车编组计划实行期间的货物运输计划和据以确定的计划车流。

2.有关点、线能力的资料
各线通过能力及其利用程度，各区段长度、运行时间、货物列车牵引重量和换长；各技术站的设备、技术作业过程及时间标准、改编能力及其利用程度，各主要货物作业站的设备及装卸能力情况等。

五、编制程序

列车编组计划的编制过程分为三个阶段，即资料准备阶段、编制阶段和实行前的准备阶段。

列车编组计划的编制程序通常为：

(1)审定编组计划实行期间的计划运量，确定日均计划重空车流。

（2）检查各方向、各线路的运输负荷、确定车流径路或指定分流办法。

（3）审定点、线能力相关资料，包括各主要站的通过能力、改编能力、装卸能力及各项技术标准，各条线路的列车牵引重量和换长标准，研究提高能力、增加任务的可能性。

（4）编制快运货物列车编组计划。

（5）编制装车地直达列车编组计划。

（6）编制空车直达列车编组计划。

（7）编制技术站间的列车编组计划。

（8）检查并最后确定列车编组计划，计算有关指标，拟定保证措施。

巩固提高

1. 列车编组计划包括哪些内容？
2. 如何理解货物列车编组计划的编制程序？

任务二 装车地直达列车编组计划编制

任务描述

装车地直达列车是经济有利的车流组织形式。本学习任务需要车站调度员、列车调度员利用组织条件，运用编制方法将符合直达运输的车流组织成直达列车，纳入编组计划，加速货物送达及车辆周转。

相关理论知识

装车地直达列车是指由一个或几个装车站以自装车流组织的直达列车。主要有始发直达列车、阶梯直达列车、循环直达列车等。

从装车地组织直达列车是最经济、最有效、最合理的车流组织方式，也是铁路提高运输服务质量，扩大运输市场份额的最主要技术组织措施之一。

一、装车地直达列车组织条件

在装车地组织直达列车，并不是在任何条件下都是经济可行的，如货源不充足，装卸设备条件较差，空车来源没有保证等就不宜组织。组织装车地直达列车，必须考虑如下条件：

（1）货源充足，直达货流充足而稳定，流向集中。

（2）发收货单位或装卸车站有足够的货位、仓库和装卸能力，能保证整列或成批装卸的要求。

（3）有足够的空车供应，满足装车需要。不但要求车种适合数量充足，而且要求配送及时、稳定、可靠。

（4）直达列车运行途中如果需要增加重量时，应有合适的补轴车流。

（5）如果组织装车地直达列车的到达站不是卸车站或卸车区段，而是解体站时，必须符合前方技术站编组计划要求。

如图8-1所示，A、D、G是编组站，B、C、E、F是区段站，a是装车站。据此，a站组织开到D站解体的始发直达列车里，不得编入去往G及其以远的车流，同时，也不得把去往F及其以远的车流和去往D及其以远的车流混编在一起。因为这种编组方法不符合A站的列车编组计划,它既延缓了 a 站到 G 站的直达车流的运行(增加了改编作业次数),又将增加 D 站和 E 站的改编作业量,甚至会使这些车站的作业发生困难。于是,这种列车到达 A 站后,A 站应按该站的列车编组计划把它提前解体,以便将车流分别编入开往 G 站和 D 站的列车。

图 8-1　始发直达列车与前方技术站编组计划配合示意图

二、装车地直达列车编组计划编制

装车地直达列车编组计划应以计划车流为依据,结合装卸站的设备条件和装卸能力,本着"先远后近、能高勿低"的原则来编制。其具体做法是:

(1)先组织直接面向市场和有特定条件要求的直达列车,如特需货物列车、特快货物班列、快速货物列车等,再组织一般的装车地直达列车。

(2)先组织一个发站一个发货单位装的直达列车,再组织同一发站几个发货单位装的直达列车,最后组织几个车站联合开行的直达列车。

(3)先组织到达同一车站或同一专用线卸的直达列车,再组织到达同一区段或枢纽内几个站卸的直达列车,最后组织到达技术站解体的直达列车。

(4)在一定条件下采用建立直达基地或联合出车区的方法,把零散车流汇集组织多站配开的直达列车。

例如,甲—乙方向上煤炭装车计划,如表 8-2 所示;并一直主要装、卸站装卸能力充足,空车来源有保证。

甲—乙方向煤炭装车计划表(日均车数)　　表 8-2

装车站 \ 卸车站	甲	乙	丙	丁	R	S	T	合计
X	3			2	165	△25		195
Y		5					△30	35
M			4	○30				34
N				○10	○10		○5	25
合计	3	5	4	32	175	35	35	289

编制装车地直达列车编组计划时,先组织一站(X 站)装至一站(R 站)卸的 165 辆(表中带□者);再组织两站(X、Y 站)装至两站(S、T 站)卸的 55 辆(表中带△者);最后组织 M、N 两站装至丁站解体的(表中带○者)55 辆。如图 8-2 所示,这些始发和阶梯直达列车,即可纳入列车编组计划。

图 8-2 甲—丁方向装车地直达列车计划示意图

三、考核指标

在日常运输生产中，应加强组织，努力使计划变成现实，并尽可能增大直达列车比重。同时严格考核，不断提高直达运输组织水平考核的指标有：

（1）装车地直达列车吸收的车流量占总装车数的比重 $\gamma_{总}$。

$$\gamma_{总} = \frac{\sum N_{直}}{U_{总}} \times 100\% \tag{8-1}$$

式中：$\sum N_{直}$——装车地直达列车吸收的车流量；

$U_{总}$——总装车数。

（2）装车地直达列车吸收的车流量占直达车流量的比重 $\gamma_{直}$。

$$\gamma_{直} = \frac{\sum N_{直}}{U_{直}} \times 100\% \tag{8-2}$$

式中：$U_{直}$——总装车数中的直达车流量。

（3）装车地直达列车的平均运程 $L_{直}$。

$$L_{直} = \frac{\sum n_{直} l_{直}}{\sum n_{直}} \tag{8-3}$$

式中：$\sum n_{直} l_{直}$——装车地直达列车总走行公里；

$\sum n_{直}$——装车地直达列车列数。

（4）装车地直达列车平均无改编通过的技术站数 $K_{技}$。

$$K_{技} = \frac{\sum n_{直} k_{技}}{\sum n_{直}} \tag{8-4}$$

式中：$\sum n_{直} k_{技}$——装车地直达列车无改编通过的技术站数。

四、衡量装车地直达列车运输效果

组织直达运输的可能性与合理性，不仅取决于是否具备上述各种条件，而且也取决于下述三种衡量直达运输效果的标准。

（1）保证重要物资的优先、快速、及时运送。它着眼于最大限度地加快运送速度而放弃对其他指标的要求，主要适用于紧急军运、抢险救灾物资运输，以及疏港工作等短期性的特殊需要。

（2）最大限度地减轻有关技术站的改编作业负荷。它着眼于解决某些技术站改编作业能力不足的实际困难，而不计算对于因组织直达运输而增加的费用。为此，采用这一标准时要求尽量多编组装车地直达列车，并尽可能无改编通过沿途更多的技术站，以缓和编组站作业能力紧张的局势。这种"以装缓编"的办法对解决某些铁路线运输能力不足的困难是现实而有效的。

(3)车小时的节省。主要考虑加速铁路车辆的周转,当直达运输有多种组织方案可供选择时,普遍采用优先选用节省车小时最多的方案。

巩固提高

1. 简述装车地直达列车定义及分类。
2. 装车地直达列车组织条件有哪些?
3. 如何编制装车地直达列车编制计划?
4. 衡量直达运输效果的标准有哪些?

任务三　技术站列车编组计划编制

任务描述

技术站列车编组计划是经济有利的车流组织形式。本学习任务需要车站调度员、列车调度员会分析技术站间计划车流,计算货车无改编通过技术站节省的车小时;理解开行直达(直通)列车的基本条件,选择技术站直达(直通)列车的最优方案。

相关理论知识

没有被装车地直达列车吸收的车流,都要汇集到相应的技术站,通过集结编成各种列车,直接或经再中转后送达卸车站。因而形成了技术站列车编组计划的问题。

一、技术站间计划车流

技术站每开行一个直达(直通)列车到达站,就要消耗一个到达站的集结车小时 $T_{集}$,同时又获得了无改编通过沿途技术站 $N_{直}\sum t_{节}$ 车小时的节省,因此集结车小时、技术站间车流量、每车在途中技术站节省的时间是研究技术站列车编组计划的主要因素。

技术站间计划车流是编制技术站列车编组计划的基础资料和编制依据。技术站与装卸站的车流不同,不仅有本站装卸的车流,还有中转车流。

每一技术站发出的车流包括本站自装车流、本站与其后方相邻技术站间各站及衔接支线所装车流、本站衔接支线所装车流、到达本站解体的装车地直达列车中需继续运送的车流。

到达每一技术站的车流包括本站自卸车流、本站与其前方相邻技术站间各站及衔接支线所卸车流、本站衔接支线所卸车流。

技术站间车流不包括被装车地直达列车吸收的车流及和相邻区段到发的摘挂车流。

按照上述技术站车流包括的内容,对某一方向发到站别的重车车流表进行归并与整理后,即可编制出技术站间计划车流表。

例如,以图 8-3 所示甲—丁线路区段,甲—丁方向重车车流表,如表 8-3 所示;经过归并与整理,形成甲—丁方向技术站间计划重车车流表,如表 8-4 所示。

图 8-3　甲—丁线路区段

甲—丁方向重车车流表 表8-3

往\由	甲	甲—乙	乙	乙—K	乙—丙	丙	丙—H	丙—丁	丁	计
甲		28	170	10	40	100	10	55	470	883
甲—乙	25		10	4	5	5	2	3	10	65
乙	230	5		10	5	35	3	2	185	475
乙—K	10	2	1		10	5	2	3	5	40
乙—丙	20	3	1	4		3	4	3	55	96
丙	30	2	40	3	2		10	5	35	96
丙—H	15	3	4	2	6	1		1	15	48
丙—丁	5	2	3	3	4	2	3		5	27
丁	250	25	165	10	10	70	15	3		548
计	585	71	394	48	86	220	50	75	780	2 309

甲—丁方向技术站间计划重车车流表 表8-4

往\由	甲	乙	丙	丁	计
甲		170+10+40=220	100+10+55=165	470−220=250 △	635
乙	230+10+20=260		35+3+2+5+2+3+5+2+3=60	185+10+5=200	520
丙	30+15+5=50	40+2+3+4+3+2+3+2+3=62		35+55+15−55=50 △	162
丁	250	165+25+10=200	70+10+15=95		545
计	560	482	320	500	1 862

为醒目起见，应分别上下行方向绘制车流梯形图。以下行为例，甲—丁下行方向技术站间车流梯形图，如图8-4所示。

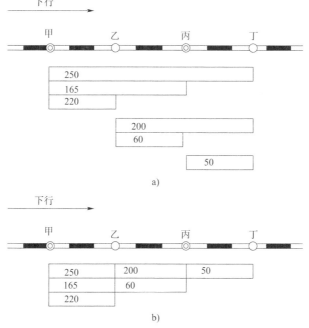

图8-4 甲—丁下行方向技术站间车流梯形图

技术站间车流表和车流梯形图是编制技术直达列车和直通列车的基础资料。未纳入技术站间车流表的车流属于铁路局集团有限公司管内的短途车流,也要加以整理,作为区段管内车流组织的依据。

二、货车集结时间

货车集结车小时消耗就是在货车集结过程中消耗的车小时。关于集结车小时消耗的计算与查定方法,在项目四已经做了介绍,这里仅将几个要点归纳如下:

(1)货车集结车小时消耗须按满轴列车流(指直达、直通、区段列车流)和可欠轴列车流(主要是摘挂、小运转列车流)两大类分别计算确定。

(2)某支列车流一昼夜的货车集结车小时消耗与该支列车流平均列车编成辆数呈正比关系,而与该支列车流吸收的车流量无关。

(3)某方向平均一支列车流一昼夜的货车集结车小时消耗 $T_集$ 与该方向列车平均编成辆数 m 呈正比关系,计算公式为 $T_集 = cm$,其中货车集结参数 c 用式(8-5)计算确定。我国铁路货车集结参数的近似值,区段站可取 $8\sim10h$,编组站为 $10\sim11h$。

(4)若某方向一昼夜编组 k 支列车流,则该方向一昼夜总的货车集结车小时消耗为:

$$T_{集总} = kT_集 = kcm \tag{8-5}$$

三、货车无改编通过技术站的节省时间

技术站的中转车流分成有调中转车和无调中转车两类。有调中转车在车站的技术作业过程包括到达、解体、集结、编组、出发等环节,无调中转车在车站只随列车在到发线上进行到发技术作业即继续运行。显然,有调中转车平均在站停留时间大于无调中转车平均在站停留时间。因此,一支车流如果在途中某技术站无改编通过,那么相对于它在该站进行改编作业便可以获得一定的车小时节省。货车因编入直达或直通列车在所经技术站上进行无调中转作业比有调中转作业平均减少的停留时间,称为货车无改编通过技术站的节省时间,用 $t_节$ 表示。

现以甲、乙、丙三个技术站方向上编组方案为例说明。

该方向下行共有三支车流,有两种编组方案,如图8-5所示。

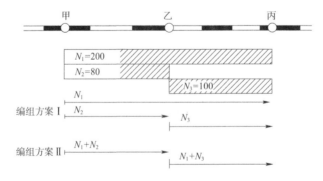

图8-5 三个技术站方向上编组方案示意图

设乙站 $t_{有调}=6h, t_{无调}=1h, T_集=cm=600$ 车·h。

编组方案Ⅰ:甲站将甲—丙车流 N_1 以直达(直通)列车输送,列车无改编通过乙站将得到中转车小时的节省 $T_节$,其值为:

$$N_1(t_{有调} - t_{无调}) = 200 \times (6-1) = 1\,000 \text{ 车·h}$$

但 N_1 车流单独划出开行直达（直通）列车后，与第二方案比较，将使乙站每辆货车的平均集结时间因车流量减少而增大。

编组方案 II：N_1 不开直达（直通）列车时，乙站每车平均集结时间为：

$$t_集 = cm/(N_1 + N_3) = 600/(200+100) = 2\text{h}$$

N_1 开直达（直通）列车时，乙站每车平均集结时间为：

$$t_集' = cm/N_3 = 600/100 = 6\text{h}$$

这表明，由于编开直达（直通）列车后，使乙站每车平均集结时间增大了 $t_集' - t_集$，导致增加的集结车小时为：

$$T_增 = N_3(t_集' - t_集) = 100(6-2) = 400 \text{ 车·h}$$

这样 N_1 编开直达（直通）列车时，既在乙站得到车小时的节省，同时也给乙站造成损失，其纯节省为：

$$T_节' = T_节 - T_增 - N_1(t_{有调} - t_{无调}) - N_1 t_集 = N_1(t_{有调} - t_{无调} - t_集) = 200(6-1-2) = 600 \text{ 车·h}$$

因此，货车无改编通过技术站时，每车平均节省时间为：

$$t_节 = t_有 - t_无 - t_集 \tag{8-6}$$

四、技术站开行直达、直通列车的基本条件

一般技术站对衔接的一个铁路方向都有几支车流，编开列车的方法也可以有几种，既可以单独开行，也可以合并在一起开行；还可以某几支合并而另几支单独开行，等等。但不管如何编开，必须满足下述基本条件：

$$N_直 \sum t_节 \geq T_集 \tag{8-7}$$

式中：$N_直$——开行的直达（直通）列车的某到达站一昼夜的车流量；

$\sum t_节$——货车无改编通过沿途各技术站节省的时间之和；

$N_直 \sum t_节$——划出单独开行直达（直通）列车的那支车流（包括合并后的车流）在沿途各技术站节省的车小时总和；

$T_集$——开行这种列车在列车编组站产生的集结车小时消耗。

只要开行一个直达（直通）列车，节省和消耗同时产生。当节省大于消耗时，开行这种车有利。当二者相等时，由于直达（直通）列车在沿途各技术站不需进行调车作业，因而还有调车机车车小时，调车设备投资等项的节省，所以也可以开行。

如图 8-6 所示，甲—丁方向的两支车流 N_1 和 N_2，可以用上式检查其可否单独开行直通列车。

（1）N_1 单独编开到丁站

$$N_1 \sum t_节 = 100 \times (3.0 + 2.0) = 500 \text{ 车·h}$$

由于 $500 < 660$，即节省小于消耗，所以 N_1 不应单独编开直通列车。

（2）N_2 单独开行到丙站

$$N_2 \sum t_节 = 250 \times 3.0 = 750 \text{ 车·h}$$

图 8-6 甲—丁方向的两支车流例图

由于 750>660,即节省大于消耗,所以 N_2 可以单独编开直通列车。

(3) N_1 与 N_2 合并开行到丙站

$$(N_1+N_2)\sum t_{节}=(100+250)\times 3.0=1\,050 \text{ 车·h}$$

由于 1050>660,即节省大于消耗,所以也可以合并编开直通列车。

必须指出,某支车流满足了开行基本条件,但并不表明这样编开列车就是最好的办法。最优需要通过对整个方向上所有车流的各种组合方案进行统筹比较后才能确定。

五、直达和直通列车的编组方案选择方法

1. 列车编组方案

一个线路方向上有数个技术站,每个技术站又各有数支车流。这些车流,按照共同的运行径路可以有各种组合方法,各技术站间的各种到达站的列车之间,又互相衔接密不可分。这种动态的相互联系的编开列车的方法,称为列车编组方案。

例如,在甲—丁方向上的车流情况如图 8-7 所示,图中 a)、b)就是两种编组方案。

图 8-7 列车编组方案例图

方案 a)是将 N_1 和 N_2 合并开行到甲—丙方向的列车;N_3、N_4、N_5 各自单开;丙—丁的列车除编开 N_6 的车流外,因 N_1 随甲—丙方向的列车送到丙站,尚未送到目的地,所以还要和 N_6 合并挂于丙—丁的列车内送到丁站。甲、乙、丙三站编开的 5 个到达站的列车,互相配合和衔接,就构成一种列车编组方案;并用车站的代号和车流组合方式以数字表示出来,称为编组方案特征。

图 8-7a)方案的编组方案特征如下:

2,3+4→表示甲站开两种列车,一种到第 2 站,另一种为第 3 站和第 4 站的车流合并开行到第 3 站。

3,4→表示乙站开两种列车,一种到第 3 站,另一种到第 4 站。

4→表示乙站开两种列车,到达第 4 站。

在编组方案中,任何一个技术站的列车编开方法发生变化,都可能影响其他站和其他列车也随之发生变化。

方案 b)是将 N_1、N_2、N_3 三支车流合并开行到甲—乙方向的列车;因 N_1、N_2 均未送到目的地,所以就增加了乙站的改编工作量,需将 N_1 和 N_4 合并后开到丁站,将 N_2 和 N_5 合并后开到丙站;由于 N_1 和 N_4 编入了直达(直通)列车,在丙站不再进行改编作业,所以丙站编组到丁站的列车也只有 N_6 一支车流了。这样方案 b)中 4 种到达站的列车编开方法,又构成了另一种列车编组方案。

在一个方向上,编组方案的数量与技术站数有关。在有四个技术站的方向上,有 10 种方案。这是因为,在有四个技术站的方向上,甲站有 3 支车流,有 5 种可能的车流组合方案;乙站有 2 支车流,有 2 种可能的车流组合方案;丙站有 1 支车流,有 1 种车流组合方案。该方向上可能的编组方案数,为各技术站车流组合方案数的乘积,即 $5 \times 2 \times 1 = 10$ 种,如图 8-8 所示。

图 8-8 四个技术站方向上的编组方案示意图

如果在一个方向上,有五个技术站,第一站有 5 支车流,有 15 种可能的车流组合方案,则整个方向上就有 150 种列车编组方案,及 $15 \times 5 \times 2 \times 1 = 150$ 种。可见,技术站数越多,列车编组方案数也越多,而且编组方案数增加的幅度要比技术站数增加的幅度大得多。

2. 选择技术站开行直达(直通)列车最优编组方案的基本方法

在众多列车编组方案中,选择最优方案的方法有分析比较法、绝对计算法和表格计算法等。这些方法分别采用不同的计算手段,最终找出节省车小时最多,消耗车小时最少,又与车站能力相适应的方案为最优方案。寻求节省车小时最多的编组方案的计算公式为:

$$Nt_{节} = \sum (N_{直} \sum t_{节}) - \sum T_{集} \tag{8-8}$$

式中:$\sum(N_{直}\sum t_{节})$——该编组方案所有编入直达(直通)列车到达站的车流在沿途技术站无改编通过车小时总节省;

$\sum T_{集}$——该编组方案所有直达(直通)列车到达站的集结车小时总消耗。

$Nt_{节}$ 有最大值的列车编组方案纯节省车小时最多,为最经济的方案。

现以甲—丁方向上有 4 个技术站、10 种列车编组方案为例,计算比较如图 8-9 所示。

由计算结果可知,第 1、3、6、8 四个方案 $Nt_{节}$ 为最多,均为 1 090 车·h。为寻求最优方案,应在最经济的四个方案中和各站改编能力适应的前提下选择改编车数最少的编组方案,即为最优方案。通过比较可知,第 1 方案在乙、丙两站均不产生改编车数,因而是最优方案。

如果 $Nt_{节}$ 最多的编组方案,在沿途技术站改编车数较多,有关车站改编能力不能适应时,应选择节省车小时次之、改编能力适应的其他方案。总之,最优方案应是既经济有利,又切实可行的编组方案。

方案号	编组方案特征	示意图	直达列车总集结时间 $\sum T_集$(车·h)	沿途各技术站节省车小时之和 $\sum N_集 t_节$(车·h)	$\sum N_集 t_节 - \sum T_集$(车·h)	直达车流在沿途改编车数 在乙站	在丙站
1	2,3,4 3,4 4		$660×2+600=1920$	$250×+165×4+200×3=3010$	1 090	—	—
2	2,3+4 3,4 4		$660+600=1260$	$415×4+200×3=2260$	1 000	—	250
3	2+3,4 3,4 4		$660+600=1260$	$250×7+200×3=2350$	1 090	165	—
4	2+4,3 3,4 4		$660+600=1260$	$165×4+450×3=2010$	750	250	—
5	2+3+4 3,4 4		600	$450×3=1350$	750	165+250=415	—
6	2,3,4 3+4 4		$660×2=1320$	$250×7+165×4=2410$	1 090	—	200
7	2,3+4 3+4 4		660	$415×4=1660$	1 000	—	250+200=450
8	2+3,4 3+4 4		660	$250×7=1750$	1 090	165	200
9	2+4,3 3+4 4		660	$165×4=660$	—	250	250+200=450
10	2+3+4 3+4 4		—	—	—	250+160=415	250+200=450

图 8-9 四个技术站列车编组方案计算比较图

六、区段和摘挂列车的编组方案选择方法

区段和摘挂列车的编组方案,就是要具体解决区段车流是和区段管内车流合并开行摘

挂列车,还是单独开行专门化列车的问题。因为只要区段内中间站办理货运业务,一般区段总要开行摘挂列车。

在区段车流单独编开区段列车时,就要在技术站多消耗一个 $T_集 = cm$;如果区段车流是和区段管内车流合并编开摘挂列车,虽在技术站少消耗一个 $T_集 = cm$,但区段车流运行速度变慢,同样会损失一定数量的车小时。当满足式(8-9)条件时,单独开行区段列车和摘挂列车就是有利的。

$$N_区(t_摘 - t_区) \geq T_集 \quad (8-9)$$

式中:$N_区$——区段车流量,车;

$t_摘$、$t_区$——摘挂列车、区段列车在区段内的旅行时间,h;

$T_集$——区段列车的一昼夜经济车小时,车·h。

摘挂列车编组计划,主要是确定开行对数。

在甲—丁方向上,根据搜集车流资料等有关数据,假定各区段均可单独编开区段列车和摘挂列车,纳入技术站列车编组计划,列入表 8-5 中。

列 车 编 组 计 划　　　　表 8-5

顺号	发站	到站	编组内容	列车种类	定期车次	附 注
1	X	R	R 站卸	始发直达	85011~85015	每日 3 列
2	X、Y	丁	(1)S 站卸(2)丁站卸	阶梯直达	85021	每日 1 列
3	M、N	丁	丁站及其以远	阶梯直达	85051	每日 1 列
4	甲	丁	丁站及其以远	技术直达		
5	甲	丙	丙站及其以远	直通		
6	乙	丁	丁站及其以远	技术直达		
7	甲	乙	乙站及其以远	区段		
8	乙	丙	丙站及其以远	区段		
9	丙	丁	(1)丁站卸(2)丁站以远	区段		按组顺编组
10	甲	乙	(1)甲—乙间站顺(2)乙及其以远	摘挂		
11	乙	丙	乙—丙间站顺	摘挂		
12	丙	丁	丙—丁间站顺	摘挂		

七、编组计划的最终确定

装车地直达列车编组计划和技术站列车编组计划编制完成后,应检查其互相配合情况。装车地直达列车编组计划应符合技术站列车编组计划中有关列车到达站的车流组织办法、列车编组办法等规定,否则将被提前解体而达不到预期目的。另外,应检查各技术站的改编能力是否适应改编车数的要求,特别是装车地直达列车和技术站编制的列车的共同的解体站,更应注意审核。对改编能力不适应的技术站,应制定较为经济的办法,如对到达解体列车规定分组选编办法等。若不便解决时,应调整列车编组计划。

列车编组计划最终确定后,可绘制列车编组计划图(图 8-10),印刷列车编组计划手册(表 8-5),并发至有关人员手中,组织学习。

图 8-10 甲—丁方向上最优列车编组计划方案图

 巩固提高

1. 简述技术站间计划车流的组成。
2. 简述货车无改编通过技术站的节省时间的组成。
3. 根据图 8-11 编组资料,指出列车种类,填记列车编组计划表。

注：A、B、D、E 为编组站；C 为区段站；b、f、g、h 为装车站,I 为卸车站。

图 8-11 编组资料

4. 根据表 8-6 车流资料,确定技术站间计划车流。

车 流 资 料　　　　　　　　　　表 8-6

	A	A—B	B	B—C	C	C—D	D
c_m	550		550				
$t_节$			2.5		3.0		

发\到	A	A—B	B	B—C	C	C—D	D
A	—	36	60	30	40	20	140
A—B	26	—	10	14	30	20	20
B	54	6	—	24	40	24	140
B—C	22	6	14	—	10	22	26
C	52	28	50	30	—		34
C—D	6	10	10	14	16	—	20
D	134	12	66	18	44	36	—

262

5. 简述技术站开行直达、直通列车的基本条件。
6. 比较开行直达(直通)、区段(摘挂)列车有利的条件。

任务四　技术计划编制

本学习任务主要学习技术计划的定义、任务和内容;使用车计划、卸空车计划及工作量;空车调整计划;分界站货车出入计划及分界站、区段列车数计划;货车运用质量指标计划;运用车保有量计划等基本知识。通过学习,使学生掌握技术计划各项指标的用途及计算方法,为后面编制调度日(班)计划的学习打下一个良好的基础。

一、技术计划的定义、任务和内容

(一)技术计划的定义

铁路运输生产技术计划(简称技术计划)是为了完成铁路运输生产月度货物运输计划而制定的月度机车车辆运用计划,是编制运输方案的主要依据。

机车车辆的活动是形成运输生产活动动态性质的重要因素,它使每一铁路局集团有限公司、站、段在不同的时刻有着不同的运输状态。为了对动态的运输生产过程进行控制,必须制定完善的运营指标体系。机车车辆运用指标是运营指标体系中的重要组成部分,它除了要制定出长远计划外,中国国家铁路集团有限公司、铁路局集团有限公司还必须制定运输生产技术计划,作为日常运输生产管理的依据。

机车车辆是铁路运输的活动设备(运输动力和工具),它是决定铁路输送能力的重要因素。主要由活动设备所决定的输送能力与主要由固定设备所决定的通过能力的综合实现,才能形成铁路的运输能力。

在一定的固定设备条件下,铁路所能实现的运输能力将取决于活动设备的类型、数量及其分布。其主要反映在两个方面:一是,为完成一定的运输任务,应拥有多少机车车辆;二是,一定类型和数量的机车车辆能完成多少运输任务。前者主要在长远计划及年度计划中研究,而运输生产计划则要解决上述两个方面的问题。

为保证货运计划的实现,必须在现有的机车车辆类型和数量的条件下,编制合理运用机车车辆的指标计划(包括机车车辆的合理分配),而机车车辆的运用指标又与运输工作量有关指标相关联。因此,就运输生产活动来讲,机车车辆的运用指标是运输生产活动的主要数量和质量指标。

技术计划在确定运输工作量及机车车辆合理运用的有关指标时,必然涉及区段通过能力的限制条件,因而正确确定车流径路、合理利用通过能力也是其任务之一。从这个意义上讲,技术计划也是技术设备的运用计划,是月间运输生产活动的综合性计划。

(二)技术计划的基本任务

货车合理运用是运输生产指标计划所研究的主要问题。我国铁路货车除少数为企业自备车,因其有专门的用途和一定的运输径路外,大部分是全路通用(除不连通的铁路及轨距不同者外,全路几十万辆货车可以在各铁路局集团有限公司间运送货物),因而运用车,亦即铁路通用货车的合理分布及空车调整问题是十分重要而又复杂的问题。

各铁路局集团有限公司的运用车保有量有一定的限度,超过一定数量将会产生某些困难或浪费,并且会影响其他铁路局集团有限公司完成运输任务;而不足其需要量又不能完成本铁路局集团有限公司规定的运输任务,因而铁路局集团有限公司必须经常保有一定种类和数量的运用车。

对于随时间变化而不断变化的运用车的分布状态,为了保持其相对平衡,必须从以下几个方面进行控制:按层次分级(中国国家铁路集团有限公司、各铁路局集团有限公司)控制运用车数;按状态(重、空)和去向(交出的重车和到本铁路局集团有限公司卸的重车)控制运用车数;按主要车种(C、P、N、G、B等)控制运用车数。运用车的合理分布是组织均衡运输,合理利用铁路运输能力,全面完成和超额完成运输任务的重要保证。

我国社会主义市场经济的确立,对铁路运输的时间要求大大提高了,货主随时提出的运输需求,都要求铁路能予以满足,否则,货主会考虑选择其他方式的交通工具,从而会大大削弱铁路在运输市场中的竞争能力。因此,随到随批已成为货运计划中必不可少的计划。为了获得一套准确有效的运输生产技术指标,除了应缩短月编计划的编制周期(以降低随到随批计划所占比重)外,还应使技术指标具有较好的预见性,能充分反映随到随批部分运量。

为此可选择下面的方法来确定最终的技术指标:

(1)建立一套科学的货流、车流预测方法,要求能比较准确地预测出计划期内随到随批部分的货流、车流情况,而且能反映出不同货物品名,不同发、到站,不同车种的情况;再加上货运计划中的集中计划部分的货流、车流,从而组成计划期内完整的货流、车流;然后应用技术计划指标计算原理确定有关指标。这种货流、车流预测方法预测的对象数目繁多,需要提供的历史数据和考虑的因素也很复杂,因此需要具有较高的自动化水平,才能有效地实现。

(2)先以货运计划中集中部分的货流、车流为基础,确定出技术计划有关指标,然后根据对计划期内随到随批部分货流、车流情况的预计,来修正有关技术计划指标。这种方法比较有利于人工实现。

综上所述,技术计划的基本任务是确定铁路局集团有限公司日均应完成的装车、卸车、分界站交接车数及列数等运输生产任务,合理安排各区段的重空车流和货物列车列数,规定货车运用的各项指标。

(三)技术计划的主要内容

技术计划的主要内容包括运输生产的数量指标计划、货车运用质量指标计划、运用车保有量计划、机车运用指标计划和主要站指标计划等。其具体内容如下:

1.运输生产的数量指标计划

(1)使用车计划和卸空车计划。

(2)空车调整计划。

(3)分界站货车出入计划。

(4)分界站及各区段货物列车列数计划。

2.货车运用质量指标计划

(1)货车工作量。

(2)货车周转时间及其构成因素。

(3)货车日车公里。

3. 运用车保有量计划
(1)管内工作车保有量计划。
(2)移交重车保有量计划。
(3)空车保有量计划等。
4. 机车运用指标计划
(1)列车平均总重。
(2)机车全周转时间。
(3)机车日车公里。
(4)机车日产量。
5. 主要站指标计划

技术计划的编制依据主要包括:月度货物运输计划、列车编组计划、列车运行图、铁路区段通过能力、车站改编能力、车站技术作业过程以及国家及上级领导对计划月度运输工作的有关指示等。

在编制技术计划时,还必须研究和参考本月技术计划执行情况的分析,技术计划执行前车辆的分布情况,季节运输需要及施工等情况,编制出切实可行的技术计划。

正确编制和严格执行技术计划,对于经济合理地使用铁路运输设备,加速机车车辆周转,保证完成货物运输任务具有重要的作用。

技术计划实行中国国家铁路集团有限公司、铁路局集团有限公司二级编制。中国国家铁路集团有限公司、铁路局集团有限公司运输主管部门均需设置专职人员负责技术计划的编制和分析工作。

技术计划一般在月度货物运输计划编制完成后,于每月的 20~26 日进行编制。计划编制完成并报告上级主管部门批准后,于下月(计划月)开始的前两天下达执行。

二、车辆运用数量指标计划

(一)使用车计划

使用车数由装车数和增加使用车数组成。增加使用车数是指不按装车数统计的使用车数,它包括:中转零担货物超过规定重量的装车,运用重车途中倒装而增加的装车,装运铁路货车用具的整车装车;新线、地方铁路分界站向新线、地方铁路的装车,以及由新线、地方铁路接入重车到达新线、地方铁路分界站的卸车。

使用车数可以用下式表示:

$$u_{使} = u_{装} + \Delta u_{使} \quad (车) \tag{8-10}$$

式中:$u_{使}$——使用车数;

$u_{装}$——装车数;

$\Delta u_{使}$——增加使用车数。

使用车数的绝大部分是装车数,增加使用车数仅占一小部分,因此使用车数指标是反映装车数量多少的运输生产数量指标。

使用车计划应按去向别和车种别进行编制。其中装车数是根据月度货物运输计划批准的要车计划表日均后(月车数/计划月天数)按去向别和车种别进行编制的,增加使用车部分是参照车站实际统计资料确定的。

使用车按其去向可分为自装自卸和自装交出两部分,即:

$$u_{使} = u_{自装自卸} + u_{自装交出} \quad (车) \tag{8-11}$$

式中：$u_{自装自卸}$——自装自卸车数，车；

$u_{自装交出}$——自装交出车数。

使用车计划的编制方法：根据月度货运计划批准的要车计划表，按发站、到站和车种汇总；然后计算出每支车流的日均车数，编制车种别和去向别使用车计划，并上报中国国家铁路集团有限公司。中国国家铁路集团有限公司对各铁路局集团有限公司的使用车计划汇总后即产生了全路的重车流计划。各铁路局集团有限公司间将自装交出资料进行交换，按到站甲方向和经由分界站通知有关的卸车局和通过局，以确定重车车流表的接入卸车和通过车流。

按车种和去向别的使用车计划是形成重车流的基础，是制定其他各项数量指标（如各区段行车量和分界站货车出入车数等）及机车需要量、空车调整和车种别运用车保有量的依据。

下面以丙铁路局集团有限公司为例阐述技术计划的编制方法。

设丙铁路局集团有限公司所管辖线路，如图8-12所示；丙铁路局集团有限公司列车编组计划，如表8-7所示。丙铁路局集团有限公司去向别、车种别使用车计划表，见表8-8。

注：‖为分界线。

图8-12 丙铁路局集团有限公司管辖范围示意图（尺寸单位：km）

丙铁路局集团有限公司列车编组计划 表8-7

发站	到站	编组内容	列车种类	定期车次	附注
E	丁	丁及其以远	始发直达	85001、85003	
S	戊	戊站卸	石油直达	84001	
M	戊	戊及其以远	始发直达	85102～85108	
甲	E	空敞车	空直达	86001、86003	
甲	M	空敞车	空直达	86101、86103	
甲	戊	空敞车	空直达	86201	
戊	S	空罐车	空直达	86901	
甲	戊	戊及其以远	技术直达		
戊	甲	甲及其以远	技术直达		
各区段均开行区段列车及摘挂列车					

丙铁路局集团有限公司去向别、车种别使用车计划 表8-8

往 由	本铁路局集团有限公司卸车						自装交出重车			合计	
	乙	乙—丙	丙	丙—丁	丙—M	M	计	乙分界站	丁分界站	计	
乙		5 5	10 10	6 12	6		21　6 27	15 15	20　15 40 5	35　15 55 5	56　21 82 5
乙—丙	5 15 10		10(c)	8 8			8　15 33 10	10 10	100 100	100 110	18　115 143 10

续上表

往\由	本铁路局集团有限公司卸车							自装交出重车			合计
	乙	乙—丙	丙	丙—丁	丙—M	M	计	乙分界站	丁分界站	计	
丙	11 11	10 10	/		9 9	15 15 35 20	30 15 65 20	10 10 20		10 10 20	40 25 85 20
丙—丁		6 6	1 4 5	/		10 10	1 20 21		50 50 G50	50 50 G50	1 20 71 G50
丙—M			4 4	5 5	/	9 9	20 20		20 20	20 29	29
M			5 20 15		5 20 15	/	5 20 15	200 200	200 200	200 200	5 200 220 15
计	11 11 32 10	15 14 29 15	16 4 35 15	14 11 25	9 9	25 45 20	65 65 175 45	35 30 65 5 G50	20 315 390 5 G50	55 345 455 50 G50	120 410 630 50 G50

注：表中每格左上角为棚车，左下角为平车，右上角为敞车，右下角为罐车或保温车，中间数字为总数，即 $\boxed{\begin{array}{cc}P & C \\ & 总数 \\ N & GB\end{array}}$。

假设：丙铁路局集团有限公司 $u_{装}$ 为 600 车，$\Delta u_{使}$ 为 30 车（其中乙站 10 车，丙站 20 车），则：

$$u_{使} = u_{装} + \Delta u_{使} = 600 + 30 = 630 \text{ 车}$$

使用车计划是确定各区段行车量、分界站货车出入计划和机车车辆运用指标计划的原始资料，应正确查定。

（二）接运重车计划

对铁路局集团有限公司而言，接运重车是指由邻铁路局集团有限公司接入到本铁路局集团有限公司卸车和通过本铁路局集团有限公司的重车。

在编制技术计划时，各铁路局集团有限公司根据邻铁路局集团有限公司卸车和通过的重车流资料（包括到达站名、卸车车种、车数及径路等），编制接运重车去向计划。丙铁路局集团有限公司接运重车去向计划，见表 8-9。

铁路局集团有限公司接运重车包括接入自卸和通过重车两部分。即：

$$u_{接重} = u_{接卸} + u_{通重} \quad (\text{车})$$

式中：$u_{接重}$——接运重车数；

$u_{接卸}$——接入自卸车数；

$u_{通重}$——通过重车数。

由表 8-9 可以查出，丙铁路局集团有限公司：

$$u_{接重} = 258 + 800 = 1\,058 \text{ 车}$$

丙铁路局集团有限公司接运重车去向计划表　　　　表8-9

接入分界站 \ 去向	本铁路局集团有限公司卸车							接入交出车			合计	
	乙	乙—丙	丙	丙—丁	丙—M	M	计	乙	丁	计		
乙		5 5	7 8	1	150 150			7 163 163	100 200	100 200	100 200	107 363	256
丁	25 25		20 30 10		5 5	10 10	25 25	50 35 95 10	80 500 600 20		80 500 600 20	130 535 695 30
合计	25 30	5	27 1 38 10	150 150	5 5	10 10	25 25	57 191 258 10	80 500 600 20	100 100 200	180 600 800 20	237 791 1058 30

(三) 重车车流表

各铁路局集团有限公司所办理的重车流就其产生的来源而言,有使用车和接运重车两部分。使用车和接运重车又都有自卸和交出重车两种去向。因此,各铁路局集团有限公司办理的重车流分为:

(1) 自装自卸车流(管内车流)。
(2) 自装交出车流(输出车流)。
(3) 接入自卸车流(输入车流)。
(4) 接运通过车流(通过车流)。

各铁路局集团有限公司根据使用车计划和接运重车计划编制重车车流表,作为计划月重车流的汇总。

丙铁路局集团有限公司重车车流,如表8-10所示。

丙铁路局集团有限公司重车车流表　　　　表8-10

装或接 \ 卸或交		卸 空 车							交 出 重 车			总计
		乙	乙—丙	丙	丙—丁	丙—M	M	合计	乙分界站	丁分界站	合计	
使用车	乙		5	10	12			27	15	40	55	82
	乙—丙	15		10		8		33	10	100	110	143
	丙	11	10				9	35	65	20		20	85
	丙—丁	6		5			10	21		50	50	71
	丙—M		4		5			9	20		20	29
	M			20				20		200	200	220
	合计	32	29	35	25	9	45	175	65	390	455	630
接运重车	乙分界站	5	8	150				163		200	200	363
	丁分界站	25	30		5	10	25	95	600		600	695
	合计	30	38	150	5	10	25	258	600	200	800	1 058
总计		62	67	185	30	19	70	433	665	590	255	1 688

在重车车流表中,左上部为自装自卸车流,右上部为自装交出车流。左下部为接入自卸车流,右下部为接运通过车流。

从表8-10中可以查出丙铁路局集团有限公司的各种性质的重车流为:

$u_{自装自卸} = 175$ 车;

$u_{自装交出} = 455$ 车;

$u_{接卸} = 258$ 车；

$u_{通重} = 800$ 车。

同时，可以查表得：

$$u_{使} = u_{自装自卸} + u_{自装交出} = 175 + 455 = 630 \text{ 车}$$

$$u_{接重} = u_{接卸} + u_{通重} = 258 + 800 = 1\ 058 \text{ 车}$$

由上可见，重车车流表可以反映各铁路局集团有限公司月度重车流的全貌，据此可以查明各种性质的重车流。同时，也是计算各铁路局集团有限公司工作量、分界站出入重车数、区段行车量、重车走行公里及各技术站中转重车数等数据的原始资料。因此，重车车流表是编制技术计划的基础资料，技术计划中的其他数量指标均可从该表中查算得出。

（四）卸空车计划

卸空车数由卸车数和增加卸空车数组成。增加卸空车数是指不按卸车数统计的卸空车数，与增加使用车数相类似，它主要因零担货物中转和货物倒装而产生。卸空车数可以用下式表示：

$$u_{卸空} = u_{卸} + \Delta u_{卸空} \quad (\text{车})$$

式中：$u_{卸空}$——卸空车数；

$u_{卸}$——卸车数；

$\Delta u_{卸空}$——增加卸空车数。

假设丙铁路局集团有限公司 $u_{卸} = 408$ 车（其中乙站 10 车，丙站 15 车），则：

$$u_{卸空} = 408 + 25 = 433 \text{ 车}$$

卸空车数指标既是反映货车运用的数量指标，又是反映卸车任务多少的运输工作数量指标。保证卸车任务的完成不仅可以加速货物送达，还可以避免重车积压，加速货车周转。重车卸后才可产生空车，因而卸车任务的完成又是完成排空任务和装车任务的重要条件。

卸空车计划是日常卸车组织工作和编制空车调整计划的主要依据。各铁路局集团有限公司的卸空车计划是根据使用车计划和接运重车计划中到达本铁路局集团有限公司管内卸车的部分，按站别、车种别进行编制的。其中，自装自卸部分可根据去向别使用车计划确定，接入自卸部分由外铁路局集团有限公司提供的重车车流资料确定。丙铁路局集团有限公司车种别卸空车计划，见表 8-11。

卸空车按其来源，可分为自装自卸和接入自卸两部分，即：

$$u_{卸空} = u_{自装自卸} + u_{接卸} \quad (\text{车})$$

由表 8-11 可知丙铁路局集团有限公司卸空车数 433 车。其中，自装自卸车数为 175 车，接入自卸车数为 258 车。

丙铁路局集团有限公司车种别卸空车计划表 表 8-11

来源＼卸车数	乙	乙—丙	丙	丙—丁	丙—M	M	计
丙铁路局集团有限公司自装	11　　11 　32 10	15　　14 　29	16　　4 　35 15	14　　11 　25	9 　9	25 　45 20	65　　65 　175 45
接入卸车	25　　5 　30	27　　1 　38 10	150 　150	5 　5	10 　10	25 　25	57　　191 　258 19
合计卸车	36　　16 　62 10	42　　15 　67 10	16　　154 　185 15	19　　11 　30	9　　10 　19	50 　70 20	122　　256 　433 55

(五)空车调整计划

每个车站、各铁路局集团有限公司每日按车种别的装车数和卸车数一般是不相等的。为了保证不间断地按日均衡地完成装车任务,必须按车种别将卸车数大于装车数的地区所产生的多余空车运送到装车数大于卸车数的地区,这种空车的调配工作称为空车调整。各铁路局集团有限公司间空车的调整任务,是由空车调整计划确定的。向其他单位(各铁路局集团有限公司、车站)移交空车的数量可由下式确定:

$$u_{交空} = u_{接空} + u_{卸空} - u_{使} \quad (车) \tag{8-12}$$

由于我国铁路货车是全路通用,没有固定的配属站,且空车走行公里为非生产走行,不产生运输产品,因而空车调整存在着合理化即优化的问题。一般应以空车走行公里最少为主要优化目标。为此,必须遵循一定的调整原则,通过采用空车调整图和科学的优化方法制订空车调整方案。空车调整的主要原则有下述几点:

(1)以最合理的径路(一般是最短径路)排送空车。

(2)同一区段内或两条平行线上,要减少不同车种空车对流。除特殊情况外,必须消灭同车种空车在同一径路上的对流。

(3)在保证货物和行车安全的条件下,可采取车种代用,以减少空车走行公里。

(4)各铁路局集团有限公司空车调整计划,必须服从全路空车调整计划。

全路空车调整计划,由中国国家铁路集团有限公司根据各铁路局集团有限公司车种别使用车与卸空车的差数进行编制,确定各铁路局集团有限公司间分界站车种空车出入计划。

各铁路局集团有限公司根据全路空车调整计划确定的各铁路局集团有限公司间分界站车种别空车出入计划,编制各铁路局集团有限公司管内主要站和区段的车种别空车调整计划。

空车调整计划可利用空车调整图编制,中国国家铁路集团有限公司根据各铁路局集团有限公司的使用车计划和卸空车计划,计算各铁路局集团有限公司车种别装卸差,并通过编制全路空车调整图来确定各局间分界站车种别空车交接车数。各铁路局集团有限公司根据中国国家铁路集团有限公司下达的各铁路局集团有限公司间分界站空车调整任务编制各铁路局集团有限公司空车调整图。

例如,中国国家铁路集团有限公司根据丙铁路局集团有限公司车种别使用车与卸空车的差数(表8-12)确定的乙、丁两个分界站车种别空车出入计划,如图8-13所示。

丙铁路局集团有限公司车种别使用车与卸空车余缺计算表 表8-12

车　种	使　用　车	卸　空　车	余　缺
P	120	122	+2
C	410	256	−155
N	50	55	+5
G		50	−50
B			
计	630	433	−197

注:以N代C_5车。

图8-13　丙铁路局集团有限公司分界站车种别空车出入计划

丙铁路局集团有限公司依据其管内主要站和区段的车种别使用车计划(表8-8)和车种别卸空车计划(表8-11),按照铁路局集团有限公司分界站车种别空车出入计划的要求,编制丙铁路局集团有限公司空车调整图,如图8-14所示。

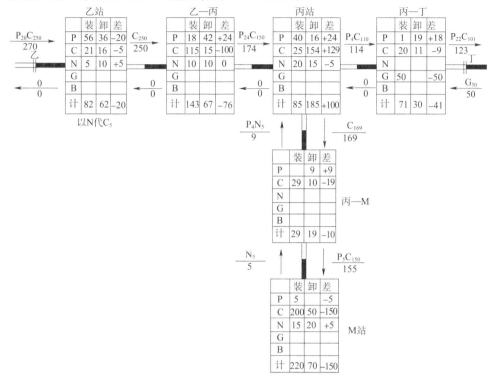

图8-14 丙铁路局集团有限公司空车调整图

(六)分界站货车出入计划

分界站出入货车数不仅是反映各铁路局集团有限公司运输任务量的指标之一,而且在日常运输生产中,往往由于分界站交接车数不相等导致运用车保有量发生变化。所以,为保证均衡地完成运输生产任务,合理分配各方向的通过车流量,有效利用铁路通过能力,必须编制分界站货车出入计划。

每一分界站接入和交出的重车,由重车车流表可以直接查出,每一分界站接入和交出的车种别空车数可以根据空车调整计划确定。然后,汇总填制分界站货车出入计划表。

丙铁路局集团有限公司分界站货车出入计划,如表8-13所示。

分界站货车出入计划　　　　表8-13

出或入 分界站	交出							接入						
	合计	重车	空车					合计	重车	空车				
			计	P	C	N	G	B			计	P	C	N	G	B
乙	665	665							633	363	270	20	250			
丁	713	590	123	22	101				745	695	50				50	
局计	1 378	1 255	123	22	101				1 378	1 058	320	20	250		50	

(七)分界站及各区段货物列车列数计划

货物列车数包括分界站别和区段列车数,是编制机车运用计划,确定机车供应台次、运用机车台数、机车乘务组数、机车平均牵引总重和机车日产量等指标的主要依据。

编制货物列车列数计划时,要充分利用机车牵引力,减少和消除单机走行,要加强车流与列车的组织工作,尽可能使上下行列数平衡。

区段别的列车数根据区段重空车流量、机车牵引定数和列车计长,并参照实际的列车平均编成辆数确定。

区段内通过的重空车流分别编组重、空列车时,通过全区段的货物列车数,可用下式计算:

$$n = \frac{u_{重}}{m_{重}} + \frac{u_{空}}{m_{空}} \quad (列) \tag{8-13}$$

式中:n——货物列车数;
$u_{重}$——上行(或下行)重车流量;
$u_{空}$——上行(或下行)空车流量;
$m_{重}$——重列车编成辆数;
$m_{空}$——空列车编成辆数。

如果区段内通过的空车流较小,不单独编开空车列车时,则应按空重混编条件计算货物列车数,即按下列公式计算:

$$n_{混} = \frac{u_{重} + u_{空}}{m_{混}} \quad (列) \tag{8-14}$$

式中:$n_{混}$——空重混编货物列车数;
$m_{混}$——空重混编列车的平均编成辆数。

各区段上下行重车流量系根据重车车流表,空车流量系根据空车调整图查定。

例如,丙铁路局集团有限公司乙—丙区段下行通过重车流系由乙站装车及乙分界口接入至丙、丙—丁分界站交出的各支车流组成。从表 8-14 中将以上各支车流查出,一一相加,共计 412 车(10 + 12 + 40 + 150 + 200 = 412)。同理可以得出乙—丙区段上行通过重车流为 682 车。

乙—丙区段通过的空车流,可由丙铁路局集团有限公司空车调整图(图 8-14)查得,下行通过空车流 150 车,上行通过空车流为零。

假设,乙—丙区段重、空列车编成辆数均为 50 辆,其通过全区段的货物列车数为:

下行　　　　　　　　　$n_{列} = \frac{412}{50} + \frac{150}{50} = 8.2 + 3 \approx 12$ 列

上行　　　　　　　　　$n_{列} = \frac{682}{50} = 13.6 \approx 14$ 列

为计算摘挂列车数,也可用上述方法分别查定上、下行摘或挂的重、空车数。

一个方向(上行或下行)摘挂列车的摘车及挂车的车数并不一定相等。在确定摘挂列车所运送的车数时,取其摘车或挂车数中较大值,作为计算标准。

例如,乙—丙区段下行方向摘车数:23 车(甲至乙—丙间 E 站空敞车 100 辆,已编入空直达列车,不计在内);挂车数:18 + 24 = 42 车(乙—丙间 E 站装至丁分界站交出的 100 辆已编入始发直达列车,不计在内);摘挂车数按 42 辆计算。

乙—丙区段上行方向摘车数 44 车、挂车数 25 车,摘挂车数按 44 辆计算。

假设乙—丙区段摘挂列车编成辆数为 50 辆,则:

下行摘挂列车数为:　　　　　　$n_{摘} = \frac{42}{50} \approx 1$ 列

上行摘挂列车数为： $n_{摘} = \dfrac{44}{50} \approx 1$ 列

丙铁路局集团有限公司各区段行车量计算,如表 8-14 所示。根据计算出来的各区段的货物列车数,即可编制机车运用计划,安排机车和列车乘务组的工作。

丙铁路局集团有限公司区段行车量计算表　　　　表 8-14

方向	下行									上行								
行车量	车流				列车编成	列数				车流				列车编成	列数			
	通过		摘挂				通过	摘挂	至装车站由装车站始发	合计	通过		摘挂			通过	摘挂	至装车站由装车站始发	合计
区段	重	空	重	空	至装车站由装车站始发						重	空	重	空	至装车站由装车站始发				
乙—丙	412	150	−23 +18	+24	空C 100 / 100	50	12	1	2/2	15	682		−44 +25			50	14	1	15
丙—丁	540	105	−25 +0	−9 +18	油 50	50	13	1	油 1	15	690		−5 +21		空G 50	50	14	1 空G 1	16
丙—M	70	150	−19 +0	−19 +5		50	5	1		6	220	5	−0 +29	−0 +4		50	5	1	6

在各铁路局集团有限公司间的分界站,除了查定接入和交出的重、空车数外,还应进一步确定分界口接入和交出的货物列车列数,作为编制日常工作计划的依据。

例如,丙铁路局集团有限公司分界站货车出入计划,如表 8-13 所示,则各分界站交、接列车数为：

乙分界站：

$$交出列数 = \dfrac{665}{50} = 13.3 \approx 14 \text{ 列}$$

$$接入列数 = \dfrac{633}{50} = 12.7 \approx 13 \text{ 列}$$

丁分界站：

$$交出列数 = \dfrac{713}{50} = 14.3 \approx 15 \text{ 列}$$

$$接入列数 = \dfrac{745}{50} = 14.9 \approx 15 \text{ 列}$$

三、车辆运用质量指标计划

(一)货车载重量及载重力利用率

充分利用车辆的装载能力,可以用较少的运用车完成更多的运输任务。可用货车静载重、重车动载重和运用车动载重等指标来表示车辆载重力的利用程度。

1. 货车静载重($P_{静}$)

货车静载重是指货车从装车站出发时的平均载荷。

$$P_{静} = \dfrac{\sum P_{装}}{u_{装}} \quad (\text{t/车}) \tag{8-15}$$

式中：$\sum P_{装}$——装运货物的吨数；

$u_{装}$——装车数。

2. 重车动载重（$P_{动}^{重}$）

重车动载重是指每一重车在整个运行途中的平均载荷。

$$P_{动}^{重} = \frac{\sum PL}{\sum NS_{重}} \tag{8-16}$$

式中：$\sum PL$——货车载重总吨公里；

$\sum NS_{重}$——重车走行公里。

3. 运用车动载重（$P_{动}^{运}$）

运用车动载重是指每一运用货车（包括重车和空车）车公里所完成的货物吨公里数。

$$P_{动}^{运} = \frac{\sum PL}{\sum NS_{重} + \sum NS_{空}} \tag{8-17}$$

式中：$\sum NS_{空}$——空车走行公里总数。

4. 货车载重力利用率（$\lambda_{载}$）

货车载重力利用率反映的是货车装载能力的利用程度。

$$\lambda_{载} = \frac{P_{静}}{P_{标}} \times 100\% \tag{8-18}$$

（二）货车工作量

所有货车运用车每昼夜完成的工作量可以以"吨公里"或以"车"计算，在运输生产技术指标计划中，以货车周转时间分析货车运用效率时，其工作量以"车"为计算单位。

铁路货车运用过程，就是货车在货物发送站装车，然后将重车编入列车，按规定径路运行，送至货物到达站卸车，卸后空车再送往货物发送站装车，不断循环。这样，每完成一次循环，铁路就算完成了一个工作量，该辆货车就算完成了一次周转。所以，货车工作量实质上就是运用货车在一定时期内完成的货车周转次数。

在数值上，货车工作量一般用每昼夜新产生的重车数来代表。

对全路来说，工作量就是全路的使用车数：

$$u = u_{使} \tag{8-19}$$

式中：u——工作量；

$u_{使}$——使用车数。

各铁路局集团有限公司的工作量则应等于使用车数与接运重车数之和：

$$u = u_{使} + u_{接重} \tag{8-20}$$

式中：$u_{接重}$——各分界站接运重车总数。

举例：丙铁路局集团有限公司使用车数为 630 车，接运重车数为 1 058 车，所以工作量为：

$$u = 630 + 1\ 058 = 1\ 688\ 车$$

货车工作量也可从重车消失的角度来计算，其公式为：

$$u = u_{卸空} + u_{交重} \quad (车) \tag{8-21}$$

式中：$u_{交重}$——交出重车数。

举例：丙铁路局集团有限公司卸空车数为 433 车，交出重车数为 1 255 车，所以工作量为：

$$u = 433 + 1\ 255 = 1\ 688\ 车$$

上述数字均可从重车车流表中直接查出。

两种方法计算的结果相同,这也可以通过下面的公式加以证明:

$$u = u_{使} + u_{接重} = u_{自装卸} + u_{自装交} + u_{接卸} + u_{通重} = u_{卸空} + u_{交重} \tag{8-22}$$

式中:$u_{交重}$——各分界站交出重车总数。

由上式推算可见,工作量也可以用 $u_{卸空} + u_{交重}$ 计算。对于运输生产技术计划,虽然两种计算方法所得结果相同,而在日间运输生产活动中,两种计算方法所得结果则往往是不一致的,我们一般是以每天新产生的重车数来计算工作量,即工作量 $u = u_{使} + u_{接重}$。

应当指出,全路的工作量不等于全路各铁路局集团有限公司的工作量之和。

(三)货车周转时间

货车周转时间是指货车从第一次装车完了时起,至下一次装车完了时止,所平均消耗的时间。货车周转时间以"d"为单位计算。一辆货车每完成一次周转,在其周转过程中完成了一个工作量,所以货车周转时间也可定义为货车每完成一个工作量平均消耗的时间。对全路来说,货车的每一次周转都包含了上述作业循环的全过程,而对铁路局集团有限公司而言,货车周转时间则带有假定性质,因此以货车每完成一个工作量在铁路局集团有限公司管内所平均消耗的时间来表述更为恰当。

货车周转时间一般采用车辆相关法和时间相关法两种方法计算。

1. 车辆相关法

假设全路每天装车7万辆,货车周转时间为3d,为了保证每天完成7万辆的装车任务,则共需运用车数为 $7 \times 3 = 21$ 万辆。由此可见,运用车数 N、工作量 u 及货车周转时间 θ 三者之间的关系可以用下式表示:

$$N = u\theta \quad (车 \cdot d) \tag{8-23}$$

式中:N——运用车数;

θ——货车周转时间。

因此,货车周转时间为:

$$\theta = \frac{N}{u} \quad (d) \tag{8-24}$$

对于全路来说,工作量就是使用车数;对铁路局集团有限公司来说,工作量就是使用车数加接运重车数。因此,

全路 $$\theta = \frac{N}{u_{使}} \quad (d) \tag{8-25}$$

铁路局集团有限公司 $$\theta = \frac{N}{u_{使} + u_{接重}} \quad (d) \tag{8-26}$$

利用车辆相关法计算货车周转时间极为简便。中国国家铁路集团有限公司、铁路局集团有限公司在统计日、旬、月、年完成的货车周转时间时,都采用这种计算方法。

在日常统计中为简便起见,对式中运用车数 N 采用一日终了(18:00)时的运用车数。18:00 的运用车数不能代表全日所消耗的车辆数,因而这样计算的结果将不够精确。对于较长期来说,可以计算 N 统计量的均值,因此,计算结果比较精确。这种计算方法的另一个缺点是无法按货车周转过程的各项因素进行计算,不便于分析原因和拟定改进措施。此外,在编制运输生产计划时,先确定货车周转时间指标,然后确定所需的运用车数,因而在编制运输生产计划和定期分析工作中,采用时间相关法计算货车周转时间。

图 8-15 货车的周转过程

2.时间相关法

如图 8-15 所示,货车完成一次周转所消耗的时间可以分为以下 3 个部分:

①在各区段的旅行时间 $T_{旅}$(h);

②在各技术站进行中转作业的停留时间 $T_{中}$(h);

③在货物装卸站的停留时间 $T_{货}$(h)。

因此,货车周转时间可用下式表示:

$$\theta = \frac{1}{24}(T_{旅} + T_{中} + T_{货})$$

$$= \frac{1}{24}\left(\frac{l}{v_{旅}} + \frac{l}{L_{中}}t_{中} + K_{管}\,t_{货}\right) \quad (d) \quad (8\text{-}27)$$

式中:l——货车全周转距离(简称全周距),为货车平均一次周转所走行的距离,km;

$L_{中}$——货车平均中转距离(简称中距),表示货车平均走行多少公里中转一次,km;其计算公式见式(8-29);

$K_{管}$——管内装卸率,表示货车每完成一个工作量,即一次周转,平均完成的货物作业次数;

$v_{旅}$——货车平均旅行速度,km/h;

$t_{中}$——货车在技术站的平均中转时间,h;

$t_{货}$——货车一次货物作业平均停留时间,h。

全周距 l、中转距离 $L_{中}$ 及管内装卸率 $K_{管}$ 的计算公式分别如下:

①全周距 l 包括重周距、空周距两部分:

$$l = \frac{\sum NS}{u} = \frac{\sum NS_{重} + \sum NS_{空}}{u} = l_{重} + l_{空} = l(1 + \alpha_{空}) \quad (km) \quad (8\text{-}28)$$

式中:$\sum NS$——货车总走行公里;

$\sum NS_{重}$——重车走行公里;

$\sum NS_{空}$——空车走行公里总数;

$l_{重}$——货车重周距,km;

$l_{空}$——货车空周距,km;

$\alpha_{空}$——空车走行率,是空车走行公里与重车走行公里之比,即 $\alpha_{空} = \dfrac{\sum NS_{空}}{\sum NS_{重}}$。

②中转距离:

$$L_{中} = \frac{\sum NS}{\sum N_{中}} \quad (km) \quad (8\text{-}29)$$

式中:$\sum N_{中}$——各技术站发出的中转车总数,或称总中转次数。

③管内装卸率,是总的货物作业次数除以工作量,即

$$K_{管} = \frac{u_{使} + u_{卸空}}{u} \quad (8\text{-}30)$$

由公式可见,对全路来讲 $u = u_{使} = u_{卸空}$,所以 $K_{管} = 2$;对铁路局集团有限公司而言,$K_{管}$ 的值变动于 0~2 之间。由于接运通过车流在管内没有装卸作业,接入卸车车流在管内只有卸车作业,自装交出车流在管内只有装车作业,因而铁路局集团有限公司的 $K_{管}$ 一般小于 2,通

过车流量比重越大则$K_管$越小。

用时间相关法计算货车周转时间,也可将其作业分为四个组成部分,即把第二项的中转作业停留时间分为有调中转停留时间和无调中转停留时间;也还可以再将第一项的旅行时间分为区间运行时间和中间站停留时间两部分,则货车周转时间就形成五项因素。货车周转时间的四项式计算公式和五项式计算公式,可以更详细地分析各项作业时间的比重及完成情况。

用时间相关法计算货车周转时间,可分别对其各作业环节进行计算、分析,以便考核其各组成部分的完成情况,找出薄弱环节,提出改进措施。

(四)货车日车公里和货车日产量

货车日车公里$S_车$是指每一运用车每日平均的走行公里数。货车日车公里可以根据货车周转时间和全周距计算。其计算公式为:

$$S_车 = \frac{l}{\theta} \quad (km/d \cdot 车) \tag{8-31}$$

也可根据货车总走行公里和运用车数计算,计算公式为:

$$S_车 = \frac{\sum NS}{N} \quad (km/d \cdot 车) \tag{8-32}$$

货车日车公里是表示货车运用效率的另一个重要指标。在空车走行率一定的条件下,货车日车公里越高,表示货车运用成绩越好,为完成同样运输任务所需要的货车数越少。

货车周转时间与货车日车公里均与客观因素中的全周距指标有关。当全周距变动较大时,周转时间和日车公里两项指标的反应是不一致的。哪个指标受客观因素影响小,能更好地反映车辆运用效率呢?现分析两项指标与全周距的关系:

$$\theta = al + b$$

$$S_车 = \frac{l}{al+b}$$

式中,a表示$v_旅$、$L_技$和$t_中$中各项指标的综合系数,b代表$t_货$。可见,$\theta = f(l)$为线性关系,$\theta = f_1(l)$呈双曲线关系。当l值较大时,$S_车$值较稳定,当l值较小时,θ受其影响较小。在运输组织工作中常常同时用此两项指标来反映货车运用质量。但由于货车周转时间θ与运用车N之间有较简明的关系,因而常以货车周转时间作为反映货车运用质量的主要指标。

货车日产量$\omega_车$是指平均每一运用货车在一昼夜内生产的货物吨公里数。它可按下式计算:

$$\omega_车 = P_动^运 \cdot S_车 \quad (t \cdot km/d \cdot 车) \tag{8-33}$$

四、运用车保有量计划

为了完成规定的运输任务,中国国家铁路集团有限公司需规定各铁路局集团有限公司应保有一定的运用货车数,称其为运用车保有量。所以,运用车保有量是指全路、各铁路局集团有限公司为完成规定的运输任务,所应保有的运用货车数。在编制技术计划时,中国国家铁路集团有限公司根据各铁路局集团有限公司的工作量和货车周转时间,规定各铁路局集团有限公司应保有的运用车标准数。

运用车保有量的标准数N根据工作量u和货车周转时间θ确定,即:

$$N = u\theta \quad (车) \tag{8-34}$$

例如,丙铁路局集团有限公司的工作量为1 688车,货车周转时间为0.83d,则

$$N = 1\,688 \times 0.83 = 1\,407 \text{ 车}$$

从上式中可以看出,货车周转时间越小,所需要的运用车保有量也就越少。因此,缩短货车周转时间的一切措施,也就是压缩需要运用车数的措施。

全路运用车包括运用重车和运用空车,铁路局集团有限公司的运用车又可以按其到站分为管内工作车、移交重车和空车3种。

为了便于在日常工作中加强对车辆运用的监督以及分析车辆的运用效率,铁路局集团有限公司除确定运用车的总数外,还应分别确定管内工作车、移交重车和空车的保有量。

(一)管内工作车保有量

管内工作车保有量是指铁路局集团有限公司为完成规定的卸车任务应保有的管内工作车数。其计算公式为:

$$N_{管重} = u_{管重} \theta_{管重} \quad (车) \tag{8-35}$$

式中:$N_{管重}$——管内工作车保有量;

$u_{管重}$——管内工作车工作量;

$\theta_{管重}$——管内工作车周转时间。

管内工作车工作量是指铁路局集团有限公司一日内所办理的管内工作车的车数。一般是卸完一辆,即算完成了一个管内工作车的工作量。所以,管内工作车工作量就是卸空车数,即 $u_{管重} = u_{卸空}$。

因此,管内工作车保有量的计算公式又可写为:

$$N_{管重} = u_{卸空} \theta_{管重} \quad (车) \tag{8-36}$$

(二)移交重车保有量

移交重车保有量是指铁路局集团有限公司为完成交出重车任务应保有的移交重车数。其计算公式为:

$$N_{移交} = u_{移交} \theta_{移交} \quad (车) \tag{8-37}$$

式中:$N_{移交}$——移交重车保有量;

$u_{移交}$——移交重车工作量;

$\theta_{移交}$——移交重车周转时间。

移交重车工作量是指铁路局集团有限公司一日内所办理的交出重车数。交出一辆重车,就算完成了一个移交重车工作量。所以,移交重车工作量可按交出重车数计算,即 $u_{移交} = u_{交重}$。

因此,移交重车保有量又可写为:

$$N_{移交} = u_{交重} \theta_{移交} \quad (车) \tag{8-38}$$

(三)空车保有量

空车保有量是指全路、铁路局集团有限公司为完成规定的运输任务而应保有的运用空货车数。其计算公式为:

$$N_{空} = u_{空} \theta_{空} \quad (车) \tag{8-39}$$

式中:$N_{空}$——空车保有量;

$u_{空}$——空车工作量;

$\theta_{空}$——空车周转时间。

空车工作量是指全路、铁路局集团有限公司一日内所办理的空货车数。在数值上空车工作量可以用一日内消失或产生的空车数来表示,即:

全路 $\quad u_空 = u_使$ （车） (8-40)

或 $\quad u_空 = u_{卸空}$ （车） (8-41)

铁路局集团有限公司 $\quad u_空 = u_使 + u_{交空}$ （车） (8-42)

或 $\quad u_空 = u_{卸空} + u_{接空}$ （车） (8-43)

在编制技术计划及日常统计工作中，空车工作量一般是按消失的空车数来计算的，即：

$$u_空 = u_使 + u_{交空} \quad （车） \quad (8-44)$$

例如，丙铁路局集团有限公司各种运用车工作量为：

$$u_空 = u_{卸空} = 433 \text{ 车}$$
$$u_{移交} = u_{交重} = 1\,255 \text{ 车}$$
$$u_空 = u_使 + u_{交空} = 630 + 123 = 753 \text{ 车}$$

又假设已知丙铁路局集团有限公司各种运用车的周转时间：$\theta_{管重} = 0.958\text{d}$，$\theta_{移交} = 0.551\text{d}$，$\theta_空 = 0.390\text{d}$。

则丙铁路局集团有限公司的各种运用车保有量为：

$$N_{管重} = u_{卸空}\theta_{管重} = 433 \times 0.958 = 415 \text{ 车}$$
$$N_{移交} = u_{交重}\theta_{移交} = 1255 \times 0.551 = 692 \text{ 车}$$
$$N_空 = u_空 \theta_空 = 753 \times 0.390 = 294 \text{ 车}$$

运用车保有量为上述三种保有量之和，即：

$$N = N_{管重} + N_{移交} + N_空 \quad （车） \quad (8-45)$$

丙铁路局集团有限公司运用车保有量：

$$N = 415 + 692 + 294 = 1\,401 \text{ 车}$$

对移交重车可以对全局总的移交重车保有量进行计算，也可再分别按各分界站计算其移交车保有量，即

$$N_{移交}^i = u_{移交}^i \cdot \theta_{移交}^i \quad （车） \quad (8-46)$$

此外，各铁路局集团有限公司尚需按车种别规定运用车保有量，以便按车种进行控制，其计算原理同上。

综上所述，丙铁路局集团有限公司技术计划部分指标，如表8-15所示。

丙铁路局集团有限公司技术计划部分指标　　　表8-15

	指标名称	单位	数值		指标名称	单位	数值
1	装车数	车	600	13	中转车平均停留时间	h	5.0
2	使用车数	车	630	14	一次货物作业平均停留时间	h	9.9
3	卸车数	车	408	15	旅行速度	km/h	30.0
4	卸空车数	车	433	16	货车周转时间	d	0.83
5	接运重车	车	1 058	17	管内工作车周转时间	d	0.958
6	工作量	车	1 688	18	移交重车周转时间	d	0.551
7	交出重车	车	1 255	19	空车周转时间	d	0.390
8	接入重车	车	320	20 运用车数	管内工作车	车	415
9	交出空车	车	123		移交重车	车	692
10	全周距	km	169		空车	车	294
11	中转距离	km	105		合计	车	1401
12	管内装卸率		0.63	21	货车日车公里	km/h	204

五、机车运用计划

(一)机车管理的分类

机车是铁路运输的基本动力,线路上的列车运行、车站内外的调车作业都要由机车来完成。因此,机车运用计划是铁路运输组织工作的一个重要组成部分。在运输生产计划中,应根据各铁路局集团有限公司的运输工作量,分配机车运用台数,规定机车运用数量指标和质量指标,以便考核和分析机车运用成绩,不断提高机车运用效率。

机车的运用方式与货车不同,货车是在全路范围内通用,机车则配属于各铁路局集团有限公司所管辖的机务段,并在固定的区段内牵引列车,或在固定的站段担当调车作业或其他工作。

各局(段)的配属机车是根据中国国家铁路集团有限公司的配属命令,由指定的机务段负责管理和使用。配属给各局(段)的机车,应涂有该局(段)的标志,并登入该局(段)的资产台账内。按照管理和使用的不同,对机车进行分类,如图8-16所示。

图 8-16 机车管理的分类

各铁路局集团有限公司对配属机车中的支配机车有权支配,而对非支配机车则无权支配。

(二)机车运用数量指标

反映机车运用效率的数量指标有机车走行公里、机车牵引总重吨公里和机车供应台次等三项。

1. 机车走行公里

机车走行公里 $\sum MS$ 是指机车运行的公里数。每一台机车运行一公里即为一机车公里。由于机车所担当的工作种别不同,机车走行公里又可分为本务机车走行公里和辅助机车走行公里;按机车运行中是否产生实际走行公里又可分为沿线走行公里和换算走行公里。各种机车走行公里的分类及其关系,如图 8-17 所示。

①机车总走行公里为:
$$\sum MS = \sum nl_{本} + \sum MS_{单} + \sum MS_{双} + \sum MS_{补} + \sum MS_{换} \quad (8\text{-}47)$$

②本务机车走行公里为:
$$\sum nl_{本} = n_1 L_1 + n_1 L_2 + \cdots + n_n L_n \quad (8\text{-}48)$$

③沿线走行公里为:
$$\sum MS_{沿} = \sum nl_{本} + \sum MS_{单} + \sum MS_{双} + \sum MS_{补} \quad (8\text{-}49)$$

④换算走行公里是指机车处于某种状态并不产生走行公里(如蒸汽机车的有火停留),

或产生的走行公里无法计算(如调车机车进行调车工作),只能按机车小时换算为机车走行公里。

图 8-17 机车走行公里的分类

机车走行公里是各铁路局集团有限公司和机务段用以确定机车需要台数和机车检修计划的依据,也是分析机车运用情况和考核机车乘务组工作的必要资料。但是,用机车走行公里指标来衡量机车工作量,具有一定的局限性,因为它只包含了机车走行距离的因素,而未反映机车牵引重量的因素。显然,一台牵引列车的机车和一台单机,虽然产生同样数量的机车走行公里,但它们所产生的工作效果却是不同的。因此,在计算机车走行公里的同时,还要计算机车牵引总重吨公里,简称总重吨公里。

2. 总重吨公里

总重吨公里 $\sum QS_{重}$ 表示机车牵引货物列车所完成的工作量,其值等于机车牵引总重(即列车总重,在统计日常完成的工作量时,还包括单机附加的重量)和它的走行公里的乘积之和,即:

$$\sum QS_{重} = Q_1 S_1 + Q_2 S_2 + Q_3 S_3 + \cdots + Q_n S_n \quad (\text{t·km}) \tag{8-50}$$

3. 机车供应台次

机车供应台次供应表示一昼夜内全部机车在担当的牵引区段内的总周转次数。机车在牵引区段每往返一次,作为供应一台次;实行循环运转制的机车,每经过机务段所在站一次,即为供应一台次。在一昼夜内如只有往程或返程时,作为 0.5 台次;实行肩回运转制的机车,每周转一次即完成牵引一对列车的任务,亦即供应一台次。故每一区段的机车供应台次可按下式计算:

$$u_{供应} = n + n_{双} \quad (台次) \tag{8-51}$$

式中:n——列车对数;

$n_{双}$——双机牵引的列车对数。

(三)机车运用质量指标

反映机车运用效率的质量指标,包括机车全周转时间、机车需要系数、机车日车公里、列车平均总重和机车日产量等。

1. 机车全周转时间

机车全周转时间 $\theta_机$ 是从时间上反映机车运用效率的指标。它是指机车作业完了返回基本段经过闸楼时起,至下一次作业完了返回基本段经过闸楼时止的全部时间。

2. 机车需要系数

机车需要系数 $K_需$ 是指在一个牵引区段内,每担当一对列车的牵引任务平均需要的机车台数,即平均一对列车所需要的运用机车台数。由于一台机车每周转一次即完成一对列车的牵引任务,故将以"小时"为单位的全周转时间化为以"天"为单位的全周转时间,即为平均每完成一对列车的牵引任务所需要的机车台数。即

$$K_需 = \frac{\theta_机}{24} \quad (台/对) \tag{8-52}$$

各区段的机车需要台数可按下式计算:

$$M_货 = \frac{(n + n_双)\theta_机}{24} = u_{供应} K_需 \quad (台) \tag{8-53}$$

3. 机车日车公里

机车日车公里 $S_机$ 是指全路、各铁路局集团有限公司或机务段平均每台货运机车一天走行的公里数。其值可按下列公式计算:

$$S_机 = \frac{\sum MS_沿 - \sum MS_补}{M_货} \quad (km/d) \tag{8-54}$$

或

$$S_机 = \frac{2L \times 24}{\theta_机} = \frac{2L}{K_需} \quad (km/d) \tag{8-55}$$

机车日车公里反映每台货运机车平均每天完成的工作量。提高机车日车公里,可以减少机车需要台数,即可用较少的机车完成规定的运输任务。

4. 列车平均总重

列车平均总重 $Q_总$ 是指全路、各铁路局集团有限公司或机务段平均每台本务机车牵引列车的总重量(包括货物重量和车辆自重),即

$$Q_总 = \frac{\sum QS_重}{\sum nL_本} \quad (t/列) \tag{8-56}$$

列车平均总重反映了机车牵引力的利用程度,它直接影响到列车次数、机车需要台数、机车乘务组需要数以及其他有关支出的大小,是衡量机车运用效率的一个重要指标。

5. 机车日产量

机车日产量 $W_机$ 是平均每台货运机车每日生产的总重吨公里数,即

$$W_机 = \frac{\sum QS_总}{M_货} = \frac{Q_总 S_机}{1 + \beta_辅} \tag{8-57}$$

$$\beta_辅 = \frac{\sum MS_双 + \sum MS_单}{\sum nl_本} \tag{8-58}$$

式中:$\beta_辅$——单机和重联机车走行率。

公式中可以看出,$W_机$ 综合反映了列车平均总重、机车日车公里和单机走行三个方面的关系,是考核机车运用质量的一个综合指标。只要降低单机走行率,提高机车日车公里和列车平均总重,就能提高机车日产量指标。

巩固提高

1. 什么是技术计划？主要包括哪些内容？
2. 写出技术计划的各项指标计划的名称及计算公式。
3. 什么是货车工作量？如何计算？一般采用哪一种方法计算工作量？
4. 各类运用车的工作量是多少？全路、各铁路局集团有限公司的运用车工作量如何计算？为什么各铁路局集团有限公司工作量之和不等于全路工作量？
5. 编制分界站货车出入计划的目的和依据是什么？
6. 货物列车数计划的作用是什么？它根据哪些资料、怎样编制？
7. 什么是货车周转时间？两种计算法的优缺点及适用条件是什么？压缩货车周转时间的主要途径有哪些？
8. 试述用时间相关法计算货车周转时间的各项因素的含义及计算方法。
9. 什么是货车全周距？由哪几部分组成？如何计算？什么是空车走行率,如何计算？
10. 空周距与空车周距的区别是什么？
11. 什么是货车平均中转距离？如何计算？
12. 什么是管内装卸率？如何计算？全路和铁路局集团有限公司的管内装卸率为什么不一样？
13. 机车与车辆的运用方式有什么不同？怎样进行分类管理？
14. 试述机车运用数量和质量指标的含义及其计算方法。
15. 各铁路局集团有限公司为什么还要分别计算管内工作车、空车及移交车的周转时间？它们的含义及相互关系是什么？
16. 运用车保有量计划的作用是什么？运用车包括哪些内容？管内工作车、移交车、空车的保有量是如何确定的？
17. 为什么说机车日产量是一个综合性指标？怎样提高机车日产量？

项目九　列车运行图编制

★ 知识重点
1. 列车运行图的作用、分类及组成因素；
2. 列车运行图的编制要求和步骤；
3. 区段管内工作列车运行图铺画方案；
4. 列车运行图的编制方法；
5. 列车运行图的主要计算指标；
6. 分号列车运行图的编制方法；
7. 铁路通过能力的概念及影响因素；
8. 限制区间和困难区间及其关系；
9. 平行运行图周期及通过能力计算方法；
10. 扣除系数；
11. 非平行运行图通过能力计算方法；
12. 高速铁路通过能力计算；
13. 提高铁路区间通过能力的措施。

★ 项目任务
1. 正确识别列车运行图的各项要素；
2. 能够选择单线成对非追踪平行运行图限制区间的列车运行图方案；
3. 能够编制列车运行图；
4. 能够计算区间通过能力。

任务一　列车运行图认知

任务描述

列车调度员的基本职责是调整列车运行，实现按图行车，而调整列车运行的基本依据就是列车运行图。

本次任务需要作为列车调度员认识列车运行的基本手段。针对不同的运行图、区分不同格式、掌握列车运行的不同特点，能够根据给定的条件确定站名线。

相关理论知识

一、作用与含义

1. 作用

列车要实现安全、正点，必须按图行车，因此编制一张经济合理的列车运行图，对于充分利用轨道交通设备的能力，满足各时期、各时段旅客运输的需要，使运能与运量很好地结合，既能方便旅客出行的需要，又能使企业获得最佳的经济效益，具有重要的意义。

(1) 列车运行图是列车运行的基础

列车运行图是列车在铁路区间运行和在车站到发、通过时刻的技术文件，规定了各次列车占用区间的顺序，在每个车站到达、出发或通过时刻，列车在区间运行时间，以及列车在车站的停站时间和机车交路、列车重量和长度等。它能直观地显示列车在时间和空间上的关系,能直观地显示列车在各区间的运行及在各车站停车或通过的状态。

(2)列车运行图是一个综合性计划

铁路运输是由车、机、工、电、辆等多个部门组成的技术密集型交通系统,它要利用多种技术设备,要求多个部门和工种的协调配合才能完成日常运输任务。因此,铁路企业通过列车运行图将整个运输生产活动联系成一个统一的整体,把与列车运行相关的部门组织起来,在保证合理与安全运营的前提下,按照列车运行图的需要制定各自的生产计划,并按照一定的程序进行工作,共同保证列车安全与正点运营。列车运行图是列车调度员指挥列车运行的基本依据和手段。通过列车运行图可以把与列车运行有关的各部门有机地结合起来,车站要根据列车运行图的时刻安排自己的接车、发车和调车工作,保证列车正点发车。机务部门根据运行图的要求,确定每天要派出的机车台数和时刻,并据此安排机车的整备工作和乘务员的工作计划。工务、电务等部门应按列车运行图的要求安排施工及维修工作等。因此,列车运行图既是行车组织工作的基础,又是联系各部门工作的纽带,也是铁路运输管理工作的综合性计划。

2. 含义

列车运行图是运用坐标原理对列车运行时间、空间关系的图解表示,实际上是对列车运行时空的图解。它是表示列车在各站和区间运行状态的二维线条图,能直观地显示各次列车在时间和空间上的相互位置和对应关系。在列车运行图上,对列车运行时空过程的图解有两种不同的形式:一种是以横坐标表示时间,纵坐标表示距离。运行图上的水平线表示分界点的中心线,水平线间的间距表示分界点间的距离;垂直线表示时间;斜线表示列车运行线。另一种是以横坐标表示距离,纵坐标表示时间。运行图上的水平线表示时间;垂直线表示分界点的中心线。目前我国铁路列车运行图采用第一种图形表示形式。

列车运行图的三条线是有时分线、站名线和运行线。表示时间的称为时分线,是按要求用一定的比例划分成一簇平行的等分线。表示距离的称为站名线,表示各个车站中心线的位置,它的确定主要有以下两种方法:

①按区间实际里程比率确定,即按照整个区段各个车站实际里程的比例来确定横线的位置。采用这种方法,列车运行图上的站间距能完全反映实际情况,能明显表示出站间距的大小。但是由于各区间线路和横、纵断面的不同,列车运行速度也不相同,列车在整个区段的运行线往往是一条斜折线。列车运行图既不整齐,也不易发现区间运行时分上的差错,所以一般不采用此种方法。

②按区间运行时分比率确定,即按照整个区段内各车站间列车运行时分的比例来确定横线的位置。采用这种方法,虽然不能表示出站间距的大小,但是在列车运行图上的运行线基本上是一条斜直线,既美观,又易于发现列车在区间运行时分上的差错,所以一般采用此种方法。

如 $A—B$ 区段下行方向货物列车运行时分共计 170min。各站间运行时间见表 9-1。

$A—B$ 区段下行方向货物列车各站间运行时间　　表 9-1

区间	$A—a$	$a—b$	$b—c$	$c—d$	$d—B$
运行时间(min)	45	30	40	20	25

具体确定方法,如图 9-1 所示。首先在列车运行图上确定该线路两终点站 A 与 B 的位置,然后在代表 A 站的横线上任取一点 A,以 A 点所对应的时间为原点,在代表终点站 B 的横线上向右截取等于 170min 的线段 BF,得到 F 点,在 BF 线段上以各站间运行时分依次划

分成 5 个时间段,分别是 45min、30min、40min、20min、25min,连接 A、F 两点,得到一条斜直线;过 5 个时间段端点作横轴的垂直线,得到垂直线与 AF 斜直线的各交点;最后过各交点作横轴的平行线,得到该线路 a、b、c、d 车站中心线。

图 9-1 A—B 区段站名线的确定

运行线是列车运行的轨迹。一般以下斜线表示下行列车,上斜线表示上行列车。每列车规定有不同的车次。一般来说,上行为偶数,下行为奇数。

二、格式

在列车运行图中,横、竖、斜三种线分别代表车站、时间和列车运行线。为了区分不同种类的列车,规定各种列车用不同符号和不同颜色表示。

为适应不同列车运行的需要,列车运行图按照时间划分为不同格式。主要有以下 4 种基本格式:

(1)一分格运行图。其横轴以 1min 为单位用细竖线进行等分,十分格用较粗的竖线表示,如图 9-2 所示。这种运行图主要用于城市轨道交通的地铁、轻轨。

(2)二分格运行图。其横轴以 2min 为单位用细竖线进行等分,十分格用较粗的竖线表示,如图 9-3 所示。这种运行图主要用于市郊轨道交通线路。

图 9-2 一分格运行图　　　　　　　　图 9-3 二分格运行图

(3)十分格运行图。其横轴以 10min 为单位用细竖线进行等分,半小时格用虚竖线表示,小时格用较粗的竖线表示,并且在运行图上需标注 10min 以下的数字,如图 9-4 所示。这种运行图主要供列车调度员在日常调度指挥工作中编制运行调整计划和编制实际运行图时使用。

(4)小时格运行图。其横轴以 1h 为单位用细竖线进行等分,并且在运行图上需标注60min

以下的数字,如图9-5所示。这种运行图主要用于编制铁路旅客列车方案图、机车周转图时使用。

图9-4 十分格运行图

图9-5 小时格运行图

三、分类

根据铁路线路的技术设备、列车运行速度、上下行方向的列车数量、列车的运行方式等条件,列车运行图可以分为不同的类型。

1. 按区间正线数目不同分类

(1)单线运行图。在单线区段,上下行列车都在同一正线上运行,相对方向的列车交会、同方向列车的越行都必须在车站进行。如图9-6所示。

(2)双线运行图。在双线区段,上下行方向的列车分别在各自的正线上运行,相对方向的列车运行互不干扰,可以在区间内或车站上交会,但列车的越行必须在车站进行,如图9-7所示。

图9-6 单线运行图

图9-7 双线运行图

(3)单双线运行图。有单线区间也有双线区间的区段称为单双线区段。单线区间和双线区间分别按照单线和双线运行图的特点铺画运行图,单双线运行图兼有单线运行图和双线运行图的特征。如图9-8所示。

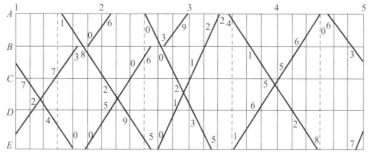

图9-8 单双线运行图

2. 按列车运行速度不同分类

(1)平行运行图。在同一区间内,同一方向的列车运行速度相同,并且列车在区间两端站到、发、通过的运行方式也相同,因而列车运行线相互平行,且区段内无列车越行。如图 9-9 所示。

(2)非平行运行图。列车运行图中铺画有不同运行速度和不同类型的列车,因此运行图中列车运行线是相互不平行,在区段内可能产生列车越行。如图 9-10 所示。

图 9-9 平行运行图

图 9-10 非平行运行图

3. 按上下行列车数量不同分类

(1)成对运行图。同一区段内,列车运行图中上、下行两个方向列车数量是相等的。如图 9-11 所示。

图 9-11 成对运行图

(2)不成对运行图。同一区段内,列车运行图中上、下行两个方向列车数量是不相等的。如图 9-12 所示。

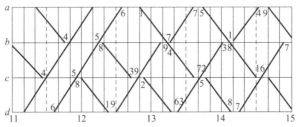
图 9-12 不成对运行图

我国铁路大多数区段的上、下行列车数是相等的,所以一般多采用成对运行图。只有在上、下行方向运量不等的个别区段,行车量较大方向的能力不足时,才采用不成对运行图。

4. 按列车运行方式不同分类

(1)连发运行图。在这种运行图中,同方向列车的运行是以站间区间为间隔的,即在非自动闭塞区段采用的运行图。在单线区段采用此种运行图,在连续发出的一组列车之间不能铺画对向列车。如图 9-13 所示。

图 9-13 连发运行图

(2)追踪运行图。在这种运行图中,同方向列车的运行是以闭塞分区为间隔的,即在自动闭塞区段采用的运行图。一个站间区间内允许几列同向列车按追踪方式运行。如图9-14、图9-15所示。

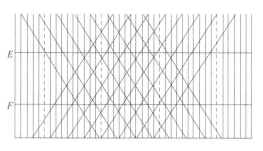

图9-14 追踪运行图　　　　　　　图9-15 双线追踪非平行运行图

以上所列举的分类,都是根据运行图的某一特点加以区别的。实际上,每张运行图都具有几个方面的特点,例如图9-15所示的运行图,它既是双线的、非平行的,又是追踪的运行图。

四、符号

列车运行图中有关列车运行、列车运行整理符号应按规定填写或绘制。

1. 列车运行线的表示方式

列车基本运行图与实际图中列车运行线的表示方式一致。列车运行线的表示方式,如表9-2所示。

列车运行线的表示方式及车次使用安排　　　　　　　　　表9-2

列车种类	表示方式	备注
旅客列车、动车组检测列车、动车组确认列车、回送动车组列车、试运转动车组列车	红单线　　————	以车次区分
临时旅客列车	红单线加红双杠　　—‖—‖—	
回送客车底	红单线加红方框　　—□—□—	
160km/h 特需货物列车	橙单线加橙圈　　—○—○—	
120km/h 特需货物列车	橙单线加橙方框　　—□—□—	
80km/h 特需货物列车	橙单线　　————	
特快货物班列	蓝单线加红圈　　—○—○—	
快运货物列车(普快货物班列除外)	蓝单线加蓝圈　　—○—○—	
远程技术直达列车	蓝单线加蓝方框　　—□—□—	
"点到点"快速货物列车	蓝单线	
直达列车(普快货物班列)	黑单线加黑圈　　—○—○—	
直通、自备车、区段及小运转列车	黑单线　　————	以车次区分
摘挂列车	黑单线加"+""|"　　— + —|—	
重载货物列车	蓝色断线　　- - - - - -	以车次区分(铁路局集团有限公司可根据具体情况补充规定)
冷藏列车	黑单线加红圈　　—○—○—	

续上表

列车种类	表示方式		备注
军用列车	红色断线	- - - - - - -	
回送军用列车	红色断线加红方框	- -□- -□- -	
超限超重货物列车	黑单线加黑方框	-□-□-	
路用列车、试运转列车(不含动车组)	黑单线加蓝圈	-〇-〇-	以车次区分
单机	黑单线加黑三角	-▷-▷-	
高级专列及先驱列车	红单线加红箭头	——→	以车次区分
救援、除雪列车	红单线加红"×"	—×—×—	以车次区分
重型轨道车	黑单线加黑双杠	—‖—‖—	

2.列车运行时刻的表示记号

小时格、十分格的列车运行时刻要在每个车站站名线、时分线、运行线汇合处填记规定的时间数字。列车出发、到达时刻填记在列车运行线与车站中心线相交的钝角内,列车通过车站的时刻填记在列车运行线与车站中心线相交出站一端的钝角内。如图9-16所示。

图9-16 列车运行时刻的表示记号

3.列车车次的表示记号

每一条列车运行线对应一个列车车次。列车车次可以填记在列车始发区间的运行线上方,也可以填记在表示列车始发或中转整理符号的横线上,如图9-17、图9-18所示。

图9-17 列车始发车次的表示记号　　图9-18 列车由邻接区段转来车次的表示记号

 巩固提高

1.简述列车运行图的作用及含义。

2.列车运行图有哪几种格式?各在什么条件下使用?

3.列车运行图如何分类?各有何特点?

4.运行图上有哪几条线?站名线如何确定?

任务二　列车运行图要素分析

任务描述

列车运行图要素反映了不同区段、不同设备、不同作业对列车运行的影响。

本学习任务需要作为列车调度员对列车运行图的各个要素进行区别,并且分析在列车运行中各要素何时使用,运用中应注意的时间标准、间隔时间的大小,会计算区间运行时分,能区别车站各间隔时间。

相关理论知识

一、列车区间运行时分

列车运行图虽有各种不同的类型,但它总是由一些基本要素所组成。因此,在编制列车运行图之前,必须首先确定组成列车运行图的各项要素。

列车运行图要素包括:列车区间运行时分;列车在中间站的停站时间;机车在基本段和折返段所在站的停留时间标准;列车在技术站、客运站和货运站的技术作业过程及其主要作业时间标准;车站间隔时间;追踪列车间隔时间。

列车区间运行时分是指列车在两相邻车站或线路所之间的运行时间标准,它由机务部门采用牵引计算和试验相结合的方法进行确定。

计算列车区间运行时分的区间距离按车站中心线或线路所通过信号机之间的距离计算。当到发场中心线与车站中心线不一致时,按到发场中心线计算,如图 9-19 所示。

图 9-19　计算车站或线路所间列车运行时分距离图

由于旅客列车和货物列车的运行速度各不相同,上下行方向的线路平面、纵断面条件和列车重量也不相同,所以列车区间运行时分应按各种列车和上下行方向分别确定。此外,列车区间运行时分还应根据列车在每一区间两个车站上不停车通过和停车两种情况分别查定。列车不停车通过两个相邻车站所需的区间运行时分称为纯运行时分。因列车到站停车和列车起动出站而增大的区间运行时分与纯运行时分之差称为停车附加时分和起动附加时分。停车、起动附加时分,应根据机车或车辆类型、列车重量以及进、出站线路的平面、纵断面条件进行确定。

通常,应按通通、通停、起通、起停 4 种情况分别查定区间运行时分。如图 9-20 所示。

图 9-20　A—B 区间列车运行时分示意图

例如 A—B 区间的上行纯运行时分 $t_{纯}^{上}=14\min$、下行纯运行时分 $t_{纯}^{下}=15\min$、A 站和 B 站起动附加时分 $t_{起}^{A}=t_{起}^{B}=3\min$、A 站和 B 站停车附加时分 $t_{停}^{A}=t_{停}^{B}=1\min$，则区间运行时分如表 9-3 所示，其缩写方法如表 9-4 所示。

A—B 区间运行时分　　　　　　　表 9-3

站　名	上　行				下　行			
	通通	通停	起通	起停	通通	通停	起通	起停
A B	14	15	17	18	15	16	18	19

A—B 区间运行时分缩写方法　　　　　　　表 9-4

站　名	上　行	下　行
A B	$14\frac{1}{3}$	$15\frac{3}{1}$

二、列车在中间站的停站时间

列车在中间站的停站时间，是指列车在中间站办理列车技术作业、客货运作业及列车会让等所需要的最小停留时间标准。

列车在中间站的停站时间由下列原因产生：

(1) 进行必要的技术作业，如摘挂机车、试风及列车技术检查、机车乘务组换班等。
(2) 客货运作业，如旅客乘降、行李、包裹及邮件的装卸、车辆摘挂、货物装卸等。
(3) 列车在中间站的会车和越行。

摘挂机车作业在采用补机地段的起点站和终点站上进行。列车在中间站的技术检查和试风，一般在长大下坡道之前的车站上进行。当牵引区段较长，机车乘务组连续工作时间超过规定标准时，要采用中途换班的方式。

客货运作业停站时间，应根据各种列车的不同需要分别规定。对旅客列车规定旅客乘降、行包和邮件装卸所需要的停站时间；对摘挂列车规定摘挂车辆、取送车及不摘车装卸作业所需要的停站时间。

列车进行技术作业和客货运作业的时间标准，由每个车站用分析计算和实际查标相结合的办法分别确定。列车在中间站的各项作业，应尽可能平行进行。在满足实际需要的条件下，应最大限度地压缩列车停站时间，以提高列车的旅行速度。

三、机车在基本段和折返段所在站停留时间标准

机车在基本段或折返段所在站办理必要作业需要的最小时间，称为机车在基本段和折返段所在站的停留时间标准，该项停留时间标准取决于机车的运用方式。

铁路机车的基本运用方式可有如下几种：

1. 肩回运转制交路

肩回运转制交路，即机车担当与基本段相邻区段的列车牵引任务，除需进折返段整备外，机车每次返回基本段所在站时，也需要入段作业，如图 9-21 所示。

2. 半循环运转制交路

半循环运转制交路，即机车担当与基本段相邻两个区段的列车牵引任务，除需进折返段整备外，机车第一次返回基本段所在站时不入段，继续牵引列车向前方区段运行，到第二次返回基本段所在站时，才入段进行整备作业，如图 9-22 所示。

图9-21 肩回运转制交路

图9-22 半循环运转制交路

3. 循环运转制交路

循环运转制交路,即机车担当与基本段相邻两个区段的列车牵引任务,除需进折返段整备及因中间技术检查需入基本段外,每次返回基本段所在站,都在车站上进行整备作业,如图9-23所示。

4. 环形运转制交路

环形运转制交路,即机车在一个区段或枢纽内担当两个及以上往返的列车牵引任务之后,才入段进行整备作业,机车不需要转向,如图9-24所示。这种交路适用于担当市郊列车和小运转列车的牵引任务。

图9-23 循环运转制交路

图9-24 环形运转制交路

机车在折返段所在站应办理的作业有:在到发线上的到达作业,包括到达试风、摘机车、准备机车入段进路等;机车入段走行;机车在段内整备等作业;机车出段走行。在到发线上的出发作业,包括挂机车、出发试风等。综合以上各项作业所需要的时间,便可得出机车在折返段所在站的停留时间标准。如图9-25表示,10001次列车机车自到达折返段所在站之时起至牵引10004次列车出发时止,在该站的停留时间(包括在段内的停留时间)为:

图9-25 机车在折返段所在站的作业过程

$$t_{折} = t_{到达} + t_{入段} + t_{整备} + t_{出段} + t_{出发} \quad (\text{min}) \tag{9-1}$$

式中:$t_{折}$——机车在折返段所在站的停留时间,min;

$t_{到达}$——机车在到发线上进行到达作业的时间,min;

$t_{入段}$——机车入段走行的时间,min;

$t_{整备}$——机车在段内进行整备作业的时间,min;

$t_{出段}$——机车出段走行的时间,min;

$t_{出发}$——机车在到发线上的出发作业的时间,min。

上列各项作业时间,可根据分析计算和查标相结合的方法确定。

在基本段所在站上,不采用循环运转制时,机车也需办理上述各项作业,而且整备作业要更加细致,因而整备时间也要更长。

在编制运行图前,机务部门必须对每一牵引区段的机车分别查定办理各项作业的时间标准,并规定机车在基本段和折返段所在站的停留时间标准。

四、列车在技术站和客货运站的技术作业时间标准

为了保证车站与区段工作协调,必须编制与车站技术作业过程相配合的列车运行图。因此,在编制列车运行图时,需具备技术站、客货运站技术作业过程的主要作业时间标准,它包括:

(1)在到发车场内办理各种列车作业的时间标准。
(2)在驼峰或牵出线上解体和编组列车的时间标准。
(3)旅客列车车列在配属段、折返段所在站的停留时间标准。
(4)货物站办理整列或成组装卸作业时间标准。

上述标准,一般可根据《车站行车工作细则》确定。

五、车站间隔时间

车站间隔时间是指在车站上办理两列车的到达、出发或通过作业所需要的最小间隔时间。当车站存在列车运行的敌对进路时,两列车的接或发必须依次进行,因此需要计算确定最小间隔时间。在查定车站间隔时间时,应遵守有关规章的规定及车站技术作业时间标准,以保证行车安全和最有效地利用区间通过能力。

常用的车站间隔时间包括不同时到达间隔时间、会车间隔时间、同方向列车连发间隔时间、同方向列车不同时发到间隔时间和不同时到发间隔时间等几种,其值大小与车站信号和联锁设备类型,车站邻接区间的行车闭塞方法,车站类型,接近车站线路的平、纵断面情况,机车类型、列车运行速度、列车重量和长度等因素有关。在编制新列车运行图之前,每个车站都应根据具体条件,查定各种车站间隔时间。

1. 不同时到达间隔时间($\tau_{不}$)

在单线区段,来自相对方向的两列车在车站交会时,从某一方向列车到达车站时起,至相对方向列车到达或通过该站时止的最小间隔时间,称为不同时到达间隔时间,如图9-26

a)一列停车,一列通过　　b)两列都停车

图9-26　不同时到达间隔时间图

所示。为了提高货物列车的旅行速度,除上下行列车在同一车站上都有作业需要停站外,原则上应使交会的两列车中的一列通过车站,因此在运行图上较常采用的是一列停车、一列通过的不同时到达间隔时间。

为确保行车安全,在进站信号机外制动距离内进站方向为超出《铁路技术管理规程》规定的下坡道,而接车线末端又无隔开设备的车站,禁止办理相对方向同时接车。凡不能办理相对方向同时接车的车站,由相对方向到站停车的两列车也须保持必要的不同时到达间隔时间。

不同时到达间隔时间的大小,根据如下条件确定:

(1)只有当第一列车到达车站,并为对向列车准备好接车进路以后,才能给对向列车开放进站信号。

(2)进站信号开放时,对向列车头部在进站信号机外方所处的位置,应等于一个制动距离及司机确认信号显示时间内所通过的距离之和,如图9-27所示。

图9-27　进站信号机开放时的列车位置与不同时到达间隔时间图

因此,不同时到达间隔时间由两个部分组成:第一部分为第一列车到达车站后,车站办理必要作业所需要的时间$t_{作业}$;第二部分为对向列车通过进站距离$L_{进}$所需要的时间$t_{进}$。据此,不同时到达间隔时间的计算公式为:

$$\tau_{不} = t_{作业} + t_{进} = t_{作业} + 0.06\frac{L_{进}}{v_{进}} = t_{作业} + 0.06\frac{0.5l_{列} + l_{确} + l_{制} + l_{进}}{v_{进}} \quad (\text{min}) \quad (9\text{-}2)$$

式中：$l_{列}$——列车长度，m；

$l_{确}$——司机确认进站信号显示状态时间内列车运行距离，m；

$l_{制}$——列车制动距离或由预告信号机至进站信号机的距离，m；

$l_{进}$——进站信号机至车站中心线的距离，m；

$v_{进}$——列车平均进站速度，km/h。

由于车站两端的 $l_{进}$ 和 $v_{进}$ 不同，因此每一车站必须对上下行列车分别查定其不同时到达间隔时间。

车站办理必要作业所需时间，根据各站信联闭设备条件及其作业内容查定。

2. 会车间隔时间（$\tau_{会}$）

在单线区段，自列车到达或通过车站时起，至由该站向同一区间发出另一对向列车时止的最小间隔时间，称为会车间隔时间，如图 9-28 所示。

会车间隔时间由车站值班员监督列车到达或

图 9-28 会车间隔时间图

通过后，为向同一区间发出另一列车所需办理必要作业的作业时间组成，根据各站信联闭设备条件及其作业内容查定。常采用的是一列停车、一列通过的不同时到达间隔时间。

3. 同方向列车连发间隔时间（$\tau_{连}$）

在单线或双线区段，从列车到达或通过前方邻接车站时起，至由车站向该区间再发出另一同方向列车时止的最小间隔时间，称为同方向列车连发间隔时间。根据列车在前后两站停车或通过的不同情况，连发间隔时间可有下列 4 种形式，如图 9-29 所示。

（1）前行列车在前方站通过，后行列车在后方站通过，如图 9-29a）所示。

（2）前行列车在前方站停车，后行列车在后方站通过，如图 9-29b）所示。

（3）前行列车在前方站通过，后行列车在后方站停车，如图 9-29c）所示。

（4）前行列车在前方站停车，后行列车在后方站停车，如图 9-29d）所示。

按照连发间隔时间组成因素的不同，可以将上述 4 种形式的连发间隔时间归纳为 2 种类型。

第一种类型为图 9-29a）、b）两种形式，共同点是列车均在后方站通过，其不同点仅在于 a）图是前方站值班员监督列车通过，b）图是监督列车到达。这一类型的连发间隔时间由如下两部分组成，如图 9-30 所示。

图 9-29 连发间隔时间图

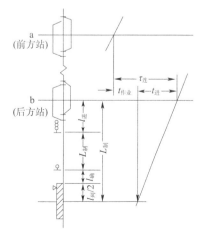

图 9-30 两列车通过前后站连发间隔时间组成图

①前后两站办理作业所需的时间 $t_{作业}$；②第二列车通过后方站进站距离 $l_{进}$ 的时间 $t_{进}$。这种类型的连发间隔时间可按公式(9-3)计算。

$$\tau_{连} = t_{作业} + t_{进} = t_{作业} + 0.06 \frac{L_{进}}{v_{进}}$$

$$= t_{作业} + 0.06 \frac{0.5 l_{列} + l_{确} + l_{制} + l_{进}}{v_{进}} \quad (\min) \tag{9-3}$$

式中：$t_{作业}$——后方站为后行列车准备接车进路、办理闭塞和开放进站信号等作业时间，min。

第二种类型为图 9-29c)、d) 两种形式。共同点是列车均在后方站停车，其不同点仅在于 c) 图是前方站值班员监督列车通过，d) 图是监督列车到达。

这种类型的连发间隔时间主要是指后方站为后行列车准备发车进路、办理闭塞和开放出站信号等作业时间。

通过对连发间隔时间组成因素的分析可以看出，第一种类型连发间隔时间的组成因素及车站办理作业的内容与不同时到达间隔时间基本相同；第二种类型连发间隔时间所包括的作业内容则与会车间隔时间基本相同。但必须注意，连发间隔时间是发生在前后两个车站上，而不同时到达和会车间隔时间是发生在同一个车站上。

4. 同方向列车不同时到发间隔时间（$\tau_{到发}$）和不同时发到间隔时间（$\tau_{发到}$）

自某方向列车到达车站时起，至由该站发出另一同方向列车时止的最小间隔时间，称为同方向列车不同时到发间隔时间。自列车由车站发出时起，至同方向列车到达车站时止的最小间隔时间，称为同方向列车不同时发到间隔时间。这两种间隔时间在运行图上的表现形式，如图 9-31 所示。

图 9-31 同方向列车不同时到发和不同时发到间隔时间图

凡禁止办理同时接发同方向列车的车站，都必须查定同方向列车不同时到发间隔时间和不同时发到间隔时间。在查定这两种间隔时间时，必须遵守以下两个条件：

(1) 办理同方向列车不同时到发时，必须在列车全部到达并停在警冲标内方以后，另一个同方向列车方可从该站出发。

(2) 办理同方向列车不同时发到时，必须在第一列车全部通过出发进路中的最后出站道岔以及车站办理有关作业之后，将要进站的另一同方向列车，应位于该站进站信号机外方 $l_{制} + l_{确}$ 的位置处。

根据上述条件，同方向列车不同时到发间隔时间为由车站值班员监督列车到达后，向同一方向发出另一列车所需办理必要作业的时间组成。而同方向列车不同时发到间隔时间，则由如下 3 部分组成，如图 9-32 所示：

①出发列车通过出站距离的时间 $t_{出}$；②车站为到达列车准备接车进路、开放信号等作业时间 $t_{作业}$；③到达列车通过进站距离的时间 $t_{进}$。

图 9-32 同方向列车不同时发到间隔时间组成图

因而,不同时发到间隔时间的计算公式为:

$$\tau_{发到} = t_{出} + t_{作业} + t_{进} \quad (\min) \tag{9-4}$$

由图 9-30 可见:

$$t_{出} = 0.06 \frac{l_{出} + 0.5 l_{列}}{v_{出}} \quad (\min)$$

$$t_{进} = 0.06 \frac{0.5 l_{列} + l_{确} + l_{制} + l_{进}}{v_{进}} \quad (\min)$$

所以,同方向列车不同时发到间隔时间计算公式也可以写为:

$$\tau_{发到} = t_{作业} + 0.06 \left(\frac{l_{出} + 0.5 l_{列}}{v_{进}} + \frac{0.5 l_{列} + l_{确} + l_{制} + l_{进}}{v_{进}} \right) \quad (\min) \tag{9-5}$$

式中:$l_{出}$——由车站中心线至出发进路最外方道岔的距离,m;

$v_{进}$——列车进站时,通过进站距离的平均速度,km/h;

$v_{出}$——列车由车站出发时,通过出站距离的平均速度,km/h。

六、追踪列车间隔时间

在自动闭塞区段,一个站间区间内同方向可有两列或两列以上列车,以闭塞分区间隔运行,称为追踪运行。追踪运行列车之间的最小间隔时间,称为追踪列车间隔时间 I,如图 9-33 所示。追踪列车间隔时间,决定于同方向列车间隔距离、列车运行速度及信联闭设备类型。

图 9-33 追踪列车间隔时间图

1. 三显示自动闭塞区段追踪列车间隔时间

在使用三显示自动闭塞的区段,追踪列车之间的间隔,通常情况下需相隔 3 个闭塞分区,如图 9-34 所示。这样,可以保证后行列车经常能看到绿灯显示,从而可以使列车保持高速运行。在这种情况下,追踪列车间隔时间 $I_{追}^{绿}$ 应按式(9-6)计算。

图 9-34 追踪列车向绿灯运行时的间隔距离图

$$I_{追}^{绿} = 0.06 \frac{l_{列} + l'_{分区} + l''_{分区} + l'''_{分区}}{v_{运}} \tag{9-6}$$

式中:$I_{追}^{绿}$——两列车在区间内向绿灯追踪运行时的追踪列车间隔时间,min;

$l_{列}$——列车长度,m;

$l'_{分区}$、$l''_{分区}$、$l'''_{分区}$——闭塞分区长度,m;

$v_{运}$——列车运行速度,km/h。

但是,当列车在长大上坡道上运行时,由于运行速度较低,追踪列车间隔时间也可以按照前后列车间隔两个闭塞分区的条件(图 9-35)来确定。这时,追踪列车间隔时间 $I_{追}^{黄}$ 应按式(9-7)计算。

图 9-35 追踪列车向黄灯运行时的间隔距离图

$$I_{追}^{黄} = 0.06 \frac{l_{列} + l'_{分区} + l''_{分区}}{v_{运}} + t_{确} \quad (\text{min}) \tag{9-7}$$

式中:$I_{追}^{黄}$——两列车在区间内向绿灯追踪运行时的追踪列车间隔时间,min;

$t_{确}$——司机确认信号转换显示的时间,min。

根据列车在区间内追踪运行的上述条件计算出追踪列车间隔时间后,还应分别按列车到站停车、从车站出发和两列车不停车通过车站的条件进行验算。

按到站停车条件确定追踪列车间隔时间时,应确保后行的追踪列车不因站内未准备好接车进路而降低进站速度。为此,车站准备好进路和开放好进站信号的时刻,应不迟于第二列车头部接近站外第二通过色灯信号机的时刻,如图 9-36 所示。这时,追踪列车间隔时间 $I_{到}$ 应按式(9-8)计算。

图 9-36 列车到站停车时追踪列车间隔图

$$I_{到} = t_{作业} + 0.06 \frac{l_{进} + l'_{分区} + l''_{分区} + 0.5 l_{列}}{v_{进}^{平均}} + t_{确} \quad (\text{min}) \tag{9-8}$$

式中:$t_{作业}$——车站准备进路和开放进站信号的时间,min;

$v_{进}^{平均}$——列车通过进站计算距离的平均速度,km/h。

按列车从车站出发条件确定追踪列车间隔时间时,应确保后行列车在出站信号机显示绿灯的条件下出发,如图 9-37 所示。只有在第一列车腾空两个闭塞分区后,出站信号机才能显示绿灯。因此,由车站发出追踪列车间隔时间 $I_{发}$ 应按式(9-9)计算。

图 9-37 列车从车站出发时追踪列车间隔图

$$I_{发} = t_{作业} + 0.06 \frac{l_{列} + l'_{分区} + l''_{分区}}{v_{出}^{平均}} \quad (\text{min}) \tag{9-9}$$

当准许列车凭出站信号机显示黄色灯光发车时,则追踪列车间隔时间 $I_{发}$ 应按式(9-10)计算。

$$I_{发} = t_{作业} + 0.06 \frac{l_{列} + l'_{分区}}{v_{出}^{平均}} \quad (\text{min}) \tag{9-10}$$

式中:$t_{作业}$——车站开放信号和司机确认信号的时间,min;

$v_{出}^{平均}$——列车通过出站计算距离的平均速度,km/h。

按前后两列车不停车通过车站条件确定追踪列车间隔时间时,必须在第一列车通过出站道岔,并为后行列车开放进站信号后,后行列车才能处在与第一列车相隔三个闭塞分区(包括车站闭塞分区)距离的位置,如图 9-38 所示。这时,追踪列车不停车通过车站的间隔时间 $I_{通}$ 应按式(9-11)计算。

图 9-38　列车不停车通过车站时追踪列车间隔图

$$I_{通} = t_{作业} + 0.06 \frac{l_{分区}^{站} + l'_{分区} + l''_{分区} + l_{列} + l_{岔}}{v_{通}^{平均}} \quad (\text{min}) \tag{9-11}$$

式中:$l_{分区}^{站}$——车站闭塞分区长度,m;

$v_{通}^{平均}$——一列车通过车站计算距离的平均速度,km/h;

$l_{岔}$——出站信号机至最外方道岔的距离,m;

$t_{作业}$——为第二列车开放进站信号的时间,min。

在开行组合列车或重载列车的区段,应根据组合列车与普通货物列车前后位置的不同,分别确定 $I_{追}$、$I_{到}$、$I_{发}$ 和 $I_{通}$。

因为旅客列车和货物列车的运行速度不同,所以在确定货物列车与旅客列车之间的追踪间隔时间时,应按到站条件计算,如图9-39a)所示。而确定旅客列车与货物列车的追踪间隔时间时,则应按从车站出发的条件计算,如图9-39b)所示。

图 9-39　旅客列车和货物列车追踪间隔时间图

对各区间求出普通货物列车之间的上述几种追踪间隔时间之后,取其中最大的数值作为计算平行运行图通过能力时的追踪间隔时间。

2. 四显示自动闭塞区间追踪列车间隔时间

如图9-40所示,在四显示自动闭塞区间,列车追踪运行至少应保证有5个闭塞分区的间隔。其中防护区用于保护区间,要求列车停车;提醒区用于提醒司机,列车将进入减速地段。据此,在四显示自动闭塞条件下,在区间内运行的追踪列车间隔时间 $I_{追}$ 应按式(9-12)计算。

闭塞分区性质	提醒区	第一制动区	第二制动区	第三制动区	防护区	占用区
信息种类	提醒注意	预告	预告	停车		

图 9-40 四显示追踪列车间隔图

$$I_{追} = 0.06 \frac{5l_{分区} + l_{列}}{v_{运}} \quad (\text{min}) \tag{9-12}$$

3. 移动自动闭塞追踪列车间隔时间

移动自动闭塞是在确保行车安全前提下,以使追踪列车间的间隔达到最小为目标,以车站控制装置和机车控制装置为中心的一个闭塞控制系统。在这一系统下,区间内运行的每一列车均与前方站的中心控制装置周期性地保持高可靠度的通信联系;车站中心控制装置接到列车信息后,根据列车牵引特性曲线及区间相关参数,解算出每一追踪列车的允许最大运行速度发送给列车,而对于接近进站的列车,则根据调度命令发出该列车进站及进入股道等信号。移动自动闭塞系统在我国已取得一定的研究成果。

采用移动自动闭塞系统可以有效地压缩追踪列车间隔时间,提高区间通过能力。在移动自动闭塞区间,追踪列车间隔时间如图 9-41 所示。

图 9-41 移动自动闭塞追踪列车间隔时间图

据此,在区间内运行的追踪列车间隔时间 $I_{追}$ 应按式(9-13)计算:

$$I_{追} = 0.06 \frac{l_{制} + l_{列} + l_{安}}{v_{运}} + t_{信} \quad (\text{min}) \tag{9-13}$$

式中:$l_{制}$——列车制动距离,m;

$l_{安}$——系统安全防护距离,m;

$t_{信}$——列车动态信息传输时间,min。

巩固提高

1. 何谓区间运行时分和起停附加时分?如何计算与查定区间运行时分?
2. 绘画列车在某区间运行形式。
3. 列车在中间站的停车时间根据哪些作业确定?
4. 何谓车站间隔时间?何谓 $\tau_{不}$、$\tau_{会}$、$\tau_{连}$?各由哪些部分组成?请绘图表示之。
5. 分析不同时到达间隔时间($\tau_{不}$)、会车间隔时间($\tau_{会}$)与连发间隔时间($\tau_{连}$)有何相同和不同之处?
6. 何谓追踪间隔时间?$I_{追}$、$I_{到}$、$I_{发}$、$I_{通}$如何计算?一个区间的 I 值如何确定?
7. 分析连发间隔时间($\tau_{连}$)与追踪间隔时间($I_{追}$)的异同点。
8. 机车在机务本段和折返段所在站的停留时间包括哪些时间因素?请绘图表示之。

任务三　列车运行图编制

任务描述

列车运行图的质量直接影响着通过能力,同时对保证行车安全、提高运输效率和效益、协调各部门工作及为社会服务有着非常大的作用。

本次任务需要作为列车调度员认识列车运行图编制的基本方法。掌握运行图的基本编制原则和方法,能够识别不同情况下运行图编制的特点,知晓列车运行图指标。

相关理论知识

一、编制原则与要求

1. 编制原则

列车运行图分为基本列车运行图(简称基本图)和分号列车运行图(简称分号图)。

基本图是指经过编制或调整,正在实施并持续到下次重新编制或调整为止的列车运行图。调整后的基本图又称为调整列车运行图(简称调整图)。

分号图是指为适应节假日临时运输和特别运输、应对突发事件或线路较大施工等需要,短时间实行,实行完毕又恢复到基本图的临时性列车运行图。

基本图的变更通过编制或调整来实现。编制需要重新确定各项技术作业标准、重新构架旅客列车运行框架、重新铺画全部客货列车运行线、在全路范围内同时实行。调整则是在各项技术作业标准和旅客列车运行框架不做大的变动的基础上,对基本图做局部变更。

中国国家铁路集团有限公司、铁路局集团有限公司根据铁路运输市场需求、铁路技术装备或运输组织方式的不断改进、列车牵引重量和运行速度的逐步提高,每经过一定的时期,就会重新编制一次列车运行图。全路基本图原则上每两年编制一次,宜在春季或秋季实行。

列车运行图编制实行两级管理,跨局列车由中国国家铁路集团有限公司组织铁路局集团有限公司编制,局管内列车由铁路局集团有限公司负责编制。

基本图的编制、调整和分号图的编制原则上以会议的方式进行。列车运行图编制、调整及确定的相关事项,以中国国家铁路集团有限公司或铁路局集团有限公司的正式文电公布实行。

2. 编制要求

在编制列车运行图时,应符合下列要求:

(1)保证列车运行的安全。列车运行图必须符合《铁路技术管理规程》的有关规定,严格遵守行车的作业程序和时间标准。

(2)迅速、便利地运输旅客和货物。列车运行图上铺画的旅客列车应最大限度地为旅客提供方便条件,客、货列车对数应考虑到运量的波动程度,保证完成和超额完成国家规定的运输任务。

(3)充分利用铁路通过能力,经济合理地运用机车车辆和安排施工时间。在铺画列车运行线时,应消除各种不必要的停留时间,提高列车的旅行速度;要合理规定列车重量标准和机车运用方法;对直通列车要注意良好的衔接,以提高机车车辆的运用效率。同时,要妥善安排各设备管理部门的施工计划,保证线路大修施工和日常运输两不误。

(4)列车运行图要与列车编组计划和车站技术作业过程相协调,使列车运行线与车流很好地结合起来。

(5)保证各站、各区段间工作上的协调和均衡。在运行图上铺画列车运行线时,应力求在一昼夜内各个阶段大体均衡,以充分利用车站到发线和咽喉的通过能力、车站改编能力以及区间通过能力。

(6)合理安排乘务人员的作息时间,保证不超过规定的一次连续工作时间标准。

二、编制资料

铁路局集团有限公司各业务处室负责提出、收集、整理、核定列车运行图编制资料,做到准确、完整、及时。由总工程师室汇总,经编图委员会审核、批准后上报中国国家铁路集团有限公司。中国国家铁路集团有限公司编图委员会各有关业务部门负责审核,汇总各铁路局集团有限公司上报资料。

1. 编制资料上报中国国家铁路集团有限公司的具体内容

铁路局集团有限公司上报中国国家铁路集团有限公司列车运行图编制资料如下:

(1)现行列车运行图执行情况的分析总结及改善意见。

(2)新列车运行图预计完成的主要指标及其分析比较,包括旅客列车旅行速度、货物列车平均旅行速度、货运机车日车公里等。

(3)各线路允许速度、车站过岔速度、线路慢行资料及封锁线路施工计划(包括工务和基建工程部门)。

(4)客流资料,跨局旅客列车开行建议方案,动车组运用交路计划,旅客列车停车站名和站停时分。

(5)货物班列开行建议方案、区间运行时分和站停时分。

(6)客货列车在中间站和技术站技术检查作业时间,调整列检布局方案。

(7)客货列车机型、机车运用方式、乘务制度,机车各项技术作业标准;客货列车牵引重量、区间运行时分、起停车附加时分、慢行附加时分标准。

(8)各区段货物列车编制对数、列车分类、列车换长。

(9)直通和直达货物列车在技术站的技术作业时间。

(10)快运货物列车停车站名和停站时分及开行方案。

2. 准备编制资料的具体分工

铁路局集团有限公司业务部门在列车运行图编制资料准备工作方面的分工如下:

(1)计划部门负责提出新图短平快建设项目、新线、新设备投产计划等。

(2)工务部门负责提出各线单双线、区间距离、车站中心里程、线路允许速度、车站过岔速度以及线路慢行资料、特殊施工天窗、既有线线路进行技术改造工程需在列车运行图上考虑的封锁线路施工计划等。

(3)电务部门负责提出闭塞方式、信号机坐标、信号联锁方式、追踪间隔时间标准等。

(4)基建、工程部门负责提出可以纳入新图的工程及相关技术资料等。

(5)机务部门负责提出各线各种列车的牵引机型(动力牵引方式)、担当区段、机车运用方式、乘务方式及一次乘务工作时间标准、牵引重量、各项技术作业标准、区间运行时分、起停车附加时分、牵引变电所供电范围和方式及单元供电臂范围,供电天窗时间、停电方式及供电能力等。

（6）车辆部门负责提出各种车辆构造速度,列检布局、作业方案,各种列车技术作业站及作业时间标准等。

（7）客运部门负责提出新运行图实行期间预期客流密度,旅客列车、货物班列开行方案,动车组运用交路安排,客运停车站名和技术作业时间标准等。

（8）货运部门负责提出新运行图实行期间快运货物列车、特需车和直达货物列车开行方案等。

（9）运输部门负责提出新运行图实行期间各线（包括分界口）的预期货运量、各确定货流密度、主要站分品类别发送量,车流径路,货物列车编组计划,货物列车行车量;区段管内工作方案,列尾配置类型及摘车地点,列车间隔,车站间隔时间及加强通过能力的措施和方案等。

（10）信息技术部门负责为业务部门资料准备工作提供信息技术支持等。

三、编制的技术标准

为通过列车运行图的编制质量,必须科学合理确定各项技术作业标准。主要技术作业标准全路统一,由中国国家铁路集团有限公司在每次重新编制基本图时确定,并在下发的新图编制纲要中公布。没有公布的技术作业标准或由于设备条件限制不能执行统一标准时,由铁路局集团有限公司组织查定并报中国国家铁路集团有限公司审批。查定时,必须进行充分的调查研究和必要的试验,在保证安全的基础上,贯彻创新、挖潜、提效的方针,保证标准先进合理。

经中国国家铁路集团有限公司审定的技术作业标准和相关资料需纳入《列车运行图技术资料》文本,作为编制和执行列车运行图的依据,各铁路局集团有限公司必须认真执行。确需修改时,需要报中国国家铁路集团有限公司批准的报中国国家铁路集团有限公司审批,履行相关手续。修改的技术资料由铁路局集团有限公司总工程师室汇总、公布并报中国国家铁路集团有限公司相关部门备案。铁路局集团有限公司总工程师室每年对《列车运行图技术资料》进行一次全面核对与规范,并以文件形式重新发布。

《列车运行图技术资料》文本包含内容和责任部门如下：

（1）说明,由总工程师室负责。

（2）列车车次编定表,由运输处负责。

（3）线路允许速度表,由工务处负责。

（4）车站正线、到发线有效长度表,由工务、运输处负责。

（5）列车间隔时间标准,由运输、机务、电务处负责。

（6）客运作业技术标准、动车组运用交路,由客运处负责。

（7）旅客列车牵引机型及牵引定数,由机务处负责。

（8）货物列车牵引机型及牵引重量、换长表,由机务、运输处负责。

（9）客货机车在自外段、站技术作业时分标准,由机务、运输处负责。

（10）列车区间运行时分,由机务、运输处负责。

（11）货物列车、货物班列车辆技术检查时间,由车辆处负责。

（12）分界口列车对数、牵引定数、换长表,由运输、机务处负责。

（13）列车对数表,由运输处负责。

（14）预留施工慢行附加时分表,由运输、工务、机务处负责。

（15）预留施工天窗时间表,由运输、工务、机务处负责。

（16）列尾作业站名、交路、作业时间标准,由运输处负责。

(17)限制机车重联运转区间表,由工务、机务处负责。
(18)限制机车回送专列连挂台数、桥梁表,由工务、机务处负责。
(19)使用补机区间表,由机务处负责。
(20)LKJ基础线路数据,由电务、机务、工务处负责。
(21)客运机车交路示意图,由机务处负责。
(22)货运机车交路示意图,由机务处负责。

四、编制程序及步骤

1. 编制程序

(1)中国国家铁路集团有限公司下发新图编制通知,提出本次编图的原则、任务、要求和日程安排。

(2)各铁路局集团有限公司根据中国国家铁路集团有限公司要求确定本局编图的任务和要求,提出新图工程和项目,组织列车牵引试验,查定技术作业标准。

(3)召开全路编图准备会议,审订编图技术资料,确定跨局列车开行方案、动车运用交路计划、机车交路等与编图有关的重大事项,下发新图编制纲要。

(4)编制跨局旅客列车运行方案。

(5)召开全路第一阶段编图会议,铺画旅客列车和特快货物班列运行线,编制机车周转图,预留施工天窗。

(6)各铁路局集团有限公司优化管内客车运行方案,预铺货物列车运行线。

(7)召开全路第二阶段编图会议,铺画货物列车运行线。选定"五定"班列、直达列车、重载列车运行线,编制完整机车周转图,完成基本列车运行图的编制工作。

(8)计算运行图各项指标,整理相关资料和文件。

2. 编制步骤

在列车运行图的编制阶段,通常分以下3步进行:

(1)编制列车运行方案图

编制列车运行方案图的目的是解决运行图的全面布局及列车运行线的衔接问题,尽量使列车运行线均衡排列。合理勾画机车交路,压缩机车运用台数。列车运行方案图,一般用小时格图纸进行编制,只标明列车在主要站(技术站、分界站及较大的客、货运站)的到、发时刻,如图9-42所示。

在编制客车运行方案时,应充分考虑旅客旅行的方便,客车与客车之间的衔接,旅客车底和客运机车的经济使用等;在编制直达列车运行方案时,应考虑列车在技术站的良好接续;在编制快运货物列车运行方案时,应考虑鲜活、易腐等快运货物的上站时间以及终到站的合理到达时间等。

(2)编制列车运行详图

所谓详图,即详细的列车运行图,它包括列车在所有经过车站的到达、出发或通过时刻。列车运行详图,应根据列车运行方案图进行编制。一般用二分格图进行编制,编完后再描绘在十分格运行图上。

(3)计算列车运行图指标

在检查、确认列车运行图完全满足要求后,还应计算运行图指标,包括列车旅行速度、技术速度及机车日车公里等。

图 9-42 列车运行方案图

五、编制旅客列车运行图

在编制列车运行图时,首先要编制旅客列车运行方案(简称客车方案);然后编制旅客列车运行详图(简称详图)。

1. 编制旅客列车运行方案

旅客列车运行方案按照先国际、后国内,先直通、后管内,先快车、后慢车的顺序进行编制。编制客车方案主要应解决以下一些问题:

(1) 方便旅客旅行

在安排旅客列车运行线时,必须把方便旅客旅行作为一项基本要求:

①应规定适宜的旅客列车始发、终到和通过各主要站的时刻。对于运程适宜的大城市间开行的旅客列车,应尽可能按"夕发朝至"的要求安排列车始发和终到时刻。直通列车宜在下午或晚间开,但不宜过晚(迟于0:00);宜在白天到,但不宜过早(早于6:00)。为了提高客运站的通过能力,保证客运站工作的均衡,在城市交通的配合下,直通列车也可以规定不早于7:00开,不晚于0:00到。根据上述要求,可以对直通列车规定出合理的发车时刻范围。以全程列车运行时间为 10+24d (h) 为例(d 为列车在途中过夜天数),直通列车合理发车时刻范围如图9-43所示。

图9-43 直通列车的合理发车时刻范围图

直通列车通过沿途各大站的时刻也应力求方便旅客,若不能完全满足此项要求时,则只能权衡轻重,尽可能予以照顾。

管内旅客列车以运送短途旅客为主,一般运行距离较短,故以白天运行为宜。在管内列车较多的区段不可能都在白天运行时,个别列车亦可在夜间运行,但始发时刻不宜过晚,到达时刻不宜过早。

②使各方向各种列车的运行时刻相互衔接,缩短旅客中转换乘的等待时间。在几个方向会合的枢纽站,旅客由一方向转往另一方向时,或通过车辆换挂,或通过中转换乘,均要求各方向列车运行时刻适当衔接,以减少换挂车辆的停留时间或中转旅客的候车时间。同时

满足各方向旅客的要求确有困难时,应照顾中转直通客流较大的方向。例如图9-44表示由 E 到 D 及由 C 到 A 开行直通旅客列车中 E 至 A 的中转客流较多,C 至 D 的中转客流较少,因此 C—A、E—D 直通列车经过 B 站的时刻应照顾 B—A 方向中转旅客的方便。

图9-44 直通列车在枢纽站相互衔接图

管内旅客列车与直通旅客列车在运行时刻上也应求其衔接配合,以便中、小站的出发旅客由管内列车换乘直通列车,到达中、小站的旅客由直通列车换乘管内列车。如管内列车数较多,则最好在直通列车前后各开一次管内列车,以利于中、小站的旅客换乘。其铺画方式,如图9-45所示。

图9-45 管内列车与直通列车运行时刻的配合

当管内旅客列车数较少而某一方向(例如上行方向)直通列车换乘管内列车的客流占优势时,也可只在直通列车的后面开行一次管内列车,为优势方向客流服务,如图9-46所示。

图9-46 管内列车与直通列车运行时刻的配合

铁路旅客列车在时刻上与其他交通工具相配合,对于方便旅客具有重要意义,在编制列车运行方案时也应注意这个问题。

(2)经济合理地使用机车车辆

直通与管内旅客列车的到发时刻,除应力求便利旅客外,还应照顾旅客车列(又称车底)和客运机车的经济使用。

由图9-47、图9-48可以看出,若将去程列车的到发时刻与回程列车到发时刻结合起来考虑,并适当改变列车到发时刻,就有可能减少需要的车底数。旅客列车运行方案图上运行线的铺画方式,对客运机车的运用也有很大影响,如图9-49所示,通过适当调整列车的到发时刻,即可使机车由四台减少到三台。因此,在编制客车方案图时,在考虑给旅客方便及减少车列需要数的同时,必须注意加速机车周转。

图9-47 直通列车车列周转与到发时刻关系图

图9-48 管内列车车列周转与到发时刻关系图

图9-49 旅客列车运行方案与机车周转关系图

由于在编制方案图时,直通列车先于管内列车铺画,所以列车运行与机车周转的相互配合问题,主要是在编制管内旅客列车运行方案时才加以全面考虑的。

(3)保证旅客列车运行与客运站技术作业过程的协调

由于旅客列车到发时刻的特殊要求,大客运站在一昼夜的某一段时间内,往往出现列车密集到达或出发的情况。在编制列车运行方案时,列车密集到发的间隔时间应与车站技术作业过程相协调,否则将不能保证车站正常接发列车。

大型客运站一般按方向设置候车室,因此同方向旅客列车的始发间隔时间,应考虑到旅客站舍的负担,以免造成站内候车室的拥塞。旅客列车的终到间隔,应考虑出站通道的负担,以避免造成通道内旅客的拥挤。

(4)为货物列车运行创造较好条件

在客车方案图上尽可能均衡地铺画旅客列车运行线,不仅有利于车站客运设备的有效利用,有利于保证旅客列车的良好运行秩序,而且也有利于货物列车均衡地运行,有利于加速机车车辆的周转。

在实际工作中,同时实现上述各项要求往往是困难的,在编制客车方案时,应根据具体情况,权衡利弊,合理安排。

在铺画各种旅客列车运行方案时,应注意区段内会车或越行地点的设备条件,考虑列车会让所需附加时分。附加时分随单线、双线及信、联、闭的设备条件不同而不同。一般来说,会车附加10~12min,等待越行附加30~35min,如图9-50所示。

2.编制旅客列车运行详图

根据旅客列车运行方案及列车运行图组成要素的时间标准,按照各种列车的铺画顺序,在二分格运行图上铺画各种列车运行线,即为铺画详图。在编制旅客列车运行详图时,除国际联运的旅客列车在国境站的接续时间不得变更外,其他列车的运行时刻均可作小量调整,以便创造更好的会让条件,与货物列车运行取得较好的配合。

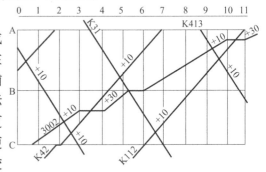

图9-50 旅客列车会让额外增加时间图

六、编制货物列车运行图

为保证邻接区段、各相邻铁路局集团有限公司间列车运行紧密衔接,以及列车运行图与列车编组计划、车站技术作业过程、机车周转的相互协调,在旅客列车运行图编制以后,货物列车运行图的铺画一般也分两步进行,即先编方案图,再根据方案图编制详图。但在运量大、区间通过能力比较紧张的单线区段,由于在编制方案图时很难对限制区间给予准确的安排,所以一般不编方案图,而直接在二分格运行图上编制详图。

1.编制货物列车运行方案图

(1)编制方法

①货物列车旅行时间的计算。在双线区段,直达、直通、区段列车的旅行时间为区间运行时间(包括起停车附加时分)、列车在中间站技术作业停站时间之和;若列车在区间被越行时,还应增加待避时间。摘挂列车应另加各中间站的停车时间。在单线区段,除摘挂列车外,应考虑会车次数和停车时间,行车量越大,会车次数越多,列车旅行时间增加也就越多。

②运行线的排列应尽量均衡。可按列车数量和一昼夜可利用的时间,计算列车间隔时间。以一直达列车运行线为准,逐一确定列车在技术站的发车时刻。遇有旅客列车运行线时,列车间隔时间可以适当调整,但尽量不在旅客快车之前较短时间内安排货物列车运行线,以减少列车待避次数,提高旅行速度。

③区段行车量较少时,可从机车折返站按机车折返时间,成对安排货物列车运行线;通过能力较紧张时,可以从限制区间开始铺画,以限制区间的最优列车放行方案为基础,向两边展铺,其中有些列车则需"倒铺"。

④所有列车运行线安排完毕后,应勾画机车交路。勾画机车交路一般按顺序办理,即先到站的机车应先折返。如遇个别折返时间不够标准时间时,应对部分列车的到发时刻进行适当调整,机车固定使用时,应单独勾画。

(2)编制注意事项

在编制货物列车运行方案图时,应注意解决如下几个方面的问题:

①列车运行图与列车编组计划的配合。

为了使列车运行图与列车编组计划相配合,编制运行图时必须做到:

a.按照列车编组计划所规定的货物列车种类、发到站和列车数(并考虑适当波动)铺画各种货物列车的运行线。

b.对有稳定车流保证的定期运行的列车,应在运行图上固定运行线,从始发站到终到站使用统一车次,优先安排,经过技术站时要有良好的接续。

c.对非定期运行的技术直达、直通列车在技术站间可使用直通车次,在技术站也应有适当接续的运行线。

d.与车流产生规律相结合。如按厂矿企业的生产和装车情况,安排装车地直达列车的配空出重运行线;按车流集结情况,安排自编出发列车运行线等,使运行线与车流最大限度地结合起来。

②列车运行图与车站技术作业过程相配合。

列车运行不均衡是导致货车在车站产生各种等待停留和浪费车站通过能力、改编能力的主要原因,因此,在编制运行图时应力求均衡到发,并使各方向改编列车和中转列车交错到开,为车站创造均衡且良好的作业条件,如图9-51所示。

由于旅客列车运行及其他原因,往往会造成货物列车运行线在运行图上不能均衡排列,而在一段时间内产生列车密集到发的现象。在这种情况下,应注意符合下列要求:

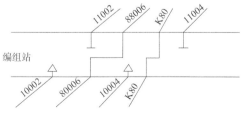

图9-51 列车运行线紧密衔接示意图

a.列车在技术站到达和出发的间隔时间,应考虑车站的到发线数目及列车占用到发线的时间,以保证车站能不间断地接发列车。

b. 使直达、直通列车在技术站的停留时间与技术作业过程和作业时间标准相适应。

c. 到达技术站解体的列车,其到达间隔应与驼峰或牵出线解体调车作业进度相适应。

如图 9-52 表示解体列车到达间隔时间与车站技术作业过程相协调,不产生待解时间;而图 9-53 表示解体列车到达间隔时间与车站技术作业过程不相协调,产生了待解时间。

图 9-52 列车到达间隔与解体作业相协调示意图

图 9-53 列车到达间隔与解体作业不相协调示意图

d. 由技术站编组出发的列车,其间隔应与牵出线编组调车作业进度相适应,以减少待发停留时间。

e. 在编制列车运行图时,对于组织始发直达列车的车站,应使空车列车到达和重车列车出发之间的间隔与该站各项作业时间相协调,如图 9-54 所示。否则,就会延长货车停留时间或不能保证重车列车按规定时刻出发。

图 9-54 列车运行图与货运站技术作业过程相协调示意图

③列车运行图与机车周转图相配合。

列车运行图与机车周转图的配合最好做到机车不等列车,列车也不等机车。节省机车对降低运输成本关系重大,为了加速机车周转,保证机车在自、外段停留时间符合规定的标准,不断改进机车运用指标,在编制列车运行图时应注意符合下列要求:

a. 按照机车乘务制度,避免乘务员超劳现象。

b. 根据机车运用方式、规定的行车量和机车在自、外段停留时间标准,顺序地安排列车运行线。

c. 为了避免或减少机车等候列车的额外停留时间,应使相对方向的列车配合到达更换机车的技术站。其到达的间隔时间应等于机车技术作业标准和列车技术作业标准的差额(图9-55),即:

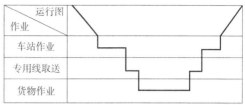

图9-55 相对方向列车配合到达更换机车的技术站图

$$I_{到} = t_{机} - t_{作业} \tag{9-14}$$

式中:$I_{到}$——相对方向列车配合到达的间隔时间,min;

$t_{机}$——机车技术作业标准;

$t_{作业}$——列车技术作业标准。

2. 编制货物列车运行详图

根据货物列车运行方案图,可在二分格运行图上具体铺画各区段的货物列车运行线。由于方案图只标明了区段两端技术站的到发时刻,无中间站的到发时刻,在编制详图时,因列车会让等原因,原定时刻可适当变更,但应尽可能不变更分界站的到开时刻。

在单线区段,如通过能力有较大后备时,可优先铺画定期运行的快运货物列车、快运货物班列和直达列车。在中间站交会时,应尽量使其他货物列车等会这些列车;在经过技术站时,应保证其紧密接续,以加速这些列车运行。

对于摘挂列车,应先按区段管内货物列车铺画方案在运行图上铺画轮廓运行线,然后结合其他货物列车一起铺画。在具体铺画时,摘挂列车等管内工作列车运行线与其他货物列车运行线同时进行。这样,既有利于提高货物列车平均旅速,又有利于适应区段管内工作的需要。

在铺画详图时,要注意以下问题:

① 保证行车安全和旅客乘降安全。

a. 遵守不准同时接发列车的有关规定;

b. 保证车站间隔时间及列车追踪间隔时间符合各站所规定的标准;

c. 避免列车在禁止停车或停车后起动困难的车站上停车;

d. 列车在车站会让和越行时,停在车站上的列车数应与该站的到发线数相适应;

e. 尽量避免旅客列车在中间站停车时该站有其他列车通过;

f. 遵守机车乘务组工作、休息的时间标准。

② 有效地利用区间通过能力。

在单线区段,如果通过能力有较大富余时(利用率在70%以下),为保证机车的良好运用,货物列车运行线可以从机车折返站开始成对地铺画。这时应尽可能使列车到达折返站与由该机车牵引相反方向列车出发的间隔时间,等于机车在折返段所在站的作业时间标准,如图9-56所示。

当在运行图上铺画的列车对数达到区间通过能力利用率的80%以上时,为了有效地使用区间通过能力,该区段应从限制区间开始铺画货物列车运行线。即在运行图上铺画完旅客列车运行线之后,从限制区间开始铺画规定数量的货物列车运行线,并采取最有利的会车方式,然后再从限制区间分别向其他区间顺序铺画,如图9-57所示。

图 9-56 从机车折返站开始铺画货物列车运行线

图 9-57 从限制区间开始铺画货物列车运行线

③提高货物列车旅行速度。

影响旅行速度的主要因素是会让和越行次数及其停站的时间,因此,在铺画运行图时,必须尽量减少列车的会让和越行次数及其停站时间。

a. 铺画在旅客列车之前的货物列车,尽可能使之通过各中间站,以避免在单线区段内被旅客列车越行,如图 9-58 所示,a)为不合理的铺画方法,b)为合理的铺画方法。

图 9-58 在旅客列车之前铺画货物列车的方法示意图

b. 在旅客列车之后铺画货物列车时,尽量使客货列车之间能够铺画交会的对向货物列车,以减少会车停站时间。如图 9-59 所示,a)为不合理的铺画方法,b)为合理的铺画方法。

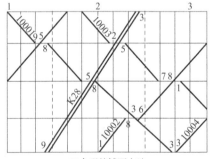

图 9-59 在旅客列车之后铺画货物列车的方法示意图

c. 当在区段内不能避免越行时,尽可能将越行地点规定在有技术作业的车站上,或者规定在两相邻区间运行时分最小的车站上。

如图 9-60 所示,若 b 站为上行列车技术作业停车站,则列车在等待越行的同时可以进行技术作业,从而减少甚至取消了由于越行而产生的额外停留时间;又若 b 站两相邻区间的运行时分最小,则可使列车在 b 站的待避停留时间为最短。

d. 在单双线区段,可从最困难的单线区间开始铺画列车运行线,并尽可能使列车的交会在双线区间内进行。这样既可减少停车次数,又可减少停车时间。

在运量很大的区段上,为确保列车运行图与车站作业相协调,在铺画运行图之后,应对区段站、编组站、主要客运站和货运站的咽喉道岔和到

图 9-60 列车待避停留时间示意图

发线的占用情况进行图解检查。当某些车站的接发车条件不能满足运行图的要求时,需要适当修改运行图,或采取必要的技术组织措施,例如重新调整到发线的使用,以保证运行图的顺利实行。

七、编制分号列车运行图

1. 编制分号图的情况

(1) 春运、暑期运输和其他节假日运输。

(2) 线路施工。

(3) 货运量波动较大。

(4) 大批货物临时运输以及特种运输。

(5) 处置重大突发事件。

为春运、暑期运输和线路施工编制的分号图又分别称为春运图、暑期图和施工图;根据其他运输需要编制的分号图名称,可在分号图前冠以该分号图的主题,例如"五一"分号图、"十一"分号图等。

2. 编制方法

编制分号图时,原则上不变动基本图上旅客列车运行线。

分号图的编制可以分为"编制"和"选线"两种。"编制"是在基本图之外,另行编制的运行图;"选线"是在基本运行图上用抽减某些运行线的方法形成的运行图。

(1)"编制"分号图,需要重新安排运行线、机车交路。如在春运和暑运前,根据客流调查,确定客运临客开行方案后,在图定旅客列车基本不变的基础上,先铺画临时旅客列车和重点货物列车,再铺画其他货物列车运行线。

(2)"选线"编制分号图,只减少客货列车对数,不变更列车车次和时间,编制简单,便于执行。其缺点是列车运行不够均衡、机车运用不经济。它仅适用于施工、重大突发事件的情况。

八、编制高速铁路列车运行图

1. 编制注意事项

(1) 合理停站,以提高旅行速度。

高速列车应尽可能减少停站次数,并规定较短的停站时间。一般可采取交错停站的方式。

(2) 适当连发,以降低扣除系数。

高速铁路线路运行不同速度的列车时,高速列车以相同的间隔发车产生了"高速口"非平行运行图的问题。将相同速度的列车组成适当列数和类别的连发,是解决"高速口"、降低扣除系数、提高通过能力的有效措施。但连发不宜过多。

(3)密度适中,以提高高速铁路效益。

高速列车之间的时间间隔太长,会使高速客流转移或消失,而间隔太短将导致运输成本的增加。因此,高速列车的行车密度应根据客流量、运营效益等因素综合考虑。

(4)时刻适宜,以便利旅客旅行。

跨线中速旅客列车仍按现行铺画原则编制开行方案,即始发和终到不宜安排在 0:00 ~ 6:00 之间。高速列车由于运行时间短,应尽量安排在白天运行。考虑到短途高速列车上的通勤客流较多,应在 6:00~9:00 及 17:00~20:00 的两个高峰时间段内,尽量安排多车次、短间隔的高速列车;高、中速列车在联轨站的到发时刻应有较好的衔接与配合,以便于旅客在出入口换乘。

此外,应经济合理地使用高速客车车底,加速其周转,减少其使用数量;同时兼顾均衡铺画的原则,充分利用线路和车站的通过能力,减少高、中速列车间的越行与避让;使高速列车的运行与高速客运站的技术作业过程相协调;处理好列车密度、列车种类、到发时刻、车底运行、机车交路、施工封锁等几方面的关系。

2. 编制方法

高速铁路列车运行图的铺画方式、列车的开行位置,对通过能力有影响作用。

图 9-61 同类列车成组铺画对通过能力的影响

(1)同类列车成组铺画

成组铺画的追踪列车越多,每一列车占用运行图的时间越少,中速列车的影响越小,可铺画的列车数越多,如图 9-61 所示。

(2)高速列车交替停站铺画

高速列车采取交替停站的方式,停站顺序可由远及近,即前行列车停远方站,后行列车停后方站,以此由远及近,如图 9-62 所示。

(3)减少越行与待避的次数

高速列车不越行过多中速列车,可以减少运行图的空费时间;中速列车待避次数不宜过多,否则将严重影响中速列车的旅速,如图 9-63 所示。

图 9-62 停站方式对通过能力的影响

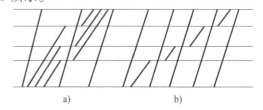

图 9-63 越行与待避过多的铺画方式

九、列车运行图指标

(一)列车运行图编制质量的检查

列车运行图全部编制完成后,必须对运行图的编制质量进行全面的检查。检查的主要内容有:

(1)运行图上铺画的客货列车数是否符合所规定的任务。

(2)运行线的铺画是否符合规定的各项时间标准,列车的会让是否合理,在中间站停车会让的列车数是否超过该站现有的到发线数。

(3)摘挂列车的铺画是否满足区段管内列车铺画方案的要求。

(4)机车乘务组连续工作时间和机车在自、外段所在站的停留时间是否符合规定的时间标准。

(5)在运行图上预留的施工"天窗"是否满足施工需要。

(6)局间分界站列车衔接是否合适,一昼夜内各阶段列车到、发密度是否大体均衡。

(二)列车运行图指标

通过检查、确认运行图满足规定的要求后,还要计算运行图的指标。运行图指标包括数量指标和质量指标,由各铁路局集团有限公司计算,然后由中国国家铁路集团有限公司汇总。

1. 数量指标

(1)国境站和局间分界站相互交接的列车数。

(2)按列车性质分类的旅客列车及货物列车数。

(3)旅客列车及货物列车走行公里。

(4)由各始发站发出的各种旅客列车数和各种货物列车数。

2. 质量指标

(1)旅客列车或货物列车的平均技术速度 $v_技$,计算公式为:

$$v_技 = \frac{\sum nl}{\sum nt_运} \quad (km/h) \tag{9-15}$$

式中:$\sum nl$——各区段旅客列车或货物列车走行公里的总和,列车·km;

$\sum nt_运$——各区段旅客列车或货物列车运行时间总和,包括运行时分和起停车附加时分,列车·h。

(2)旅客列车平均直通速度 $v_直^客$,计算公式为:

$$v_直^客 = \frac{\sum nl_客}{\sum nt_{全旅}} \quad (km/h) \tag{9-16}$$

式中:$\sum nl_客$——旅客列车走行公里的总和,列车·km;

$\sum nt_{全旅}$——旅客列车全程旅行时间的总和,包括运行时分、起停车附加时分和停站时间,列车·h。

(3)货物列车平均旅行速度 $v_旅$ 和速度系数 β,计算公式为:

$$v_旅 = \frac{\sum nl_货}{\sum nt_旅} \quad (km/h) \tag{9-17}$$

$$\beta = \frac{v_旅}{v_技} \tag{9-18}$$

式中:$\sum nl_货$——各区段货物列车走行公里的总和,列车·km;

$\sum nt_旅$——各区段货物列车旅行时间的总和,包括运行时间和中间站的停站时间,列车·h。

(4)机车全周转时间($\theta_机$),它是反映机车在一个牵引区段内周转一次平均消耗的时间。

(5)货运机车需要台数($M_需$),指为完成规定的牵引任务所需要的货运机车台数。

(6)机车日车公里($S_机$),指每台货运机车(不包括补机)在一昼夜内走行的公里数。

为了进一步评价新列车运行图的编制质量,除计算新运行图的各项指标外,并应与现行运行图进行比较,分析各项指标提高或降低的主要原因。

十、审核与实施

(1)运行图编制完成后,各铁路局集团有限公司计算运行图的各项指标,整理、审核列车运行图及相关资料、文件,做好编图工作总结。

(2)各铁路局集团有限公司上报中国国家铁路集团有限公司,经中国国家铁路集团有限公司批准后,由中国国家铁路集团有限公司规定全路统一实行新运行图的日期。

(3)为了保证新运行图能够正确和顺利地实行,中国国家铁路集团有限公司于实行前45天下达实行新图文件,铁路局集团有限公司于实行前30天下达实行新图文件及相关资料,组织有关人员认真学习新图,制定保证实现新图的措施,做好实行新图的各项准备工作。

(4)实施新图,做好列车运行图新旧时刻交替、新图值班、总结等工作。

(5)列车运行图在规定的有效期间内,必须严格贯彻执行,保持列车运行图的严肃性和相对稳定。需要调整时,须有铁路局集团有限公司以书面形式上报中国国家铁路集团有限公司并得到正式书面批复。中国国家铁路集团有限公司根据相关铁路局集团有限公司提报的调整图范围和内容,协调、确定调整图的实行日期,尽量减少调整图次数。

 巩固提高

1. 简述列车运行图的编制步骤。
2. 编制旅客列车运行方案图主要解决那些问题?如何解决?
3. 编制货物列车运行方案图主要应解决哪些问题?如何解决?
4. 铺画列车运行图时,如何考虑与列车编组计划、车站技术作业过程、机车运用的协调配合?
5. 为提高货物列车旅行速度和保证行车安全,在铺画运行图时,应考虑哪些问题?
6. 何谓分号运行图?铺画方法有哪些?
7. 高速铁路列车运行图的铺画方法有哪些?
8. 列车运行图的指标有哪些?

任务四 区间通过能力计算

 任务描述

通过能力限制了列车开行的数量,应尽可能地提高通过能力。

本任务通过学习铁路通过能力的概念,影响铁路区段通过能力的因素,掌握平行运行图通过能力的计算原理,了解扣除系数,会计算非平行运行图通过能力,理解困难区间与限制区间的区别,正确选择最优单线成对非追踪平行运行图的铺画方案,了解高速铁路通过能力的特点与计算,理解提高通过能力的措施。

 相关理论知识

一、运输能力

为适应国民经济发展,满足人民对铁路运输的需求,实现运输生产过程,铁路必须具备一定的运输能力。运输能力是通过能力和输送能力的总称。运输能力既取决于固定设备的数量和相互配置结构,又取决于活动设备的时空配置,还取决于固定设备和活动设备的相互适配。

输送能力是指在一定的固定设备、机车车辆类型以及一定的行车组织方法的条件下,按照机车车辆等活动设备和人员配备的数量,在单位时间内(通常指一年)所能运送的最多的货物吨数或旅客人数,一般按线路或方向确定。

通过能力是指在一定类型的机车车辆和一定的行车组织方法的条件下,铁路区段的各种固定设备,在单位时间内(通常指一昼夜)所能通过的最多列车数或列车对数。通过能力在一定程度上取决于广大铁路职工的协同动作和固定设备、机车车辆的合理运用。因此,通过能力并不是一成不变的,随着技术设备和行车组织方法的改善而提高。计算铁路通过能力的目的,就在于合理安排运输生产,保证铁路运输适应国民经济的不断发展和人民生活水平不断提高的需要。一般按铁路区段或方向确定。

铁路区段通过能力是指铁路区段内各种固定设备中,通过能力最薄弱的设备的能力,也称为区段最终通过能力或限制通过能力。

区段通过能力的大小按照下列固定设备进行计算:

(1)区间。其通过能力主要决定于区间正线数、区间长度、线路平面、铁路纵断面、机车车辆、信号、联锁、闭塞设备的种类。

(2)车站。其通过能力主要决定于车站到发线、咽喉道岔的布置,驼峰和牵出线数,信号、联锁、闭塞设备的种类。

(3)机务段设备和整备设备。其能力主要决定于机车的检查修理设备、机车整备及燃料储存设备、机车乘务制度、机车修程及段内整备线的数量。

(4)给水设备。其通过能力主要决定于水源、扬水管道及动力机械设备。

(5)电气化铁路的供电设备。其能力主要决定于牵引变电所的容量及接触网设备。

根据以上固定设备计算出来的通过能力可能是各不相同,其中能力最薄弱的设备限制了整个区段的能力,该能力即为该区段的最终通过能力。

二、平行运行图通过能力

1. 基本原理

(1)运行图周期

在平行运行图上,同一区间内同方向列车的运行速度都是相同的,并且上下行方向列车在同一车站上都采取相同的交会方式。从这种平行运行图上可以看出,每一区间的列车运行线总是以同样的铺画方式一组一组地反复排列着。一组列车占用区间的时间,称为运行图周期$T_周$。

几种常见的不同类型列车运行图的周期,如图9-64所示。不同类型运行图的周期不同,所包含的上下行列车数也可能不同。

图9-64 不同类型运行图周期示意图

运行图周期由列车(一个或几个列车)区间纯运行时分$\sum t_运$、起停车附加时分$\sum t_{起停}$,以及车站间隔时间$\sum \tau_站$之和所组成,如式(9-19):

$$T_周 = \sum t_运 + \sum t_{起停} + \sum \tau_站 \tag{9-19}$$

由于列车在各区间的运行时分不同,各车站的间隔时间也可能不同,所以每一区间的$T_周$常常是不等的。列车区间运行时分对运行图周期的大小起主要作用。在运行图周期里,$\sum t_运$最大的区间称为困难区间,有可能运行图周期最大。

(2)计算公式

对于一定类型的平行运行图区间通过能力可应用直接计算法。首先,确定一昼夜可用于列车运行的有效时间,在这一时间内可以铺画多少个运行图周期;然后,再乘以该类型运行图周期内所包含的列车对数或列数。若区间通过能力用n表示,可按式(9-20)计算:

$$n = \frac{(1440 - t_固)f_{有效}}{T_周} K_周 \quad (对或列) \tag{9-20}$$

式中:$t_固$——为进行线路维修、技术改造施工、电力牵引区段接触网维修等作业,以及必要的列车慢行和其他附加时分,须预留的固定占用区间的时间,min;

$K_周$——一个运行图周期内所包含的列车对数或列数,对或列;

$f_{有效}$——扣除设备故障和列车运行偏离、调度调整等因素所产生的技术损失后,区间时间可供有效利用的系数,一般可取0.91~0.88。

由上述计算公式可以看出,通过能力大小与运行图周期成反比,$T_周$越大,通过能力越小。在整个区段内,$T_周$最大的区间也就是通过能力最小的区间,称为该区段的限制区间。限制区间的通过能力即为该区段的区间通过能力。

大多数情况下,困难区间往往就是限制区间。但也有的区间$\sum t_运$虽不是最大,而$\sum t_{起停}$或$\sum \tau_站$的数值较大,或因技术作业的影响造成$t_固$最大,而最终成为限制区间的情况。

2. 单线成对非追踪平行运行图

在单线区段,通常采用成对非追踪平行运行图,如图9-65所示。其运行图周期可用式(9-21)表示:

图9-65 单线成对非追踪平行运行图周期组成

$$T_周 = t' + t'' + \tau_站^a + \tau_站^b + \sum t_{起停} \quad (\text{min}) \tag{9-21}$$

式中:t'、t''——上下行列车的区间运行时分,min;

$\tau_站^a$、$\tau_站^b$——计算区间两相邻车站a、b的车站间隔时间,min;

$\sum t_{起停}$——列车起停车附加时分,min。

由于一个周期内包含的列车数$K_周 = 1$对,只要将$K_周 = 1$带入式(9-20)中,即可得到相应的区间通过能力。

为使区段通过能力达到最大,应使限制区间的$T_周$值尽量缩小。在采用一定类型的坚持和列车重量标准的条件下,区间运行时分$\sum t_运$是固定不变的。若要缩小$T_周$,则需合理安排限制区间列车运行线的铺画方案,设法缩小$\sum t_{起停} + \sum \tau_站$的数值。

运行图上列车运行线的可能铺画方案有4种,如图9-66所示。

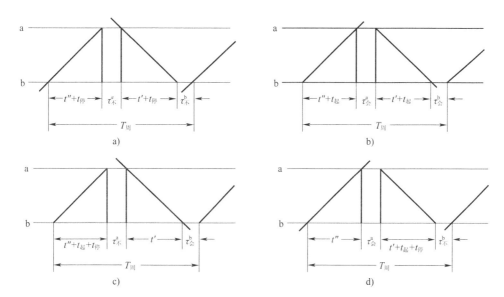

图 9-66 列车运行线的铺画方案

(1) 上下行列车不停车通过车站进入区间,如图 9-60a) 所示,运行图周期为:
$$T_周 = t' + t'' + \tau_不^a + \tau_不^b + 2t_停 \quad (\min)$$

(2) 上下行列车不停车通过车站开出区间,如图 9-60b) 所示,运行图周期为:
$$T_周 = t' + t'' + \tau_会^a + \tau_会^b + 2t_起 \quad (\min)$$

(3) 下行列车不停车通过区间两端车站,如图 9-60c) 所示,运行图周期为:
$$T_周 = t' + t'' + \tau_不^a + \tau_会^b + t_起 + t_停 \quad (\min)$$

(4) 上行列车不停车通过区间两端车站,如图 9-60d) 所示,运行图周期为:
$$T_周 = t' + t'' + \tau_会^a + \tau_不^b + t_起 + t_停 \quad (\min)$$

为使通过能力最大,在限制区间应选择 $T_周$ 最小的方案为最优方案。一般情况下,a) 方案的周期最大,b) 方案的周期最小,c)、d) 方案的周期介于二者之间。但在选择限制区间列车运行线的铺画方案时,还应考虑区间两端站的具体条件。如在图 9-66 中,a 站下行出站方向有较大上坡道时,采用下行列车在 a 站停车后进入区间,有可能造成下行列车出发起动困难,这时应选择下行列车通过 a 站而 $T_周$ 又小的方案。

3. 双线追踪平行运行图

在装有自动闭塞的双线区段通常采用追踪运行图,如图 9-67 所示。双线追踪运行图的 $T_周$ 等于追踪列车间隔时间 I,则其区间通过能力可用式 (9-22) 表示:

$$n_追 = (1440 - t_固)/I \quad (列) \tag{9-22}$$

当上下行方向 $I = 10\min$,且 $t_固 = 0$ 时,双线追踪平行运行图可达到 144 对。当 $I = 8\min$ 时,可达到 180 对。因此在双线区段上装设自动闭塞的区段且采用追踪运行图,通过能力的增加特别显著。

图 9-67 双线追踪运行图周期

三、非平行运行图通过能力

非平行运行图的区间通过能力,是指在旅客列车数量及其铺画位置既定的条件下,该区段在一昼夜内能够通过的货物列车和旅客列车对数(或列数)。

计算非平行运行图通过能力的方法有以下两种：

1. 图解法

在运行图上首先铺画旅客列车，然后再在其旅客列车运行线间隔时间内铺画货物列车。在列车运行图上所能最大限度地铺画的客货列车总数，就是非平行运行图的区间通过能力。图解法比较准确，但较烦琐，只在特殊需要时采用。

2. 分析计算法

在平行运行图的基础上，根据旅客列车、摘挂列车的扣除系数，可以近似地计算非平行运行图区间通过能力 $n_{非}$，可用式(9-23)表示：

$$n_{非} = n - [\varepsilon_{客} n_{客} + (\varepsilon_{快货} - 1) n_{快货} + (\varepsilon_{摘挂} - 1) n_{摘挂}] \quad （对或列） \quad (9-23)$$

$$n_{非} = n_{货}^{非} + n_{客}$$

式中： n、$n_{非}$——平行运行图、非平行运行图通过能力（包括快运货物列车、摘挂列车），对或列；

$n_{货}^{非}$——非平行运行图上包括快运货物列车、摘挂列车在内的货物列车通过能力；

$n_{客}$、$n_{快货}$、$n_{摘挂}$——旅客列车、快运货物列车、摘挂列车数，对或列；

$\varepsilon_{客}$、$\varepsilon_{快货}$、$\varepsilon_{摘挂}$——旅客列车、快运货物列车、摘挂列车扣除系数。

扣除系数是指因铺画一对或一列旅客列车、快运货物列车、摘挂列车，需从平行运行图上扣除的货物列车对数或列数。由公式可以看出，分析法的精确程度主要取决于扣除系数取值的合理性。

我国铁路目前采用的扣除系数，如表9-5和表9-6所示。

列车扣除系数表　　　　表9-5

区间正线	闭塞方法	旅客列车	快运货物列车	摘挂列车	备　注
单线	自动	1.0	1.0	1.3~1.5	
	半自动	1.1~1.3	1.2	1.3~1.5	摘挂列车3对以上取1.3
双线	自动		2.0~2.3	2.5~3.0	摘挂列车3对以上取2.5，6对以上取2.0
	半自动	1.3~1.5	1.4	1.5~2.0	

注：其他闭塞方式可参考半自动闭塞取值。

三显示双线自动闭塞区段旅客列车扣除系数表　　　　表9-6

$n_{客}$ \ $I_{追}$	6	7	8	9	10	11	12
5~10			2.3~2.4	2.15~2.3	2.05~2.2	1.95~2.1	1.9~2.0
11~20			2.3~2.35	2.15~2.2	2.05~2.1	1.95~2.0	1.8~1.9
21~30		2.4~2.45	2.2~2.25	2.05~2.1	1.95~2.0	1.85~1.9	1.7~1.8
31~40	2.5~2.55	2.3~2.35	2.1~2.15	1.95~2.0	1.85~1.9	1.75~1.8	1.6~1.7
41~50	2.4~2.45	2.2~2.25	2.0~2.05	1.85~1.9			
51~60	2.3~2.35	2.1~2.15	1.9~1.95				
61以上	用图解法确定						

注：四显示双线自动闭塞区段，用图解并参照本表取值确定。

四、高速铁路通过能力

1. 特点

高速铁路线路列车运行组织方式与普速铁路有着明显的不同,因而在通过能力计算上有如下特点:

(1)以客运站作为客流的始发站和终到站,将客流主要始发站和终到站之间的铁路区段定义为客流区段,则旅客列车通常以客流区段为单位制订开行方案,亦即在高速铁路上通常只开行客运站间的旅客列车。因而,高速铁路通过能力应以客流区段为单位,计算客流区段别的通过能力。

(2)在一个客流区段内,高速列车也可能在中间站停车办理客运业务,与不停车高速列车比较,将产生额外的占用列车运行图时间,即开行客流区段内有关车站停车办理作业的高速列车,对通过能力产生不利影响。在高速铁路通过能力计算中,如采用扣除系数法,可用高速列车扣除系数 $\varepsilon_{高}$ 表示。

(3)当采用高、中速列车共线运行的运输组织模式时,在高速铁路开行的中速列车,由于列车运行速度较高速列车低,而且停车办理作业的次数可能较多,因而占用列车运行图时间较长,亦即开行中速列车对通过能力产生不利影响。在高速铁路通过能力计算中,如采用扣除系数法,可用中速列车扣除系数 $\varepsilon_{中}$ 表示。

(4)为使高速铁路技术设备经常处于质量良好的使用状态,以确保行车安全,在高速铁路列车运行图中,一般应为设备日常维修和养护预留出必要的时间"天窗"。不仅缩短了运行中可供列车运行的时间段,而且人为地将列车运行图分割为两个隔开的时间段,致使在列车运行图上,不能组织列车 24 小时循环运行,对通过能力造成了相当大的影响。

(5)为方便旅客乘车旅行,在编制列车运行图时,应尽可能规定适宜的旅客列车始发和终到时刻。为此,对于高速铁路来说,一般规定在 6:00~24:00 间在客流区段内到发。受这一有效到发时间限制,在列车运行图中除"天窗"时间之外,还将产生一定的无效时间段,对通过能力也有一定的影响。

2. 能力计算

根据上述分析,当采用"全高速"运输组织模式时,高速铁路通过能力 $n_{高}$,可用式(9-24)表示:

$$n_{高} = \frac{1440 - (t_{检} + t_{无效})}{I\varepsilon_{高}} \quad (列) \tag{9-24}$$

式中: $t_{检}$ ——列车运行图"天窗"时间,min;

$t_{无效}$ ——列车运行图无效时间,min;

I ——追踪列车间隔时间,min。

当采用"高、中速列车共线运行"运输组织模式时,高速铁路通过能力 $n_{高}$,可用式(9-25)表示:

$$n_{高} = \frac{1440 - (t_{检} + t_{无效})}{I\varepsilon_{高} + \alpha_{中}(\varepsilon_{中} - \varepsilon_{高})} \quad (列) \tag{9-25}$$

式中: $\alpha_{中}$ ——列车运行图中的中速列车比重。

五、加强铁路通过能力

随着国民经济发展,运量不断增加,铁路不断加强运输能力。

改善铁路技术设备是提高铁路通过能力主要措施。因此,在一般情况下,当铁路通过能力接近饱和时,就应该研究加强和改善铁路技术设备。但在有些情况下,虽然通过能力还有足够的后备,而采取新的技术设备和加强现有的技术设备,可以加速完成运输过程,降低运输成本,提高劳动生产率,减轻劳动强度,保证行车安全,因而也是必要和合理的。

加强通过能力的时机,主要根据需要通过能力和现有通过能力的水平来确定。需要通过能力,是根据需要的客货行车量并考虑一定的后备能力进行计算,其计算公式为:

$$n_{需} = n_{货} + (\varepsilon_{客}n_{客} + \varepsilon_{快货}n_{快货} + \varepsilon_{摘挂}n_{摘挂})(1 + \gamma_{备}) \tag{9-26}$$

式中:$n_{货}$——直达、直通、区段等一般货物列车对数或列数;

$\gamma_{备}$——通过能力后备系数,我国铁路规定一般单线为20%,双线为15%。

当现有通过能力不能满足需要通过能力时,应有计划地采取措施加强铁路通过能力。加强铁路通过能力的措施多种多样,归纳起来可划分为技术组织措施和改建措施两大类。凡是用改进行车组织方法,或只需要少量投资,就能使通过能力达到需要水平的加强措施,均属技术组织措施;凡是需要国家大量投资,通过改建或新建铁路技术设备来加强铁路通过能力的措施,均属改建措施。在加强铁路通过能力时,应首先着眼于挖掘现有铁路的运输潜力,但同时也应有计划地对现有铁路逐步进行技术改造,以便更好地适应国民经济日益发展的需要。

1. 技术组织措施

(1) 改善机车功率的利用,提高列车运行速度。列车运行速度越高,区间运行时分越少。

(2) 采用双机、补机或多机牵引,提高列车运行速度。

(3) 缩短车站间隔时间或追踪列车间隔时间。车站间隔时间越短,运行图周期越小,通过能力越大。

(4) 采用不成对运行图。当上下行方向运量不相等,行车量较大方向的能力受限制时,在单线非自动闭塞区段,可采用不成对运行图,以适应行车量较大方向的能力需要。

2. 改建措施

(1) 装设完善的信、联、闭设备,如采用自动闭塞、电气集中、调度集中等。

(2) 增设线路所或会让站。

(3) 铺设双线插入段及修建双线或第三线、第四线。

(4) 减缓线路的坡度及提高线路和桥隧建筑的质量,以通过线路允许速度。

(5) 采用电力或内燃牵引,以通过列车运行速度和重量等。

巩固提高

1. 什么是铁路通过能力和输送能力?区段通过能力受哪些因素影响?如何确定?
2. 什么是区间通过能力?受哪些设备影响?
3. 什么是平行运行图周期?几种常见的运行图周期如何计算?请绘图表示之。
4. 什么是限制区间和困难区间?有何关系?
5. 如何选择单线成对非追踪平行运行图限制区间的列车运行图方案?请绘图表示之。
6. 何谓扣除系数?
7. 高速铁路通过能力有何特点?如何计算?
8. 提高铁路区间通过能力的措施有哪些?

项目十　列车调度指挥

★ **知识重点**
1. 调度组织机构及调度制度；
2. 列车调度员的工作内容及作业标准；
3. 车流预测与车流调整；
4. 列车工作计划的编制；
5. 列车运行调整的方法；
6. 调度命令的编制及发布；
7. 调度工作分析。

★ **项目任务**
1. 熟悉列车调度员的工作内容和作业标准；
2. 熟练掌握车流调整的方法；
3. 熟练掌握列车运行调整的方法；
4. 准确编制调度命令并下达；
5. 能正确进行调度工作分析。

任务一　列车调度工作认知

任务描述

本学习任务需要你作为一名列车调度员,明确调度指挥工作的基本任务,了解铁路运输调度部门的机构设置,熟悉调度工作的相关制度和要求,牢记列车调度员的工作职责,熟记调度指挥的工作内容及作业标准,同时熟练使用调度相关设备。

相关理论知识

铁路是国民经济大动脉、国家重要基础设施和大众化交通工具,是综合交通运输体系骨干,在我国经济社会发展中的地位至关重要。铁路运输具有高度集中的特点,各工作环节须紧密联系、协同配合。铁路运输组织工作,必须贯彻安全生产的方针,坚持集中领导、统一指挥、逐级负责的原则。

一、基本任务

铁路运输调度部门是铁路日常运输组织的指挥中枢,分别代表各级领导组织指挥日常运输工作。铁路运输调度担负着保障运输安全、组织客货运输、保证国家重点运输、提高客货服务质量的重要责任,对完成铁路运输生产经营任务,提高铁路运输企业效益起着重要作用。各级调度人员必须精心组织,科学调度,努力增运增收、节支降耗。凡与行车组织有关的日常生产活动都必须在运输调度的统一组织指挥下进行。

调度工作的基本任务是：

(1)认真执行国家运输政策,完成国家规定的旅客和货物运输任务。

(2)正确编制和执行运输工作日常计划。

(3)科学地组织客流、货流和车流,组织均衡运输,提高运输效率。

(4)组织按图行车,实现编组计划和列车运行图的要求。
(5)经济合理地使用机车车辆和运输设备,挖掘运输潜力。

二、调度组织机构

铁路运输调度工作实行分级管理、集中统一指挥。中国国家铁路集团有限公司设调度处,铁路局集团有限公司设调度所,技术站设调度室(调度车间)。

铁路局集团有限公司调度所应设综合、安全、技术教育、分析、统计室,计划、行车、高铁、客运、货运、特运、机车、车辆、供电、工务、电务调度室,施工办公室(以下简称施工办)。

中国国家铁路集团有限公司调度设值班处长、行车、客运、货运、军运、特运、行包(快运)、集装箱、施工及机车、车辆、动车、供电等调度台。

铁路局集团有限公司调度设值班主任、值班副主任、计划、列车、客运、货运、特运、施工、机车、车辆、动车、红外线、供电调度台;根据需要还可设置快运、集装箱、篷布等调度台。根据各工种调度台工作量情况,有关调度台可合并设置,具体由铁路局集团有限公司确定。各工种调度可根据需要设置主任调度员岗位。

技术站调度设值班站长、车站调度员、助理调度员、货运调度员等,具体由铁路局集团有限公司确定。

根据分级管理、集中统一指挥的原则,中国国家铁路集团有限公司、铁路局集团有限公司、技术站调度分别代表中国国家铁路集团有限公司总经理、铁路局集团有限公司局长、车站站长负责中国国家铁路集团有限公司、铁路局集团有限公司和车站的日常运输组织指挥工作。在铁路日常行车安全管理工作上,中国国家铁路集团有限公司按规定对铁路局集团有限公司调度的指挥安全实施监督管理,铁路局集团有限公司对本局调度指挥安全工作全面负责,车站对本站调度指挥安全工作全面负责。

各级运输调度指挥部门同时受到运输管理部门的领导和上级调度指挥部门的指挥。我国三级调度指挥机构设置,如图10-1所示。

图10-1 全路三级调度指挥机构设置示意图

中国国家铁路集团有限公司值班处长、铁路局集团有限公司值班主任、技术站值班站长分别领导一班调度工作。在日常运输组织工作中,下级调度必须服从上级调度的指挥;中国国家铁路集团有限公司、铁路局集团有限公司、车站各工种调度及有关人员分别由值班处长、值班主任、值班站长统一组织指挥。

中国国家铁路集团有限公司调度统一指挥各铁路局集团有限公司和专业运输公司完成运输生产经营任务;铁路局集团有限公司调度统一指挥铁路局集团有限公司管内运输生产单位完成运输生产经营任务;技术站调度统一指挥本站区作业人员完成运输生产经营任务。

中国国家铁路集团有限公司、铁路局集团有限公司、技术站应根据调度岗位的作业特点合理确定班制,主要工种调度全路统一实行四班制(中国国家铁路集团有限公司有特殊要求的除外)。

三、调度制度

为了加强调度基础工作,必须建立各种调度工作制度,强化提高调度人员的综合素质。我国铁路调度各级机构依据《铁路运输调度规则》(以下简称《调规》)的要求,建立了较为完善的基本工作制度。

(一)调度所管理制度

调度所管理制度须包括安全、生产、施工、教育、基础管理等基本管理制度,并将基本管理制度纳入《调度所管理工作细则》,使调度人员日常组织指挥有法可依、有章可循。

1. 调度所安全管理制度

调度所安全管理制度应包括安委会制度以及安全逐级负责、安全信息管理、安全管理措施、安全检查监控、安全分析考核等内容。

2. 调度所生产管理制度

调度所生产管理制度应包括日(班)计划编制和实施、工作联系、生产分析、生产考核等内容。

3. 调度所施工管理制度

调度所施工管理制度应包括施工组织协调、施工日计划、运行揭示调度命令、施工调度命令的编制审批和下达、施工期间运输组织和施工分析等内容。

4. 调度所教育管理制度

调度所教育管理制度应包括培训、考试、技能竞赛、持证上岗和深入现场等内容。

5. 调度所基础管理制度

调度所基础管理制度应包括会议、考勤、值班、作息、请假、卫生、保密、物品订置管理、文明生产、安全保卫等所务制度和班组管理、文电管理、规章管理、技术资料管理、设备管理、台账管理、班组(岗位)竞赛评比、各工种调度工作程序等内容。

调度所须健全完善各项基本管理制度,明确管理责任,抓好规章制度执行及安全生产的检查、监控、分析、考核工作。

(二)电话会议制度

各铁路局集团有限公司值班主任每日 7:00 前向中国国家铁路集团有限公司值班处长汇报第一班运输安全和班计划任务完成情况及全日修正计划;中国国家铁路集团有限公司值班处长向铁路局集团有限公司值班主任布置第二班工作重点及要求。

中国国家铁路集团有限公司隔日召开全路运输生产电视电话会议,由各铁路局集团有限公司分管运输副局长(总调度长)汇报运输安全和运输生产情况,中国国家铁路集团有限公司向铁路局集团有限公司提出运输生产要求和布置工作重点。

铁路局集团有限公司每日召开全局运输生产电视电话会议,由各站段分管生产的副站(段)长汇报全日运输安全及运输生产经营任务完成情况,铁路局集团有限公司向站段提出运输生产经营任务的要求和工作重点。

(三)交接班和班中会制度

各级调度应建立交接班和班中会制度,保持调度工作的连续性。

中国国家铁路集团有限公司、铁路局集团有限公司交接班和班中会,分别由值班处长、值班主任负责主持,有关工种调度人员参加。

(1)接班会:传达有关命令、指示和重点事项,通报上一班安全、运输生产情况,布置安全注意事项,研究本班完成运输生产经营任务的具体措施。

(2)班中会:每班至少召开一次,根据调度日(班)计划执行情况,研究完成本班和全日任务的具体措施。

(3)交班会:各工种调度分别汇报本班安全、运输生产经营任务完成情况,分析存在的问题,总结经验教训。

各工种调度交接班时,交班内容和待办事项必须清楚、完整,不得遗漏。

(四)报告制度

建立工作报告制度,加强各级调度间工作联系,加强与安全监察、专业部门之间的信息沟通,准确掌握工作进度和安全信息,及时处理发生的问题。

1. 车站向铁路局集团有限公司调度报告

(1)车站在列车到、开或通过后,及时报告车次、时分(具有自动采点设备,可自动采点时除外)。

(2)列车始发站应及时报告列车解编进度、编组内容、列车编组变化情况及出发列车速报(车次、机型、机车号、辆数、牵引总重、换长);列车在非始发站摘挂作业,作业站要及时报告摘挂列车在站作业、占用股道及作业后的编组变化情况。

(3)机车及股道占用情况。

(4)因特殊原因,临时造成旅客积压,不能及时输送。

(5)车站有关工种人员每3小时向铁路局集团有限公司所属工种调度上报规定内容。

(6)具备信息系统上报条件的车站,须通过系统及时准确上报。

(7)安全情况和重要事项应随时报告。

2. 铁路局集团有限公司调度向中国国家铁路集团有限公司调度报告

(1)10:00(22:00)前,铁路局集团有限公司值班主任向中国国家铁路集团有限公司调度报告接班后的管内运输情况,预计本班分界站列车交接、排空、机车运用情况;7:00前向中国国家铁路集团有限公司值班处长报告运输安全和运输生产任务完成情况的综合分析。

(2)铁路局集团有限公司各工种调度及时向中国国家铁路集团有限公司相关工种调度报告各项规定的内容。

(3)安全情况和重要事项应随时报告。

当上级调度向下级调度和站段了解有关运输情况时,有关人员应及时汇报。

铁路局集团有限公司调度接到铁路交通事故、行车设备故障等安全信息后,应按规定填写《铁路交通事故(设备故障)概况表》(安监报1),及时报中国国家铁路集团有限公司调度,并通过铁路安全监督管理信息系统及时报送铁路局集团有限公司安全监察部门。

(五)铁路局集团有限公司运输调度领导值班制度

为加强全路运输安全生产,铁路局集团有限公司建立运输调度领导值班制度。

(1)值班人员:铁路局集团有限公司总调度长或调度所主任(副主任)、书记。

(2)值班时间:工作日18:00至次日8:00、非工作日8:00至次日8:00。

(3)值班要求:

①对重点运输任务,按等级认真盯控,确保安全正点。

②对Ⅰ、Ⅱ级施工,严格监控,按施工日计划组织实施,对临时发生的问题采取果断措施及时正确处置。

③遇恶劣天气,提前预想,对设备运行、运输组织造成影响时,立即组织应急处置,保证

运输安全。

④遇旅客列车大面积晚点或运输不畅时,要详细了解、掌握情况,采取有效措施,尽快恢复列车运行秩序。

⑤发生铁路交通事故或繁忙干线、干线行车设备故障时,亲自组织处理,减少对运输秩序的影响。

(六)分界站会议制度

加强铁路局集团有限公司间的协作,保证分界站畅通。铁路局集团有限公司间分界站会议每年不少于一次,由两个铁路局集团有限公司轮流主办;必要时由中国国家铁路集团有限公司组织,研究改进列车交接和日常施工等工作,制订、修改分界站协议。

(七)深入现场制度

为提高调度人员组织指挥水平,加强各级调度之间、调度与站段有关人员的工作联系,各级调度人员每季度深入现场应不少于一次,熟悉设备、人员情况,交换工作意见,解决日常运输及安全生产中存在的问题。

深入现场前要有计划,返回后要有报告。

深入现场活动可采取添乘机车(动车组)、列车,召开座谈会、联劳会、同班会、跟班作业、专题调研等多种形式。

中国国家铁路集团有限公司、铁路局集团有限公司应按规定为调度人员办理机车(动车组司机室)添(登)乘证。调度人员持证添(登)乘机车(动车组)、列车,并准许在乘务员公寓食宿。

四、列车调度职责

列车调度员是所辖区段日常运输工作的组织者和指挥者。他们对组织有关人员实现列车运行图、编组计划和运输方案,以及完成运输工作的数量指标和质量指标负有重大责任。为此必须做到:

1. 检查各站执行列车运行图和编组计划的情况,及时发布有关行车命令和口头指示

(1)检查始发站是否按列车运行图和列车编组计划规定的时刻、重量、长度、内容编组列车,有无违反车辆编挂限制的情况。

(2)检查各中间站是否按规定接发列车和进行车辆摘挂作业,发现问题应及时纠正处理。

(3)检查机车、机车乘务员等准备情况。

2. 严格按列车运行图指挥行车,遇列车发生晚点应积极采取措施,组织有关人员恢复正点

列车调度员应随时掌握列车运行情况,有预见地指挥列车运行,设法消除产生列车晚点的因素。遇列车晚点时,应与有关人员加强联系,采取如组织司机"赶点"、变更会让站、组织快速作业、组织列车反方向运行等措施,尽可能恢复列车正点。

3. 注意列车在车站到发及区间运行情况,正确、及时地处理临时发生的问题,防止发生行车事故

(1)对旅客列车,超长、超限、限速、续行列车及晚点列车,应重点掌握,防止发生列车运行事故。

(2)遇行车技术设备临时发生故障或天气不良时,及时向有关部门和人员发布相应的命令或口头指示,采取措施,以保证行车安全。

4. 组织区段内各站按日班计划的要求完成卸车、排空、装车任务和中时、停时、旅速等指标

列车调度员应精心安排编制 3~4h 列车运行调整阶段计划,组织好所辖区段管内工作列车,保证及时甩挂车,为区段内各站完成各项运输生产指标创造有利条件。

五、工作内容与作业标准

铁路运输不易受天气变化影响,列车可以 24h 不间断运行,因此有关行车组织人员也必须 24h 不间断工作。一般调度主要工种人员都实行四班制,轮流交替,倒班工作,一个日班计划跨度为当日 18:00 至次日 18:00,这 24h 又可以分为第一班(18:00 至次日 6:00)和第二班(6:00 至 18:00),每班又划分为四个阶段,每个阶段 3h,列车调度员在每个阶段执行当前计划并部署好下个阶段的工作计划,周而复始不断反复。

表 10-1 是列车调度员一日工作标准,绝大多数情况下列车调度员基本按以下时间节点和工作内容完成任务,但各铁路局集团有限公司情况不一,加之受通勤、工作特点影响,不一定完全一致。

列车调度员一日工作标准 表 10-1

序号	作业时段	作业项目	作业内容	作业标准	监督检查人
1	7:15 (19:00) ~ 7:45 (19:30)	班前了解	(1)日班计划及列车运行过表情况,中间站甩挂、装卸及主要站装卸车计划和军用整车配空计划。 (2)分界口列车出入计划及完成情况。 (3)各站现在车及编区站到发线使用、待发列车组织、机车交路调整情况。 (4)邻台列车运行情况及列车车流接续。 (5)施工、维修计划及安排情况。 (6)行车设备使用状态及非正常处理情况。 (7)有关命令、电报、指示及重点事项	情况清楚、任务明确、重点工作要有记录	值班主任
2	7:45 (19:30) ~ 8:30 (20:00)	接班会	(1)汇报本区段过表列车运行、中间站甩挂、分界口交接计划及完成情况,施工计划及执行情况,专特运、超限列车、重点事项。 (2)听取其他工种调度有关重点事项的汇报和要求。 (3)听取值班主任对本班安全、生产、重点事项组织的具体要求、措施和预想预防。 (4)听取领导指示及有关命令,文电内容的传达	讲明问题、提出建议、听取指示	值班主任、计划室主任
3	8:30 (20:00) ~ 12:00 (0:00)	第一阶段	(1)及时核对在途列车编组内容、机车、中间站作业计划,并收取中间站站存车。 (2)掌握本区段天气情况,施工计划及执行情况。 (3)掌握编区站车流接续情况,待发列车组织情况。 (4)根据计划员下达的第一阶段列车开行计划及列车实际运行、施工情况,编制下达下一个 3~4h 阶段计划,并组织站段实施。 (5)对安全信息及时上报并处理。 (6)按计划组织兑现各类施工天窗	认真仔细、情况清楚、措施得当	值班主任、计划调度员

续上表

序号	作业时段	作业项目	作业内容	作业标准	监督检查人
4	12:00 (0:00) ~ 17:00 (5:00)	第二阶段	(1)编制下达第二个3~4h列车运行调整计划。 (2)按规定推算所辖区段18:00中间站站存车情况。 (3)按计划组织兑现各类施工天窗。 (4)正确处理突发情况并及时上报信息	信息正确、 建议合理、 措施有效	值班主任、 计划调度员
5	17:00 (5:00) ~ 19:30 (8:00)	第三阶段	(1)督促助理调度员做好施工天窗兑现情况统计。 (2)及时下达次日或第二列车计划至管内各站段。 (3)编制下达第三个列车运行阶段计划。 (4)按计划组织好列车开行兑现。 (5)正确处理突发事件。 (6)检查各站站存车上报情况。 (7)及时打印列车实际运行图,并检查确认。 (8)做好交接班各类本簿的认真填记	信息正确、 建议合理、 措施有效、 填记齐全	值班主任、 计划调度员
6	19:30 (8:00) ~ 20:00 (8:30)	交班会	(1)汇报本班执行日(班)计划、施工计划组织兑现情况。 (2)汇报各类安全信息处理及反馈情况,分析在安全生产中自身存在的不足和教训。 (3)汇报各级领导布置的重点事宜执行情况。 (4)听取值班主任对全班在安全、生产组织中的好人好事、存在的问题等情况的总结和点评。 (5)听取领导有关指示	汇报清楚、 情况明晰、 总结经验、 吸取教训	值班主任、 计划室主任

六、调度设备组成与功能

为适应调度人员长时间持续繁忙工作的需要,各级调度人员的工作场所应相对集中、光线充足、灯光明亮并具备良好的隔音、通风条件;应配有空调、空气净化设备,夏季应备有防暑用品。

各级调度应配备先进的信息、通信设备,满足各工种调度人员工作和问题分析的需求。铁路局集团有限公司调度还应配置列车调度电话。设备管理部门须加强维护和检查,保持设备状态良好。

中国国家铁路集团有限公司、铁路局集团有限公司调度应配置CTC/TDCS终端、图表打印、传真复印、语音记录等装置。

各级调度应制定设备使用管理办法,由设备管理部门负责维护。

各级调度根据实际工作需要,运输调度的信息系统或工作场所中应备有下列规章、资料:

(1)《铁路技术管理规程》《铁路交通事故调查处理规则》《铁路交通事故应急救援规

则》《铁路行车设备故障调查处理办法》《铁路运输调度规则》《行车组织规则》《车站行车工作细则》和有关文件、电报。

(2)货物列车编组计划、列车运行图及有关资料、机车周转图和运输生产经营计划、月度施工计划。

(3)管内各车站平面示意图、线路纵断面示意图、接触网供电及信、联、闭设备有关资料。

(4)救援列车及救援队有关资料。

以上所需资料,铁路局集团有限公司应明确提供单位及更新要求,有关单位须及时修改、提供;各级调度部门应及时清理,保证资料时效性。

调度工作图表(表10-2)是做好调度工作的重要工具,填写必须及时、准确、清晰、完整。

调度工作图表名称及代码　　　　　表10-2

序号	名　　称	代　　码
1	中国国家铁路集团有限公司调度工作日况表	运调1
2	中国国家铁路集团有限公司货运工作轮廓计划表	运调2
3	主要分界站货车出入情况表	运调3
4	铁路局集团有限公司调度工作总结表	运调4
5	列车运行概况表	运调5
6	铁路局集团有限公司调度日间计划表	运调6
7	列车运行图及机车周转图	运调7
8	分界站列车车流出入情况表	运调8
9	列车运行图	运调10
10	编组站日(班)列车工作计划表	运调11甲
11	技术站及区段管内日(班)列车工作计划表	运调11乙
12	技术站日(班)列车工作计划表	运调11丙
13	快速货物班列运行报告	运调13
14	各站待发车状况	运调14
15	分界口实际重车车流报告	运调15
16	局别交出重车车流报告	运调16A
17	局别接入重车车流报告	运调16B
18	中欧集装箱班列运行报告	运调17
19	铁路局集团有限公司间分界口能力利用率报告	运调18
20	货运工作日况总结表	运货1
21	铁路局集团有限公司货运工作日况报告	运货2
22	管内工作车去向表	运货4
23	货运工作日况报告附表	运货5
24	十八点待卸车分析报告	运货6
25	车站货车装卸作业报告	运货7
26	十八点待卸大点车报告	运货8

续上表

序号	名 称	代 码
27	车站技术作业表	运站1
28	车站班计划表	运站2
29	国境站装卸作业计划表	运站3
30	口岸站状况报告	运站4
31	铁路交通事故(设备故障)概况表	安监报1

铁路局集团有限公司的调度基本图表,在本规则统一规定的基础上,可根据具体情况,对图表内容作适当增减。所有调度工作图表均统一使用草绿色印制。各类调度工作图表应逐步实现电子化。

调度工作图表应指定专人按月整理,妥善保管,其中列车运行图、调度工作总结表须保管一年;各类计算机图表、数据也须保存一年。

巩固提高

1. 铁路运输调度的基本任务是什么?
2. 铁路局集团有限公司调度所的组织系统是如何构成的?
3. 铁路运输调度有哪些基本工作制度?
4. 列车调度员的职责是什么?
5. 简述列车调度员的工作内容与作业标准。
6. 运输调度的信息系统或工作场所中应备哪些规章、资料?

任务二 车流预测与调整

任务描述

本学习任务需要掌握车流预测的方法,车流调整的目的,掌握重车调整按去向别进行装车调整、限制装车、停止装车、集中装车及变更重车输送径路等调整的基本方法,空车调整的概念及正常调整、综合调整及紧急调整等3种调整的基本方法,备用车调整和解除、备用车的有关规定。

相关理论知识

一、车流预测

车流预测是进行车流调整的重要条件。只有准确预测车流的分布,才能有预见地采取有效的运输调整,特别是车流调整措施。目前我国铁路的车流预测是根据装车统计和车流统计进行的。在制订运输工作日常计划(旬计划和日班计划)中,对于车流预测的期限有不同的需求,因此车流预测按日期有远期车流预测(推算)和近期车流预测(推算)两种。远期车流预测一般可预测3~7天到达局管内的车流;近期车流预测一般可预测2天的车流,其车流推算方式有所不同。

(一)远期车流推算

远期推算到达铁路局集团有限公司的管内工作车,一般按照各铁路局集团有限公司装车数和运行期限使用表 10-3 所示的格式进行推算。

外局装到本局及本局装车远期车流推算表　　　　表 10-3

发局 运行期限 月计划 日期	A	B	C	D	E	F	G	…	计	局自装自卸计划				合计	局自装交出计划			
	4	4	3	2	1	2	3			×站	×线	…	计		×口	×口	…	计
1																		
2																		
3					90													
4			85															
5	50																	
…																		
…																		
计																		

运输局调度部每日早 6:00 前将全路昨日各铁路局集团有限公司的方向别装车数通知各到局调度所，局调度所车流调整人员根据上述资料及本局装到本局管内卸的车数及通过各分界站装到外局的车数填入车流推算表，以推算远期车流。车流填记及推算方法是按照各装车局到本局的接入分界站的运行期限，分别将有关车数填入不同的日期栏内。

例如，A 局装到该局的车辆，其运行期限为 5 天，若 A 局某月 1 日装到该局的车数为 50 辆，则应在 A 局名下对应 5 天的栏内填记 50 辆，C 局装到本局 85 辆，其运行期限为 3 天，E 局装到本局 90 辆，其运行期限为 2 天，则分别在其局名下对应的 4 日和 3 日栏内填记 85 辆和 90 辆，其他各局 1 日装到该局的车数也根据运行期限填入相应栏内。逐日填记，即可预计今后某日接入管内工作车的车数。

由各局到达某局的车流运送期限，可按下列公式计算：

$$T = \frac{1}{24}\left(\frac{L_{全程}}{v_{旅}} + \sum t_{中}\right)$$

式中：T——某局装到某局车流的一般运送期限，日；

$L_{全程}$——由装车局的装车集中点至到达局接入分界站的距离，km；

$v_{旅}$——货物列车平均旅行速度，km/h；

$\sum t_{中}$——沿途各技术站的中转时间之和，h。

若能取得通过重车流资料时，也可用类似方法推算远期接入的通过重车流。

必须指出，上述推算方法所采用的运行期限是以装车集中地为起点计算的，即对不同装车地点的各支车流均按同一个确定的数值计算。事实上由于装车地点的不同以及途中运行受各种因素的影响，同一装车局到本局经某一分界站的车流，其运行期限往往不一致，并且装车时刻的不同也将影响车流到达本局的期限。因此，进一步改进车流预测方法，提高预测工作水平，对提高铁路运输组织工作质量具有重要的意义。

车流在路网上运行至到局，可以利用各日到达参数计算其数量。各日到达参数表示各昼夜到达指定铁路局集团有限公司的车流比重。它的原理如图 10-2 所示。

图 10-2　装车局装车车流运行至到局分界站的示意图

图 10-2 表示装车局 A 在第一昼夜装到 M 局的车流以参数 γ_1、γ_2、γ_3 的比例分别于第一、二、三天到达到局 M 的 m 分界站,即第一日装往 M 局的车辆 $u_\text{装}$,将分别以 $u_\text{装}\gamma_1$、$u_\text{装}\gamma_2$、$u_\text{装}\gamma_3$ 的比例于第一、二、三天到达 m 分界站。这样,若知道了各局各去向的装车数,以及各去向(到局的入口站)各日到达参数的标准值,就可以预测任何一个铁路局集团有限公司各昼夜到达的车数。

车流各日到达参数,直接决定于车流在到局前的运行时间。可以设想,在铁路局集团有限公司正常工作的条件下,用确定各日到达参数的方法来预测车流是足够可靠的。由于路网配置的具体特点、装车时间和地点分布的不均衡、旅客列车运行等因素的影响,车流的形成及列车运行是不均衡的。利用分析计算方法来确定各日到达参数,要完全考虑到这些因素的影响,实际上是不可能的。但是铁路局集团有限公司每昼夜工作有一定程度的稳定性,因而可以用统计方法确定各日到达参数。

用统计方法确定各日到达参数,可以按图 10-2 原理建立下面公式所示数学模型,并根据到达局和相应装车局对应日期的统计资料进行。

$$u_j = \sum_{s=1}^{j} u_{\text{装}s} \gamma_{j-s+1} + \varepsilon_j \quad (j=1,2,\cdots)$$

当 $K \leq 2\theta_\text{移}^a + T_\text{通} < K+1, K=0,1,2\cdots,$ 且 $j-s+1 > K+2$ 时,令

$$\gamma_{j-s+1} = 0, \sum_{i=1}^{k+2} \gamma_i = 1$$

式中:u_j——第 j 日某装车局实际到达本局某一入口站的统计车数;

$u_{\text{装}s}$——第 s 日该装车局装往本局(经某一入口站)的统计车数;

γ_i——第 i 日该装车局到本局某一入口站的到达参数;

$\theta_\text{移}^a$——该装车局 a 分界口自装移交车辆的周转时间,d;

$T_\text{通}$——车辆经由通过局的平均时间,d;

ε_j——实际统计值与线性方程计算值的误差。

为避免统计日开始时装车局现在车对到达车数的影响,到达车数的统计应从第 $K+2$ 日开始,即上面公式中 $j=K+2,K+3,\cdots,n(n$ 为统计样本数$)$。

为了求得准确的 γ_i 参数,使得计算值与统计值的误差最小,可用最小二乘法对如下目标函数求算 γ_i 值,即使

$$D = \sum_{j=K+2}^{n} \varepsilon_j^2 = \sum_{j=K+2}^{n} (u_j - \hat{u}_j)^2 = \sum_{j=K+2}^{n} \left(u_j - \sum_{j=K+2}^{n} u_{\text{装}s} \gamma_{j-s+1}\right)^2 \to \min$$

推算远期接入的通过重车流,可用类似的方法进行,只要装车局能提供车流通过的出入分界站,并按出入分界站的运行期限,即可推算通过局未来各日向各分界站交出的通过车数。

(二)近期车流推算

近期车流推算是根据有关邻局互相交换的待发重车资料、本局的待发重车和预计装往外局的重车推算,以预计分界站能交出重车数。其具体方法是:根据有关邻局互相交换的待发重车数中,预计接入需经某一分界站交出的重车数,加上本局向某一分界站交出的待发重车数及本局当日预计向某一分界站装车的重车数,减去当日预计可向某分界站交出的重车数,即可推算出当日18:00需经某一分界站交出的待发重车数。将此数除以该分界站的移交车周转时间,得出预计次日某分界站应移交的重车数。

二、车流调整

车流调整是调度工作的一项重要内容。在日常运输工作中,由于受各种因素的影响,车流不可避免地会发生变化,影响运输任务的完成,严重时还会造成车站的堵塞。同时,某一局部地区的货流、车流发生变化后,不仅会影响本地区的运输工作,也可能会影响到其他地区。因此,有必要根据每天的实际运输情况,对车流进行及时调整。

为保持全路货车的合理分布及各线车流的相对稳定,车流调整工作必须实行高度集中、统一调整的原则;遵循优先保证重点运输、兼顾市场需求和效率效益的原则,最大限度满足运输需求。

中国国家铁路集团有限公司调度处、铁路局集团有限公司调度所应指定专人负责车流调整工作,研究掌握货流、车流变化规律及有关技术设备的使用效能,认真推算车流,有预见、有计划地进行车流调整。

车流调整的方法可分为重车调整、空车调整和备用车调整,并通过日(班)计划组织实现。必要时,可下达临时调整计划。

(一)重车调整

重车调整是车流调整的重要内容。这是因为在运用车种重车占很大比重,重车的流向和数量,即重车流的结构,决定着各区段的行车量,决定着空车流的结构,决定着车站的卸车任务。因此,重车调整是整个车流调整工作的基础。

重车调整的方法有去向别装车调整、限制装车、停止装车、变更重车输送径路和集中装车。

1.去向别装车调整

按去向别组织均衡装车是保持各铁路局集团有限公司车流稳定和运输秩序正常的基础。对装车方向的控制,首先是对自装交出和自装自卸两部分车流的控制。在正常情况下,应保证按计划完成对外局的装车。对于通过困难区段的车流和到达卸车能力紧张车站的车流,要进行相应的调整。

去向别装车调整主要是通过运输生产计划来具体安排的。全路调度指挥中心根据各局报来的装车计划,可以计算到达各局卸车;通过各分界站及困难区段的车流数量,同时根据卸车能力、区段通过能力和计划期应当考虑的特殊情况(如施工影响、临客增加和车辆积压等情况),对装车方向和数量进行必要的平衡和调整。

进行去向别装车调整时,各铁路局集团有限公司要执行下列规定:

(1)运输工作不正常,需要减少或增加日装车数量时,应首先调整(减少或增加)自局管内的装车数量;如需减少或增加外局的装车数量时,须经中国国家铁路集团有限公司准许。

(2)分界站接入某方向的重车不足或增多时,应首先采取增加或减少自局装往该去向装车数量的方法进行调整。如果重车不足或增多延续时间较长,自局调整又有一定困难时,应将情况及时报中国国家铁路集团有限公司,由中国国家铁路集团有限公司统一调整。

2. 限制装车、停止装车和变更车流输送径路

为消除局部重车积压,可采取限制装车、停止装车和变更车流输送径路等措施。

限制装车或停止装车是规定在某一时期内,向某一方向、某一到站或某一收货单位发送某些品类货物的装车数量限制在一定数量之内或停止装车。这种调整方法一般来说不利于均衡运输,只有在采取其他方法一时不能解决困难时才采用。

凡经上级调度命令批准,采取限装、停装或变更车流输送径路时,铁路局集团有限公司、车站、货运中心均不准在限装或停装期间,办理通过及到达限装、停装区段(或车站)的途中换票和变更到站。

(1)遇下列情况,可采取限制装车或停止装车措施:

①装车数超过区段通过能力和编组站作业能力时。

②装车数超过卸车地的卸车能力时。

③因自然灾害、事故,线路封锁中断行车时。

④因其他原因发生车辆积压或堵塞时。

(2)为了加速车流输送,降低运输成本,中国国家铁路集团有限公司对各种车流规定了正常的运行径路,包括最短径路和特定径路。遇自然灾害、事故中断行车或重车严重积压、堵塞时,经中国国家铁路集团有限公司调度命令批准,相关铁路局集团有限公司依据中国国家铁路集团有限公司调度命令可变更跨局的车流输送径路。

变更车流输送径路,应适应有关区段的通过能力,并指定变更径路的期限、列数、辆数和列车编组计划。

3. 集中装车

集中装车就是有组织地增加某一去向的装车,使之超过计划所规定的日均装车数。除了为组织装车地直达列车需要集中装车,并需在运输生产计划中进行日历安排外,在日常运输生产中,遇下列情况,可采取集中装车:

(1)某铁路局集团有限公司的管内重车严重不足时。

(2)某方向移交重车严重不足时。

(3)重点用户、港口、国境站急需到达物资或外运物资严重积压时。

(4)急需防洪、抢险、救灾等重点物资时。

集中装车仅在所经区段通过能力和到站卸车能力允许的条件下,方准采用。

(二)空车调整

空车调整是为了合理地运用空车,保证装车需要的调整措施。空车调整必须做到缩短空车行程,组织车种代用,消除同车种对流。空车调整对全路车辆分布有重大影响,且往往是为了他局装车的需要。因此,各铁路局集团有限公司、车站必须从全局出发,严格遵守排空纪律,按照上级调度批准的车种、辆数均衡地完成排空任务。

空车调整方法有:正常调整、综合调整和紧急调整。

1. 正常调整

各铁路局集团有限公司根据车种别装车、卸车的差数,接空数和实际货车保有量确定排空车数。采用这种方法时,铁路局集团有限公司可利用通过空车供本局装车(编组计划指定开行的空车直达列车除外),而以本局卸后空车代替,即对通过空车可以在本局管内自行调

整运用,在分界站仍按规定的车种与空车数移交给邻局。

2. 综合调整

综合调整是综合考虑重空车流的调整方法。货流、车流发生变化或重车流增加时,在不影响接空局重点物资装车需要的前提下,经中国国家铁路集团有限公司批准,依据下达的日计划命令可采取以重、空车总数进行综合调整。例如,在货源发生变化,超过计划增加了空车方向的装车时,可减少交出空车数;反之,如减少了空车方向的装车时,就要相应增加交出空车数。重、空车数一经中国国家铁路集团有限公司批准,各铁路局集团有限公司不得再增加重车代替空车数量。

3. 紧急调整

紧急调整是为保证特殊紧急运输任务需要所采取的非常措施。以调度命令或日计划中重点事项的形式下达,各铁路局集团有限公司接到紧急空车调整命令后,必须按照规定的时间、车种、辆数完成排空任务。

空车调整是保证全路车流合理分布的重要手段。空车是装车的保证,重车是空车的来源,两者只有按照计划紧密地结合起来,才能收到预期的效果。因此,任何一个排空局,都必须保证实现空车调整任务。

(三) 备用货车调整

备用货车(以下简称备用车)是为了保证完成临时紧急运输任务的需要,所储备的技术状态良好的中国国家铁路集团有限公司所属空货车。备用车必须按规定办法严格管理,不能随意动用。

1. 备用车的分类

备用车分为特殊备用车、军用备用车、专用货车备用车和港口、国境站备用车。

特殊备用车是指因运输市场发生结构变化,为调剂车种、满足运输需要,对中国国家铁路集团有限公司以备用车命令指定的大于本局月计划部分的某种空货车。

2. 解除或备用的规定

特殊备用车、军用备用车、专用货车备用车和港口、国境站备用车的备用、解除备用,必须经中国国家铁路集团有限公司以备用车命令批准。非标准轨的货车备用、解除备用由所在铁路局集团有限公司负责处理。

备用、解除备用必须符合下列规定:

(1)特殊备用车须备满 48 小时;军用备用车、专用货车备用车和港口、国境站备用车须备满 24 小时,才能解除备用。因紧急任务需要解除备用车时,须经中国国家铁路集团有限公司调度命令批准,可不受时间限制。

(2)备用车状况须经货车检车员检查。

备用车必须停放在铁路局集团有限公司批准的备用车基地内。港口、国境站备用车必须停放在指定的港口、国境站。凡未停放在指定地点的,均不准统计为备用车。备用车在不同基地间不得转移,在同一基地内转移时,须由铁路局集团有限公司以备用车命令批准。

3. 备用车的管理

(1)中国国家铁路集团有限公司、铁路局集团有限公司调度分别建立备用车命令簿,单独规定备用车命令号码。

(2)铁路局集团有限公司调度所、备用车所在站和车辆段,均须分别建立备用车登记簿,按备用日期、时分、命令号码、地点、车型、车号、辆数等内容顺序进行登记。

4. 专用货车的调整

专用货车的调整方法,除按一般货车调整规定办理外,空车应按中国国家铁路集团有限公司指定的方向、到站回送,有配属站的除中国国家铁路集团有限公司另有指定外,均应向配属站回送。专用货车的回送,要按规定填写回送单据。

5. 冷藏车、罐车的调整

为使冷藏车、罐车经常保持设备完整、性能良好,各铁路局集团有限公司原则上不得以冷藏车代用其他货车,必须代用时,需经中国国家铁路集团有限公司特运调度命令批准;各种罐车应分类使用,装运危险货物的罐车必须专车专用、不得代用。

6. 外国货车的调整

外国货车停运或在国境站积压时,要采取优先放行和换装措施;对暂时没有确定到站的进口货物,经中国国家铁路集团有限公司准许,可换装在我国货车内待发或及时组织卸车。

凡外国空货车(包括利用装该国货物的车辆),应经由最短径路向所属国回送。经中国国家铁路集团有限公司调度命令批准,可在国内顺路装车使用。

巩固提高

1. 简述车流预测的作用和车流预测的原理。
2. 简述车流调整的目的。
3. 车流调整为什么以重车调整为重点?
4. 简述重车调整的方法和使用条件。
5. 简述空车调整的方法和使用条件。
6. 简述备用车的种类及用途。

任务三 调度日(班)计划

任务描述

本学习任务需要掌握调度日(班)计划的内容、编制原则和依据;学习编制货运工作计划、列车工作计划和机车车辆工作计划,会编制施工日计划,熟悉计划审批与下达。

相关理论知识

调度日(班)计划是日常运输组织工作的基础,应按列车编组计划、列车运行图、月度运输生产经营计划、施工计划进行编制,保证均衡地完成运输生产和施工任务。

调度日(班)计划是一日(班)内的运输工作计划,包括中国国家铁路集团有限公司调度日计划和铁路局集团有限公司调度日(班)计划。中国国家铁路集团有限公司调度日计划包括分界口列车交接计划、货运工作计划。铁路局集团有限公司调度日(班)计划简称日(班)计划,包括货运工作计划、列车工作计划、机车车辆工作计划和施工日计划。

中国国家铁路集团有限公司调度日计划起止时间为当日18:00至次日18:00。

铁路局集团有限公司货运工作计划、列车工作计划、机车车辆工作计划起止时间为当日18:00至次日18:00,分为两个班计划:当日18:00至次日6:00为第一班计划,次日6:00至18:00为第二班计划。铁路局集团有限公司施工日计划起止时间为0:00至24:00。

中国国家铁路集团有限公司、铁路局集团有限公司调度日计划分别由调度处处长(副处长)、调度所主任(副主任)负责组织编制。

一、调度日(班)计划的编制原则

调度日(班)计划的编制应遵守下列原则:
(1)坚持安全生产的原则。
(2)贯彻国家运输政策,保证重点运输的原则。
(3)最大限度满足运输需求的原则。
(4)坚持一卸、二排、三装的运输组织原则。
(5)按列车编组计划编车,按列车运行图行车,按运输生产经营计划组织运输,按技术作业过程和时间标准组织作业,优先组织特需、快速货物列车开行,最大限度地组织直达、成组运输的原则。
(6)按施工计划安排施工,坚持运输与施工兼顾的原则。
(7)经济合理地使用机车车辆和其他运输设备,提高运输效率和效益的原则。
(8)组织均衡运输的原则。

二、调度日(班)计划的主要内容

铁路局集团有限公司调度日(班)计划包括货运工作计划、列车工作计划、机车车辆工作计划和施工日计划。

(1)货运工作计划
①各站装车需求批准数,包括发站、发货人、品类、到站、到局、运费、限制口、车种别装车数。
②各站卸车计划,包括到站、车种、卸车数,整列货物要有收货人及品类。
③特需货物列车、快速货物列车、企业自备车等直达列车和成组装车的列数及辆数。
④篷布、集装箱运用计划。
⑤专用货车使用计划。
(2)列车工作计划
①列车到、发及运行计划,包括列车车次、发站、到站、发到时分、编组内容、特定运行径路,始发列车车辆来源。
②分界站列车交接计划,包括列车车次、交接时分、各列车中去向别重车数(到邻局的摘挂车流分到站)和车种别空车数。
③管内工作车输送计划、各站配空挂运计划和摘挂列车的甩挂作业计划。
④专用货车的调整、挂运计划。
⑤装载超限超重、军运物资(人员)、剧毒品、运输警卫方案货物车辆,有运行条件限制的机车车辆、自轮运转特种设备挂运和专列开行计划。
⑥旅客列车的临时加开、停运、变更径路、途中折返、车辆甩挂、客车回送计划。
⑦机车车辆试运行计划。
⑧区间装卸作业计划。
⑨路用列车运行计划。
(3)机车车辆工作计划
①各区段(含跨局)机车周转图,包括机车交路、机型及机车号。
②机车沿线走行公里、机车运用台数和机车日车公里。

③机车出(入)厂、检修、回送计划及重点要求。
④各车辆检修基地(含站修)扣修、修竣车辆取送计划。
⑤各沿线车站停留故障车辆检修计划。
⑥跨铁路局及铁路局集团有限公司管内客、货检修车回送计划及重点要求。
⑦动车组车底运用方案。
(4)施工日计划
①施工编号、等级、项目。
②施工日期、作业内容、地点(含线别、区间、车站、股道、道岔、行别、里程)和时间。
③施工限速、影响范围、行车方式变化及设备变化。
④施工单位(含配合单位)、施工负责人。
⑤施工作业车进出施工地段方案。

三、调度日(班)计划的编制依据

铁路局集团有限公司调度日(班)计划编制的主要依据包括：
(1)中国国家铁路集团有限公司下达的调度日计划、轮廓计划。
(2)月度运输生产经营计划、列车编组计划、列车运行图、机车周转图、机车车辆检修计划、有关技术作业时间标准。
(3)日运输需求车数及相关要求(军用应有军运任务通知书,超限超重货物应依据确认电报)。
(4)预计当日18:00各类运用车数、车站现在车数(重车分去向,其中到本局和邻局管内摘挂车流分到站;待卸车、空车分车种)和机车、机车乘务员分布情况。
(5)旅客列车临时加开、停运、变更径路、途中折返、车辆甩挂、客车回送的调度命令或文件、电报。
(6)机车车辆试运行计划。
(7)中国国家铁路集团有限公司特需、快速货物列车开行计划、命令及铁路局集团有限公司管内特需、快速货物列车开行方案。
(8)列车预确报。
(9)分界站协议。
(10)月度施工计划(含临时文电批复的)及主管业务处提报的施工计划、路用列车开行申请。
(11)设备维修作业计划。

四、编制货运工作计划

货运工作计划为列车工作计划提供自装自卸车流的资料,是铁路局集团有限公司日(班)计划的基础。其内容包括次日站别装车计划和卸车计划：
(1)全日和第一班装卸车数。
(2)按发货单位、品名、到站别、车种别(包括限制区段、主要厂矿、港口、口岸站)的装车数。
(3)"五定"班列、重点直达列车、集装箱直达列车、企业自备车直达列车和成组装车的列数、组数及辆数。
(4)装卸劳力和机械调配计划。

(5)篷布运用计划。

(6)专用货车使用计划。

(一)站别装车计划的编制

站别装车计划的编制,包括审批各货运中心的日要车计划,汇总并编制品类、去向别装车计划。编制直达列车和成组装车计划及推算自装交出和自装自卸的有效车等。

1.审批日要车计划

为了编制全局站别的装车计划,局管内各货运中心应分别在每日 10:00 前通过计算机网向铁路局集团有限公司提报次日的要车计划。日要车计划要有货源的保证,其货流应为符合旬间日历装车计划的货物,未完成日历装车计划而需要补装的计划内的货物,紧急运输的货物以及特殊情况下经中国国家铁路集团有限公司、铁路局集团有限公司批准的计划外货物。

主任货运调度员先根据局日间轮廓计划的要求,并按如下原则审批各站上报的日要车计划:

(1)贯彻运输政策,首先保证重点物资的装车。

(2)按旬计划规定的日历装车计划审批日要车计划,未纳入日历装车计划的货物,应根据货物性质和缓急情况,按规定予以处理。

(3)执行铁路局集团有限公司调度所关于装车调整的指示,严格遵守限制装车的规定,保证按去向平衡装车。

(4)对管内大的卸车站要掌握装卸搬运劳力的组织情况及货场货位腾空情况,根据卸车情况调整装车,以免造成车辆积压。

(5)尽可能地组织直达列车和成组装车。

2.汇总装车计划,编制品类别、去向别的装车计划表

对已批准的日要车计划,按站别、调度台别及全局进行汇总,由计算机生成打印去向别、品类别的装车计划表(运货3),并确定直达列车和成组装车计划,然后下达至车站。

3.确定自装有效车数

为了给调度所主任提供编制日间轮廓计划时确定卸车计划及移交车计划的推算资料,在编制装车计划时,应确定次日自装交出有效车数及自装自卸有效车数。

在最后汇总确定全局的日间装车计划时,应特别注意检查去向别装车是否符合旬计划或上级调度布置的装车调整任务。不论日间装车计划多于或少于旬计划,向他局的装车数都须按旬计划的规定或局日间轮廓计划所规定的装车调整计划进行安排,多于或不足的部分应在管内进行调整。

(二)站别卸车计划的编制

铁路局集团有限公司日间计划除了确定总的应卸车数和卸车计划之外,尚需按站别编制详细的卸车计划。详细的卸车计划是按管内工作车有效车确定的。按有效车确定卸车计划,可按下式计算:

$$u_{卸}^{次日} = N_{当日管内}^{有效} + u_{接入自卸}^{有效} + u_{自装自卸}^{有效} \quad (车)$$

式中:$u_{卸}^{次日}$——某站次日卸车计划;

$N_{当日管内}^{有效}$——当日 18:00 管内工作车到某站卸车的有效车数;

$u_{接入自卸}^{有效}$——次日接入到某站卸车的有效车数;

$u_{自装自卸}^{有效}$——次日自装到某站卸车的有效车数。

当日 18:00 局管内工作车或者是在局管内的车站上待发或待卸,或者是在途中运行的

列车内。当日 18:00 在各站的管内工作车根据各调度台 3h 调整计划推算的待卸及待发车资料确定;当日 18:00 在列车中的管内工作车根据列车确报确定。这些结存的管内工作车中的有效车可按概率计算法计算,若管内工作车周转时间小于 1,则除了特殊原因不能卸下者外,一般均可于次日内卸完。

次日接入自卸有效车可根据有效过渡点确定。有效过渡点是根据列车编组计划、列车运行图和车站技术作业时间标准分别按每一分界站及卸车站确定的。

次日自装自卸有效车是根据次日装车计划、列车编组计划、运行图、运输方案及车站技术作业时间标准确定的。

若运输方案确定了管内各站配空挂重车次,则根据批准的次日各站装车计划及有效车的界限,即可确定次日自装能卸的车数。

将以上三项能卸车数由计算机生成管内工作车去向表(运货4),按站别加总,即可得出局站别的卸车计划。

(三)编制货运工作计划的规定

(1)卸车计划——根据预计当日 18:00 管内工作车结存和次日产生的有效管内工作车数,确定次日卸车计划;根据 18:00 实际管内工作车确定次日应卸车数,并以此考核铁路局集团有限公司卸车完成情况;根据"管内工作车去向表"(运货4)确定各站的卸车任务。

(2)装车计划——必须在保证排空任务的前提下,严格按照中国国家铁路集团有限公司下达的调度轮廓计划及各站运输需求情况确定装车日计划。

(3)第一班装、卸车计划应达到全日计划的 45% 以上。

五、编制列车运行计划

列车运行计划是确定一日内各分界站及各区段上、下行方向开行列车车次、列数、编组内容的计划。它主要包括:列车到发及运行计划、分界站列车交接计划、管内工作车输送计划等。各项计划均应保证完成日间总计划确定的运输任务,并受日间总计划规定的控制数字所约束。

(一)列车到发及运行计划

列车到发计划由计划调度员负责与车站副站长共同编制,其编制方法与车站班计划基本相同。主要区别在于:一是使用图表不同,二是编制计划的权限不同,三是详简程度不同。车站编制人员由于对本站设备、车辆分布及各种作业情况掌握得更具体,因而计划的安排更详细,而调度所一般只对出发列车编组内容的车流或列车的到达站有严格要求,至于车流的来源并不十分具体。列车运行计划由计划调度员负责与列车调度员共同编制。

具体规定如下:

(1)列车运行计划必须有全日车次和全日编组内容。

编制列车运行计划必须有可靠的资料,禁止编制无车流保证的空头计划。各区段日计划列数,要按列车运行图做到基本均衡。

(2)实行分号列车运行图时,选定列车车次、确定日计划列数应以分号列车运行图为基础,首先保证核心列车开行。当分号列车运行图的列车开满后,可开行基本列车运行图的列车车次;增开的跨局列车车次,由相邻铁路局集团有限公司协商确定。

(3)列车运行图规定的货物列车是否开满,跨局列车以分界站全日交接列车计算;铁路局集团有限公司管内列车以编组站或区段站全日发出列车计算;干支线衔接的区段,列车对数应分别计算;列车运行图规定在中间站始发和到达的列车未开满,但贯通全区段运行的列车已开满时,可视为列车运行图已开满。

(4)列车运行计划要确保排空列车的开行。第一班计划的排空车数应达到全日计划的45%以上。

(5)始发列车计划应按列车运行图规定的时分制定;中转列车可按预计到达时分,在分号列车运行图中选定紧密衔接的适当运行线。

图定车次贯通到底的直达货物列车,在接续的区段站或编组站因晚点不能使用原图定运行线,在制定日(班)计划时,准许利用图定的直达或直通列车运行线开车,但必须保持原车次不变。

(6)摘挂列车与其他货物列车运行线不得互相串用。

(7)在中间站始发或终到的列车,如列车运行图规定为通过时分,在编制日(班)计划时,应另加起停车附加时分。

(8)开行临时定点列车的规定:

①基本列车运行图的列车开满后,方准加开临时定点的列车(特需、快速货物列车除外)。

②始发列车无适当车次使用时,可制订临时定点列车计划,其旅行时间不得超过本区段内同类列车最长旅行时间。跨局运行时,须征得邻局的同意。

③开行列车运行图以外的阶梯直达列车,只限于作业站间临时定点。

④挂有运行条件限制机车车辆的列车、有时间限制的军用列车和在区间整列装卸的列车,不能利用列车运行图中的运行线时,可开行临时定点列车。

挂有运行条件限制机车车辆的列车,在制订日(班)计划时允许指定始发和到达时分,运行时分可在 3~4h 列车运行调整计划中确定。

⑤途中停运的列车,恢复运行时应利用空闲运行线。如确无适当运行线可利用时,方准开行临时定点列车到达前方第一个技术作业站。

(9)挂有装载超限超重、剧毒品货物车辆和运行条件限制机车车辆的列车跨局运行时,应向邻局重点预报。

(10)严格执行编组计划,遇特殊情况违反编组计划时,须经铁路局集团有限公司计划调度员准许并发布调度命令(跨局时须经中国国家铁路集团有限公司调度命令准许)。

(二)分界站列车交接计划

填写分界站交接计划表,向邻局发出列车预报。每编完一个阶段,将分界站交出的列车车次、编组内容等资料,填写在"分界站交接计划表"上,计划调度员亲自或由预报调度员向邻局发出预报,以便邻局编制计划。

具体规定如下:

(1)分界站当日未交出的晚点列车,需纳入次日计划。接近 18:00 的晚点列车,来不及纳入次日计划时,准许 18:00 后晚点交出。

(2)原则上不准编制跨局的超重、超长列车计划;必须编制时,须征得邻局的同意。

(3)班计划一经确定,必须维护计划的严肃性,在执行中原则上不准变更列车车次和整列方向别的编组内容;跨局列车遇有特殊情况必须变更日(班)计划确定的列车车次和整列方向别的编组内容时,要预先征得邻局的同意。

(4)列车运行计划编制后,邻局调度所必须主动将分界站列车交接计划(包括车次、时刻、编组内容、机车交路)核对一致后,方准上报中国国家铁路集团有限公司批准。

(三)管内工作车输送计划

管内工作车输送计划,也可称为区段管内车流输送计划。它主要是指对中间站配送空车和挂运重车及到达中间站卸车的运送安排。对这部分车辆可以整列输送,也可以用摘挂列车或小运转列车输送,具体方式由列车编组计划和运输方案规定。

区段管内车流输送计划的编制,是根据预计各站当日18:00结存车数、技术站有关列车出发计划、邻局有关列车的到达预确报以及各站次日装车计划,按照列车运行图和运输方案的规定,确定各种列车在区段内的甩挂作业计划。

现以乙—丙区段管内车流输送计划为例,见图10-3。18:00~6:00开行一对摘挂列车41001/41002,列车在始发站编组内容、各站装车、配空、卸车计划和18:00为现在车情况。根据各站18:00现在车、空车需要及装卸完成情况来安排摘挂列车在各站的摘挂重、空车数和到、开及通过时刻。

乙—丙区段管内车流输送计划,如图10-3所示。

图10-3 乙—丙区段管内车流输送计划

18:00~21:00、6:00~9:00的列车工作计划,应分别提前在16:00、4:00前下达有关站、段。对车次的考核,仍以正式下达的日(班)计划为依据。

对上报计划有调整时,铁路局集团有限公司应按中国国家铁路集团有限公司调度命令批准的计划,以调度命令更正,并组织实现。

六、编制机车车辆工作计划

货运工作计划决定了次日管内自装卸车流的流向和流量,为列车工作计划提供部分车流资料;列车工作计划确定各区段开行的列车车次;日(班)计划编制接着需要解决的是牵引动力和车辆供应问题。机车车辆工作计划要保证日常运输任务的需要,按列车工作计划供应质量良好的机车车辆,合理安排机车车辆检修计划。

在机车工作计划中,机车调度员综合安排管内各机务段机车的运用、检修和备用台数,铺画机车周转图和安排检修计划。机车周转图必须根据列车工作计划和规定的技术作业时间、乘务员劳动时间、机车交路进行编制。不准编制反交路,消除对放单机,减少单机走行。如编有紧交路时,必须采取兑现计划的组织调整措施。

跨局长交路机车工作计划编制由机车配属局机车调度员负责,支配局、有继乘站的机车经过局机车调度员配合共同编制。编制的跨局长交路区段机车工作计划必须完整准确,跨局长交路相关铁路局集团有限公司要实现计划、实际机车周转图的数据共享。在当前普遍采用机车长交路的条件下,对于在本局管内担当牵引任务的外局配属机车,特别是本局司机驾驶时,要加强运用管理,注意机车的保养、防止粗暴操作,及时处理故障、紧凑安排交路,提高机车运用效率。

车辆工作计划安排局管内车辆段各作业地点客、货车辆的检修任务。

七、编制施工日计划

为加强铁路营业线施工和施工安全管理,做到运输、施工兼顾,铁路局集团有限公司调度所设施工调度室,负责编制施工日计划和进行施工调度管理。施工日计划是铁路局集团有限公司调度所施工调度室根据月度施工计划及主管业务处提报的施工计划申请编制的次日 0:00~24:00 施工计划。

由施工调度员负责编制、下达施工日计划,发布运行揭示调度命令、施工调度命令,协调组织施工按计划进行,确保施工期间行车安全。

1. 施工计划的申报

施工单位于施工前3天将施工日计划申请报铁路局集团有限公司主管业务处室;主管业务处室审核(盖章)后,于施工前2天9:00前向施工办提报施工日计划申请,其中铁路局集团有限公司所管设备越过局间分界站延伸至邻局调度管辖区段的施工日计划申请向调度管辖区段铁路局集团有限公司施工办提报。

2. 施工日计划的审批和下达执行

施工办应将主管业务处室提报的施工日计划申请与月度施工计划(含临时文电批复的)进行核对,同时将Ⅰ级施工和繁忙干线中国国家铁路集团有限公司管理施工项目的施工计划申请于施工前2天15:00前报中国国家铁路集团有限公司运输局调度处;运输局调度处根据中国国家铁路集团有限公司月度施工计划和批准的施工文电进行审核后,于施工前2天18:00前反馈相关铁路局集团有限公司施工办,施工办据此编制施工日计划。

编制的施工日计划经调度所主任(副主任)审核后,纳入调度日计划。

施工办于施工前一天12:00前(0:00至4:00执行的施工日计划于前一天8:00前)将施工日计划下达本局有关机务段、车务段(直属站),传(交)主管业务处室和相关计划调度台、列车调度台、供电调度台;其中涉及邻局的车务段(直属站)和相关调度台,传(交)邻局施工办并由其负责转达。主管业务处室负责通知施工单位、配合单位,车务段(直属站)负责通知相关车站。

Ⅰ级施工和繁忙干线中国国家铁路集团有限公司管理施工项目的施工日计划,施工办于施工前一天 15:00 前报中国国家铁路集团有限公司运输局调度处。

3. 施工日计划的变更

因运输原因不能安排施工计划时,须经铁路局集团有限公司分管运输副局长(总调度长)同意。因专特运原因不能安排施工计划时,按中国国家铁路集团有限公司(铁路局集团有限公司)调度命令执行。

施工日计划下达后,不得随意取消施工日计划(项目)。因特殊原因临时取消时,须经铁路局集团有限公司分管运输副局长(总调度长)批准(I级施工和繁忙干线中国国家铁路集团有限公司管理施工项目还须经中国国家铁路集团有限公司运输局调度部主任或副主任批准)并采取行车安全措施后,以调度命令办理取消(含取消或重新发布运行揭示调度命令)。

施工日计划下达后,施工开始前,施工单位自身原因取消施工和维修时,不发布取消施工和维修的调度命令。涉及运行揭示调度命令的施工取消时,施工单位须登记行车条件,铁路局集团有限公司调度所根据登记发布调度命令。

八、计划审批与下达及其检查的主要内容

1. 调度日计划的审批和下达

(1)中国国家铁路集团有限公司每日 10:00 前向铁路局集团有限公司下达次日调度轮廓计划。

(2)铁路局集团有限公司调度日计划经分管副局长(总调度长)批准后,于 17:00 前将需中国国家铁路集团有限公司调度日计划批准的内容报中国国家铁路集团有限公司运输局调度部调度处。

(3)中国国家铁路集团有限公司调度日计划经调度部主任(副主任)批准后,于 17:20 前以调度命令下达各铁路局集团有限公司。

(4)铁路局集团有限公司调度日计划于 17:30 前以调度命令下达有关单位、调度台。

(5)18:00 至 21:00、6:00 至 9:00 的列车运行计划,应分别于 16:00、4:00 前下达有关单位。对货物列车车次的考核,仍以正式下达的日(班)计划为依据。

(6)第二班的调整计划,由铁路局集团有限公司调度所值班主任负责组织各工种调度人员,根据第一班计划的执行情况和日计划任务进行调整,铁路局集团有限公司于 6:00 前以调度命令下达有关单位。

2. 审批日(班)计划检查的主要内容:

(1)装车计划,检查品类、去向,是否符合旬计划。

(2)卸车计划,是否达到应卸车标准。

(3)各分界站排出空车的车种别数量是否符合中国国家铁路集团有限公司轮廓计划的要求,空车直达列车的车流有无保证,分界站交车是否均衡,重点配空列车和排空安排是否均衡。

(4)编组站出发列车是否均衡,车流有无积压。

(5)机车运用,机车交路安排是否合理。

(6)能否保证主要技术指标达到月计划标准。

巩固提高

1. 何谓调度日(班)计划?
2. 调度日(班)计划的编制应遵守哪些原则?

3. 铁路局集团有限公司调度日计划主要内容有哪些？
4. 铁路局集团有限公司调度日计划编制的主要依据是什么？
5. 货运工作计划包括哪些内容？
6. 开行临时定点列车有哪些规定？

任务四　调度指挥

任务描述

本学习任务你将作为一名列车调度员进行列车运行调度工作,掌握列车调度指挥原则,熟悉列车调度员的作业程序,熟练运用各种方法对列车运行进行调整,能够绘制列车运行实绩图。

相关理论知识

一、调度指挥原则

由于铁路运输工作具有高度集中,各个工作环节紧密联系的特点,所以在铁路运输组织中,必须贯彻安全生产、集中领导、统一指挥、逐级负责的原则。在列车调度指挥方面,要坚持下列原则:

(一) 安全生产的原则

在列车调度指挥工作中,必须坚持安全生产的原则,正确指挥列车运行。不能发布没有安全保障依据的命令和指示。当得到有关危及行车安全的信息时,要正确、及时、妥善处理。以保证旅客列车的安全为重点,组织列车安全运行。

(二) 按图行车的原则

列车正点率是铁路运输产品质量的重要技术指标,也是铁路运输组织管理水平的综合反映。只有按图行车才能保持正常的运输秩序,进而保证列车的正点率。

(三) 单一指挥的原则

铁路行车工作是一个互相联系、互相影响的多部门、多单位、各工种所组成的完整系统。在这个系统中,各部门、各单位、各工种间的紧密联系和协调一致,对于保证行车安全和运输效率有着决定性的意义。铁路行车调度是为适应铁路行车特点而设置的铁路行车工作的统一指挥者。在列车运行调整工作中,与行车有关的人员,必须服从所在区段当班列车调度员的集中统一指挥,执行列车调度员命令、指示,不得违反,其他任何人不得发布与行车有关的命令和指示。

(四) 下级调度服从上级调度的原则

在列车运行组织与调整过程中,相邻调度台、相邻铁路局集团有限公司之间应保持紧密联系,以保证列车的正常交接。对出现的问题,双方要主动协商解决;当双方意见不能一致时,应向中国国家铁路集团有限公司上报,由中国国家铁路集团有限公司协调解决。一经中国国家铁路集团有限公司调度决定,有关人员必须无条件服从。

(五) 按等级进行调整的原则

列车调度员要按列车运行图指挥列车运行;当列车不能按列车运行图运行时,除特殊情况外,要按《铁路技术管理规程》(普速铁路部分)规定的列车运行等级顺序(单机应根据用途按指定条件运行)和先跨局后管内的原则进行调整。

《铁路技术管理规程》(普速铁路部分)规定的列车运行等级顺序如下:

(1)动车组列车。
(2)特快旅客列车。
(3)特快货物班列。
(4)快速旅客列车。
(5)普通旅客列车。
(6)军用列车。
(7)货物列车。
(8)路用列车。

由于自然灾害、设备故障或铁路交通事故等原因,须开往现场救援、抢修、抢救的列车,包括救援列车和除雪机等,应优先办理,不受列车等级的限制。

由于特殊目的开行的列车,如专列或其他列车等,因其性质及任务不同,缓急程度不同,应根据具体情况在指定开行时确定其等级。

二、列车调度员作业程序与要求

列车调度员在计划调度员的领导下,组织列车按图行车,确保客货列车正点;掌握摘挂列车甩挂作业,按计划配空车和及时将车站待挂车挂出;保证所管辖车站各项运输指标的完成。

1. 列车调度员在一个班的基本作业程序

铁路局集团有限公司调度所的列车调度员,一个班的基本作业程序如图10-4所示。

(1)接班前了解情况[7:00~7:30或19:00~19:30]

了解重点任务及事项,施工安排、限速区段情况,阅览交班簿,客货列车正晚点情况,开车计划(包括车流来源、机车交路情况)及解除、保留列车计划,编组站、区段站到发线占用情况,分界站列车交接列数、车次、终到站,管内有效卸车,排空任务及第一班完成;超限列车情况,各站存车情况、装卸车任务及配空计划;摘挂列车运行作业情况等。

(2)接班会[7:30~8:00或19:30~20:00]

汇报接班前了解的情况,对完成和兑现有困难的问题,提出自己解决问题的办法和意见,对有关

图10-4 列车调度员基本作业过程

岗位提出配合的要求;听取其他岗位的汇报,与本岗位有关的事项要记录下来。听取值班主任、调度所主任对本班工作布置的重点事项及要求,特别是与本班有关的事项要做好记录。

(3)交接班[8:00(20:00)]

与下班调度员进行交接,主要包括列车运行情况,特别要注意超限列车(包括限速列车)运行条件及当时运行情况,调度命令的发布及执行情况,摘挂列车甩挂作业情况。

(4)编制三四小时阶段计划[8:00~8:30 或 20:00~20:30]

按规定内容和要求编制。首先了解编组站、区段站接车、开车和机车交路情况(包括计划员三四小时阶段计划);铺画三四小时计划线。

(5)对表并下达三四小时阶段计划[8:30~8:45 或 20:30~20:45]

与各站对表;用调度命令发布三四小时阶段计划(按规定执行),布置重点事项及要求。

(6)向中国国家铁路集团有限公司汇报列车运行概况[12:00~12:20 或 0:00~0:20]

报告列车运行点(按要求上报),回答上级咨询。

(7)收取各站 12:00(0:00)存车[12:20~12:30 或 0:20~0:30]

各站存车数(重车分到站,空车分车种),保留列车车次及存放股道、车数。

(8)编制三四小时阶段计划并及时下达[12:30~12:50 或 0:30~0:50]

内容和要求与上一个三四小时阶段计划相同。

(9)推定各站 18:00(6:00)站存车[13:00~13:30 或 1:00~1:30]

站存车分布(重车分去向、管内工作车按到站、空车分车种)的情况及装、卸车完成情况。

(10)向中国国家铁路集团有限公司汇报列车运行情况[16:00~16:30 或 4:00~4:30]

内容与上一次汇报相同。

(11)编制三四小时阶段计划并及时下达[16:30~16:50 或 4:30~4:50]

内容与上一个三四小时阶段计划相同。

(12)向中国国家铁路集团有限公司汇报列车运行概况[18:00~18:10 或 6:00~6:10]

内容与上一次汇报内容基本相同,增加过表列车位置。

(13)收各站 18:00(6:00)存车[18:10~18:20 或 6:10~6:20]

内容同 12:00(0:00)。

(14)写交班簿[19:50~20:00 或 7:50~8:00]

在途列车情况、重点军用列车、重点旅客列车运行情况、超限列车(包括限速列车)运行条件、重点事项、施工情况、调度命令发布情况、摘挂列车作业情况、乘务人员超劳和可能超劳情况以及其他需要交班的事项。

(15)交班[8:00 或 20:00]

按交班簿所写内容交班,要求接班者签名认可。

(16)参加交班会[8:00~8:20 或 20:00~20:20]

汇报本班工作情况、回答领导提问、反映现场情况等。

2.其他有关的作业要求

(1)正确及时按列车运行图填记标准,填写列车运行图;及时填写事故概况;及时逐级报告现场反映的情况和超越职责以外的需要上级处理的问题。

(2)根据有关规章规定,及时正确发布调度行车命令。

(3)根据调度组织指挥原则,随时调整列车运行,确保分界口交车,排空、装车、卸车任务完成。确保列车正点,特别是旅客列车正点,以及编组站、区段站列车均衡到达和调整机车交路。

三、列车运行调整

(一)列车运行调整的必要性

列车运行图规定了每一趟列车在车站的到发时刻、停站时分以及列车间交会和越行关系。但是,在运输日常工作中,由于货流、车流的变化、站段作业进度的快慢、线路施工、气候影响、自然灾害以及行车事故等原因,经常发生列车停运、加开、早点、晚点的情况,列车很难完全按图运行,而个别列车运行条件的变化常常形成连锁反应,影响到其他列车的运行。为了使列车在区段内的运行尽量符合列车运行图,需对列车运行进行必要的调整。

采取各种调度措施,使管辖区段内的列车恢复按运行图规定的时分运行、正点或早点或不增晚地移交相邻调度区段或在本区段终到的过程称为列车运行调整。

保持按图行车的良好运行秩序,从而提高列车旅行速度和完成各项运输指标,使铁路运输保持较高的整体经济效益是列车运行调整的目的。

(二)编制列车运行调整计划

列车运行调整计划(又称阶段计划或会让计划)是列车调度员组织实现日(班)计划的具体行动计划。它由列车调度员和车站值班员负责编制和组织实施,每一阶段可根据具体情况划分为 3 小时或 4 小时。

列车运行调整的目的在于安全地实现本调度区段列车工作计划规定的车流输送任务,使晚点列车尽可能恢复正点,最大限度地减少晚点和早点列车对其他列车正点到达的影响,保证按图行车的良好运行秩序,提高货物列车的旅行速度。

列车调度员编制和执行列车运行调整计划的方法,一般可分为收集资料、编制计划、下达计划、组织实现 4 个步骤。

1. 收集资料

列车调度员在编制三四小时列车运行调整计划前,应认真进行调查研究,通过各种联系方式与邻台(所)及有关站段互通情报,收集第一手资料。尤其是接班后第一个列车运行调整计划,交接班后容易产生脱节现象,造成不良后果。为保持计划的连续性,防止问题的发生,交班的列车调度员应从整体出发,编制最后一个调整计划时认真负责、考虑周密、下达齐全,关键问题一定要布置清楚,打好交接班基础。接班的列车调度员应提前详细了解情况,接班后尽量按上一班的计划进行调整,必要时也尽量进行部分调整,避免全盘否定。

编制列车调整计划时须收集的主要资料有:

(1)区段各站现在车分布情况(空车分车种,重车分去向)、装卸车进度和到发线占用情况。

(2)邻所(台)及本区段客、货列车实际运行情况。

(3)编组站、区段站的到发线运用及待发列车准备情况。

(4)摘挂列车编组内容及前方站作业情况。

(5)区间卸车及施工情况。

(6)机车整备、机车交路及调车机车、小运转机车换班作业情况。

(7)其他有关情况及领导指示。

2. 编制列车运行调整计划

在编制列车运行调整计划时,一定要从全局的角度出发,认真贯彻国家运输政策和运输调整原则,既要保证重点,又要做好全面安排。对晚点列车按下列要求作出调整计划:

(1)在保证安全的前提下,用最大的旅行速度运行,尽快使晚点列车恢复正点,做到"接晚不增晚,晚点赶正点"。

(2)确定合理的会让站和越行站。

(3)最大限度地使用区间通过能力。

(4)保证必要的车站间隔时间及区间运行时分。

编制调整计划时,一般应优先保证旅客列车正点由邻区段接入的时间顺序铺画。对直达、直通列车应尽量加速放行;安排技术站向区间发出超过图定列车对数的列车时要格外注意不使列车超过一定限度;安排摘挂列车运行计划时,在保证车辆甩挂条件下,尽量插空当运行;同时,应注意本区段始发直达列车的车流接续情况和机车交路情况,保证良好的列车运行秩序。

编制列车运行调整计划,一般采取"满表铺线、分段细铺"的方法。"满表铺线"就是一次铺画6小时以上的计划;"分段细铺"就是按3或4小时为一个阶段在"满表铺线"基础上,根据列车运行的变化情况,详细地编制列车运行调整计划。这样,可以使阶段和阶段衔接紧密,也容易发现矛盾,找出关键,保证列车按图行车。

3.列车运行调整计划的下达

列车调度员编制完列车运行调整计划后,应在计划开始前1小时下达给有关站段。下达的主要内容有:

(1)技术站列车到发车次、时刻、机车型号、编组内容及辆数。

(2)中间站会让、越行计划及相关注意事项。

(3)重点列车、超限列车及限速列车运行注意事项。

(4)摘挂列车甩挂作业计划。

(5)途中卸车及施工计划。

(6)调车机车、小运转机车运用和重型轨道车运行计划。

(7)中间站始发列车的车流来源、出发时刻及机车的安排。

(8)其他事项,如上级指示、重点工作等。

4.组织实现

计划执行过程中列车调度员要随时掌握列车运行情况,特别是关键列车(如在旅客列车前运行的货物列车等)和困难车站,要及时收"点",填画实际图,监督列车的运行,以便发现问题及时采取调整措施,保证列车按计划运行。

(三)列车运行调整的方法

列车调度员进行列车运行调整时,一般可采取如下方法:

1.充分利用最大允许速度,缩短列车区间运行时分

当列车晚点且时间不长时,为了使晚点列车恢复正点运行,或为了使列车赶到指定的车站进行会让,或为了机车交路、车流的接续,可以采取充分利用最大允许速度,缩短区间运行时分,加速列车运行的调整方法。

在组织列车加速运行时,还应特别注意行车安全,切忌在有不利纵断面(如长大下坡道)的区间赶点运行,在一般情况下不使赶点的列车在计划停车地点以外临时停车,在特殊情况下在计划停车点外停车时,应及时向司机说明原因。

例如:在图10-5中,在某单线区段,按运行图规定10001要在B站停会K168次;实际工作中因K168次晚点36min,影响10001次的正点运行。列车调度员预先了解到这种情况后,

经过周密的计算分析,提前在 A 站通知 10001 次司机并征得同意,要求在 A—B、B—C 两区间"赶点"4min,至 C 站会 K168 次。

图 10-5　组织列车加速运行

2. 选择合理的会让站

由于列车晚点、早点、停运、加开等原因,往往影响其他列车运行,以致列车调度员需要通过变更列车会让地点来加以调整。在调整时调度员尽可能选择合理的会让地点,达到加速放行列车的目的。

例如:在图 10-6 中,11005 次图定在 18:50 到达 C 站停会 11006 次,但因 11005 次列车晚点 40min,此时可将会车地点改为 B 站,这样就保证了 11006 次列车的正点运行。

图 10-6　变更会让地点

3. 组织列车在车站进行平行作业

列车在运行途中有时要进行一定的作业,如旅客列车在某些车站办理旅客上下、行包及邮件装卸,摘挂列车需要办理车辆甩挂作业,有的办理补机摘挂作业,以及列车会让、越行作业等。列车调度员为了调整列车运行,需要缩短某一列车在站停留时间,可与车站加强联系,组织有关人员快速、平行作业,达到调整列车运行目的。

例如:在图 10-7 中,40415 在 B 站作业并会 T208 次旅客列车,在 C 站也要进行甩挂作业。现因 T208 次列车晚点,此时为了保证 40415 次列车的正点运行,应该组织 B 站采取各种措施抓紧 40415 次列车的作业,压缩在 B 站的作业停留时间,提前开到 C 站等会 T208 次。这样,既保证了 40415 次在 C 站正常作业时间,也使列车能在图定时间正点到达终点。

图 10-7　缩短列车在站停留时间

4. 组织列车反方向行车

双线区段上,有时一个方向列车密度较大,而另一个方向列车密度较小,或者一条线路封锁施工或事故影响中断行车;或者组织区间卸车或列车救援等原因。列车调度员在调整列车运行时,可以组织反方向行车。

例如:在图 10-8 中,规定 42158 次列车要在 C 站待避 2416 次,又要会 25665 次,现 25665 次因故停运,同时 42158 次在 B 站的甩挂作业量较大。在这种情况下,在保证安全的前提下,组织 42158 次列车在 C—B 区间反方向运行,这样就保证 42158 次摘挂列车在 B 站有充分的作业时间,并保证其正点运行。

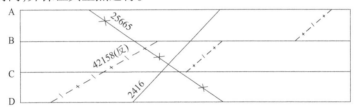

图 10-8　组织列车反向运行示意图

5. 组织列车合并运行

当列车运行密度大而区段通过能力又较紧张时,列车调度员对小运转列车或编成辆数较少而在前方各站又无作业的列车可以采取列车合并运行的方法,为减少单机占用运行线,也可组织单机附挂或单机重联。

列车调度员在组织列车合并运行时,应考虑合并后的列车长度,使其尽量不超过图定计长。若超过时,应尽量组织该列车不停车通过前方各中间站。

例如:在图 10-9 中,将图中的单机 51008 次与 32326 次列车合并,不但可节省一条运行线,而且还可以增加 32326 次列车的牵引力。

图 10-9　组织列车合并运行

四、列车运行实际图的绘制

1. 列车基本运行图与列车运行实际图的关系

列车运行图是行车组织的基础,列车调度员应严格按列车运行图指挥行车。专门制定的本区段列车运行图表是列车调度员进行调度指挥的工具。列车调度员利用在其上铺画的列车实际运行线和记载的列车确报,了解本区段列车的当前位置和编组内容,利用铺画的阶段计划指挥列车运行。

列车基本运行图是按最大运量编制的运行图。列车运行实际图则是记载一个调度区段内列车运行实际情况以及列车运行有关事项的图表,二者的作用是不相同的。

2. 列车实际运行图应按规定填绘

列车运行实际图一般采用十分格运行图,在有关列车运行线表示方法的基础上,按照列车实际运行整理符号,应按规定进行填绘。

(1)列车始发、终止、在中间站临时停运及由邻接区段转来或开往邻区段。

①列车始发(见图10-10)。

②列车终止(见图10-11)。

③列车在中间站临时停运(见图10-12)。

图10-10 列车始发　　图10-11 列车终止　　图10-12 列车在中间站临时停运

④列车由邻接区段转来(见图10-13)。

⑤列车开往邻接区段(见图10-14)。

图10-13 列车由邻接区段转来　　图10-14 列车开往邻接区段

列车到开时分记在钝角内。早点用红圈、晚点用蓝圈记于锐角内,圈内注明早、晚点时分。晚点原因可用简明略号注明,如因编组晚点可只写"编"字。

(2)列车合并运行(在列车运行线上注明某次列车被合并)(见图10-15)。

(3)列车让车(见图10-16)。

图10-15 列车合并运行　　图10-16 列车让车

(4)列车反方向运行时,在反方向运行区间的运行线上填写车次及(反)字(见图10-17)。

(5)列车在区间内分部运行(见图10-18)。

图 10-17 列车反方向运行

图 10-18 列车在区间内分部运行

(6)补机途中折返(见图 10-19)。

(7)线路中断或施工封锁区间时,要在该区间内画一红横线表示。单线区间中断或封锁(见图 10-20)。

图 10-19 补机途中折返　　　　　　图 10-20 单线区间中断或封锁

双线区间上下行线路全部中断或封锁时,表示方法与单线区间相同;有一线中断或封锁时,以在红横线上或下画的蓝断线表示上行线或下行线中断或封锁(见图 10-21)。

(8)因施工或其他原因区间内需要慢行时,由开始时起至终了时止,用红色笔画断线表示;并标明地点、原因、限制速度(如双线就标明上行线或下行线)(见图 10-22)。

图 10-21 复线区间中断或封锁　　　　　　图 10-22 区间限速慢行

(9)列车在区间内有装卸作业时,要标明车次、作业地点、装卸货物品名(见图 10-23)。

图 10-23 列车在区间内有装卸作业

(10)列车在中间站不摘车作业,用红色笔表示。如:$\frac{6}{9}$

$$\frac{6}{9} \quad \begin{matrix}\text{分子表示装车数}\\\text{分母表示卸车数}\end{matrix}$$

(11)列车在中间站甩挂作业,用蓝色笔表示,"+"表示挂,"—"表示甩。如:$\frac{-3}{+6}$

$$\frac{-3}{+6} \quad \begin{matrix}\text{分子表示重车}\\\text{分母表示空车}\end{matrix}$$

(12)列车运缓时,在列车运行线上方用蓝色笔标明运缓时分;赶点时在列车运行线上方用红色笔标明赶点时分。

(13)列车在进站信号机外停车时,用红色笔画"△",并标明停车时分(见图10-24)。

(14)机车交路及机车出入库时间的表示方法:机车在本段交路用蓝色笔,在折返段用黑色笔画实线,并在交路上逐列标明出入库时间(见图10-25)。

图10-24 列车在进站信号机外停车

图10-25 机车交路及机车出入库时间的表示方法

巩固提高

1. 铁路运输调度指挥应遵循哪些原则?
2. 简述列车运行调整的必要性。
3. 简述编制列车运行调整计划的步骤。
4. 列车运行调整的方法有哪些?

任务五 调度命令拟发

任务描述

本学习任务中你将作为一名列车调度员正确及时地发布调度命令,掌握发布调度命令的基本规定,熟知需要发布调度命令的情况,会使用常用行车调度命令用语编制调度命令,采取有效措施和方法发布或转达调度命令。

相关理论知识

正确、及时地发布调度命令是中国国家铁路集团有限公司、铁路局集团有限公司调度人员加强运输组织工作、保证行车安全、提高运输效率的重要手段,是行车工作实现集中领导、统一指挥的重要措施,是衡量调度人员业务素质和指挥水平的重要标志。为此,各级调度人员应明确对发布调度命令的要求,熟悉发布调度命令的情况和用语,采取有效措施和方法发布或转达调度命令。

中国国家铁路集团有限公司、铁路局集团有限公司调度在组织指挥日常运输工作中,应及时发布与运输有关的调度命令,下级调度以及行车有关人员必须坚决执行。

一、调度命令的概念

(一)调度命令

调度命令是指行车调度处理日常行车工作中有关问题,以及在非正常情况下组织指挥行车有关部门、单位和人员办理行车工作、指示作业方法和安全注意事项的带有约束性的以书面形式下达的指令。

调度命令是行车各部门具体办理行车工作的根据,是行车调度组织指挥行车工作和安全生产的必要手段,也是考察行车调度组织指挥工作的过程及工作质量的依据。它体现了铁路行车工作集中领导、统一指挥的原则。各行车有关部门、单位和人员必须服从行车调度的调度命令,严格按照调度命令的具体要求进行工作。

(二)口头指示

除调度命令以外,调度员在日常生产指挥中向有关人员发布的完成运输生产任务的具体部署和指挥行车工作的指令,称为口头指示。

口头指示和调度命令具有同等作用,有关人员必须坚决执行。发布口头指示时,也应正确、及时、清晰、完整。

需要发布口头指示的事项:编组超重列车;中间站到发线占用;跟踪出站调车;原规定为通过的旅客列车由正线变更为到发线接车,特快旅客列车遇特殊情况必须变更基本进路时;单线自动闭塞在发车前;自闭区间列车退行时;不适于连挂在列车中部但走行部良好的车辆挂于列车尾部时;其他需要明确但无须发布调度命令的事项。

二、需要发布调度命令的情况

(一)应发布调度命令的情况

指挥列车运行的命令(运行揭示调度命令除外)和口头指示,只能由列车调度员发布。列车调度员在发布命令之前,应详细了解现场情况,并听取有关人员意见。

遇到表10-4所列情况,须发布调度命令。

行车调度命令项目表 表10-4

顺　序	命　令　项　目	受令者	
		司机	车站值班员
1	封锁、开通区间		○
2	向封锁区间开行救援列车、路用列车	○	○
3	临时变更或恢复原行车闭塞法	○	○
4	双线反方向行车、由双线改为单线或恢复双线行车	○	○
5	变更列车径路	○	○
6	发出在区间内停车或由区间返回的列车	○	○
7	开往区间内岔线的列车	○	○
8	发出临时由区间内返回后部补机的列车	○	○
9	列车需临时降弓运行	○	○
10	因行车设备故障、灾害或施工,以及列车中挂有限速的机车车辆等,需要使列车临时限速运行(纳入运行揭示调度命令或本务机车、动车组自身设备原因限速时除外)	○	○

续上表

顺　序	命令项目	受令者	
		司机	车站值班员
11	动车组列车空调失效需打开部分车门限速运行	○	○
12	车站使用故障按钮、总辅助按钮		○
13	超长列车或列车挂有装载超限货物的车辆	○	○
14	单机附挂车辆	○	○
15	半自动闭塞区间,超长列车头部越过出站信号机(未压上出站方面的轨道电路)发车	○	○
16	在非到发线上接发列车	○	○
17	调度日(班)计划以外,临时加开或停运列车(单机除外)	○	○
18	双线区间在区间内进行跨线装卸作业时,对开入其邻线的列车	○	○
19	双线区间在区间内有除雪机、起重机工作时,对开入其邻线的列车	○	○
20	双线区间在区间内发生冲突、脱轨、火灾、爆炸事故,对开入其邻线的列车	○	○
21	列尾装置故障(丢失)的货物列车继续运行	○	○
22	改按天气恶劣难以辨认信号的办法行车或恢复正常行车	○	○
23	动车组列车转入或退出隔离模式(被救援时除外)	○	○
24	动车组列车在列控车载设备控车和列车运行监控装置控车之间人工转换	○	○
25	临时利用本务机车调车作业	○	○
26	利用天窗施工、维修作业		○
27	施工、维修作业较指定时间延迟结束		○
28	运行揭示调度命令与实际限速、行车方式或设备不符时	○	○
29	正线、到发线接触网停电或送电(接触网倒闸、跳闸后试送电、向中性区送电或弓网故障排查除外)		○
30	正线、到发线接触网停电后准许登顶作业	○	○
31	双管供风旅客列车运行途中改为单管供风	○	○
32	列车调度员认为有必要记录的上述以外的命令	有关人员	

注:①划○者为受令人员。

②天窗维修作业在指定的时间内完成并销记后,列车调度员不再发布维修作业结束恢复行车的调度命令。

③动车组列车改按列车运行监控装置方式运行需将列控车载设备隔离时,列车调度员仅发布改按列车运行监控装置方式行车的调度命令。

④因调车作业动车组控车模式转换,不发布调度命令。自动站间闭塞法行车转为半自动闭塞法行车及转回的调度命令,可不发给司机。

上述调度命令如涉及其他单位和人员时,应同时发给。

(二)不发布行车调度命令的情况

除《铁路技术管理规程》(普速铁路部分)有明确规定外,遇下列情况,列车调度员亦不发布调度命令:

(1)使用绿色许可证或半自动闭塞发车进路通知书发出列车时。

(2)自动闭塞区间一架通过信号机故障。

(3)旅客列车在技术停车站(不办理客运、通勤业务和技术作业)临时变更通过。

（4）使用引导信号接车（使用引导手信号除外）。

（5）站内采用调车方式救援。

（6）已发布运行揭示调度命令的变更旅客列车固定走行径路。

（7）接发动车组列车变更固定股道。

（8）区间内机车信号、列车运行监控装置（LKJ）、轨道车运行控制设备（GYK）发生故障，运行至前方站停车处理。

（9）列车退行。

（10）自轮运转特种设备自走行时因自身设备原因限速。

（11）旅客列车发生制动关门，依据《旅客列车制动关门限速证明书》限速；货物列车编入关门车数超过现车总辆数的6%，依据《制动效能证明书》限速。

三、发布调度命令的基本规定

（1）调度命令发布前，应详细了解现场情况，听取有关人员的意见，命令内容、受令处所必须正确、完整、清晰。

（2）使用计算机、传真机、调度命令无线传送系统发布调度命令时，必须严格遵守"一拟写、二审核（按规定需监控人审核的）、三签发（按规定需领导、值班主任签发的）、四发布、五确认签收"的发布程序。命令接受人员确认无误后应及时反馈回执。

（3）使用电话发布调度命令时，必须严格遵守"一拟写、二审核（按规定需监控人审核的）、三签发（按规定需领导、值班主任或值班副主任签发的）、四发布、五复诵核对、六下达命令号码和时间"的发布程序。使用电话发收调度命令时，应填记"调度命令登记簿"（列车调度员使用调度命令系统记录时除外，见表10-5），指定受令人员中一人复诵，并记明发收人员姓名及时刻。

调度命令登记簿   表10-5

月日	发出时刻	命令			复诵人姓名	接受命令人姓名	调度员姓名	阅读时刻（签名）
		号码	受令及抄知处所	内容				

（规格 190 mm×265 mm）

（4）已发布的调度命令遇有错、漏或变化时，尚未开始执行的，必须取消前发命令，重新发布调度命令；已开始执行的，应立即停止执行错误或变化内容，并及时发布调度命令进行修正。

（5）调度命令书写不正确时，应重新书写。

(6)发布有关线路、道岔限速的调度命令,必须注明具体地点、起止里程及限速值。

(7)发布救援调度命令,必须注明被救援列车或列车的救援端里程。

(8)使用常用行车调度命令模板(见表10-6)、常用运行揭示调度命令模板拟写调度命令时,可根据需要对命令模板内容进行增加或删减。

调 度 命 令　　　　　　　　　　　　表10-6

＿＿＿＿＿ 年＿＿ 月＿＿ 日＿＿ 时＿＿ 分　第＿＿ 号

受令处所		调度员姓名	
内容			

(规格 110mm×160mm)　　　　　　　受令车站＿＿＿＿＿＿　车站值班员＿＿＿＿＿＿

四、发布时应注意的环节

1. 铁路局集团有限公司列车调度员发布调度命令的有关规定

铁路局集团有限公司列车调度员发布行车调度命令时,除严格执行《铁路技术管理规程》(普速铁路部分)有关要求外,还应遵守以下规定:

(1)发布行车调度命令,要一事一令,不得发布无关内容。一事一令是指对一个独立事件发布一个命令,该独立事件包括单因素事件和多因素事件两类。单因素事件是指不与其他工作发生关联的简单事件;多因素事件是指涉及两项及其以上工作内容,且因此及彼、因果相关、时间相连的复杂事件,可发布一个调度命令。

(2)设有双线双向闭塞设备且作用良好的区间,需要连续反方向行车时,可发布一个调度命令。

(3)交付调度命令的规定:

①具备调度命令无线传送系统的,列车调度员(车站值班员)应使用调度命令无线传送系统向值乘司机发布(转达)调度命令。

②语音记录装置良好条件下,符合使用列车无线调度通信设备发布、转达调度命令内容的,列车调度员(车站值班员)可使用列车无线调度通信设备向列车司机发布(转达)调度命令。

③不具备上述条件时,本区段有停车站,列车调度员指定车站值班员在列车进入关系地点前的停车站交付调度命令;本区段无停车站或来不及时,在列车进入关系地点前的车站停车交付调度命令。

2. 交付和核对限速调度命令的规定

(1)限速调度命令,须在列车进入限速地点前发布(转达)完毕,如来不及时,必须在列车进入限速地点前的车站停车转达调度命令。

(2)具备使用调度命令无线传送系统或提前在停车站交付调度命令条件的,须传送(交付)书面调度命令。

(3)不具备使用调度命令无线传送系统或提前在停车站传送(交付)书面调度命令,需使用列车无线调度通信设备发布(转达)调度命令时,列车调度员除发给限速地点关系站外,还应发给转达调度命令车站,转达调度命令车站应在列车于本站通过(开车)前转达完毕。

限速地点关系站(简称关系站):限速地点在区间内,关系站为区间的两端站;限速地点在车站站内或站内跨区间,关系站为限速地点车站和相邻车站。

限速地点关系站示意图,如图 10-26 ~ 图 10-29 所示。

①站内限速(C 站站内限速,关系站为 B、C、D 站,图 10-26 运行方向 A 站或其后方站转达,B 站核对)。

图 10-26　站内限速

②区间限速(B 站至 C 站区间限速,关系站为 B、C 站,图 10-27 运行方向 A 站或其后方站转达,B 站核对)。

图 10-27　区间限速

③站内跨区间限速(C 站及 C 站至 D 站区间限速,关系站为 B、C、D 站,图 10-28 运行方向 A 站或其后方站转达,B 站核对)。

图 10-28　站内跨区间限速

④一站两区间限速(C 站及 B 站至 C 站、C 站至 D 站区间限速,关系站为 B、C、D 站,图 10-29 运行方向 A 站或其后方站转达,B 站核对)。

图 10-29　一站两区间限速

(4)对限速调度命令,列车进入限速地点前的关系站在列车通过(开车)前,须逐列与司机核对限速内容。调度集中区段、装备列控设备区段,有关核对要求由铁路局集团有限公司规定。

(5)核对不一致时,司机应在进入限速地点前的车站停车并向车站值班员报告,车站值班员立即向列车调度员报告;列车调度员核实后,发布(交付)正确的限速调度命令。

3. 其他注意事项

(1)对跨局(调度台)的列车,接车铁路局集团有限公司(调度台)列车调度员可委托发车铁路局集团有限公司(调度台)列车调度员发布调度命令。接车铁路局集团有限公司(调度台)要将需转发的调度命令号码和内容发给邻局(调度台),邻局(调度台)在时间允许情况下,不得拒绝委托,并将受令情况向接车铁路局集团有限公司(调度台)列车调度员通报。

(2)发布行车调度命令时,涉及限速内容应一并下达(司机已有限速调度命令除外)。

(3)中国国家铁路集团有限公司规定的"常用行车调度命令模板"以外确需发布行车调

度命令的事项,由铁路局集团有限公司制定"补充常用行车调度命令模板"。

五、调度命令的编制

(一)调度命令号码的规定

调度命令号码的编制应按不同工种分别规定。铁路局集团有限公司调度所行车调度命令按日循环;运行揭示调度命令及其他工种调度命令按月循环。中国国家铁路集团有限公司各工种的调度命令按月循环(其中中国国家铁路集团有限公司货运和列车工作日计划命令按年循环)。

调度命令日期的划分,以 0:00 为界。调度命令循环号码的起止时间,以 0:00 区分。

各级调度命令应保管 1 年。

中国国家铁路集团有限公司调度命令号码分为:

(1)货运和列车工作日计划命令号码 0001~0366。

(2)车流调整命令号码 0401~0499。

(3)行车调度命令号码 0501~1799。

(4)专运调度命令号码 1801~1899。

(5)客运调度命令号码 1901~2399。

(6)货运调度命令号码 2401~2699。

(7)行包调度命令号码 2701~2999。

(8)机车调度命令号码 3001~3299。

(9)车辆调度命令号码 3301~3399。

(10)军运调度命令号码 3401~3699。其中,军运及军列空车底回送命令号码 3401~3599,长大货物车(D 型车)使用、回送及超限专列命令号码 3601~3699。

(11)特运调度命令号码 3701~3999。其中:机械冷藏车使用及回送命令号码 3701~3799,重点石油装车命令号码 3801~3899,中国国家铁路集团有限公司所属罐车调整命令号码 3901~3999。

(12)供电调度命令号码 4001~4099。

(13)停、限装及恢复装车命令号码 4101~4399。

(14)备用车命令号码 4401~4999。

(15)集装箱命令号码 5001~5599。

(16)施工命令号码 5601~5899。

(17)备用命令号码 5901~5999。

铁路局集团有限公司与中国国家铁路集团有限公司调度命令号码不得重复,具体由铁路局集团有限公司规定。

(二)常用行车调度命令模板

1.封锁及开通区间

(1)封锁区间

_____站至_____站间_____行线因_____,自接令时(_____次列车到_____站)起(至_____时_____分止),区间封锁。

(2)开通封锁区间

根据_____站报告,_____站至_____站间_____行线_____完毕(区间已空闲),自接令时起区间开通。

2.向封锁区间开行救援列车

(3)向封锁区间开行救援列车

(自接令时起，_____站至_____站间_____行线区间封锁。)

准许_____站(利用_____机车)开_____次列车，进入_____站至_____站间_____行线封锁区间_____km_____m处进行救援，将_____次列车推进(拉回)至_____站(返回开_____次列车)，(按救援负责人的指挥办理)。

(4)列车分部运行

根据_____站报告，_____次列车因_____，自接令时起_____站至_____站间_____行线区间封锁。

准许_____站利用_____机车开行_____次列车进入封锁区间_____km_____m处挂取遗留车辆，将_____次列车推进(拉回)至_____站(返回开_____次列车)。

3.临时变更或恢复原行车闭塞法

(5)停用基本闭塞法，改用电话闭塞法

自接令时(_____次列车到_____站)起，_____站至_____站间_____行线停用基本闭塞法，改用电话闭塞法行车。

(6)恢复原行车闭塞法

自接令时(_____次列车到_____站)起，_____站至_____站间_____行线，恢复基本闭塞法行车。

(7)停用自动站间闭塞法，改用半自动闭塞法

自接令时(_____次列车到_____站)起，_____站至_____站间_____行线停用自动站间闭塞法，改用半自动闭塞法行车。

(8)由半自动闭塞法恢复自动站间闭塞法

自接令时(_____次列车到_____站)起，_____站至_____站间_____行线，恢复自动站间闭塞法行车。

(9)双线反方向行车(未设双线双向闭塞设备或双线双向闭塞设备故障)

自接令时(_____次列车到_____站)起，_____站至_____站间_____行线停用基本闭塞法，改用电话闭塞法行车。准许_____次列车在_____站至_____站间利用_____行线反方向运行，_____次列车到_____站后，恢复_____行线基本闭塞法行车。

(10)双线改单线行车(未设双线双向闭塞设备或双线双向闭塞设备故障)

自接令时(_____次列车到_____站)起，_____站至_____站间_____行线停用基本闭塞法，改用电话闭塞法，按单线行车。

(11)恢复双线行车(未设双线双向闭塞设备或双线双向闭塞设备故障)

自接令时(_____次列车到_____站后)起，恢复_____站至_____站_____行线基本闭塞法，_____站至_____站间恢复双线行车。

(12)列车反方向进入区间并运行至前方站(未设双线双向闭塞设备或双线双向闭塞设备故障)或发出由区间返回的列车

自接令时(_____次列车到_____站)起，_____站至_____站间_____行线停用基本闭塞法，改用电话闭塞法行车。准许_____站开_____次列车(反方向)进

入区间＿＿＿＿km＿＿＿＿m 至＿＿＿＿km＿＿＿＿m 处＿＿＿＿,(返回开＿＿＿＿次列车)限＿＿＿＿时＿＿＿＿分前到＿＿＿＿站,本列到达后恢复基本闭塞法。

（13）单线半自动闭塞或双线反方向越出站界调车

自接令时(＿＿＿＿次列车到＿＿＿＿站)起,＿＿＿＿站至＿＿＿＿站间＿＿＿＿行线停用基本闭塞法,改用电话闭塞法。准许＿＿＿＿站利用该区间越出站界调车,限＿＿＿＿时＿＿＿＿分前完毕,作业完毕后恢复基本闭塞法。

4. 双线反方向行车、由双线改为单线(设有双线双向闭塞设备)或恢复双线行车

（14）双线反方向行车

自接令时(＿＿＿＿次到＿＿＿＿站)起,准许＿＿＿＿次、(＿＿＿＿次……)列车在＿＿＿＿站至＿＿＿＿站间利用＿＿＿＿行线反方向运行。

（15）双线改单线行车

自接令时(＿＿＿＿次列车到＿＿＿＿站)起,＿＿＿＿站至＿＿＿＿站间＿＿＿＿行线改按单线行车。

（16）恢复双线行车

自接令时(＿＿＿＿次列车到＿＿＿＿站后)起,恢复＿＿＿＿站至＿＿＿＿站间双线行车。

5. 变更列车径路

（17）准许＿＿＿＿次列车由原运行径路,改经＿＿＿＿运行,各站按现时分办理。

6. 发出在区间内停车并运行至前方站的列车(使用基本闭塞法)

（18）发出正方向进入区间内停车并运行至前方站的列车

准许＿＿＿＿站开＿＿＿＿次列车进入＿＿＿＿站至＿＿＿＿站间＿＿＿＿行线＿＿＿＿km＿＿＿＿m 至＿＿＿＿km＿＿＿＿m 处＿＿＿＿,限＿＿＿＿时＿＿＿＿分前到＿＿＿＿站。

（19）发出反方向进入区间并运行至前方站的列车(设有双线双向闭塞设备)

自接令时(＿＿＿＿次列车到＿＿＿＿站)起,准许＿＿＿＿站开＿＿＿＿次列车反方向进入＿＿＿＿站至＿＿＿＿站间＿＿＿＿行线＿＿＿＿km＿＿＿＿m 至＿＿＿＿km＿＿＿＿m 处,限＿＿＿＿时＿＿＿＿分前到＿＿＿＿站。

7. 列车需临时降弓运行

（20）临时降弓运行

自接令时起＿＿＿＿站至＿＿＿＿站间＿＿＿＿行线(站内＿＿＿＿道)＿＿＿＿km＿＿＿＿m 至＿＿＿＿km＿＿＿＿m 处,降弓(限速＿＿＿＿km/h)运行。

8. 列车临时限速运行

（21）站内或区间临时限速

自接令时(＿＿＿＿时＿＿＿＿分)起至另有命令时(＿＿＿＿时＿＿＿＿分)止,＿＿＿＿站至＿＿＿＿站间＿＿＿＿行线＿＿＿＿km＿＿＿＿m 至＿＿＿＿km＿＿＿＿m 处限速＿＿＿＿km/h。

＿＿＿＿次列车运行至＿＿＿＿站至＿＿＿＿站间＿＿＿＿行线＿＿＿＿km＿＿＿＿m 至＿＿＿＿km＿＿＿＿m 处限速＿＿＿＿km/h。

（22）列车中挂有限速的机车、车辆

＿＿＿＿次列车在＿＿＿＿站挂有限速＿＿＿＿km/h 车辆(机车),运行至＿＿＿＿站。

(23)旅客列车车辆故障、动车组安装过渡车钩限速运行
　　_____次列车因空气弹簧故障(密接式车钩因故更换为15号车钩、动车组安装过渡车钩),限速_____km/h运行。

9.动车组列车空调失效需打开部分车门限速运行

(24)动车组列车空调失效需打开部分车门限速运行
　　_____次列车因空调失效打开部分车门限速60km/h运行,通过邻靠高站台的线路时限速40km/h运行。

10.车站使用故障按钮、总辅助按钮

(25)半自动闭塞区段车站使用故障按钮
　　根据_____站申请,现查明_____站至_____站间_____行线区间空闲,准许_____站使用故障按钮办理闭塞机复原。

(26)自动闭塞区段车站使用总辅助按钮
　　根据_____站申请,现查明_____站至_____站间_____行线区间空闲,准许_____站使用总辅助按钮改变闭塞方向。

11.超长列车或列车挂有装载超限超重货物的车辆

(27)货物列车超长
　　_____次列车换长_____,准许在_____站至_____站间超长运行。

(28)列车挂有装载超限货物的车辆
　　_____次列车挂有超限超重货物_____辆,_____站至_____站间运行条件如下:
　　①限速_____km/h;
　　②行经300m及其以下半径曲线,限速_____km/h;
　　③进出站经侧向道岔限速_____km/h,禁止(侧向)通过_____号及其以下道岔;
　　④_____站至_____站间区间会车限速_____km/h,……;
　　⑤_____站至_____站间……禁止在区间会车;
　　⑥_____站至_____站间……禁止在区间会_____列车;
　　⑦禁止接(进)入有高站台的线路;
　　⑧各站按《车站行车工作细则》规定的线路接发;
　　⑨其他要求。

12.单机附挂车辆

(29)单机附挂车辆
　　准许_____次列车在_____站挂车_____辆到_____站,尾部车辆车号_____。

13.半自动闭塞区间,超长列车头部越过出站信号机(未压上出站方面的轨道电路)发车

(30)半自动闭塞区间,超长列车头部越过出站信号机(未压上出站方面的轨道电路)发车
　　准许_____次列车在_____站_____道_____行出站信号机开放情况下越过出站信号机发车。

14.在非到发线上接发列车

(31)在非到发线上接车
　　准许_____次列车接入_____站非到发线_____道。

(32)半自动闭塞、自动站间闭塞区间在非到发线上发车

自接令时(＿＿＿次列车到＿＿＿站)起,＿＿＿站至＿＿＿站间＿＿＿行线停用基本闭塞法,改用电话闭塞法行车,准许＿＿＿次列车在＿＿＿站非到发线＿＿＿道发车,本列到＿＿＿站后恢复基本闭塞法行车。

(33)自动闭塞区间在非到发线上发车

准许＿＿＿次列车在＿＿＿站非到发线＿＿＿道发车。

15. 调度日(班)计划以外,临时加开或停运列车(单机除外)

(34)临时停运列车

准许＿＿＿次列车在＿＿＿站停运,＿＿＿站至＿＿＿站间加开＿＿＿次列车,按现时分运行。

(35)临时加开列车

准许＿＿＿站至＿＿＿站间加开＿＿＿次、＿＿＿次……列车,＿＿＿站至＿＿＿站间加开＿＿＿次、＿＿＿次……列车,按现时分运行。

(36)加开救援列车

＿＿＿站至＿＿＿站间加开＿＿＿次列车(限速＿＿＿km/h),＿＿＿站＿＿＿时＿＿＿分开,按现时分办理。

16. 双线区间在区间内进行跨线装卸作业,有除雪机、起重机工作,发生冲突、脱轨、火灾、爆炸事故时,对开入其邻线的列车

(37)双线区间在区间内进行跨线装卸作业,有除雪机、起重机工作,发生冲突、脱轨、火灾、爆炸事故时,对开入其邻线的列车

因＿＿＿站至＿＿＿站间＿＿＿行线＿＿＿km＿＿＿m至＿＿＿km＿＿＿m处＿＿＿,＿＿＿次列车注意运行。

17. 行车设备故障

(38)列尾装置故障(丢失)的货物列车继续运行

根据＿＿＿站报告,＿＿＿次列车列尾装置故障(列尾主机丢失),(＿＿＿站负责吊起尾部软管),准运行至＿＿＿站,各站注意接车。

(39)货物列车列尾主机回送

指定＿＿＿次列车携带货车列尾主机＿＿＿台(回送)到＿＿＿站。

18. 改按天气恶劣难以辨认信号的办法行车或恢复正常行车

(40)改按天气恶劣难以辨认信号的办法行车

根据＿＿＿报告,＿＿＿站至＿＿＿站间信号显示距离不足200m,自接令时起,改按天气恶劣难以辨认信号的办法行车。

(41)天气转好,恢复正常行车

根据＿＿＿报告,＿＿＿站至＿＿＿站间天气转好,自接令时起,恢复正常行车。

19. 动车组列车转入或退出隔离模式(被救援时除外)

(42)列车将列控车载设备转入隔离模式

准许＿＿＿次列车将列控车载设备转入隔离模式。(运行至＿＿＿站后将隔离模式退出,转换为列控车载设备方式行车)。

(43)列控车载设备由隔离模式退出,转换为列控车载设备方式行车

准许＿＿＿次列车将隔离模式退出,转换为列控车载设备方式行车。

20．动车组列车在列控车载设备控车和LKJ控车之间人工转换

（44）由列控车载设备行车转换为LKJ方式行车

准许＿＿＿＿次列车（在＿＿＿＿站）由列控车载设备方式行车转换为LKJ方式行车。（运行至＿＿＿＿站后，由LKJ方式行车转换为列控车载设备方式行车）。

（45）由LKJ方式行车转换为列控车载设备行车

准许＿＿＿＿次列车（在＿＿＿＿站）由LKJ方式行车转换为按列控车载设备方式行车。

21．临时利用本务机车调车作业

（46）指定＿＿＿＿次列车本务机车在＿＿＿＿站进行调车作业。

22．利用天窗施工、维修作业

1）施工作业

（47）封锁区间并向封锁区间开行路用列车（适用于每端各进一列）

＿＿＿＿站至＿＿＿＿站间＿＿＿＿行线因施工，自＿＿＿＿时＿＿＿＿分（＿＿＿＿次列车到＿＿＿＿站）起区间封锁，限＿＿＿＿时＿＿＿＿分施工完毕。

①准许工务部门在＿＿＿＿km＿＿＿＿m至＿＿＿＿km＿＿＿＿m处施工。

②准许供电部门在＿＿＿＿km＿＿＿＿m至＿＿＿＿km＿＿＿＿m处施工。

③准许＿＿＿＿部门在＿＿＿＿km＿＿＿＿m至＿＿＿＿km＿＿＿＿m处施工。

准许＿＿＿＿站开＿＿＿＿次列车，进入封锁区间＿＿＿＿km＿＿＿＿m处停车，按施工负责人的指示进行作业（返回开＿＿＿＿次列车），限＿＿＿＿时＿＿＿＿分前到达＿＿＿＿站。

准许＿＿＿＿站开＿＿＿＿次列车，进入封锁区间＿＿＿＿km＿＿＿＿m处停车，按施工负责人的指示进行作业（返回开＿＿＿＿次列车），限＿＿＿＿时＿＿＿＿分前到达＿＿＿＿站。

（48）自动闭塞区间路用列车跟踪进入区间后封锁施工

准许＿＿＿＿站开＿＿＿＿次列车跟随＿＿＿＿次列车按自动闭塞方式进入＿＿＿＿站至＿＿＿＿站间＿＿＿＿行线，在＿＿＿＿km＿＿＿＿m处停车。＿＿＿＿次列车到达＿＿＿＿站后区间封锁。准许＿＿＿＿部门在＿＿＿＿km＿＿＿＿m至＿＿＿＿km＿＿＿＿m处施工，限＿＿＿＿时＿＿＿＿分施工完毕。＿＿＿＿次列车按施工负责人的指示进行作业（返回开＿＿＿＿次列车），限＿＿＿＿时＿＿＿＿分前到达＿＿＿＿站。

（49）信联闭施工（采用施工特定行车）

自＿＿＿＿时＿＿＿＿分（＿＿＿＿次列车到＿＿＿＿站）起，准许＿＿＿＿站至＿＿＿＿站间＿＿＿＿行线＿＿＿＿部门施工，限＿＿＿＿时＿＿＿＿分施工完毕，施工期间：

①＿＿＿＿站＿＿＿＿行进站（＿＿＿＿接车进路）信号停用。

②＿＿＿＿站＿＿＿＿道＿＿＿＿行出站（＿＿＿＿发车进路）信号停用。

③自＿＿＿＿时＿＿＿＿分（＿＿＿＿次列车到达＿＿＿＿站）起＿＿＿＿站至＿＿＿＿站间＿＿＿＿行线停用基本闭塞法，改用电话闭塞法行车。

④有关行车凭证的交付和正线通过列车的引导按"施工特定行车办法"规定办理。

2）维修作业

（50）单个区间和车站维修作业

自＿＿＿＿次列车＿＿＿＿站出站（到达）（＿＿＿＿时＿＿＿＿分）起，准许＿＿＿＿站（含

_____道、_____号道岔)至_____站(含_____道、_____号道岔)_____行线进行_____分钟维修作业。

(51)单线连续多个区间和车站维修作业

_____站(含_____道、_____号道岔)至_____站(含_____道、_____号道岔)间自_____次列车各站出站或到达起,准许各站及后方区间进行_____分钟维修作业。

(52)双线维修"V形天窗"作业(连续多个区间和车站)

_____站(含_____道、_____号道岔)至_____站(含_____道、_____号道岔)间_____行线自_____次列车各站出站或到达起,准许各站及后方区间进行_____分钟维修作业。

(53)维修"垂直天窗"作业

自接令时(_____次列车到达_____站、_____次列车到达_____站、_____次列车到达_____站……)起,_____站(含_____道、_____号道岔)至_____站(含_____道、_____号道岔)间上下行线准许各区间及站内进行_____分钟维修作业。

23.施工、维修作业较指定时间延迟结束

(54)施工、维修作业较指定时间延迟结束

根据_____站申请,准许_____站(含_____道、_____号道岔)至_____站(含_____道、_____号道岔)间_____行线施工(维修)延迟至_____时_____分结束。

24.运行揭示调度命令与实际限速、行车方式或设备不符时

(55)运行揭示调度命令与实际限速、行车方式或设备不符时

_____次列车前发_____号运行揭示调度命令取消,运行条件如下:

①_____站(含_____道、_____号道岔)至_____站(含_____道、_____号道岔)间_____行线_____km_____m至_____km_____m限速_____km/h。

②_____站至_____站间_____行线按基本闭塞法行车。

③施工结束后设备变化情况……。

25.正线、到发线接触网停电或送电(接触网倒闸、跳闸后试送电、向中性区送电或弓网故障排查除外)

(56)接触网有计划停电

根据供电调度_____号申请,自接令时(_____次列车到_____站)起,准许_____站(含)至_____站(含)间_____行线(_____km_____m到_____站至_____站间_____km_____m)接触网停电。

(57)接触网故障停电

根据供电调度_____号通知,自接令时起,_____站(含)至_____站(含)间_____行线(_____km_____m到_____站至_____站间_____km_____m)接触网已停电。

(58)接触网送电

根据供电调度_____号通知,_____站(含)至_____站(含)间_____行线(_____km_____m到_____站至_____站间_____km_____m)接触网已

恢复供电。

26.正线、到发线接触网停电后准许登顶作业

(59)正线、到发线接触网停电后准许登机车(车辆)顶部作业

根据供电调度＿＿＿＿号通知,＿＿＿＿站(含)至＿＿＿＿站(含)间＿＿＿＿行线(＿＿＿＿km＿＿＿＿m 到＿＿＿＿站至＿＿＿＿站间＿＿＿＿km＿＿＿＿m)接触网已停电,自接令时起,准许采取安全措施后进行登顶作业。

27.双管供风旅客列车运行途中改为单管供风

(60)双管供风旅客列车运行途中改为单管供风

准许＿＿＿＿次列车在＿＿＿＿站由双管供风改为单管供风运行至终到站。

28.调度集中区段,由列车调度员办理接、发列车,作为行车凭证的调度命令

(61)调度集中区段,由列车调度员办理发车,调度命令用作允许列车运行的行车凭证

①因＿＿＿＿站至＿＿＿＿站间＿＿＿＿行线停用基本闭塞法,现查明＿＿＿＿站至＿＿＿＿站间＿＿＿＿行线区间空闲,准许＿＿＿＿次列车由＿＿＿＿站发往＿＿＿＿站。

②在＿＿＿＿站＿＿＿＿道出站(＿＿＿＿发车进路)信号机故障(未设出站信号机、列车头部越过出站〔＿＿＿＿发车进路〕信号机)的情况下,准许＿＿＿＿次列车由＿＿＿＿道发车。

(62)调度集中区段,由列车调度员办理接车,调度命令用作允许列车运行的行车凭证

因＿＿＿＿站＿＿＿＿行进站(＿＿＿＿接车进路)信号机故障,准许＿＿＿＿次列车以不超过 20km/h 速度越过＿＿＿＿站＿＿＿＿行进站(＿＿＿＿接车进路)信号机进入＿＿＿＿站＿＿＿＿道。

29.其他

(63)自接令时起取消前发＿＿＿＿年＿＿＿＿月＿＿＿＿日＿＿＿＿号命令。

(64)施工开通启用新版本 LKJ 数据涉及径路、线路允许速度变化列车

＿＿＿＿次列车为施工开通启用新版本 LKJ 数据后第 1 列(或第 2 列、第 3 列…)列车:

①经由(＿＿＿＿线)＿＿＿＿站(含)至＿＿＿＿站(含)间＿＿＿＿行线运行。

②经由＿＿＿＿站＿＿＿＿道运行。

③运行至(＿＿＿＿线)＿＿＿＿站(含)至＿＿＿＿站(含)间＿＿＿＿行线＿＿＿＿km＿＿＿＿m 至＿＿＿＿km＿＿＿＿m 处限速＿＿＿＿km/h 运行(按线路允许速度＿＿＿＿km/h 运行)。

(注:限速和线路允许速度在同一命令中最多只能包含一项;限速列车为施工开通后低于线路允许速度且未纳入运行揭示调度命令的第 1、2、3…列临时限速列车。)

六、调度命令的发布

调度命令发布工作按照工作程序可以划分为 6 个主要环节,即掌握情况、规章依据、接受命令人、命令内容、使用措辞、命令记载。列车调度员应把握住这 6 个环节,按照规范化、标准化的要求,分别做到:情况清楚、规章明确、内容确切、受令人齐全、措辞简明、记载完整。

1.情况清楚

在发布命令前,应详细了解现场当时的线路、设备、列车或机车车辆所处的状态,需要进行的作业性质、要求和必要性,了解有关领导的指示和日(班)计划的要求,并认真听取有关行车领导、其他工种调度和现场有关行车人员的意见,对现场的实际情况作出全面、正确的判断,确定该不该发布调度命令和如何正确发布调度命令,做到情况不清不发调度

命令。

2. 规章明确

规章制度是列车调度员发布调度命令的依据。当需要发布调度命令时，调度员应根据《铁路技术管理规程》《铁路行车组织规则》《铁路调车技规》等有关行车工作的文件、电报和领导指示等有关规定条文，正确、及时地发布相应的调度命令。

3. 内容确切

调度命令的内容要严密、确切、详细、完整。在调度命令中一般应包括：作业的主体、对象、时间（包括起止时间）、地点（包括起止地点）、具体方法和安全注意事项。不得模棱两可，不明不白，防止命令下达后，被受令人误解、曲解而出现漏洞。

4. 受令人齐全

调度命令发出后，有关受令人将以调度命令为依据进行作业，为了保证这些部门和人员工作时协调一致，发布调度命令时，必须受令人齐全，不可遗漏。

5. 措辞简明

发布调度命令时，措辞必须简明扼要、准确、文理通顺。要用最简洁明确的语言表述调度命令的全部内容，也要注意不要随意简化、省略必要的内容。调度命令应尽可能规范化、标准化，以利于调度员迅速下达和受令人迅速抄收，使命令执行人正确理解和执行调度命令。

6. 记载完整

调度命令的号码、发布时间、受令人及转抄受令人、复诵人、命令内容、发令人等，必须在"调度命令登记簿"中逐项记载齐全，并书写清楚，保管期限为一年。

 巩固提高

1. 何谓调度命令？简述调度命令的种类。
2. 何种情况下发布调度命令？
3. 发布调度命令的基本规定有哪些？
4. 铁路局列车调度员发布行车调度命令时，除严格执行《铁路技术管理规程（普速铁路部分）》有关要求外，还应遵守哪些规定？
5. 列车调度员发布调度命令时应达到哪些要求？

任务六 调度工作分析

 任务描述

本学习任务中你将作为调度分析人员对列车调度指挥工作进行分析，理解调度工作分析的意义，通过日常分析对日班计划执行情况进行分析，及时正确地查明计划完成情况及未完成原因，从而迅速采取措施，解决工作中的问题；能够按时做出旬、月、季、半年、年度分析，提出改进意见和建议，也能针对某一问题、某一项指标进行专门分析。

 相关理论知识

一、调度工作分析的意义和类型

调度工作分析是通过日常运输综合分析发现问题，制定措施，不断提高调度工作质量，促进运输生产的有效方法。

各级调度必须配备调度分析人员,由具有较强业务水平和实践经验的人员负责本单位的调度分析工作。

调度工作分析,可分为日常分析、定期分析和专题分析。

1. 日常分析

日常分析是指铁路局集团有限公司调度所于日(班)工作终了时,对日班计划执行情况的分析。它能及时正确地查明计划完成情况及未完成原因,从而迅速采取措施,解决工作中的问题。日常分析的主要内容包括:

(1)列车工作计划兑现情况(含分界站列车交接、排空计划兑现情况)分析。

(2)运用车分布及车流状况分析。

(3)停运列车分析。

(4)列车等线分析。

(5)运输收入完成情况分析。

(6)货车周转(中转、停留、旅行)时间分析。

(7)大点车分析。

(8)换算周转量(货物周转量、旅客周转量)分析。

(9)运量(货物发送吨、旅客发送人、静载重)分析。

(10)旅客列车、货物列车正晚点(惯性晚点)分析。

(11)机车运用及效率指标分析。

(12)机车乘务员超劳情况分析。

(13)列车违编、欠重、超重情况分析。

(14)列车机外停车分析。

(15)运输需求兑现情况分析。

(16)装卸车及重点物资装车分析。

(17)特需、快速货物列车开行情况分析。

(18)铁路局集团有限公司间分界口能力利用率(附件4)情况分析(每月按运调18格式逐项填写,于次月5日前电传报中国国家铁路集团有限公司)。

(19)施工及维修天窗兑现率分析。

(20)检修车分布及检修车扣修、回送、检修、修竣计划兑现情况分析。

(21)铁路车辆运行安全监控系统运行情况分析。

(22)篷布使用分析。

(23)临时旅客列车开行、旅客列车甩挂车辆、折返、停运分析。

(24)牵引供电运行情况统计分析。

(25)行车设备故障统计及对运输影响情况分析。

(26)货车使用费情况分析。

(27)调度安全情况分析。

(28)调度工作质量分析。

2. 定期分析

根据日常运输及安全工作情况,收集、积累有关资料,按时作出旬、月、季、半年、年度分析,并提出改进日常运输组织和安全工作的意见和建议,以便及时采取措施,提高运输工作质量。

3. 专题分析

分析人员要深入实际，调查研究，善于发现问题，及时作出必要的专题分析，并提出改进意见或措施。

二、考核指标

日(班)计划考核指标按下列规定逐日进行：

1. 列车工作计划兑现率

$$列车工作计划兑现率 = \frac{符合日(班)计划规定的车次、时分、编组内容的实际列数}{日(班)计划列数} \times 100\%$$

2. 排空计划兑现率

$$排空计划兑现率 = \frac{实际排空车数}{日计划排空车数} \times 100\%$$

日(班)计划考试时，注意下述几点：

①按日(班)计划规定的车次并正点出发的列车，其编组内容符合下列要求者均视为兑现：

整列重车——符合编组计划规定的重车方向。

整列空车——主型空车不少于日(班)计划所规定的车数。

重空合编列车——重车数或空车数按日(班)计划规定，上、下波动不超过5辆。

②旬、月兑现率分别按日、列数、车数加总平均计算。

巩固提高

1. 何谓调度工作分析？调度工作分析的意义是什么？
2. 简述调度工作分析的种类。
3. 日常分析的主要内容有哪些？
4. 日(班)计划考核指标有哪些？

附录 几种常见的表簿

新造车辆竣工验收移交记录　　　　　　　　　　　　附表1

（车统1并车统13）

_____（单位名称）　　　　　　　　　　　　　　　　　　　第_____号

　　根据_____合同，以下新造车辆已竣工，并经中国国家铁路集团有限公司驻_____厂（公司）车辆验收室验收，确认技术状态合格，可交付使用。

　　兹将下列新造竣工车辆由_____（单位名称）移交给_____局_____站。

顺号	车种车型	车号	加价项目		减价项目		配属局段	指定到达局名及站名	备注

　　本页小计：_____辆。

_____厂（公司）代表盖章：　　　　　　　　　　日期：____年___月___日

（产品验收专用章）

中国国家铁路集团有限公司驻_____厂（公司）车辆验收室代表盖章：日期：____年___月___日

接收人：_____局_____站代表盖章：　　　日期：____年___月___日___时___分

客货车配属局（段）代表盖章：　　　　　　　　　　　　日期：____年___月___日

车 辆 检 修 通 知　　　　　　　　　　　　　　附表2

（车统23）

本通知单由检车人员填写三份，一份自存，一份送交车辆段技术室，一份交车站

20____年___月___日　　　　　　　　　　　　　　　　第_____号

车次_____车辆停留在_____场_____线

(1) 车种_____(2) 车号_____

(3) 轴数_____(4) 载重_____(5) 空重别_____

(6) 重车之装车站及局别_____

(7) 前会定检年月日及处所

厂修	段修	轴修	轴检

(8) 主要损坏部分_____

(9) 修程_____(10) 需要倒装否_____

(11) 拨往何处修理

　　　　填发检车员：_____签章

　　　　车站值班员签字时间：___月___日___时___分

　　　　车站值班员：_____签章

　　　　拨到检修线时间：___月___日___时___分

　　　　收车人：_____签章

说明：本通知单为客货车检修扣留之原始根据，并在未发车统33并车统36前亦是计算检修车的依据。

注：原式样上有红色斜杠。

车 辆 装 备 单　　　　　　　　　　附表3

(车统24)

本通知由检车人员填写三份

一份自存,一份送交车辆段技术室

一份交车站

第_____号

安装事项_____
指定送往_____线
(1)车种_____(2)车号_____

车　　种	车　　号	车辆所在地点

通知送入指定线:_____月____日____时____分
实际送入:____月____日____时____分
安装完了:____月____日____时____分
收到单据的车站值班员:_____签字
检车员:_____签字
编制人:_____签字

说明:①凡良好车辆送往指定线或厂段线进行装备洗罐等工作时,均应填写本单据;不另发车统23。

②安装完了时分,根据车统36站长签字时分填写。

检 修 车 回 送 单　　　　　　　　　　附表4

(车统26)

本单编制两份,一份留存,

一份随同车辆送至到达地点

第_____号

车种_____车号_____轴数_____
发送局及站_____
到达局及站(车辆段或工厂所在站)_____
经由分界站名_____车辆应挂在列车中部或尾部_____
前回检修年月日处所及修程_____
不良部位_____

填发日期:_____年____月____日
车辆段印　　段长:_____签字
车辆到达工厂或车辆段所在站的时间:_____年____月____日____时____分
车站值班员:_____签字
车辆送到检修线的时间:_____年____月____日____时____分
收车人:_____签字

检修车辆竣工验收移交记录　　　　　　　　　　附表 5

(车统 33 并车统 36)

_____(单位名称)　　　　　　　　　　　　　　　　第_____号

以下_____修程的车辆已检修竣工,并经中国国家铁路集团有限公司(铁路局集团有限公司)驻_____厂(公司、段)车辆验收室验收,确认技术状态合格,可交付使用。兹将下列检修竣工车辆由_____(单位名称)移交给_____局_____站。

顺号	车种车型	车号	更改项目	加改项目	加价项目	减价项目	配属局段	指定到达局名及站名	备注

本页小计:_____辆。

_____(单位名称)代表盖章:　　　　日期:____年___月___日

　　　　　　　　　　　　　　　　　　　　　　　　　(产品验收专用章)

中国国家铁路集团有限公司(铁路局集团有限公司)驻_____(单位名称)车辆验收室代表盖章:

　　　　　　　　　　　　　　　　　　　　　　　　日期:____年___月___日

接收人:_____局_____站代表盖章:

　　　　　　　　　　　　　　　　　　　　日期:____年___月___日___时___分

客货车配属局(段)代表盖章:　　　　　　　日期:____年___月___日

罐车洗刷交接记录单　　　　　　　　　　　　附表 6

(车统 89)

本单编制三份,一份自存,一份交车站,一份交段会计室

____年___月___日　　　　　　　　　　　　　　　　　　第___号

车种	车号	专用种别	轴数	载重吨位	原装油名称	采取的洗罐方法	洗罐后指定装油名称	洗罐时间					
								入线			竣工		
								月	日	时分	月	日	时分

上述罐车业经洗刷完了并验收合格。

交车人:　　　　　洗罐站职名:_____姓名:_____签字

验车人部门:_____　　　　职名:_____姓名:_____签字

附表 7

分界站货车出入报表

表　名:运报-1(YB-1)
制表单位:中国国家铁路集团有限公司统计中心
批准机关:中国国家铁路集团有限公司
批准文号:铁统计[2008]113号
统一编号:0172

局名或月日	列车货车列数	合计												入 运用车 重车											入 运用车 空车											非运用车 合计	非运用车 其中				
			棚车	敞车	普通平车	两用平车	轻油罐车	粘油罐车	其他罐车	冷藏车	集装箱车	矿石车	长大货物车	毒品车	家畜车	散装水泥车	散装粮食车	特种车	其他	计	棚车	敞车	普通平车	两用平车	轻油罐车	粘油罐车	其他罐车	冷藏车	集装箱车	矿石车	长大货物车	毒品车	家畜车	散装水泥车	散装粮食车	特种车	其他		检修车	代客货车	路用车	租出空车	军方特殊用途空车
	1	2	3	4	5	6	7	8	9	10	11	12	13	14	15	16	17	18	19	20	21	22	23	24	25	26	27	28	29	30	31	32	33	34	35	36	37	38	39	40	41	42	43	44	45

	列车货车列数	合计												出 运用车 重车											出 运用车 空车											非运用车 合计	非运用车 其中					入			
			棚车	敞车	普通平车	两用平车	轻油罐车	粘油罐车	其他罐车	冷藏车	集装箱车	矿石车	长大货物车	毒品车	家畜车	散装水泥车	散装粮食车	特种车	其他	计	棚车	敞车	普通平车	两用平车	轻油罐车	粘油罐车	其他罐车	冷藏车	集装箱车	矿石车	长大货物车	毒品车	家畜车	散装水泥车	散装粮食车	特种车	其他		检修车	代客货车	路用车	租出空车	军方特殊用途空车	行包专列数	行包专用货车数	行包专列数	行包专用货车数
	46	47	48	49	50	51	52	53	54	55	56	57	58	59	60	61	62	63	64	65	66	67	68	69	70	71	72	73	74	75	76	77	78	79	80	81	82	83	84	85	86	87	88	89	90	91	92	93	94

编报单位:　　　　　　单位领号:　　　　　　编报人:　　　　　　上报日期:　　年　月　日
(盖章)　　　　　　　(盖章)

参 考 文 献

[1] 李慧玲.铁路车站工作组织[M].北京:人民交通出版社股份有限公司,2015.
[2] 中华人民共和国行业标准.铁路货车统计规则[S].北京:中国铁道出版社,2008.
[3] 李一龙.列车调度指挥[M].北京:中国铁道出版社,2015.
[4] 彭其渊.铁路行车组织[M].北京:中国铁道出版社,2011.
[5] 中华人民共和国行业标准.铁路技术管理规程(普速部分)[S].北京:中国铁道出版社,2014.
[6] 李慧玲.铁路接发列车作业[M].北京:中国财富出版社,2013.